Histoire de

L'AVIATION

Super Con

Histoire de

L'AVIATION

par Christopher Chant

EDITIONS
ATLAS

Édité par :

France - ÉDITIONS ATLAS s.a.,
33, avenue du Maine, 75755 Paris *Cedex 15*.

Belgique - ÉDITIONS ÉRASME,
Bruxelles-Anvers.

Suisse - ÉDITIONS TRANSALPINES
Lugano. (Diffusion : ÉDITIONS KISTER s.a.,
33, quai Wilson, Genève.)

*En première page de garde :
un hydravion français Breguet 14 de 1918.
En page 1 : Saab 35 Draken, chasseur
à voilure « double delta »
des années cinquante.
En page 3 (titre) : la famille des
Lockheed Constellation et Super
Constellation fut conçue à la fin de
la Seconde Guerre mondiale.
En dernière page de garde : Saab 37
Viggens de l'Armée de l'air royale
suédoise en service durant les années
soixante-dix.
Ci-contre : les Boeing P-26
« Peashooter », chasseurs monoplans
de l'U.S.A.A.C. en 1933.*

Traduction et adaptation française
par Michel Carnal.

Imprimé en Italie par I.G.D.A. Officine Grafiche, Novara, 1980-R1.
Dépôt légal : 4e trimestre 1980.
ISBN 2-7312-0065-0.

SOMMAIRE

Le Sopwith Pup reste dans la mémoire d'un grand nombre de personnes comme l'un des avions les plus agréables et les plus acrobatiques.

PRÉFACE

J'ai obtenu le brevet n° 31 du Royal Aero Club le 22 novembre 1910 en volant sur un biplan Howard Wright à Brooklands. Howard Wright — lequel n'était aucunement apparenté aux célèbres pionniers américains du même nom — fabriquait des avions dans un petit atelier sous les arches de la Battersea de Londres.
Wilbur et Orville Wright peuvent être justement reconnus comme les hommes qui, à force de travail acharné, de courage et de volonté, furent les premiers à réaliser des « machines volantes » à moteur. Dans ce bel ouvrage, Christopher Chant étudie leurs efforts ainsi que ceux de tous les hommes et de toutes les femmes qui contribuèrent à faire progresser d'une manière spectaculaire l'aviation en notre siècle.
Il fallait, en ces jours anciens, un caractère bien trempé pour vaincre, tout seul, les difficultés à quitter le sol; certains, cependant, tel Harry Hawker, firent preuve pour le vol d'une aptitude innée. Comparées à celles d'aujourd'hui, les premières machines volantes ressemblaient davantage à des « gadgets ». Comme pour n'importe quel sport — et, à l'époque, le vol était considéré comme un sport — beaucoup de gens s'enthousiasmaient pour tout cela, mais tous ne possédaient pas les aptitudes exigées pour le vol. Les vitesses étaient très faibles et les effets du contrôle des appareils — y compris le gauchissement des ailes — étaient souvent dus au hasard, surtout dans de mauvaises conditions atmosphériques.
J'ai dû renoncer à voler à la fin de 1912 parce que je devais m'occuper d'une usine d'aéroplanes. Heureusement, celle-ci prospéra, bien que difficilement. Nous fîmes face à de nombreuses difficultés, commîmes des erreurs, prîmes des risques, et parfois supportâmes des tragédies qui nous brisèrent le cœur avec les premiers avions terrestres et les hydravions que nous construisîmes à Kingston, sur la Tamise. Mais nous connûmes également des moments de succès et même d'exaltation. Ainsi, nous gagnâmes la Coupe Jacques-Schneider à Monte-Carlo au début de 1914 lorsque Howard Pixton battit le record sur un Tabloid à 136 km/h pour boucler le circuit à 148 km/h.
C'est un honneur extrême que d'être sollicité pour écrire la préface d'un tel ouvrage qui rende compte aussi justement des efforts sur le plan mondial qui furent — et sont — réalisés pour assurer les voyages aériens, et bientôt dans l'espace, lesquels pourront être effectués en toute sécurité par les générations futures. Lorsque j'étais un jeune homme, les réalisations d'aujourd'hui n'étaient que des rêves. Ils sont maintenant réalité. Indubitablement, ce qui, aujourd'hui, semble rêve sera la réalité de demain. A tous ceux qui participent au monde du vol, je présente mes meilleurs vœux et souhaite qu'ils aient une vie aussi passionnante que fut la mienne.

SIR THOMAS SOPWITH.

INTRODUCTION

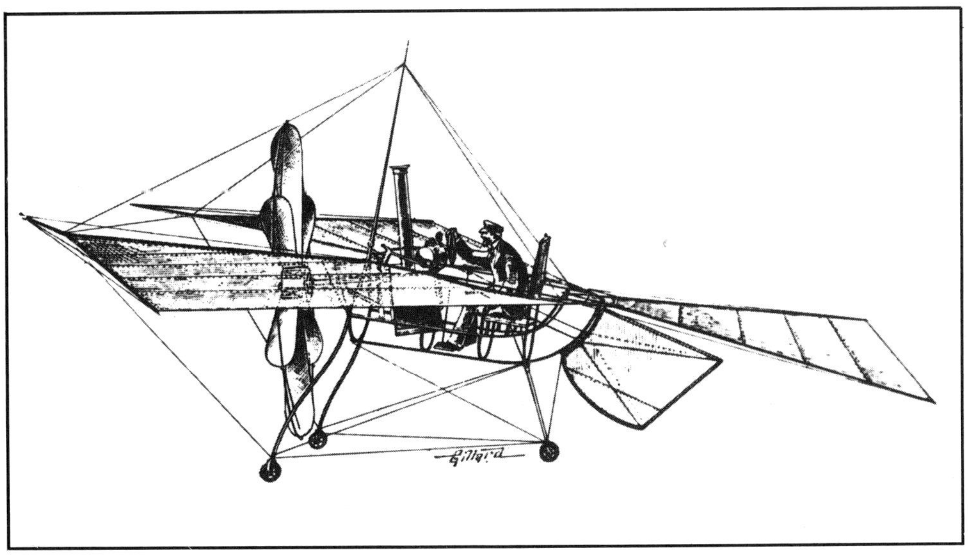

Page ci-contre : ce livre doit autant aux pionniers de la photographie qu'aux aviateurs. Des images héroïques, comme celle de ce vieil appareil aperçu par un montagnard dans la sierra de Guadarrama, en Espagne, firent beaucoup pour développer l'intérêt du public durant les débuts de l'aviation. Ci-dessus : en 1874, un Français, Félix du Temple, fut le premier homme qui décolla avec un avion propulsé, un appareil à moteur à air chaud de sa propre conception. Le décollage était fait à partir d'une rampe inclinée; ci-contre : Franz Reichelt avec son premier parachute.
Reichelt, tailleur autrichien, décida, en 1911, de tester son invention. Ayant annoncé aux autorités qu'il désirait faire l'expérience avec un mannequin, il s'arnacha lui-même au dernier moment et, avec une confiance sublime, s'élança d'une plate-forme de la tour Eiffel et s'écrasa au sol.

La faculté de rêve et d'imagination est l'élément le plus significatif et le plus intéressant qui différencie l'homme de l'animal. Cette possibilité a joué un rôle extrêmement important dans l'évolution de l'être humain en tant que créateur et en tant qu'artiste. L'homme peut créer des objets qui sont à la fois beaux et utiles — de nombreux types de navires en témoignent. Beaucoup de machines, et en particulier un grand nombre d'avions, ont une certaine beauté fonctionnelle — ils fonctionnent bien parce qu'ils ont une belle ligne, et *vice versa.*

Le rêve de pouvoir voler est l'un des plus anciens dans l'expérience humaine et il reste toujours le plus actuel. Dès les premiers jours du monde, l'homme a observé le ciel et envié les oiseaux : les albatros qui, sans effort, peuvent planer pendant des heures, ou même des jours; l'aigle avec son acuité et sa puissance; les petits oiseaux avec leur vol vif et rapide. A l'origine, on observa également les nuages et l'on médita sur leur équilibre dans les cieux. Dès les premières dynasties égyptiennes, et même avant — et jusqu'à aujourd'hui —, le vol des oiseaux a tenu une place prépondérante dans le folklore et dans les arts.

Étant donné cette fascination, aussi forte aujourd'hui que jadis, il est à peine surprenant que l'homme ait toujours tenté d'imiter le vol des oiseaux, à tel point que ses avions ressemblent, dans leur forme extérieure, à des oiseaux. Cette conviction selon laquelle seul un objet en forme d'oiseau a une chance de voler a également abouti à l'adoption presque universelle de l'ornithoptère, ou appareil à ailes battantes, en tant que première machine volante. C'était une tentative vouée à l'échec car l'homme ne possédait pas une musculature suffi-

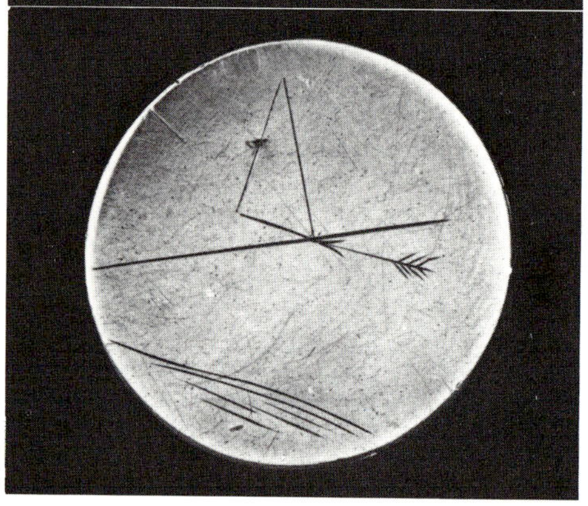

sante pour mettre en mouvement de telles surfaces, ni un moyen mécanique assez puissant et léger pour le faire.

En dépit de ses insuccès, l'homme a poursuivi ses tentatives de vol. Les inventeurs furent un étrange mélange de visionnaires, comme le grand Léonard de Vinci, de fanatiques ou d'originaux. Ces pionniers suivirent avec enthousiasme des chemins erronés et souvent fatals, et ils étaient fréquemment pris pour des fous par leurs contemporains. Mais l'attirance du vol était tellement forte que les pionniers succédèrent aux pionniers jusqu'au moment ou l'« âge de raison » et l'application des méthodes scientifiques purent engendrer de réels progrès. Finalement, en 1783, l'homme quitta pour la première fois la terre dans le ballon à air chaud des frères Montgolfier et prouva ainsi que le vol humain était possible. Peu de temps après, un pionnier anglais, original et méconnu, sir George Cayley, évoqua le problème du plus-lourd-que-l'air et envisagea les formes de base de l'engin qui le résoudraient. A partir de là, les progrès furent relativement rapides comparés à

Ci-dessus : sir George Cayley (1773-1857) fut décrit avec justesse par Charles Dollfus, un des plus grands historiens de l'aviation, comme « le véritable inventeur de l'aéroplane et un des plus puissants génies de l'histoire de l'aviation »;
en haut, à droite : premier plan d'avion, gravé en 1799 par Cayley, sur un disque d'argent. Son système de sustentation et de stabilisation était parfaitement viable (en haut).
Sur l'autre face (en bas), Cayley démontra et expliqua les facteurs permettant à un avion de voler. Le diagramme montre les forces de portance, de traînée et de poussée;
ci-contre : un avion de combat moderne est devenu un « système d'armes » associant la technologie la plus sophistiquée et les matériaux les les plus avancés. Le pilote est un professionnel très entraîné, capable de jouer avec un vaste éventail de possibilités complexes. Bien qu'il soit très loin du pionnier, l'excitation du pilotage, l'émotion du vol restent malgré tout les mêmes. Cette photographie extraordinaire montre le pilote d'un Convair F-102 américain à ailes delta, avec un avion semblable volant bord à bord.

ceux des siècles précédents, et le succès était inévitable dès la création du moteur à combustion interne dans le dernier quart du XIXe siècle.

Cet ouvrage traite d'abord de l'ère du vol effectif qui commence avec le génie des frères Wright, combiné avec les idées de Cayley et le développement du moteur Benz. La seconde partie du livre concerne évidemment le plus-lourd-que-l'air : l'aéroplane. Mais ce n'est pas seulement une histoire de l'aviation; c'est aussi celle des relations de l'homme avec ses machines volantes. La parenté est très proche et il y a, dans le monde actuel, peu de gens qui ne se sentent concernés. Hommes et femmes jouissent des avantages du vol aérien qui permet aux gens et aux marchandises d'être transportés rapidement et sûrement à travers le monde. Malheureusement, des civils furent également victimes des avions, surtout au cours de la Seconde Guerre mondiale, et, aujourd'hui, beaucoup vivent sous la menace des armes nucléaires qui, entre autres, peuvent être transportées par des bombardiers stratégiques.

Mais tandis que ces aspects de l'interdépendance entre l'homme et la machine volante sont de la plus grande importance sur le plan économique et militaire, il y a également des aspects de l'aviation qui sont plus proches de l'aspiration originelle de l'homme à voler : un désir de rivaliser avec les oiseaux sans autre raison que le plaisir et la joie de pouvoir le faire.

Aussi intéressantes que les relations « dures » de la dépendance économique sont les relations « tendres » avec le vol sportif, le vol à voile, les acrobaties et la compétition, toutes choses concernant un homme solitaire, dans des appareils souvent conçus, construits ou modifiés de leurs propres mains ou dans de petits ateliers.

De même que cet amour direct pour le vol, il y a d'autres aspects, comme l'intérêt que porte le public aux héros et aux héroïnes d'exploits aériens, tels Manfred von Richthofen, Charles Lindbergh et Amelia Earhart. Il existe également une attirance pour les événements dramatiques, telles la compétition « Mac Robertson » de 1934 entre la Grande-Bretagne et l'Australie et les grandes courses d'hydravions entre l'Italie, la France, les États-Unis et la Grande-Bretagne pour la Coupe Schneider en 1920. Il y a même un intérêt, quoique morbide et souvent exacerbé, pour les catastrophes aériennes.

L'histoire du vol motorisé durant ce siècle est, à maints égards, une projection de notre civilisation, à la fois dans ses meilleurs et ses pires aspects. L'aviation a ainsi ouvert la voie à la science et au commerce dans toutes les parties du monde et participé à l'augmentation du niveau de vie des hommes. Elle a joué un rôle dans l'accélération des communications qui a fondamentalement modifié le comportement humain et conduit au concept de l'« espace aérien ». L'aspect néfaste de l'aviation est la place considérable qu'elle a tenue dans l'évolution de la guerre, étendant jusqu'aux populations civiles la zone des combats. Espérons que l'équilibre entre le négatif et le positif continue de se maintenir; mais que l'aviation ait été discréditée ou non par une utilisation abusive, elle fut une aventure passionnante.

Ci-dessus : Wilbur Wright aux commandes du planeur Wright n° 3 (modifié) en 1902. Dans cet appareil, une gouverne de direction orientable remplace l'ancienne double dérive fixe que les deux frères ont employée précédemment ;
ci-contre : les frères Wright font voler leur planeur cerf-volant n° 2 de 1901, dans lequel est incorporé un berceau de commande de gauchissement pour vol piloté.
Page ci-contre, en médaillon : les frères Wright, Orville (avec une moustache) et Wilbur.

LES RÉALISATIONS DES FRÈRES WRIGHT

Il est aujourd'hui communément admis que les premiers vols dignes de ce nom, accomplis sur un engin plus lourd que l'air, furent ceux réalisés par Orville et Wilbur Wright, le 17 décembre 1903. Ces vols marquèrent la naissance de l'aviation. Cette époque, cependant, était celle où culminaient les efforts qui tendaient, depuis plus d'un siècle, à rendre possible le vol humain. Aussi, les travaux de tous les précurseurs — qu'ils fussent simples rêveurs, bricoleurs géniaux ou pionniers lucides — ne peuvent ni ne doivent tomber dans l'oubli.

Il ne fallut que quatre ans d'études expérimentales sur des planeurs pour permettre à Orville et Wilbur de préparer leur premier appareil propulsé par un moteur, qui avait été conçu et fabriqué par eux-mêmes. Le Flyer I, nom sous lequel on le connaît actuellement, fut transporté en caisses depuis l'atelier des Wright à Dayton, dans l'Ohio, jusqu'au site de Kill Devil Hills, Caroline du Nord, où il fut remonté au mois de décembre 1903. Bien que l'une des raisons du choix de ce site par les Wright ait eu pour but de préserver le secret de leurs expériences, il fut fait également en raison des vents dominants de force et d'intensité constantes qui soufflaient dans cette région isolée et avaient été indispensables aux essais de planage faits par les frères les années précédentes.

Wilbur fit la première tentative le 14 décembre, mais sans succès, car l'excessif braquage du gouvernail d'altitude envoya directement le Flyer dans le sable, à peine avait-il quitté son chariot de lancement. L'avion fut réparé dans les jours qui suivirent et, le 17 décembre, les deux frères étaient prêts pour d'autres essais. Après l'arrivée de cinq témoins du voisinage, Orville prit place sur l'aile inférieure du Flyer, poussa le moteur et fit signe d'actionner la catapulte. La machine prit sa vitesse sur les 18 m de rail dirigé dans le vent et, lorsqu'elle atteignit sa vitesse de décollage (40 km/h), elle quitta le chariot et s'éleva en l'air. Douze secondes plus tard, le Flyer touchait le sol après un parcours de 150 m à travers les airs. Il était un peu plus de 10 heures 35 du matin. Au cours des 90 minutes qui suivirent, trois autres vols furent effectués, le dernier avec Wilbur aux commandes. Celui-ci fut le meilleur de la journée car 800 m avaient été parcourus en 59 secondes.

Les Wright furent donc les premiers hommes à voler sur un aéroplane à moteur qui pouvait décoller à partir du sol, évoluer dans l'air par ses propres moyens et y être dirigé selon les trois plans de vol. Cet événement historique fit l'objet d'un communiqué transmis à la presse par les frères Wright en date du 5 janvier 1904, mais celui-ci n'eut aucun retentissement. Les frères avaient démonté le Flyer et le rembarquèrent chez eux où ils se remirent au travail afin de réaliser un autre appareil.

En fait, bien que les Wright eussent été les premiers à diriger un aéroplane dans les airs, d'autres avaient volé avant eux. La théorie aérodynamique du vol avait été énoncée un peu plus d'un siècle auparavant par sir George Cayley, né dans le Yorkshire en 1773. En 1799, il formula sa théorie sur les forces agissant sur un corps en mouvement dans les airs et la grava sur un disque d'argent. Sur l'autre face, il dessina un planeur à ailes fixes doté d'un empennage cruciforme et d'un moyen de propulsion (des rames!). Cayley poursuivit ses travaux dans ce sens au cours de la première moitié du siècle avant de construire, en 1849, un modèle grandeur nature.

Selon une de ses notes, cet appareil aurait soulevé sur quelques mètres au flanc d'une colline un enfant de dix ans. Si le fait avait été prouvé — il ne le fut pas —, le garçon aurait été la première personne à voler sur une machine plus

lourde que l'air. On raconte également qu'un peu plus tard, vers 1853 — Cayley approchait de son quatre-vingtième anniversaire —, il fabriqua un planeur triplan sur lequel il fit monter son cocher qui aurait alors fait un petit bond au-dessus d'une vallée.

Cayley aurait sans doute pu tirer un meilleur parti de ses théories, mais la chose était impossible car, à l'époque, aucune force motrice adéquate n'était encore disponible, Il avait donc été obligé de se limiter à la théorie et aux essais de quelques vols planés. Ce même facteur entravera les efforts de tous les autres pionniers pendant les vingt-cinq années qui suivirent jusqu'au moment où l'Allemand N.A. Otto perfectionna son moteur à explosion à quatre temps. Le moteur à essence était entré dans une phase de progrès constants, aussi bien au point de vue de la puissance que de la fiabilité. Mais les pionniers de l'aviation durent encore attendre un autre quart de siècle avant que l'on puisse fabriquer un moteur suffisamment léger leur permettant de l'utiliser.

L'un des précurseurs fut un Français, Félix du Temple. Il construisit, en 1857, avec l'aide de son frère Louis, une maquette d'aéroplane propulsée par un mouvement d'horlogerie, qui fonctionna parfaitement. Encouragé, il prit un brevet et mit en chantier un modèle grandeur nature mû par un moteur à vapeur dont la chaudière à circulation accélérée était de sa propre conception. En 1874, il essaya son appareil et le fit réellement décoller après un parcours sur un plan incliné, mais la machine fut incapable de se soutenir en vol et retomba sur le sol peu après son lancement.

Seize ans plus tard, en 1890, le premier décollage à partir du sol fut exécuté par l'Éole de Clément Ader. C'était un extraordinaire appareil à l'aspect de chauve-souris, comportant dans le fuselage une machine à vapeur entraînant une grande hélice tractive. La machine quitta le sol et parcourut quelque 50 m dans les airs le 9 octobre 1890; cette expérience ne put être considérée comme un véritable vol, car l'engin était incontrôlable et ne pouvait se soutenir réellement en vol. Ader fut néanmoins encouragé par cet embryon de succès et poursuivit ses expériences sur les plus-lourds-que-l'air avec d'autres appareils de configuration très similaire.

Cayley avait le premier énoncé la théorie de la portance grâce à l'utilisation de voilure à profil incurvé, mais il fallut attendre presque un siècle avant que l'aérodynamiste Horatio Phillips énonçât et brevetât une théorie de portance fondée sur une différence de cambrure entre l'intrados et l'extrados du profil de voilure. Selon cette théorie, si la courbure de la surface supérieure (extrados) d'une aile est plus grande que celle de sa surface inférieure (intrados), la distance parcourue par l'air passant au-dessus de l'extrados sera légèrement supérieure à celle de la face inférieure. L'air ainsi accéléré par rapport à la vitesse du solide en mouvement, sur l'extrados de la voilure, amène une réduction de pression, ce qui engendre une portance accrue.

Le premier brevet de Phillips fut enregistré en 1884, et en 1891 il construisit, afin de justifier ses théories, un grand multiplan ressemblant à s'y méprendre à un store vénitien. L'appareil, qui n'était pas destiné à voler, se souleva du sol, ce qui était déjà un excellent résultat. Les travaux entrepris par Phillips eurent une valeur inestimable pour tous les précurseurs de l'aviation. Il avait introduit la notion de portance en opposition à la notion de plané.

A cette époque, on entendit beaucoup parler de l'énorme machine que Hiram Maxim, l'inventeur de la mitrailleuse automatique, avait fait construire dans sa propriété du Kent et dont, aujourd'hui, on ne peut plus dire grand-chose. Il avait dépensé une somme énorme pour faire construire un biplan gigantesque destiné à l'étude des phénomènes de portance. La machine roulait entre deux paires de rails, dont la seconde, disposée à 60 cm au-dessus de la première, devait l'empêcher de décoller. Au cours des essais, qui eurent lieu en 1894, la machine développa suffisamment de portance pour pouvoir s'élever et même un peu trop, car elle arracha son rail de sécurité. Comme il n'existait aucun moyen de la diriger dans l'air, elle s'écrasa au sol. Hiram Maxim abandonna ses recherches, sans même réussir à faire breveter son engin, que l'Office américain des brevets refusa de prendre en compte.

En 1897, Clément Ader présenta, devant une commission de l'armée française, son nouvel appareil, l'« Avion III ». Sa silhouette générale était semblable à celle de l'Éole, mais il s'agissait à présent d'un bimoteur à hélices contra-rotatives destinées à annu-

Page ci-contre : un des aérostats (le Francesco Lana) utilisé par le Génie de l'armée italienne en Érythrée en 1887 pour des missions de reconnaissance et d'observation.
Ci-dessus : la caserne Cavour à Rome en 1902. C'était alors le siège d'une brigade de spécialistes du Génie qui fut l'embryon de la future aviation militaire italienne.

ler le couple de renversement. Encore une fois, il n'existait aucun moyen de contrôler l'appareil s'il avait quitté le sol, ce qu'il ne fit pas. Quoi qu'il en soit, Ader, se fondant sur le premier essai de l'Éole, se considéra — et est encore considéré par beaucoup — comme étant l'homme ayant volé pour la première fois. Son Avion III est conservé au musée des Arts et Métiers, à Paris.

Pourtant, tout ne fut pas vain dans cette dernière décennie du XIXe siècle, durant laquelle une forme de vol complètement différente fit d'intéressants progrès : le vol plané. Quelques inventeurs particulièrement perspicaces avaient compris qu'en l'absence d'un moyen de propulsion convenable sous le rapport puissance/poids, il était inutile d'envisager le vol sous la forme de poussée et de portance, mais qu'il était peut-être possible de le faire sous forme du planage, dans lequel la gravité remplaçait la poussée de l'hélice en tant que force propulsive. Cette idée, effectivement, fit progresser les théories aérodynamiques en même temps que le dessin des voilures.

Le plus célèbre des tenants du vol plané fut le grand précurseur allemand Otto Lilienthal, une des figures les plus attachantes de l'histoire de l'aviation. Prudent, il commença ses recherches par des calculs théoriques et des expériences sur des modèles réduits. Ainsi que nombre d'autres à cette époque, Lilienthal s'était beaucoup intéressé au vol des oiseaux, mais, contrairement à plusieurs, il n'avait pas cherché à copier servilement ceux-là. Il préféra analyser de quelle manière volaient les oiseaux et appliquer les mêmes principes grâce à une structure mécanique adéquate. En 1889, Lilienthal publia le bilan de ses recherches dans *Der Vogelflug als Grundlage der Fliegerkunst* (Le Vol des oiseaux considéré comme base de l'art du vol), qui fut considéré ensuite comme une bible par les pionniers de l'aéronautique.

Lilienthal construisit son premier planeur — fruit de ses études — en 1891 et le modifia en 1894, sous la forme d'un planeur monoplan reproduit sur des nombreuses photographies de l'époque. (Lilienthal fut le premier homme à être photographié en vol.) Les machines de Lilienthal n'étaient pas exemptes de défauts : la cambrure convergente de voilure plutôt que divergente était un recul par rapport aux essais effectués par Phillips et son système directionnel, peut-être suffisant pour les petits planeurs, ne pouvait être utilisé sur les plus grands. Cependant, tels qu'ils étaient, les planeurs de Lilienthal représentaient une réussite. Lorsqu'il se lançait d'une colline ou, plus tard, d'un monticule artificiel élevé près de Berlin, la foule pouvait voir que le vol, quoique sous une forme encore archaïque, était effectivement possible. Cela augmenta l'enthousiasme latent pour le vol et encouragea les autres pionniers à continuer leurs recherches.

Les développements du planeur

On peut considérer que le premier homme qui réussit des vols planés en étant capable, quoique d'une façon encore très limitée, de contrôler sa trajectoire fut l'Allemand Otto Lilienthal. Ayant observé le vol des oiseaux « grands voiliers » de haute mer, comme les goélands et les albatros, qui n'ont pas besoin de battre des ailes pour se soutenir en l'air, il en avait déduit que cette manière de voler sans effet apparent était due à la fois au vent et aux colonnes d'air ascendantes qui traversent l'atmosphère. Il avait donc construit un planeur à voilure fixe, une légère et gracieuse machine, assez semblable, dans sa forme, à un oiseau : cette machine comportait deux ailes cambrées faites d'une armature de bois recouverte de tissu imperméabilisé à la cire, sous lesquelles il s'accrochait par les bras et les coudes, son corps étant suspendu dans le vide. Il effectua ses premiers essais en 1890 et 1891 et entreprit ses premiers vols. Il avait mis au point un système de contrôle en vol fondé sur le déplacement du poids de son corps, ce qui avait pour effet de modifier le centre de gravité de son planeur *(ci-dessous)*.
Il est intéressant de noter que cette méthode de contrôle en vol a été reprise, vers les années soixante-dix, pour l' « aile volante » inventée par Francis M. Rogallo, sorte de planeur extrêmement simple de forme triangulaire.
En 1895, Lilienthal tourna son attention vers les biplans construits d'après le même schéma de base *(en bas)* que ses monoplans, et accomplit un grand nombre de vols réussis. Mais ces modèles n'étaient en fait qu'une étape dans la voie que Lilienthal avait choisie et qui devait aboutir au vol à moteur. Malheureusement, avant qu'il puisse mettre ses projets à exécution, il se tua accidentellement le 5 août 1896. Ses travaux avaient accru l'intérêt pour l'aviation et inspirèrent

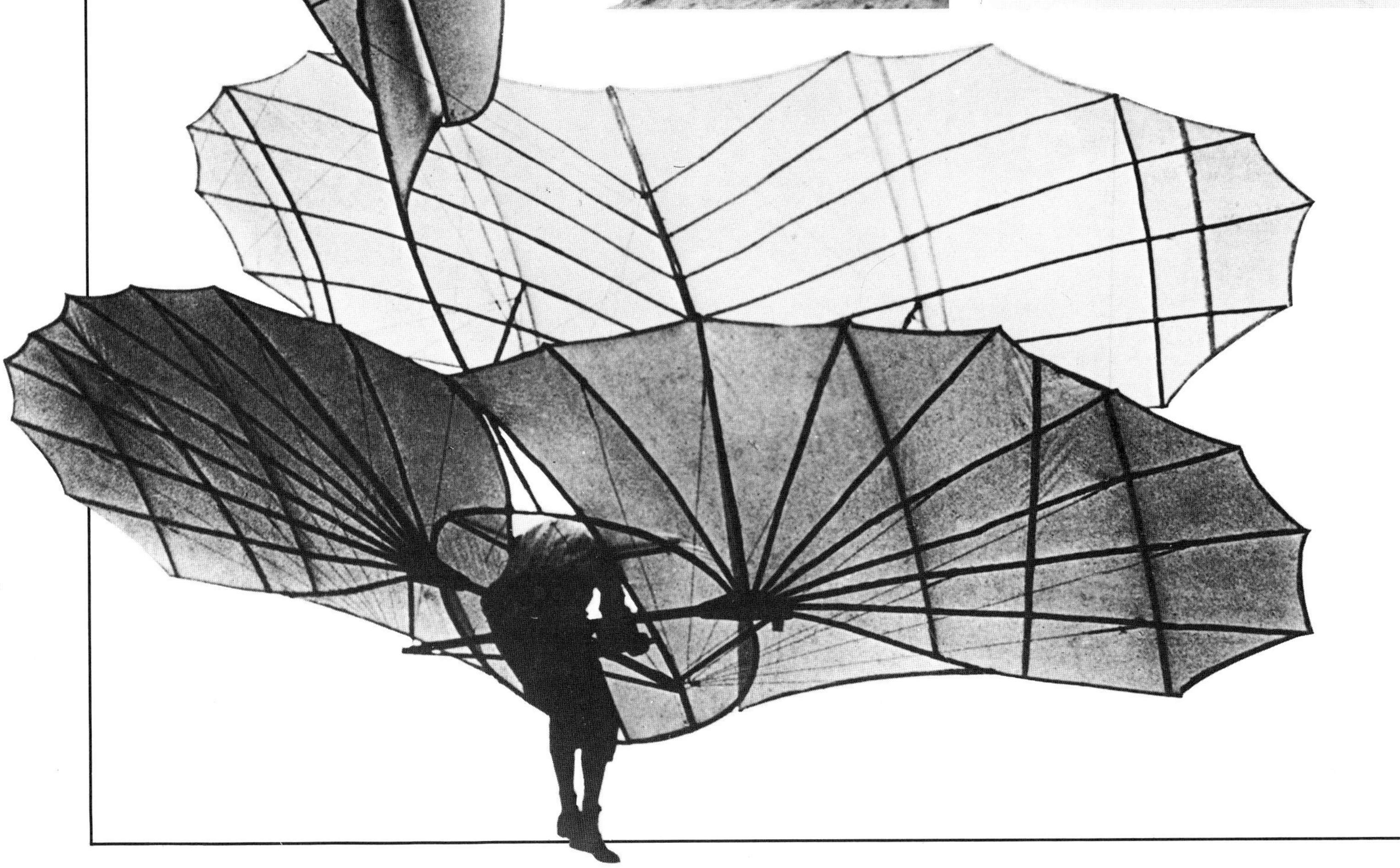

directement d'autres précurseurs. L'un de ceux-ci, l'Écossais Percy Pilcher, fabriqua un certain nombre de planeurs du type Lilienthal, avec une armature renforcée *(page ci-contre, photo à droite)* avant de s'écraser au sol en septembre 1899. Il avait, lui aussi, l'intention d'équiper d'un moteur un modèle amélioré de son appareil. Aux États-Unis, le flambeau de l'aviation fut, à cette époque, brandi par Octave Chanute, un émigré français, qui reprit les travaux de Lilienthal, mais avec un modèle d'appareil à voilure rigide à profil cambré. Son planeur classique de 1896 *(ci-dessus)* fut piloté par A.M. Herring et W. Avery. Il avait déjà la structure biplan adoptée plus tard par les frères Wright, sur les conseils de Chanute.
Il faut citer les vols de D. Maloney *(ci-dessous)*. Maloney fit deux vols qui avaient été bien préparés d'un point de vue publicitaire *(ci-contre);* au cours de ces vols il était lâché dans les airs à partir d'un ballon, mais il se tua accidentellement au cours de sa troisième tentative.

Le système de contrôle de Lilienthal était fondé sur le déplacement du centre de gravité de son appareil et non pas sur un quelconque système de gouvernes. Cela était rendu nécessaire par l'extrême légèreté de la machine, sur laquelle il était impossible d'installer les moindres gouvernes ni les câbles pour les mettre en action. Au lieu de cela, le pilote était suspendu par les aisselles à l'intérieur d'une ouverture pratiquée dans la voilure et ses jambes pendaient dans le vide. Il déplaçait la partie inférieure de son corps et balançait ses jambes afin de modifier le centre de gravité de sa machine et, par là même, en changer l'assiette en cours de vol. Ce système avait aussi l'avantage de ne pas réclamer d'atterrisseur car le pilote prenait le départ du vol en courant sur une pente et se servait également de ses pieds pour reprendre contact avec le sol.

Lilienthal changea d'objectif lorsque, en 1896, il commença des expériences avec un appareil ornithoptère propulsé par un petit moteur à gaz. On est en droit de penser qu'il serait, peu de temps après, revenu à une autre forme de propulsion plus orthodoxe et plus commode, mais le 9 août 1898, sur les pentes de Rhinow, son appareil fut déséquilibré par un brusque coup de vent et s'abattit. Lilienthal, la colonne vertébrale brisée, succomba le lendemain dans un hôpital de Berlin.

Bien que Lilienthal n'ait pas été dans la bonne voie, l'importance de ses travaux ne saurait être niée : il fut à la fois le premier homme qui vola avec un appareil capable d'être contrôlé en vol et, pour la nouvelle génération de pionniers, le premier homme qui aurait pu faire une réalité du vol à moteur. A partir de ce moment, la nécessité de doter les machines d'un système de contrôle en vol était devenue évidente. Les anciens chercheurs n'avaient jamais compris son importance, imaginant sans doute que l'appareil pouvait se maintenir de lui-même dans les airs.

La réputation de Lilienthal peut être estimée grâce au nombre de vocations qu'il inspira, notamment aux États-Unis et en Angleterre. Percy Pilcher, un Écossais, construisit successivement plusieurs planeurs, dont le plus évolué, le Hawk, était muni d'un atterrisseur à roues, mais dont le contrôle en vol était encore assuré par le déplacement du poids du corps, selon le système de Lilienthal. Il vola durant trois ans sur ce modèle avant de se tuer à trente-trois ans, le 30 septembre 1899, à la suite d'une chute et sans avoir eu le temps d'installer un moteur sur son planeur.

Aux États-Unis, les successeurs de Lilienthal furent Octave Chanute et A.M. Herring, son collaborateur. Né à Paris en 1832, Octave Chanut vécut aux États-Unis où son père, professeur au Collège de France, avait émigré en 1838, ajoutant alors un *e* à son nom pour en faciliter la prononciation anglaise. Il avait la soixantaine lorsqu'il s'intéressa à l'aviation, à la suite d'un voyage en Europe.

Il construisit, entre 1896 et 1897, quelques machines volantes; mais son principal titre de gloire fut d'avoir été l'informateur et le documentaliste des tout débuts de l'aviation. Comprenant qu'il était trop âgé pour contribuer au progrès autrement que par la voie des idées, il réunit, dans *Progresse in Flying Machines*, tous les travaux épars à travers le monde, donnant des listes d'amateurs et des trucs de construction. Il encouragea les jeunes chercheurs, dont les frères Wright, qui s'inspirèrent largement de ses travaux. Il améliora également le concept du planeur de Lilienthal avec une voilure biplan cellulaire.

L'Australien Lawrence Hargrave, qui s'était spécialisé dans l'étude des cerfs-volants, avait également progressé dans cette voie en mettant au point, en 1893, la structure en caisson. Ce type de voilure fut extrêmement populaire aux États-Unis et en Europe durant les premières années du XXe siècle, où elle fut utilisée dans les premiers aéroplanes des frères Voisin et d'Henri Farman.

C'est à ce moment que les élèves les plus doués d'Octave Chanute, les frères Orville et Wilbur Wright, entrèrent en scène. Sérieux, déterminés et dotés tous deux d'un esprit analytique et constructif, les deux frères étaient issus d'une famille nombreuse de Dayton, dans l'Ohio. Leur père, Milton Wright, évêque de l'Église des frères unis, présidait seul aux destinées de la famille depuis la mort de sa femme, en juillet 1889. Wilbur était son troisième fils et Orville le quatrième, le cinquième et dernier enfant étant Katharine, la seule fille de la famille.

Les garçons étaient passionnés des choses de la mécanique.

Comme leur père leur avait offert un hélicoptère-jouet, ils furent convaincus que cela n'était pas le meilleur moyen de voler.

Par la suite, aux alentour de 1890, les deux frères se tournèrent vers l'imprimerie et le journalisme avant de se lancer dans la fabrication et le commerce des cycles, vendant des bicyclettes « Wright Special » de leur propre conception.

Mais Orville et Wilbur n'avaient pas oublié l'hélicoptère à élastique de leur enfance, dont ils avaient fabriqué plusieurs copies.

Wilbur a dit, plus tard, que leur intérêt pour les problèmes aéronautiques datait de la mort de Lilienthal en 1896, époque à laquelle ils décidèrent de fabriquer une machine volante plus lourde que l'air. Mais plutôt que de se lancer

Ci-dessus : le 17 décembre 1903, Orville Wright est aux commandes du Flyer I, qui s'élève depuis son chariot de lancement et son rail pour le premier vol réussi d'un appareil à moteur, entièrement contrôlé. Sur la droite, Wilbur le regarde avec intérêt et orgueil. Le secret dans lequel travaillaient les Wright et l'ignorance presque générale des choses de l'aviation firent que cet événement non seulement ne fut pas célébré par la presse ainsi qu'il convenait, mais fut encore accueilli avec scepticisme.
Page ci-contre : l'Avion III, en forme de chauve-souris, de Clément Ader (1897), était propulsé par un moteur à vapeur. Équipé d'un système d'ailes déformables, il ne possédait aucune gouverne de profondeur et ne vola pas.

en aveugles, Orville et Wilbur abordèrent méthodiquement les problèmes du vol avec la méticulosité qui les caractérisait depuis leur jeunesse.

Les frères démarrèrent précautionneusement, lisant tout ce qui pouvait leur tomber entre les mains, mais sans rien adopter qu'ils n'aient pu vérifier eux-mêmes. Dès cette époque, les Wright avaient compris que le problème n'était pas de se maintenir dans les airs (ce que Lilienthal et Pilcher avaient déjà fait) et qu'il ne s'agissait pas non plus d'une question de propulsion — vu que les ingénieurs avaient mis au point des moteurs de plus en plus fiables —, mais concernait plutôt le contrôle de la stabilité de l'appareil en cours de vol. Le contrôle en assiette était simple, exigeant seulement un « gouvernail horizontal ». Ce système, connu actuellement comme gouvernail d'altitude ou de profondeur, pouvait être installé à l'avant ou à l'arrière de la voilure. Un gouvernail vertical était en mesure de résoudre le contrôle de la direction. Mais le problème de la stabilité en roulis était plus délicat. Il avait pourtant été déjà résolu en 1880 par un Français, tombé dans l'oubli aujourd'hui : Louis Mouillard. Celui-ci, dans un ouvrage bien connu en Europe à l'époque, *L'Empire de l'air*, avait décrit un système de stabilisation résultant de ses observations des grands oiseaux du désert. Il consistait en une déformation de la voilure, ou gauchissement, principe qu'il appliquera et expérimentera sur plusieurs planeurs de sa construction, et que Chanute fera breveter, en son nom, aux États-Unis. Malheureusement, Mouillard, sans fortune, ne pourra poursuivre ses travaux. Les Wright, étudiant le vol des busards, avaient tiré des conclusions identiques à celle de Mouillard et décidèrent, en 1899, de les appliquer à leur appareil.

Sachant à présent comment stabiliser leur machine sur les trois plans, les deux frères, toujours précautionneux, entreprirent de fabriquer d'abord un planeur modèle réduit pour essayer leur voilure déformable. Celui-ci avait 1,50 m d'envergure et fut terminé au mois d'août 1899. Structuralement, le

La voilure gauchissable

L'idée de gauchir les plans de voilure de manière à en faire varier l'angle d'incidence était venue à l'esprit de nombreux chercheurs qui avaient observé le vol des oiseaux. Ainsi Wilbur Wright pouvait-il écrire, en 1899, que le vol des busards l'avait conduit à penser qu'ils conservaient leur équilibre grâce à une torsion de l'extrémité de leurs ailes. Cette première impression fut vérifiée par l'expérience : le contrôle latéral d'un appareil est une commande de vol indispensable.
La théorie du contrôle latéral par gauchissement de la voilure est simple : l'accroissement de l'angle d'incidence du bord de fuite d'un plan et la réduction de l'angle d'incidence de l'autre plan produisent un accroissement de la portance locale.
L'illustration *en haut* montre le passage des filets au-dessus d'une voilure gauchie. La photo *ci-contre* montre le gauchissement en action.
Au départ, les frères Wright utilisaient le berceau de support du pilote pour commander le gauchissement des plans : pour s'incliner à droite, par exemple, le pilote tordait le berceau vers la droite, tirant sur le câble gauche qui entraînait le mât sur lequel il était fixé, et tordait vers le bas la partie extérieure de l'aile supérieure gauche, ce qui tordait de la même façon l'aile inférieure. Simultanément, le mât tirait sur le câble auxiliaire et poussait le mât droit vers le haut, tordant l'aile droite inversement à l'aile gauche. L'aile droite s'inclinait vers le bas tandis que l'aile gauche montait. La traînée de gauchissement (différence de traînée entre l'aile montante et l'aile descendante) faisant virer la machine en sens contraire de la direction voulue, les Wright couplèrent un gouvernail mobile à la commande de gauchissement. Par la suite, les appareils des Wright furent munis de leviers de commande manuels qui remplaçaient avantageusement le berceau *(en bas)*.

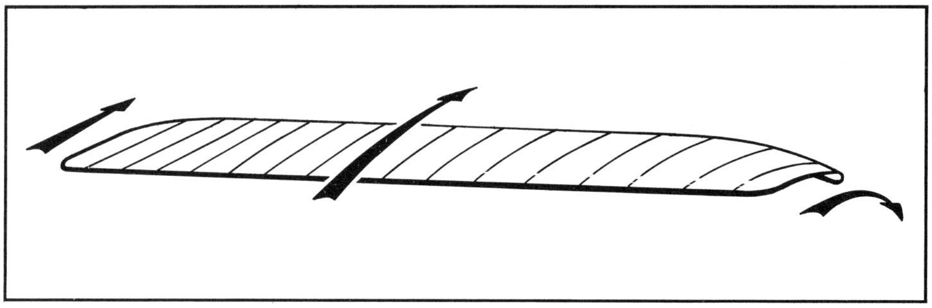

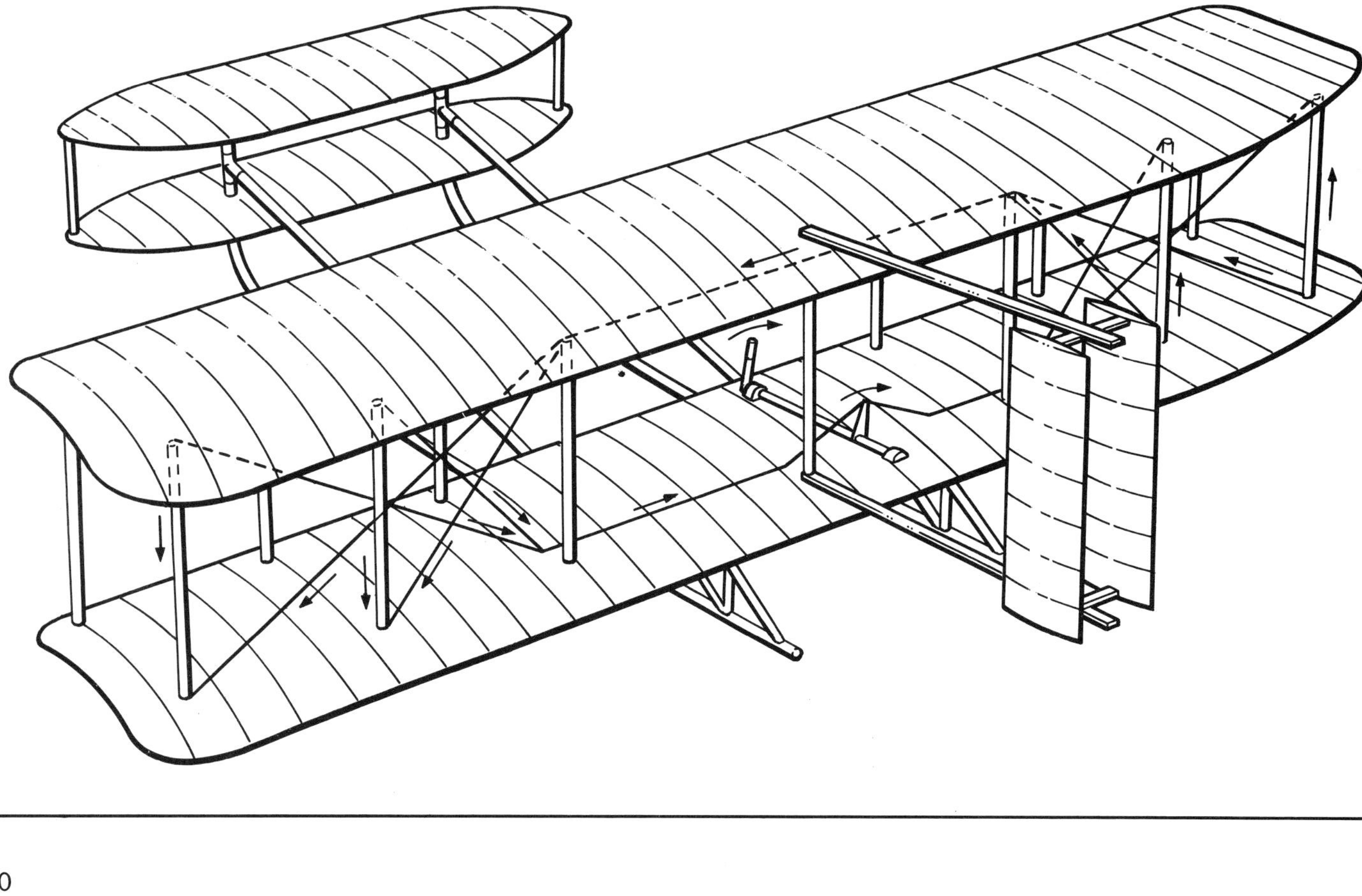

modèle était inspiré du planeur biplan de Chanute — avec lequel Orville et Wilbur restaient en constante correspondance —, possédant un empennage pour en assurer la stabilité longitudinale. L'engin fut une réussite, et la voilure déformable lui assura des performances remarquables bien qu'il fût commandé depuis le sol par quatre ficelles.

La deuxième étape fut, pour les Wright, la fabrication d'un petit planeur capable de supporter le poids d'un homme; prêt à l'automne 1900, il ressemblait à la maquette précédente, mais avait plus de 5 m d'envergure et le gouvernail d'altitude était placé à l'avant de la voilure où son action paraissait plus efficace. Il ne possédait ni dérive, ni gouvernail.

Aux essais, l'appareil fut insuffisant pour porter un homme; les Wright le firent voler comme un cerf-volant en modifiant plusieurs fois le dièdre et l'incidence de la voilure, ce qui augmentait la stabilité automatique, mais rendait le contrôle plus difficile. L'emplacement choisi pour les essais — Kitty Hawk, près de Norfolk, en Caroline du Nord — était trop éventé et les Wright abandonnèrent presque toutes leurs nouvelles idées, malgré leurs avantages en stabilité propre.

Mais, au mois de mai 1900, les frères Wright s'étaient mis en rapport avec Octave Chanute et lui avaient demandé de compléter leur documentation. Ce dernier, le 17 du même mois, leur avait répondu, leur citant le nom de Mouillard et leur indiquant le sens de ses travaux. Ainsi, les Wright se trouvèrent-ils en possession de tous les éléments de base et, suivant leurs habitudes, continuèrent à les expérimenter soigneusement.

Ils construisirent, en 1901, leur Planeur n° 2, semblable au n° 1, mais avec une envergure de 6,70 m qui procurait une surface alaire suffisante pour supporter un homme. La voilure était sans dièdre, et un nouveau système de gauchissement fut mis au point : deux câbles montés sur poulies de renvoi et commandés à partir du berceau du pilote agissaient sur les mâts extrêmes de l'entre-voilure. L'appareil fut essayé à Kill Devil Hills, au sud de Kitty Hawk, mais ne donna pas entière satisfaction.

Les deux frères comprirent alors que certaines données, empruntées à Lilienthal, étaient erronées, surtout en matière de profil de voilure, et ils décidèrent de reprendre leurs propres études. A cet effet, ils construisirent — et ils furent les premiers à le faire — une petite soufflerie grâce à laquelle ils purent expérimenter de nouveaux profils d'ailes, et, en 1902, réalisèrent leur Planeur n° 3. Ils s'aperçurent aux essais que l'appareil avait tendance à virer du côté où s'exerçait le gauchissement positif de l'aile, et ce, malgré la double dérive fixe qui avait été prévue, à l'arrière de la voilure, pour annuler cet effet. Au contraire, celle-ci semblait devoir accentuer le processus de virage. Les frères étudièrent donc un dispositif nouveau et ingénieux qui consistait en ceci : il remplaçait la double dérive fixe par un gouvernail articulé, entièrement couplé avec le gauchissement. Ainsi, lorsque l'on gauchissait du côté gauche, la gouverne de direction était automatiquement braquée à gauche.

Le Planeur n° 3 (modifié) vola au mois d'octobre 1902 et pouvait être contrôlé sur les trois plans.

Au cours de l'hiver qui suivit, Orville et Wilbur construisirent, aidés du mécanicien Charles Taylor, un premier moteur à explosion, d'après leurs propres plans, et décidèrent d'assurer la propulsion de leur machine par deux hélices contra-rotatives pour annuler le couple. Ces hélices étaient actionnées grâce à des chaînes de bicyclette. Le pilote était installé à gauche par rapport à l'axe de l'appareil et le moteur légèrement déporté vers la droite, les deux hélices étant disposées de chaque côté. Le moteur, robuste et léger, avait quatre cylindres et développait une puissance de 12 ch pour un poids de 81,500 kg.

L'appareil qu'ils construisirent alors et qu'ils baptisèrent « Flyer I » était un peu plus grand que le Planeur n° 3 (12,30 m d'envergure). Il n'était pas doté d'atterrisseur à roues, mais d'un simple patin et devait décoller suivant une technique particulière : l'appareil était disposé sur un léger chariot roulant sur des rails d'une vingtaine de mètres de long. Retenu par une corde jusqu'au moment où le moteur avait atteint toute sa puissance, l'ensemble était alors libéré, roulait sur les rails où il prenait sa vitesse. A ce moment, l'appareil quittait le chariot et prenait l'air.

Comme nous l'avons vu, le Flyer I fit son premier vol au mois de décembre 1903, mais l'événement passa complètement inaperçu aux yeux du public. S'il est vrai que les frères Wright étaient peut-être moins secrets et délibérément mystérieux qu'on l'a dit à l'époque, il n'est pas moins réel qu'ils avaient l'intention de transformer leurs exploits en affaire commerciale. Ils craignaient que trop de publicité, avant qu'ils aient négocié leurs brevets, nuise à leur intérêt; ils décidèrent donc de poursuivre leurs essais loin de la foule. Pour ce faire, ils s'installèrent dans la propriété d'un de leurs amis, à Huffman Prairie, à quelque 15 km de Dayton, où, durant la seconde moitié de l'année 1904, le Flyer II — leur nouvel appareil — prit l'air soixante-quinze fois, couvrant, au cours de son meilleur vol, 4,800 km en 5 mn et 4 s. Le 20 septembre, Wilbur avait même réussi un vol en circuit fermé de plus d'un kilomètre.

Depuis le mois de septembre, les Wright employaient une nouvelle technique de décollage comportant un système accélérateur pour leur chariot de lancement. Celui-ci — en fait une sorte de catapulte — consistait en un poids suspendu au sommet d'un pylône et relié par une corde et des poulies de renvoi au chariot supportant l'appareil. En tombant, le poids entraînait le chariot, accélérant ainsi la vitesse de décollage. Ce dispositif permettait aux Wright de voler par vent faible, mais ce fut l'un des principaux arguments de leurs détracteurs qui prétendirent que les frères étaient incapables de prendre l'air par leurs propres moyens. Ce n'était pas tout à fait exact, car le Flyer pouvait décoller seul, à condition que le vent fût assez fort.

Les vols de 1904 s'effectuèrent en vue d'une route fréquentée et plusieurs centaines de personnes eurent l'occasion d'assister à ces expériences. Des journalistes vinrent même, par deux fois, visiter le terrain d'envol. Par un curieux hasard, ces deux jours-là, le moteur du Flyer refusa de démarrer, si bien que les reporters restèrent extrêmement sceptiques.

L'année suivante, en 1905, les Wright sortirent l'appareil qu'ils considéraient comme définitif : le Flyer III. Il était toujours construit d'après le modèle de base, avec une envergure de 12,35 m, mais le système de couplage gauchissement/direction avait été modifié de façon à permettre une commande séparée des gouvernes grâce à un levier agissant à la fois sur les côtés (pour le gauchissement) et d'avant en arrière (pour la direction). Entre juillet et octobre, les Wright effectuèrent quelque quarante sorties et perfectionnèrent leur technique de vol. Ils changèrent encore une fois le système gouverne/gauchissement de façon à pouvoir utiliser, soit la commande séparée, soit la commande couplée, et ce, en vue de mieux coordonner les différents rapports de forces et améliorer leurs possibilités de « virage sur l'aile ». Avec un moteur plus sûr et plus puissant, le Flyer III était le premier aéroplane réellement opérationnel de l'histoire.

La remarquable amélioration des performances réalisées par le Flyer III par

Ci-dessus : le Flyer III des frères Wright (1905) fut le premier aéroplane réellement opérationnel du monde et, sans doute, l'appareil le plus célèbre de l'histoire de l'aviation. Il vola, le 5 octobre 1905, durant 38 mn 3 s, parcourant une distance de 38,600 km. Satisfaits de leurs Flyer I et II, les frères Wright en avaient conservé, pour leur Flyer III, les principes de base, améliorant cependant les hélices et le profil des ailes. Mais les limites de leur machine apparaissent déjà : manque d'atterrisseur à roues et un gouvernail de profondeur beaucoup moins avancé que l'empennage arrière proposé par Cayley;
ci-contre : le Flyer II de 1904 volant au-dessus de Huffmann Prairie.

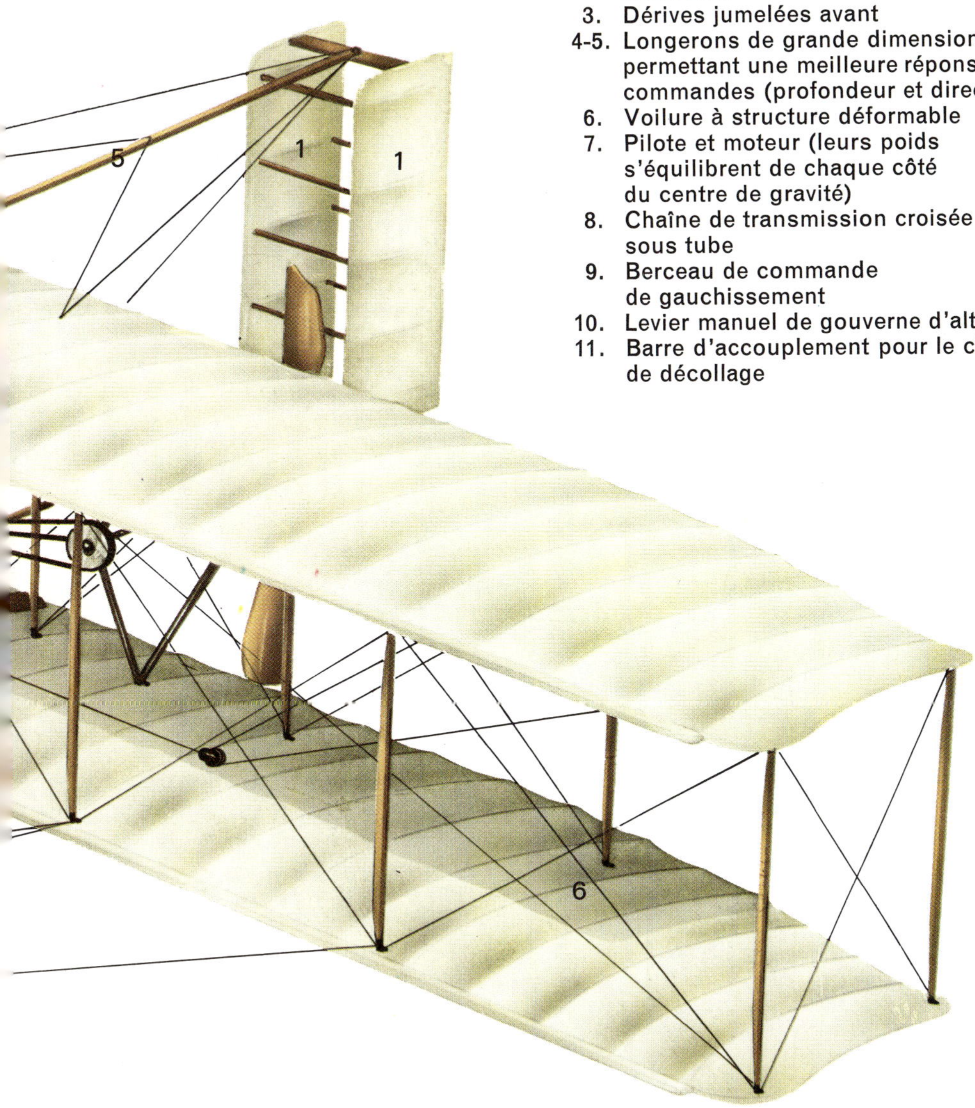

1. Double gouvernail
2. Gouvernail d'altitude biplan à profil biconvexe
3. Dérives jumelées avant
4-5. Longerons de grande dimension permettant une meilleure réponse des commandes (profondeur et direction)
6. Voilure à structure déformable
7. Pilote et moteur (leurs poids s'équilibrent de chaque côté du centre de gravité)
8. Chaîne de transmission croisée sous tube
9. Berceau de commande de gauchissement
10. Levier manuel de gouverne d'altitude
11. Barre d'accouplement pour le chariot de décollage

rapport à celles du Flyer II peut être facilement mesurée grâce au nombre impressionnant de vols de plus de 15 mn effectués au cours de l'été. Deux dépassèrent même les 30 mn; le plus long vol de l'année eut lieu le 5 octobre, lorsque le Flyer III resta en l'air pendant 38 mn et 3 s, couvrant une distance de plus de 38 km. L'appareil était donc capable de vols prolongés. Il faut ajouter à cela qu'au cours des quarante décollages et atterrissages aucun accident majeur ne s'était produit, ce qui prouvait la résistance de l'appareil.

Le plus important était que les deux frères étaient à présent en mesure de piloter la machine qu'ils avaient mise au point avec une incroyable maîtrise.

Orville et Wilbur Wright étaient du reste pleinement conscients d'avoir réalisé, après six années de travail, un appareil utilisable et étaient bien décidés à en tirer profit. Les éléments essentiels de leur machine étant brevetés ou en instance de l'être, ils interrompirent leurs vols et se lancèrent dans les opérations commerciales. Déjà, en octobre 1904, ils avaient pris contact avec un officier anglais, le lieutenant-colonel J.E. Capper, et des négociations étaient en cours. Le 18 janvier 1905, alors que le Flyer III n'était pas encore construit, ils l'avaient proposé à l'armée américaine tandis que, grâce à l'intervention de Chanute, ils entamaient une correspondance avec le capitaine français Ferdinand Ferber. Le 24 octobre 1905 arriva la réponse du « Board of Ordnance and Fortification » des États-Unis, qui était en fait une fin de non-recevoir : l'armée ne pourrait s'intéresser à la question que le jour où on lui présenterait une machine capable de voler à l'horizontale et de transporter un observateur. Cette réponse arrivait après les expériences réussies au cours du mois et déçut beaucoup les deux frères. En revanche, les pourparlers avec la France se concrétisaient, dans le secret, d'abord par l'intermédiaire de l'ambassade à Washington, vers la fin du mois de novembre, puis par la visite à Dayton, un mois plus tard, d'un représentant du ministère de la Guerre français. En fait, l'histoire des négociations commerciales entreprises par les frères Wright éclaire d'une façon curieuse et le caractère de ceux-ci, et la mentalité régnant alors dans les hautes sphères militaires mondiales.

Au mois de juillet 1906, les frères essayèrent d'intéresser à leurs appareils des sociétés privées françaises, sans pour cela rompre les contacts qu'ils entretenaient depuis presque un an avec les gouvernements anglais, américain, français et même allemand. En mars 1906, le commandant Bonel conduisit à Dayton, toujours confidentiellement, une mission française, mais les exigences de celle-ci — comme celles du « Board of Ordnance » — furent jugées inacceptables — l'appareil devant pouvoir voler à 300 m d'altitude — et considérées comme une fin de non-recevoir.

L'attaché militaire britannique à Washington se rendit également à Dayton (et les frères ouvrirent de nouveaux pourparlers, cette fois avec la Russie), mais l'administration du War Office était si lente que ce ne fut qu'en 1907 que celui-ci donna sa réponse, négative. La fin de l'année 1907 arriva sans que les frères aient pu décrocher le moindre contrat.

Il fallut attendre le début de 1908 pour que le premier accord fût signé, le 10 février, avec le gouvernement américain, puis, le 23 mars, avec une société privée, la Compagnie générale de navigation aérienne de Lazare Weiller. Par la suite (1908), la société Astra achètera la licence pour contruire des appareils Wright en France.

Mais, depuis 1905, Orville et Wilbur avaient complètement interrompu et leurs études et leurs vols. Ils n'avaient plus fait le moindre progrès et c'était sans doute un mauvais calcul, car ce répit allait permettre à l'Europe de combler peu à peu son retard. En réalité, l'histoire est stupéfiante : en six ans de travaux, ces deux Américains avaient réussi à mettre au point des cellules, des moteurs, des hélices, toute une série de planeurs et d'aéroplanes avec lesquels ils avaient réalisé d'étonnantes performances. Et puis, croyant sans doute qu'aucun progrès n'était possible, ils s'étaient arrêtés.

*Ci-dessus : en 1908, Henri Farman construisit le triplan hydride Voisin-Farman 1-*bis *en ajoutant une petite aile supérieure au 1-*bis *(seconde modification) plus ancien. Quoique assez satisfaisante, la conversion en triplan n'avait pas d'intérêt primordial et Farman, réalisant cela, vendit l'avion à un syndicat austro-hongrois;*
en médaillon : Henri Farman;
ci-contre : Farman reçoit les applaudissements des spectateurs alors qu'il termine le premier vol régulièrement homologué au monde de 1 km en circuit fermé, le 13 janvier 1908.

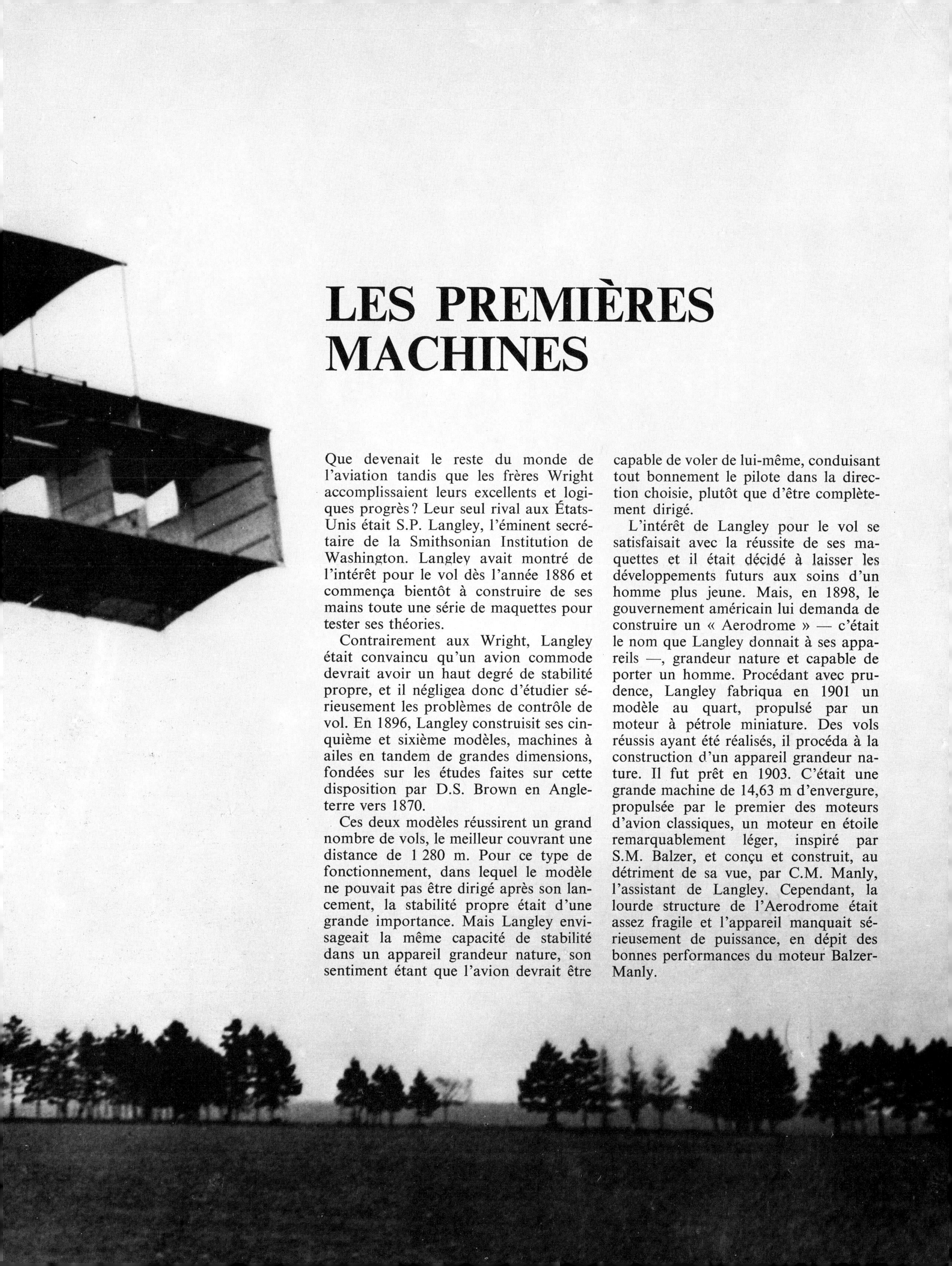

LES PREMIÈRES MACHINES

Que devenait le reste du monde de l'aviation tandis que les frères Wright accomplissaient leurs excellents et logiques progrès ? Leur seul rival aux États-Unis était S.P. Langley, l'éminent secrétaire de la Smithsonian Institution de Washington. Langley avait montré de l'intérêt pour le vol dès l'année 1886 et commença bientôt à construire de ses mains toute une série de maquettes pour tester ses théories.

Contrairement aux Wright, Langley était convaincu qu'un avion commode devrait avoir un haut degré de stabilité propre, et il négligea donc d'étudier sérieusement les problèmes de contrôle de vol. En 1896, Langley construisit ses cinquième et sixième modèles, machines à ailes en tandem de grandes dimensions, fondées sur les études faites sur cette disposition par D.S. Brown en Angleterre vers 1870.

Ces deux modèles réussirent un grand nombre de vols, le meilleur couvrant une distance de 1 280 m. Pour ce type de fonctionnement, dans lequel le modèle ne pouvait pas être dirigé après son lancement, la stabilité propre était d'une grande importance. Mais Langley envisageait la même capacité de stabilité dans un appareil grandeur nature, son sentiment étant que l'avion devrait être capable de voler de lui-même, conduisant tout bonnement le pilote dans la direction choisie, plutôt que d'être complètement dirigé.

L'intérêt de Langley pour le vol se satisfaisait avec la réussite de ses maquettes et il était décidé à laisser les développements futurs aux soins d'un homme plus jeune. Mais, en 1898, le gouvernement américain lui demanda de construire un « Aerodrome » — c'était le nom que Langley donnait à ses appareils —, grandeur nature et capable de porter un homme. Procédant avec prudence, Langley fabriqua en 1901 un modèle au quart, propulsé par un moteur à pétrole miniature. Des vols réussis ayant été réalisés, il procéda à la construction d'un appareil grandeur nature. Il fut prêt en 1903. C'était une grande machine de 14,63 m d'envergure, propulsée par le premier des moteurs d'avion classiques, un moteur en étoile remarquablement léger, inspiré par S.M. Balzer, et conçu et construit, au détriment de sa vue, par C.M. Manly, l'assistant de Langley. Cependant, la lourde structure de l'Aerodrome était assez fragile et l'appareil manquait sérieusement de puissance, en dépit des bonnes performances du moteur Balzer-Manly.

Langley décida que les essais de vol devraient être entrepris au-dessus de l'eau afin de donner à Manly, qui devait piloter l'appareil, une meilleure chance d'atterrir sans dommage en cas de catastrophe. La plate-forme de lancement choisie fut un ponton sur le Potomac, près de Washington. Pour augmenter la vitesse de vol de l'Aerodrome dans le minimum de temps possible, Langley conçut une catapulte qui fut installée sur le ponton. Manly tenta son premier vol le 7 octobre, mais l'Aerodrome accrocha la catapulte et tomba dans le cours du fleuve. Cet accident se répéta au cours du second essai du 8 décembre et, après cet échec, le gouvernement américain refusa de cautionner d'autres travaux sur l'Areodrome, qui fut mis au garage.

La prescience dont fit preuve le gouvernement en subventionnant le projet de Langley permet une comparaison intéressante avec les refus essuyés par les Wright deux années après, lorsqu'ils offrirent leur « Flyer III » à l'armée américaine. Cependant, Langley était un astronome éminent et le secrétaire d'une auguste société. Il est aussi intéressant de comparer les méthodes employées par les deux équipes.

Les frères Wright, en fait, progressaient grâce à des méthodes plus scientifiques que Langley : ils réfléchissaient, expérimentaient et éprouvaient chaque aspect du vol avant de franchir une nouvelle étape décisive.

En Europe, de lents progrès étaient réalisés dans le domaine du vol à moteur, ce qui est surprenant, car la seconde moitié du siècle avait été particulièrement féconde et l'idée du vol était largement répandue. En 1900, un seul Européen, le capitaine Ferdinand Ferber, poursuivit sérieusement des recherches sur le vol. En janvier 1902, il abandonna le planeur du type Lilienthal, qu'il expérimentait, après avoir reçu des renseignements de Chanute sur les planeurs des Wright. Il commença immédiatement la construction d'un planeur du modèle Wright, mais il ne possédait pas suffisamment d'éléments d'informations et ce fut un échec total. Une des principales raisons de celui-ci était que les plans n'étaient pas rigides et par conséquent ne produisaient pas une portance suffisante.

Après la conférence de Chanute à l'Aéro-Club de France, en avril 1903, au cours de laquelle il montra des photographies et des dessins du Planeur n° 3 des Wright, Ferber se remit au travail avec un renouveau d'enthousiasme. Bien qu'il fût, comme d'habitude, malchanceux, il introduisit un concept caractéristique d'une importance considérable. N'étant pas satisfait de l'instabilité inhérente aux machines des Wright, Ferber équipa son planeur de 1904 d'un dièdre dans la forme de la voilure et, ce qui est encore plus significatif, d'un empennage horizontal pour améliorer la stabilité longitudinale. C'était un pas magistral fait dans la bonne direction.

Mais Ferber, comme beaucoup d'autres Européens, ignorait le problème du contrôle du roulis et laissait tout simplement le dièdre s'en occuper à sa place.

Ci-contre : le Langley « Aerodrome », monoplan à ailes en tandem sur sa catapulte, au-dessus d'un bateau sur le Potomac, où l'on effectuait les essais de lancement;
ci-dessous : Langley (à droite) et Manly.

Cela resta une énorme pierre d'achoppement jusqu'en 1908, quand Wilbur Wright présenta son modèle A en France. A ce moment fut révélée la véritable nature du système de contrôle latéral utilisé par les Wright. Quoique Chanute ait donné aux Européens les « trucs » nécessaires pour leur permettre de mettre au point leurs propres méthodes de contrôle latéral grâce à l'emploi simultané du gauchissement des ailes et d'une dérive, des hommes comme Ferber refusaient encore d'envisager la question, ce qui les rendait tributaires de la stabilité automatique.

L'homme qui se porta ensuite à la tête du progrès en Europe fut le juriste français Ernest Archdeacon (prononcez « Arshdeck »). Il joua quelque temps un rôle important dans l'Aéro-Club de France et la conférence de Chanute l'encouragea à continuer, en formant d'une part un comité de l'Aviation à l'intérieur du club — où l'intérêt pour le ballon libre et le dirigeable avait toujours été prépondérant — et, d'autre part, en entreprenant une copie du planeur des Wright. Celle ci fut prête en 1904 et vola avec Ferber et Gabriel Voisin.

Robert Esnault-Pelterie, un autre Français, fut aussi inspiré par les Wright. Il décida de prouver, à partir du planeur des Wright, que le système de contrôle par torsion des ailes était structuralement dangereux. Comme beaucoup d'autres « avionneurs » français, il ne comprenait pas tout à fait la nature du contrôle latéral mis au point par les Wright, mais Esnault-Pelterie eut le mérite d'être le premier à utiliser les ailerons (surfaces mobiles rigides, articulées à l'extrémité d'une voilure rigide) à la place du gauchissement adopté par les Américains. Comme tous les autres planeurs Wright fabriqués en France, celui d'Esnault-Pelterie fut un semi-échec. Malgré tout, bizarrement, les « avionneurs » français étaient satisfaits de se déplacer en vol motorisé, sans même essayer de comprendre les insuffisances de leurs appareils.

Finalement, en 1905, les Français abandonnèrent les planeurs du type Wright, prenant ainsi, à court terme, du retard. La raison de cette décision fut une conférence donnée au début de l'année par Esnault-Pelterie, au cours de laquelle il déclara qu'ayant construit une réplique exacte du planeur Wright n° 3 il ne pouvait pas voler de la manière exposée par les deux frères. Il avait amélioré le modèle par l'adjonction d'ailerons sans améliorer autrement ses performances. La seule conclusion, disait

Esnault-Pelterie, était que les Wright avaient exagéré leurs exploits.

Cependant, quelques progrès furent faits en 1905. Au début de l'année, Archdeacon construisit un autre planeur du type Wright. Mais, en suivant les conceptions de Ferber, il ajouta une dérive fixe verticale et horizontale. Le planeur n'était pas piloté et, au cours de deux essais remorqués derrière une voiture, il sembla bien se comporter jusqu'à ce qu'une défaillance se produise dans la structure de l'empennage. Avec l'aide efficace de Voisin, Archdeacon fabriqua ensuite un nouvel appareil qui introduisait en Europe le principe de la « cellule de cerf-volant » inspiré par Hargrave. C'était un planeur Wright de base, muni à l'avant d'un gouvernail de profondeur et d'une double cellule montée sur tangons entre les ailes afin de procurer la stabilité longitudinale et directionnelle. Les ailes principales du biplan étaient divisées en trois cellules par des « rideaux » circulaires disposés sur les haubans intercalaires. Avec Voisin aux commandes, la totalité de la machine fut montée sur flotteurs et remorquée au-dessus de la Seine par un canot à moteur. A son second vol, l'appareil couvrit une distance de 300 m. Peu de temps après, et avec la collaboration de Louis Blériot, récemment entré dans le domaine de l'aviation et promis à l'avenir que l'on sait, Voisin construisit un planeur identique, de dimensions plus restreintes et avec une meilleure aérodynamique. A son premier essai, cependant, Voisin en perdit le contrôle et l'appareil s'écrasa dans la Seine où le pilote fut bien près de se noyer.

En 1905, Ferber mit son sceau sur l'histoire de l'aviation avec le premier « vol libre » d'un appareil à moteur dans le ciel de l'Europe et avec le premier biplan à hélice tractive du monde. La machine était le Ferber VII B, similaire, dans ses fondements, à sa dernière adaptation du planeur Wright avec un gouvernail horizontal et un moteur de 12 ch installé entre le bord d'attaque de l'aile et le gouvernail avant. Remorqué jusqu'à sa vitesse de vol, le Ferber VII B ne pouvait être considéré que comme un planeur propulsé, lorsqu'il fut essayé le 25 mai. L'appareil ne comportait pas de système de contrôle latéral valable et Ferber l'avait gratifié d'un gouvernail horizontal « flottant » qui pouvait se déplacer vers le haut ou vers le bas en cours de vol. Quoique son appareil ne fût pas un succès, Ferber avait apporté à l'aviation une contribution extrêmement significative avec l'invention du biplan tracté. Une fois le stabilisateur avant de Wright abandonné (1909), le biplan à hélice tractive devint l'avion type de base pour les vingt années suivantes.

A la fin de la saison, une déclaration de Chanute et des frères Wright eux-mêmes informa les Français de leurs derniers progrès. Le scepticisme résultant de la conférence donnée par Esnault-Pelterie un an auparavant et de la large diffusion qu'en avait fait le magazine *L'Aérophile* au mois de juin était tel que la plupart des gens étaient tout prêts à douter des affirmations des Wright.

Les dires des deux frères apparurent cependant convaincants et la plupart des « avionneurs » français étaient préparés à admettre qu'il y avait bien quelque chose de vrai. Si c'était le cas, les Français avaient été surpassés dans un domaine où ils s'estimaient prééminents. Si ce n'était pas le cas, il était clair que les Wright étaient plus en avance que les Français.

Rattraper les Wright et être ainsi le premier pays qui mènerait à bonne fin le vol à moteur — l'idée des Français — aurait dû être leur principale occupation

Au centre : Gabriel Voisin aux commandes du planeur à flotteurs Voisin-Archdeacon de 1905 ; ci-contre : essai de vol à La Spezia, en 1911, d'un Farman modifié en hydravion et piloté par l'Italien Guidoni.

*Le premier pilote européen à obtenir des succès populaires fut un excentrique et riche Brésilien établi à Paris : Alberto Santos-Dumont. Ci-contre : le sémillant Santos-Dumont prépare un des dirigeables dans lequel il commença ses vols; ci-dessous : Santos-Dumont essaie de se familiariser avec les commandes du 14-*bis *suspendu sous le dirigeable n° 14 en juillet 1906. La vitesse n'était pas assez élevée et l'expérience échoua; en bas : l'Italien Mario Faccioli aux commandes du premier biplan qu'il construisit en 1909 dans son atelier à Venaria Reale (Turin).*

durant l'année 1906. Avec la publication, dans l'édition de *L'Aérophile* de janvier 1906, de la plus grande partie du système de gauchissement des ailes des Wright et du gouvernail — complétée avec les dessins — les Français étaient pour la première fois en possession des éléments de base du succès des Américains. Mais les pionniers français étaient tellement entichés de leurs propres théories qu'ils accueillirent ces révélations avec une indifférence presque totale.

Dans le numéro d'août de *L'Aérophile*, l'un des plus dynamiques et intuitifs des pionniers français, Ernest Archdeacon, publia un avertissement à ses camarades sur l'utilité d'un renouveau des milieux aéronautiques français. Il soulignait qu'un moteur suffisamment solide, avec un bon rapport puissance/poids, était désormais disponible sous la forme du Levavasseur Antoinette; il fallait simplement, pour permettre de reprendre la première place aux Wright, trouver une solution au problème de l'équilibre et des commandes. Archdeacon admettait cependant, avec tristesse, que cette solution était encore éloignée. Il avait négligé l'importance des caractéristiques du brevet des Wright paru dans *L'Aérophile* de janvier.

Comme stimulant aux efforts français, Archdeacon rappelait à ses lecteurs l'offre faite par lui en 1904 d'un Prix Deutsch-Archdeacon, destiné au premier « avionneur » qui « bouclerait » un parcours de un kilomètre en circuit fermé. Sans doute pour ne pas encourager ses lecteurs à ne viser que de petites cibles, Archdeacon oublia de mentionner d'autres prix qu'il avait offerts à la même époque pour des vols de 25 à 100 m seulement. Pourtant, l'année 1906 ne devait voir que l'attribution de ces deux derniers prix, le troisième devant attendre jusqu'au 13 janvier 1908 pour être attribué.

Les originaux

En dépit du succès des pionniers tels que les frères Wright, Santos-Dumont, Farman et Delagrange, qui avaient déjà fourni, empiriquement, la preuve qu'un certain type d'avion pouvait voler, de nombreux pionniers préféraient encore suivre leur propre chemin, convaincus que leur conception du vol était à la fois plus pratique et plus digne d'intérêt. Le nombre des « originaux » augmenta constamment au cours de la période qui suivit la Première Guerre mondiale, durant laquelle un nouvel enthousiasme s'était développé grâce aux articles des journalistes relatant les succès de l'aviation. Refusant d'admettre l'évi-

dence qu'il était nécessaire de posséder des bases scientifiques et techniques particulières pour envisager le vol propulsé, ces originaux fabriquèrent un nombre déconcertant d'incongruités fondées sur leurs propres idées de l'aérodynamique, de la construction et sur leur conception personnelle du vol.
Quoiqu'ils semblassent — et fussent — ridicules à leur époque, quelques-uns de ces étranges appareils présentaient en fait des concepts avancés dans les structures et l'aérodynamisme, que l'on retrouva au cours des années trente et après. Même si l'avion à aile annulaire et à aile discoïdale pouvait éventuellement voler, il est toujours resté une élucubration, en dépit des résultats d'expériences techniques intéressantes.
Mais, dans la période qui précéda la Première Guerre mondiale, les appareils construits d'après ces idées bizarres n'avaient aucune chance de voler, car, lorsque les conceptions de base étaient saines, on allait au-delà, alors qu'il aurait fallu moins de fantaisie mais plus de logique.

De haut en bas et de gauche à droite : *la Maison-Volante de Baston,* construite en *1913 en vue d'un essai de vol transatlantique et comprenant un appartement avec chambre à coucher pour l'équipage ; d'une conception très avancée, l'avion à ailes cellulaires circulaires en tandem de Givaudan (1909) ne réussit jamais à voler ; la machine d'Equevilly (1908) était une chose très bizarre : elle comportait douze plans de voilure mais aucun empennage ; le biplan rhomboïdal d'Edwards (1911) était sans doute ambitieux, mais incapable de voler ; construit en tubes d'acier par Accles and Pollock Ltd., le biplan tandem de Seddon pesait 1 179 kg.*

Le moteur dont Archdeacon avait parlé dans son article avait été créé par l'un des héros de l'aviation, Léon Levavasseur. Il avait conçu son fameux moteur — auquel il avait donné le nom d' « Antoinette », en hommage à la fille de son associé Jules Gastambide — en 1903 pour une course de canots automobiles. Sans doute peut-on dire de lui qu'il contribua ainsi, plus qu'aucun autre, au succès final de l'aviation européenne, et ses deux moteurs, de 25 et 50 ch, furent, en Europe, les plus puissants jusqu'en 1909.

Suivant les normes de l'époque, ils étaient dignes de confiance et avaient hérité de la course un excellent rapport puissance/poids de 1,900 kg par cheval. Il fallut attendre l'apparition du moteur rotatif « Gnome », conçu par Laurent Seguin en 1907, mais sorti seulement en 1908, pour que l'Antoinette soit surclassé et cesse d'équiper les avions européens.

Le premier homme qui, en Europe, ait pu réellement se vanter d'avoir volé n'était pourtant ni un Européen, ni un pionnier intéressé auparavant par les plus-lourds-que-l'air. Alberto Santos-Dumont était un Brésilien dont la famille s'était enrichie dans le commerce du café. Installé à Paris, il y entretenait son amour du ballon dirigeable depuis le milieu du siècle. Persévérant, malgré d'innombrables échecs et accidents, Santos-Dumont mit au point, finalement, un type très rationnel de dirigeable léger. Le sémillant petit Brésilien faisait souvent, au tout début du siècle, évoluer ses dirigeables au-dessus des rues de la capitale et était devenu la coqueluche des Parisiens et des journalistes. A dire vrai, c'est lui qui, en Europe, après la disparition de Lilienthal, symbolisait le mieux l' « homme-volant ».

Ayant développé, pour son plaisir et sa distraction, un type fonctionnel de dirigeable, Santos-Dumont, en 1905, commença à s'intéresser aux problèmes des plus-lourds-que-l'air. Sa première machine, qui devait être le premier aéroplane français à voler, était, même au vu des bizarreries du temps, quelque chose de monstrueux, qui n'eut aucune influence sur l'évolution ultérieure.

S'inspirant peut-être de Langley, Santos-Dumont présentait sa machine comme un « aérodrome » plutôt que comme un « avion », mot inventé par Ader et devenu d'usage général. Le Santos-Dumont 14 *bis*, appelé ainsi parce qu'il avait été essayé sous le dirigeable Santos-Dumont n° 14, fut conçu et fabriqué près de Paris en 1906. C'était un biplan « canard », c'est-à-dire que la position normale de la voilure et de la queue était inversée. L'empennage, à l'avant du fuselage, avait la forme cellulaire des cerfs-volants d'Hargrave. Monté sur un joint universel, il pouvait pivoter de haut en bas en tant que gouvernail de profondeur et de droite à gauche comme gouvernail de direction. Les ailes, de 11,50 m d'envergure, étaient fixées à l'arrière de la cellule avec un dièdre considérable et le pilote se tenait dans une nacelle de ballon juste devant la voilure. Le train d'atterrissage comportait une paire de roues à l'arrière et un patin à l'avant. Le moteur était un Antoinette de 25 ch monté à l'arrière et entraînant une hélice propulsive.

La machine fut essayée en juin 1906, suspendue à une corde passée dans une poulie et remorquée par un âne. Il n'est pas étonnant qu'aucun résultat probant ne fut obtenu. Le premier test en vol eut lieu en juillet, sous le dirigeable n° 14, et la première tentative de vol libre fut faite le 13 septembre. Après un bond de 7 m seulement, le 14 *bis* atterrit lourdement et s'endommagea. Comme la machine devait être réparée, Santos-Dumont en profita pour changer le moteur pour un Antoinette de 50 ch et tenta un second vol le 23 octobre. Cette fois, il réussit un petit vol de 60 m, remportant ainsi le prix Archdeacon pour le premier vol de 25 m. Comprenant qu'un contrôle latéral était indispensable, Santos-Dumont modifia son 14 *bis* en y ajoutant une paire de grands ailerons montés entre les ailes, dans la dernière ouverture de chaque cellule. Ces ailerons étaient commandés par un harnais fixé au corps du pilote.

Avec l'appareil ainsi modifié, tout était prêt pour le grand triomphe de Santos-Dumont le 12 novembre 1906. Après cinq petits bonds, dont le meilleur atteignit 82 m parcourus en 7,2 secondes, Santos-Dumont effectua le premier vol homologué en Europe : 220 m en 21,2 secondes à une altitude de 6 m. Quoique ce vol fût beaucoup moins long que les premiers vols de Wright en 1903, il suffit malgré tout pour que Santos-Dumont fût follement acclamé à Paris et félicité dans le monde entier.

L'exploit de Santos-Dumont fut grand, bien que le 14 *bis* « Canard » ait été une monstruosité. Il prouvait d'une manière indubitable que l'homme pouvait voler et qu'un nouvel âge lui était ouvert. On peut se demander ce qu'aurait été le développement de l'aviation si les succès de Wright avaient fait le même bruit en 1903.

C'est alors que de nombreux secteurs d'activités montraient de l'intérêt pour l'aviation, en premier lieu l'industrie du

champagne des environs de Reims, et particulièrement la vieille maison Ruinart. Le 4 décembre 1906, cette firme offrit un prix de 12 500 francs-or au premier homme qui franchirait la Manche. C'était une offre très lucide et caractéristique des encouragements que les maisons champenoises allaient encore offrir à l'aviation.

A présent que Santos-Dumont avait « conquis les airs », beaucoup espéraient le suivre, comme si l'influence magique du Brésilien pouvait transformer leurs médiocres machines en engins capables de voler. En fait, durant les années suivantes, seul Henri Farman réussit à faire quelques progrès.

Farman fut l'un des acheteurs des biplans à hélice propulsive fabriqués par les frères Voisin. Ceux-ci désignaient leurs machines du nom seul de l'acheteur, mais ils avaient une part tellement importante dans la conception de leurs modèles que certains se trouvent, dans quelques nomenclatures réalistes, classés également sous leur propre nom.

L'avion Voisin de base était un biplan avec un gouvernail à l'avant et un empennage cellulaire. Ce modèle primitif fut essayé et épuré en tant que planeur remorqué en mai 1907.

Le premier appareil motorisé construit par Voisin est peu connu. Il avait été commandé par un ex-fanatique des ballons, Henry Kapferer. Le moteur, un Buchet 25 ch, fut incapable de faire voler l'engin. En tant que modèle de base, le Voisin-Delagrange I devait être assez proche de ce que l'on connaît du Voisin-Kapferer. L'avion avait une nacelle-sabot montée sur l'aile inférieure,

Au cours des premiers jours de l'aviation en France, les frères Voisin étaient considérés comme les constructeurs d'avions de la haute société.
En haut : le Voisin-Delagrange I (Delagrange n° 1) piloté par Charles Voisin au cours d'un petit vol à Bagatelle. L'appareil décolla six fois au cours de l'année 1907;
ci-dessus : Charles et Gabriel Voisin.

contenant à l'arrière un moteur Antoinette de 50 ch qui entraînait une hélice propulsive. Le pilote et les commandes étaient placés au centre et le gouvernail de profondeur (biplan) à l'avant. Les ailes n'avaient pas de « rideaux » aux extrémités et l'empennage cellulaire, monté sur quatre longerons partant des ailes, possédait deux gouvernails articulés sur le « rideau » extérieur.

Sous cette forme, le Voisin-Delagrange I décolla six fois de mars à avril 1906, mais son meilleur vol fut seulement de 60 m. L'appareil fut modifié selon les suggestions d'Archdeacon et équipé de flotteurs. Ainsi transformé, le modèle ne réussit pas à décoller lorsqu'au printemps il fut essayé sur le lac d'Enghien et subit d'autres modifications. Les flotteurs furent remplacés par des roues et le double gouvernail par un gouvernail unique. Avec Delagrange aux commandes à la place de Charles Voisin, l'avion décolla deux fois début novembre, le second de ces vols fut homologué comme le meilleur en Europe à cette date en ayant couvert 500 m. Malheureusement, Delagrange écrasa et détruisit son appareil à l'atterrissage.

Le troisième avion des Voisin fut construit avec un succès grandissant jusqu'en 1910. Cet appareil avait été commandé par Henri Farman et est connu sous le nom de Voisin-Farman I. Commencé au milieu de 1907, il fut livré au mois d'octobre. Dans sa première version la machine ressemblait au Voisin-Delagrange I, à l'exception d'une envergure légèrement plus grande (10,20 m) et d'un empennage à gouvernail unique sans « rideau » central. L'avion était beaucoup plus lourd que le Delagrange, sans doute en raison d'une construction plus robuste.

Quoique les premiers essais fussent plutôt satisfaisants, Farman demanda aux Voisin de revoir l'avion avec un dièdre pour en accroître la stabilité latérale, et de remplacer le stabilisateur biplan par un plan unique. Avec ces transformations, le Voisin-Farman I vola le 26 octobre 771 m en 52,6 secondes. C'était le record européen, mais il arrivait quatre ans plus tard que le premier vol des Wright. Farman, n'étant pas encore satisfait de son appareil, demanda que le grand empennage d'origine soit remplacé par un autre plus petit.

En tant que Voisin-Farman I (modifié) l'appareil volait bien et était le meilleur de son époque. Ce fut sur cette combinaison Voisin-Farman que fut homologué le vol en circuit fermé de 1 030 m, accompli par Henri Farman en 1 mn 14 s. Il gagna ainsi le prix Archdeacon pour un vol de plus de 150 m,

Commandes de vol

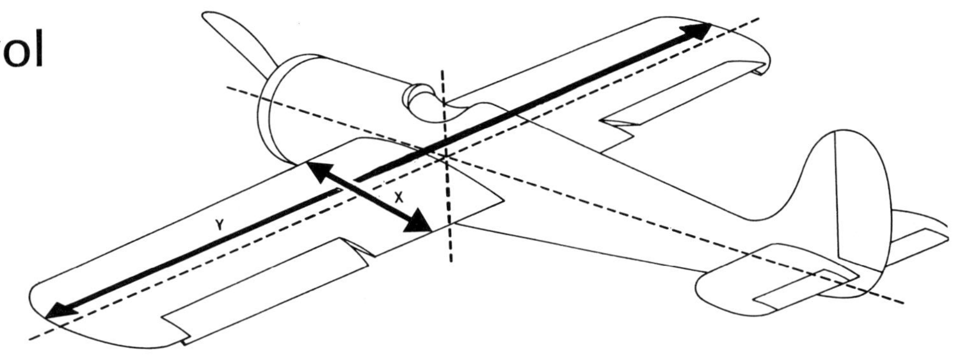

La plupart des avions sont destinés à voler librement dans les trois dimensions et doivent donc être équipés de moyens efficaces pour contrôler et commander les mouvements autour des trois axes de vol. Ces axes sont perpendiculaires entre eux et tous passent par le centre de gravité de l'avion. Ils sont verticaux, longitudinaux et latéraux.

Les plans de commande — de surface ordinairement restreinte — sont normalement disposés aussi loin que possible du point de rencontre des axes, afin de procurer un important bras de levier et donc un effet maximal. Le gouvernail de direction, disposé d'ordinaire à l'arrière, commande la course autour de l'axe vertical (lacet).

La course autour de l'axe latéral (tangage) est commandée par le gouvernail d'altitude, fixé également le plus souvent à l'arrière de l'appareil. La course autour de l'axe longitudinal (roulis) est effectuée grâce aux ailerons, ordinairement placés à l'extrémité du bord de fuite de chacune des deux ailes.

Les ailerons diffèrent des autres commandes en ce sens qu'ils agissent différentiellement, l'un étant braqué vers le haut tandis que l'autre l'est vers le bas, afin de donner l'inclinaison nécessaire au virage.

L'avion moderne à ailes delta est une exception à ces règles générales en ce sens que la plupart possèdent des « élevons », seules surfaces de commande à l'extrémité du bord de fuite de chaque aile. Ceux-ci peuvent agir de conserve en tant que gouvernail d'altitude ou différentiellement comme ailerons.

L'allongement, un des facteurs les plus importants de l'efficacité d'une voilure, car il est directement responsable de la traînée, est le rapport entre l'envergure (Y) et la corde (X) des ailes. Les planeurs et les appareils destinés aux vols à haute altitude ont souvent des voilures spéciales à grand allongement. En revanche, on les rencontre rarement dans les avions de combat, car elles réduisent la capacité de l'appareil à virer court.

les vols de Santos-Dumont et de Delagrange n'ayant pas été officiellement contrôlés.

Quoiqu'il puisse sembler que la plus grande part de ces succès soit due à Voisin, c'est en réalité Farman qui en est le principal responsable. Il s'était rendu compte des modifications nécessaires et c'était lui qui avait effectivement piloté l'appareil. Durant les années suivantes Farman fut à l'avant-garde des développements du biplan bien qu'il n'ait pas toujours compris que la maniabilité en roulis avait plus d'importance que la stabilité latérale. Le vol circulaire effectué le 9 novembre avait clairement démontré cette évidence. Pour faire virer son appareil, Farman avait dû se mettre en dérapage, et avec une vitesse aussi faible (moins de 56 km/h) l'aile du côté du virage avait été à la limite du décrochage. Sa faible altitude n'aurait pu donner à Farman, si cela s'était produit, la moindre possibilité de retrouver sa ligne de vol, même s'il avait su comment s'y prendre. Cependant, en raison de sa faible vitesse et de son altitude extrêmement basse, Farman aurait quand même été capable d'éviter de s'écraser, comme l'avaient fait beaucoup d'autres.

Après plusieurs années d'expériences sur divers modèles, Louis Blériot finit par adopter, en 1907, le monoplan à hélice tractive qui allait le rendre célèbre. Restant fidèle à ses méthodes, Blériot progressa avec logique et prudence et, après avoir écarté deux conceptions, il réussit à sortir son appareil définitif. Celui-ci comportait un fuselage entoilé, un moteur à hélice tractive, une voilure avant et un empennage à l'arrière du fuselage. Les stabilisateurs étaient en fait des élevons car Blériot n'avait pas compris que pour que les ailerons soient fonctionnels, ils devaient être installés loin — ou du moins aussi loin que possible — de la ligne centrale du fuselage. Le moteur était un Antoinette de 50 ch qui permit au Blériot VII de décoller plusieurs fois à la fin de 1907, deux de ces vols ayant couvert plus de 500 m. Mais si le Blériot VII n'était pas une réelle réussite, c'est avec lui que Blériot allait introduire la série des monoplans qui allaient le rendre célèbre dans le monde entier.

En 1907, d'autres pionniers s'intéressèrent aux monoplans à hélice tractive, les plus connus de ceux-ci étant Robert Esnault-Pelterie et Alberto Santos-Dumont. Vers la fin de l'année, Robert Esnault-Pelterie fabriqua son remarquable REP I, propulsé par un moteur de 30-35 ch, refroidi par air, de sa conception. Le REP I n'avait pas de véritable stabilité, et aucune maniabilité en lacet; le stabilisateur était monté à l'arrière du fuselage où il n'avait qu'un effet médiocre. Esnault-Pelterie utilisa même une certaine forme de gauchisse-

Tandis que Farman et Delagrange prenaient la première place avec leur modèle de base, forme modifiée du Voisin standard, les autres « avionneurs » français n'obtenaient guère encore de résultats avec leurs appareils, qui, en général, étaient des monoplans et des biplans à hélice tractive.
Page ci-contre : en bas, le Blériot IV terrestre, dérivé du Blériot IV à flotteurs ellipsoïdaux, ne quitta jamais le sol et dégoûta Blériot des biplans ;
en haut : le premier monoplan de Blériot qui laisse présager les formes futures, le type VII de 1907.
Ci-contre : le premier biplan à hélice tractive de style « classique », le Pischoff I de 1907.

ment d'aile pour assurer la maniabilité en roulis, chose qu'il avait condamnée deux ans auparavant. Le REP I fit quelques petits vols, le meilleur, de 600 m, le 16 novembre 1907. Sans dérive verticale fixe ou articulée, le REP I n'était pas véritablement fiable.

Santos-Dumont, voulant profiter de son succès de l'année précédente et garder son avance dans le domaine du plus-lourd-que-l'air, se tourna, lui aussi, vers le monoplan mais sous une forme aussi originale et bizarre que le 14 *bis*. Étant de taille réduite, Santos-Dumont choisit de construire un minuscule monoplan, tout juste capable de supporter son faible poids. Le résultat fut un charmant petit avion, le Santos-Dumont 19, qui, comme ses successeurs, prit le nom, qui devint populaire, de « Demoiselle ». Sur le n° 19, le pilote était assis entre les ailes, qui n'avaient que 5 m d'envergure, au niveau des roues d'un atterrisseur tricycle. Un stabilisateur angulaire avant était censé agir de conserve avec l'empennage d'une seule pièce, lequel était monté à l'extrémité d'un simple longeron de bambou partant de l'aile et assurait l'usage du stabilisateur et du gouvernail. La maniabilité en roulis était simplement contrôlée par les mouvements du corps du pilote; la propulsion était assurée par un moteur à deux cylindres Dutheil-Chalmers de 20 ch. Le meilleur vol du n° 19 ne fut que de 200 m, mais ce fut la dernière lignée des petits avions de l'aviateur brésilien qui, par la suite, eurent énormément de succès.

Avec le de Pischoff I, construit en 1907, le biplan à hélice tractive, comme le monoplan, trouva sa forme définitive quoique encore rudimentaire. Il n'avait pas de gouverne avant la voilure mais il possédait un gouvernail de direction et de profondeur fixe et articulé. Comme la plupart des autres appareils européens de cette époque, où l'on voyait mal la nécessité de la maniabilité en roulis, le biplan d'Alfred de Pischoff ne comportait ni ailerons ni dispositif de gauchissement. Bien que l'avion fût incapable de voler, il eut une importance considérable car, mis à part l'hélice tractive, il comportait deux innovations majeures. L'essentielle étant l'hélice, conçue et fabriquée par le constructeur de l'avion, Lucien Chauvière : il s'agissait d'une hélice en bois extrêmement efficace qui présageait toutes celles qui vinrent ensuite. Peut-être n'était-elle pas aussi efficiente que celle des Wright, mais ce défaut fut corrigé moins de deux ans plus tard. Le de Pischoff I était équipé d'un moteur Anzani de 25 ch en « pointe de flèche », dans lequel les deux cylindres extérieurs faisaient un angle avec le troisième cylindre, qui était vertical. Grâce à ce remarquable moteur, les monoplans de Blériot allaient renouveler leur bail avec le succès. Ce qui allait faire de Louis Blériot l'un des premiers industriels de l'aviation en France.

En Angleterre, Horatio Phillips poursuivit des recherches originales sur les surfaces portantes, sans d'ailleurs s'être préoccupé d'un système de commandes, même sous sa forme la plus rudimentaire. Le Phillips II, issu du vieux Phillips I de 1904, était un des appareils les plus extraordinaires qui quitta le sol. Il comportait plusieurs surfaces portantes de corde très réduite qui, placées les unes au-dessus des autres, dans des cadres, ressemblaient à un store vénitien. Le pilote était installé au milieu de cette structure où son champ de vision était bon devant lui et sur les côtés, mais nulle par ailleurs. Cet appareil fit quelques bonds en 1907 dont le meilleur, de 150 m, peut être considéré comme le premier vol effectué en Angleterre. Il n'eut aucune influence sur les progrès futurs de l'aviation.

En 1907 — et cela eut des conséquences importantes pour l'avenir —, deux Autrichiens, Igo Etrich et Franz Wels, se lancèrent dans le domaine de l'aviation; ils étaient fascinés par le vol des oiseaux et conçurent un appareil dans ce sens. L'engin avait été prévu pour voler avec un moteur Antoinette, mais le premier qui fut essayé, avec quelque succès, le fut en tant que planeur. Etrich, le plus capable des deux associés, mit au point, plus tard, cette idée qui trouva son aboutissement dans toute une série de monoplans à ailes d'oiseaux construits avant la Première Guerre mondiale et qui furent copiés dans toute l'Europe, et spécialement en Allemagne.

A la fin de 1907, et à l'exception d'Henri Farman, les inventeurs et les aviateurs européens n'avaient pas encore trouvé leur propre voie, ni évalué la totalité des problèmes. Cependant, Farman commençait à avoir une vue correcte de ceux-ci. Il avait finalement compris que si une stabilité propre de l'appareil était essentielle, il ne fallait pas négliger l'importance du contrôle en vol. Ainsi, et pour la première fois depuis 1900, les Européens avaient saisi ce principe fondamental de l'aviation.

Il fallut attendre 1908 pour que le public puisse voir des aviateurs, non seulement faire de petits bonds, mais encore se maintenir dans les airs pendant de longues périodes de temps, en dirigeant parfaitement leur appareil, montant, piquant, faisant des cercles, s'inclinant latéralement, et exécutant toutes les performances qu'un bon cavalier fait avec son cheval. C'était un très grand progrès, le plus grand peut-être que firent les aviateurs d'Europe et d'Amérique. Cela prouvait sans équivoque que

Ci-dessus : le capitaine Ferber qui avait, en France, ouvert la voie de l'aviation dans la première décennie du siècle, n'avait plus la première place. On le voit ici dans son type IX, plus connu sous le nom d'Antoinette III.

le vol libre était possible et que la clé de celui-ci n'était pas uniquement la stabilité propre de l'appareil, mais encore son contrôle.

Ainsi que durant les années précédentes, le biplan à hélice propulsive était toujours le plus en vogue quoique le monoplan commençât à montrer ses qualités réelles, en particulier les modèles Blériot et Antoinette. Comme d'habitude, ce fut une moisson d'appareils chimériques et pleins d'avenir.

Parmi les fanatiques du biplan, Delagrange et Farman furent les plus capables d'améliorer leurs précédents succès. Le 13 janvier 1908, Farman accomplit un vol en circuit fermé de plus de un kilomètre. Pilotant son Voisin-Farman I (modifié), il renouvela le vol qu'il avait exécuté en 1907 et qui avait été homologué en son temps. Il obtint ainsi le Grand Prix d'Aviation Deutsch-Archdeacon de 50 000 francs-or. Les médailles dues aux constructeurs des avions vainqueurs furent attribuées à Gabriel et Charles Voisin, bien que, sans les modifications apportées par Henri Farman, le premier modèle Voisin-Farman eût été presque incapable de quitter le sol. Il est intéressant de noter que le circuit de un kilomètre accompli par Farman était en fait de 1,500 km pour la simple raison que, sans la maniabilité en roulis, il n'était pas capable d'inclinaison latérale en fin de parcours et qu'il devait se mettre en dérapage afin d'exécuter un virage dont le rayon était le plus grand possible.

Farman accomplit plusieurs vols semblables au cours des deux jours qui suivirent avant de faire exécuter les modifications qu'il jugeait maintenant nécessaires. L'appareil amélioré, nommé Voisin-Farman 1 *bis*, fut prêt à voler en mars. L'avion de base, dans sa conception, était peu changé, mais il était équipé d'un nouveau moteur de 50 ch Renault et recouvert entièrement de lin caoutchouté à la place de la soie du Voisin-Farman I (modifié).

Le moteur Renault ne fut utilisé qu'une fois : il ne donna pas satisfaction à Farman qui revint au moteur Antoinette d'origine. Le 21 mars, Farman vola 2 km en 3 mn 31 s. En mai, Farman emmena Archdeacon comme passager pour effectuer deux vols au-dessus de Gand (Belgique), ce qui représenta le premier vol accompagné. Farman fut alors invité aux États-Unis, où, pour un certain nombre de raisons, son voyage fut un échec. Il perdit ainsi les mois de juillet et d'août. Cependant, avant son départ pour cette aventure, Farman réussit à réaliser le vol le plus long jamais réalisé en France, en tenant l'air pendant 20 mn 20 s (6 juillet).

Delagrange, entre-temps, talonnait Farman. Son vieil appareil étant virtuellement dépassé en novembre 1907, Delagrange commanda un autre avion aux Voisin. En incorporant au nouveau modèle ce qui pouvait être sauvé de l'ancien, les Voisin construisirent le Voisin-Delagrange II. Les différences entre celui-ci et le Voisin-Farman I (modifié) étaient faibles à première vue. Mais Delagrange commençait à s'inquiéter de la stabilité latérale après son accident du 3 mai. En conséquence, l'avion fut modifié, en tant que Voisin-Delagrange III, avec des « rideaux » entre les deux montants des ailes les plus rapprochés du fuselage. Bien que cela donnât à l'appareil un étrange aspect, les « rideaux » remplirent leur rôle et Delagrange exécuta en Italie plusieurs vols réussis. Le meilleur de ceux-ci eut lieu le 23 juin, date où Delagrange parcourut 14,27 km en 18 mn 30 s. Comme Farman, Delagrange fit deux vols avec passager, et il est remarquable que les deux aviateurs firent presque en même temps le même exploit. Mais bien que leurs performances aériennes fussent similaires, il est indubitable que Farman était le plus en avance des deux. En effet Delagrange avait copié les modifications faites par Farman sur le Voisin de base, et non le contraire. L'emploi par Delagrange des « rideaux » de côté n'était pas autre chose qu'une « mode » européenne qui visait principalement à assurer la stabilité latérale.

Ces deux Français les plus représentatifs du vol sur biplans étaient alors capables d'accomplir des trajets d'une durée raisonnable et purent continuer à améliorer leurs performances durant la fin de l'été et de l'automne 1908. Cependant, d'autres partisans français des biplans ne réussissaient pas aussi bien. Le capitaine Ferdinand Ferber s'était joint au groupe Antoinette, et sa dernière machine fut nommée Ferber IX, mais aussi Antoinette III.

La fondation, aux États-Unis, en septembre 1907, de l'Aerial Experiment Association (A.E.A.) par le Dr Graham et Mrs. Bell, avec Glenn Curtiss — un nouveau venu — comme tête d'affiche, fut un événement d'une grande portée. Au cours de l'année 1908, l'A.E.A. construisit trois biplans semblables, le Red Wing, le White Wing et le June Bug.

Le Red Wing, conçu par le lieutenant T.E. Selfridge, était propulsé par un moteur Curtiss de premier ordre. Le Red Wing, d'une envergure de 13 m et équipé de patins de skis en tant qu'atterrisseurs, fut essayé sur la surface gelée du lac Keuka. C'était un appareil du type Wright avec un empennage de queue et un arrangement de voilure inhabituel; tandis que l'aile inférieure avait un dièdre positif prononcé, l'aile supérieure avait un dièdre négatif de même courbure de sorte que l'extrémité des ailes était très rapprochée. Le but de cette disposition était de bénéficier d'un double dièdre et d'une certaine forme de « rideaux » de côté. Piloté par F.W. Baldwin, l'appareil fit deux petits sauts, le premier le 12 mars. Celui-ci fut le moins mauvais, avec un parcours de 97 m; le second aboutit à l'écrasement et le Red Wing fut abandonné en faveur du White Wing conçu par Baldwin.

Le White Wing était semblable à son prédécesseur, mais possédait un atterris-

Le moteur à haut rendement

En 1905-1910, le problème majeur de l'aviation était d'abord le moteur. Celui-ci devait être à la fois puissant, sûr et léger.
Les premiers à résoudre cette équation furent les frères Wright qui, en 1903, construisirent eux-mêmes leur propre moteur *(ci-contre)*; il servit de point de départ à tous les chercheurs qui suivirent.
Il comprenait quatre cylindres à plat, en acier fondu avec un carter en aluminium. La puissance de 12 ch était modeste, mais le poids n'était que de

81 kg. Alimenté par gravité, il ne comportait pas de carburateur. Construit en 1906, l'Antoinette de 50 ch de Levavasseur *(au centre, à droite)*, pesant 65,800 kg, avait un excellent rapport puissance/poids et était très sûr. Il permit l'essor de l'aviation en France.
L'Anzani *(au centre, à gauche)* fut monté pour la première fois (1908) sur le Pischoff I. Il développait 25 ch pour un poids de 65,800 kg.
Les meilleurs Blériot volèrent avec ce moteur.
Enfin, en 1908, apparut le remarquable Gnome rotatif de 50 ch *(en bas)*, pesant seulement 74,800 kg, qui était sûr et compact. Le système rotatif, inhabituel, comportait un vilebrequin fixe autour duquel tournaient les cylindres. L'alimentation se faisait par le centre grâce à un carburateur très simple.

seur conventionnel et des ailerons. Il effectua cinq vols au mois de mai, le meilleur couvrant 310 m. Mais comme avant lui le Red Wing, le White Wing fut remplacé, après un accident à l'atterrissage et par les soins de l'A.E.A., par le June Bug conçu par Curtiss. Comme les deux avions précédents, il était propulsé par un moteur Curtiss et conservait le principe de la voilure incurvée. Mais cette fois on avait ajouté quatre ailerons et l'empennage était amélioré par l'emploi d'une structure biplan. Piloté par Curtiss lui-même et par J.A. McCurdy, qui, comme Baldwin, était canadien, le June Bug se montra supérieur aux deux appareils précédents. Il exécuta quelque trente vols dont le meilleur eut lieu le 29 août sur une distance de 3,22 km. Avec le June Bug, Curtiss gagna le prix offert par le *Scientific American* pour le premier vol de plus de un kilomètre, avec un parcours de 1,500 km en 1 mn 42,5 s. Curtiss, qui avait eu une querelle avec les frères Wright parce qu'il avait transgressé leur brevet de 1906 concernant le gauchissement, fut aussi capable de piloter en position inclinée le June Bug en circuit fermé. Cependant, le June Bug était encore un engin extrêmement rudimentaire si on le comparait aux appareils construits alors en France par Voisin, Delagrange et Farman.

Après l'adoption par Blériot en 1907 d'un schéma classique de monoplan, les progrès faits en 1908 furent rapides et ce type d'appareil devint très vite fiable bien que le vrai succès ait boudé les deux principaux constructeurs de monoplans jusqu'en 1909. Ceux-ci étaient Louis Blériot et Léon Levavasseur, ce dernier étant à la fois ingénieur en chef et concepteur de la firme Antoinette.

Blériot trouva rapidement ce qui allait être la forme définitive du vrai monoplan, avec son nº VIII qui sortit de l'atelier du constructeur en juin 1908. Sous cette première forme, le Blériot VIII avait une envergure de 11 m, qui fut bientôt ramenée à 8,50 m. La propulsion était assurée par un moteur Antoinette de 50 ch et, bien que le fuselage initial fût entièrement entoilé, l'ingénieur le modifia ensuite pour aboutir, avec le Blériot VIII, au fuselage semi-entoilé, qui restera la forme distinctive des monoplans de Blériot. L'empennage était conventionnel, hors le fait que c'était la partie extérieure du gouvernail de profondeur, plutôt que la partie arrière, qui assurait la maniabilité longitudinale. Avec Blériot, enfin sur la bonne voie, on pouvait espérer des progrès très rapides; le 29 juin, Blériot exécuta un vol en cercle de 700 m. Ce fut le dernier jour où le Blériot VIII prit l'air sous sa forme originale.

Les modifications prévues par l'ingénieur comprenaient les ailerons, qui, sur le premier modèle, étaient de forme triangulaire; Blériot les remplaça par d'autres, beaucoup plus fonctionnels, de forme rectangulaire, montés sur le bord de fuite de chaque section extérieure des ailes. Les ailerons n'étaient articulés que vers le bas et, de ce fait, il n'en était utilisé qu'un seul au cours des virages. La décision était bonne, car les essais qu'il fit en juillet sur ce qu'il appelait alors le Blériot VIII *bis* furent très satisfaisants : le 6 du même mois, le VIII *bis* tint l'air pendant 8 mn 24 s. Cependant, Blériot n'était pas encore satisfait et continua ses essais de contrôle en vol. Au mois de septembre, il modifia le VIII *bis* qui devint le VIII *ter* après le remplacement des ailerons de type rectangulaire par des « élevons » différentiels formés par l'extrémité des ailes. Un plan fixe horizontal fut également ajouté à l'empennage. Une fois de plus, les améliorations de Blériot prouvèrent leur efficacité et, le 2 octobre, le VIII *ter* effectua un vol de 4,500 km. Le 31 du

En 1908, les aviateurs étaient de plus en plus nombreux à faire voler leurs appareils, et l'époque où le vol tenait du miracle était déjà révolue.
Ci-contre : des fermiers fascinés regardent passer le VIII ter *de Blériot au cours de son fameux vol de 28 km entre Toury et Artenay, vol qui comporta deux atterrissages (31 octobre 1908);*
ci-dessous : le premier appareil de l'A.E.A., le « Red Wing », sur la surface gelée du lac Keuka dans le nord de l'État de New York.
Page ci-contre, en bas : le June Bug.

même mois, Blériot fit un vol en circuit fermé de plus de 28 km, avec deux atterrissages, et en 22 mn. Une des étapes de ce périple, couvrant 14 km, fut parcourue en 11 mn. Blériot comptait sur de meilleures performances encore au cours de l'année 1909. Divers types d'habillage furent utilisés pour les aéroplanes au cours des années qui précédèrent 1910, mais Blériot avait pris un parti qui pouvait sembler étrange : les ailes des trois modèles de son monoplan n° VIII étaient couvertes de papier.

Ce fut en 1908 aussi que le premier monoplan de Levavasseur fit son apparition. Quoique les premiers appareils Antoinette fussent d'une silhouette assez lourde, Levavasseur ne tarda pas à

La société Antoinette était l'une des plus importantes de l'aviation française à ses débuts.
Ci-dessus : Léon Levavasseur, le brillant ingénieur de l'Antoinette;
en haut à droite : le Gastambide-Mengin (ou Antoinette II), piloté par le mécanicien Boyer, vient d'être accidenté;
en bas : le REP 2 se prépare au vol.

réaliser son idée de base dans toute une série d'avions très élégants et aux qualités esthétiques bien meilleures que ceux de Blériot. Levavasseur avait commencé de s'intéresser activement aux progrès de l'aviation dès 1903, lorsqu'il avait construit le premier avion à moteur à pétrole qui fut essayé en vol libre en France. L'appareil, en forme d'oiseau, fut un échec, mais Levavasseur n'en fut pas découragé pour autant. Il entra de nouveau dans la course avec le Gastambide-Mengin I, commandé par son employeur et d'autres membres de la maison en 1907 et livré en février 1908.

L'avion, n'ayant pas obtenu de résultats, était malgré tout intéressant pour plusieurs particularités importantes, dont la principale était le profil de la voilure.

La voilure du Gastambide-Mengin I était plaisamment évolutive, mais le fuselage était un objet massif perché sur un horrible atterrisseur à quatre roues avec le moteur — naturellement un Antoinette 50 ch — installé dans le nez et accouplé à une hélice à pales minces, très insuffisante. Prévu à l'origine comme un engin d'essai, l'avion n'était équipé d'aucune gouverne. Quatre essais seulement furent effectués, mais tous pilotés par un mécanicien de chez Antoinette, Boyer, et le plus long vol couvrit 150 m. Après s'être endommagé à l'atterrissage, l'avion fut reconstruit sous l'appellation de Gastambide-Mengin II ou, d'une façon plus appropriée, Antoinette II. De larges ailerons triangulaires furent ajoutés à l'extrémité des sections d'ailes et un gouvernail de profondeur ainsi qu'un double gouvernail de direction furent montés sur la queue. Piloté par un autre membre de la société Antoinette, Welferinger, l'Antoinette II ne rencontra qu'un succès mitigé, et son meilleur vol, durant de longs essais, au cours des mois de juillet et d'août, ne dépassa pas 1 mn 36 s. Welferinger prit également Gastambide comme passager pour accomplir un vol circulaire : deux

choses qui n'avaient encore jamais été faites avec un monoplan.

Levavasseur n'eut aucune part, autant qu'on puisse le savoir, dans l'Antoinette III, autrement désigné Ferber IX. Son nouvel appareil, l'Antoinette IV, fut le premier monoplan à obtenir un plein succès. Ce gracieux avion fut terminé en octobre 1908 et, au cours d'une très longue carrière, comparée aux standards de l'époque, supporta toute une série de modifications, surtout du train d'atterrissage. Il est impossible aujourd'hui de trouver trace de toutes ces modifications car, à ce moment-là, l'attention du public était concentrée sur l'appareil suivant, l'Antoinette V. Néanmoins, l'Antoinette IV inaugura l'ère des élégants monoplans Levavasseur, dont le fuselage profilé de section triangulaire fut probablement inspiré à son créateur par son ancien intérêt pour les canots automobiles de course.

Un autre monoplan digne d'attention au cours de l'année 1908, le REP 2, était l'extrapolation logique du premier appareil d'Esnault-Pelterie, avec une silhouette générale plus ramassée et un empennage fixe et articulé plus important. Esnault-Pelterie ajouta un gouvernail de profondeur auxiliaire, placé à l'aplomb du bord d'attaque de l'aile, à la partie inférieure du fuselage, pour améliorer la stabilité longitudinale. Les performances du REP 2 semblent avoir été conformes aux normes de 1908 en atteignant une altitude de 30 m et une vitesse avoisinant les 88 km/h. Cependant, dans sa première version, le REP 2 fut incapable de soutenir un vol prolongé et fut abandonné pour le REP 2 *bis* terminé en 1909 par son constructeur, un solitaire excentrique, mais d'un très grand talent.

En 1908, les milieux de l'aviation européenne furent secoués par une grande nouvelle : Wilbur Wright venait voler en France. Au début de l'année, les rapports des Wright avec le monde de l'aviation étaient devenus plus positifs car ils avaient reçu commande d'un avion et d'un pilote-instructeur, destinés au Signal Corps de l'armée américaine et que leurs appareils étaient construits sous licence en France. Tandis qu'Orville poursuivrait les pourparlers et les essais avec le Signal Corps, Wilbur irait en Europe pour présenter lui-même l'appareil qui avait déjà été envoyé en juillet 1907. L'avion français et celui du Signal Corps faisaient tous deux partie de la série construite après que les frères eurent abandonné leurs vols en 1905; ils étaient du type Flyer III modifié, nommés Wright Flyer modèle A. Bien que cette dénomination n'ait jamais été employée par les Wright eux-mêmes, elle est néanmoins logique puisqu'ils baptisèrent Flyer modèle B leur production suivante.

Orville et Wilbur avaient peaufiné leurs techniques de vol sur le Flyer III, modifié en modèle A standard en prévoyant, en mai 1908, deux sièges verticaux et quelques autres perfectionnements. Immédiatement après, Wilbur prit le bateau pour la France afin de rassembler les caisses contenant le modèle A qui étaient emmagasinées dans les docks du Havre. Il se rendit ensuite au Mans pour effectuer le montage du modèle A dans un atelier. Quoique les délais de montage aient été plus longs que prévu, tout fut prêt au début du mois d'août.

Il va sans dire que les milieux français de l'aviation avaient suivi les progrès de Wilbur avec intérêt, certains avec une amitié toute spontanée, d'autres, en revanche, se réjouissaient d'imaginer que les réserves qu'ils avaient faites au sujet des performances des Wright allaient être vérifiées. Toujours froid et méthodique, Wilbur avait une telle confiance dans son matériel et son travail qu'il n'avait même pas pris la peine de faire des essais de vols avant d'annoncer son intention de prendre l'air le 8 août.

Ce jour-là, toute une foule s'était assemblée sur le champ de course des Hunaudières, près du Mans, parmi laquelle les personnalités les plus en vue de l'aviation française considéraient avec curiosité — car l'avion des Wright ne décollait pas par ses propres moyens — le montage du rail de lancement disposé dans la direction du vent, l'appareil monté sur son chariot, le poids hissé au sommet du derrick et la corde de lancement que l'on attachait au chariot. Wilbur donna le signal et le modèle A, accélérant sur le rail, s'éleva gracieusement dans l'air. Wilbur monta, fit deux cercles, démontrant par la parfaite inclinaison de son appareil quel degré de maîtrise il avait atteint dans l'emploi du gauchissement et de la commande de

direction. Il atterrit après un petit vol qui n'avait duré que 1 mn 45 s.

La foule était stupéfaite; même ceux qui avaient fait confiance aux déclarations des deux frères étaient surpris de l'importance de l'événement. Ce n'était pas que Wilbur ait eu à vaincre des difficultés qu'un Européen n'aurait pu vaincre lui-même, mais plutôt que son vol avait été d'une qualité dont personne n'avait encore osé rêver jusque-là. Pour cet homme, l'air n'était pas un milieu hostile, il faisait corps avec lui. Les félicitations affluèrent de l'Europe entière et les autres pionniers commencèrent à réviser leurs conceptions sur la technique de vol, en particulier la combinaison de la maniabilité en roulis et en lacet. Léon Delagrange résuma, d'une phrase, l'opinion générale : « Eh bien, nous sommes battus! Nous n'existons pas! »

Aux Hunaudières, Wilbur continua de surprendre pendant les six jours suivants, puis se rendit sur le champ de manœuvres d'Auvours, à l'est du Mans. Il y vola le reste de l'année, temps pendant lequel il fit vingt-six heures de vol entre le 8 août et la fin de 1908. Au cours de ses soixante vols, il emmena des passagers et il réalisa quelques belles performances en tenant l'air entre une et deux heures. Le dernier jour de l'année il réalisa un vol remarquable qui dura 2 h 20 mn 23 s. En atteignant 110 m, il pulvérisa le record mondial d'altitude. A la fin de l'année, les exploits passés des Wright étaient unanimement reconnus, et Wilbur était célèbre dans toute l'Europe. De nombreuses personnalités, et non seulement celles appartenant au milieu de l'aviation, se précipitèrent au camp d'Auvours pour voir le miracle de l'année.

Tandis que Wilbur triomphait ainsi en Europe, Orville, de son côté, était acclamé aux États-Unis. Un modèle A fut assemblé à Fort Myer, près de Washington, et Orville commença, le 3 septembre, des essais de réception sous la supervision du Signal Corps. Il impressionna immédiatement tous ceux qui le voyaient évoluer dans les airs avec sa parfaite maîtrise du vol. Les progrès étaient rapides : Orville fit quatre vols de plus d'une heure, battit deux records d'altitude et emmena des passagers en trois occasions.

Mais tout cela prit fin le 17 septembre 1908. Au cours de l'après-midi Orville prit pour passager le lieutenant T.E. Selfridge, une des lumières de l'A.E.A., au cours d'un vol officiel. Comme ils tournaient autour du terrain, une des pales de l'hélice droite se brisa

Les frères Wright en Europe

En dépit des progrès réalisés en France, les exhibitions de Wilbur Wright en Europe, sur son Flyer A, étonnèrent les foules. On admettait bien que les frères Wright avaient pu effectivement voler, mais on était loin d'imaginer ce qu'ils étaient réellement capables de faire.
Le remarquable vol de Wilbur, le 8 août 1908, sur le camp militaire d'Auvours, à 10 km du Mans, transforma ce scepticisme en enthousiasme : les Américains étaient, alors, les maîtres en matière de vol; ils tenaient l'air longtemps et pouvaient assez aisément contrôler leur appareil dans les trois dimensions.
Seuls parmi les constructeurs, les frères Voisin persistèrent dans leur conviction que la stabilité inhérente de l'appareil était absolument indispensable (ils avaient d'ailleurs en partie raison).
Le succès financier récompensait les Wright, les commandes affluaient et ils avaient cédé leurs droits à plusieurs constructeurs européens. Même les militaires s'intéressèrent aux appareils des deux frères bien que cela ne leur ait guère rapporté et que les commandes ne fussent pas nombreuses.
En janvier 1909, Wilbur se rendit dans le sud de la France où il fut rejoint par son frère Orville, alors convalescent, et leur sœur Katherine, avant d'entreprendre une tournée dans différents pays d'Europe. Ils furent reçus partout triomphalement et firent admirer leur modèle A aussi bien au public qu'aux hommes politiques et aux chefs d'État avant de retourner couverts de gloire aux États-Unis.

Page ci-contre : au centre, *Wilbur Wright explique quelques points de détail de son modèle A au roi Alphonse XIII d'Espagne. Sur la droite de l'appareil, le moteur de 30 ch Wright entraînait les hélices par l'intermédiaire de chaînes ;* en bas, *observé par un groupe de Français fort intéressés, dont le fils de Clemenceau, Orville Wright expose le principe du décollage assisté : une corde retenant un contrepoids à l'une de ses extrémités est fixée sur un chariot supportant l'appareil et roulant sur un rail de lancement. Lorsque le poids, hissé en haut d'une tour, est relâché, la corde entraîne le chariot sur le rail afin de procurer à l'avion la vitesse nécessaire à son envol.*

Ci-contre : *près de Rome, Wilbur survole un paysage bucolique ;* ci-dessous : *sur la route entre Hunaudières et le camp d'Auvours.*

dans toute sa longueur; la différence de poussée produite maintenant par les deux pales entraîna de telles vibrations que le roulement de l'arbre lâcha et que l'hélice folle trancha un des câbles retenant le gouvernail. Tandis qu'Orville, réduisant les gaz, tentait d'atterrir, la structure du gouvernail se détacha, entraînant la chute de l'avion sur le sol. Selfridge fut tué sur le coup et Orville sérieusement blessé. Cependant, il ne tarda pas à se rétablir et partit en France rejoindre Wilbur.

Bien que le programme de vol de Fort Myer eût tourné court, Orville avait beaucoup impressionné les Américains en dépit du fait que le premier vol officiellement homologué aux États-Unis par l'A.E.A. ne l'avait été que deux mois auparavant. Il n'est pas exagéré de dire que le travail d'Orville aux États-Unis causa autant de remue-ménage et d'enthousiasme dans le pays que Wilbur en avait provoqué en France et en Europe. Incidemment, Selfridge fut la première victime d'un accident d'avion et seulement le quatrième aviateur à être tué depuis qu'avaient commencé, à la fin du siècle précédent, des études sérieuses sur les plus-lourds-que-l'air.

Dès son retour en France, Henri Farman, venant des États-Unis où les nouvelles des triomphes français de Wilbur Wright l'avaient fortement impressionné, se mit à modifier son Voisin-Farman I *bis* en I *bis* (modifié) par l'adjonction de quatre « rideaux » intermédiaires découpant l'espace interalaire en autant de cellules individuelles. Avec cette machine, Farman réussit quelques bons vols dont trois durèrent plus de 30 mn. Ayant naturellement le sens du vol, Farman avait pressenti les défauts de son appareil et, en étudiant les vols de Wilbur Wright, il comprit soudain que la maniabilité en roulis était l'élément primordial qui faisait défaut au I *bis* (modifié). Par conséquent, dès le début d'octobre, Farman monta un grand aileron à chacune des extrémités des ailes. Quoique ceux-ci n'étaient articulés que vers le bas, c'était malgré tout les premiers qui fussent véritablement efficaces. Ainsi amélioré, l'avion était parfaitement au point et, le 30 octobre, Farman exécuta le premier vol de ville à ville du monde : reliant en 20 mn les 27 km séparant Bouy de Reims. Encore insatisfait, il envisagea ensuite d'assurer plus de portance à son appareil en le transformant en triplan par l'adjonction d'une troisième petite aile montée au-dessus de la section centrale de la voilure. L'aile supplémentaire, cependant, présentait plus d'inconvénients que d'avantages, et Farman pensa à d'autres solutions.

Les succès de Farman et les vols de Wright en France marquèrent, dans l'histoire de l'aviation, la fin d'une époque. La nouvelle génération des pionniers n'avait plus longtemps à travailler dans le brouillard : ils possédaient à présent une basse à la fois théorique et pratique qui allait leur permettre de développer leurs propres conceptions. Les brusques progrès des performances réalisées durant l'année 1909 et le soudain enthousiasme du public pour tout ce qui touchait à l'aviation et aux « meetings » découlent directement du travail fait lors des précédentes années.

Tandis que Wilbur présente son modèle A en Europe, Orville Wright essaie, pour l'armée américaine, un autre modèle A. Page ci-contre : le lieutenant Selfridge se prépare à déclencher le système de largage du contrepoids avant le vol fatal du 17 septembre 1908, où il trouvera la mort.
Ci-dessous : le corps de Selfridge est transporté hors du lieu de l'accident.

200.000F. de PRIX
E. Montaut
GRANDE SEMAINE
D'AVIATION DE LA
REIMS DU 22 AU 29 AOÛT 1909 CHAMPAGNE
Affiches MONTAUT & MABILEAU 84 Rue d'Amsterdam, PARIS

L'ANNÉE DE REIMS

Page ci-contre : affiche annonçant la Grande Semaine de l'Aviation de Reims (août 1909) ; son succès, à la fois technique et mondain, scella définitivement l'avenir de l'aviation.
Ci-dessus : après l'immense succès du meeting de Reims, d'autres rallyes du même genre se succédèrent dans toute l'Europe. Celui de Doncaster, par exemple, attira un nombreux public, tandis que son rival de Blackpool échoua du fait du mauvais temps.

Deux facteurs essentiels aidèrent les pionniers français à surclasser définitivement les frères Wright et à prendre pour longtemps la première place dans le domaine de l'aviation. Premièrement, les démonstrations en vol de Wilbur avaient révélé clairement à tous, sauf peut-être encore aux frères Voisin, que la maniabilité totale sur les trois plans était une nécessité absolue. Deuxièmement, l'amour-propre européen avait été piqué au vif par la renommée universelle des Wright. Sans songer à bouder le succès des frères, ils en éprouvaient pourtant un certaine amertume.

Orville et Wilbur Wright avaient, dès le début de leur carrière, parfaitement compris que le contrôle total de la maniabilité en vol était la clé de la réussite. Les Français, au contraire, estimaient que la stabilité propre de l'appareil était essentielle. Comme c'est souvent le cas, la vérité se trouvait dans un juste milieu. Les Wright étaient dans le vrai en prônant le contrôle total et les Français n'avaient pas tort en souhaitant une certaine dose de stabilité propre. Mais, tandis que les deux Américains s'entêtaient dans leurs conceptions premières, les Européens, à partir de 1908, comprirent qu'un appareil sûr et fiable devait combiner leurs idées sur la stabilité propre et celles des Wright sur le contrôle total. Seuls peut-être Gabriel et Charles Voisin n'entendirent pas la leçon et continuèrent à tracer leur propre chemin bien que la firme prospérât par la vente de certains types d'appareils éprouvés et disposant de la confiance des acheteurs, mais déjà démodés.

Les frères Wright continuèrent à prendre leur part dans les progrès de l'aviation durant deux ans encore, mais leur Flyer de base était arrivé à son point de développement maximal et ses limites apparaissaient nettement. Un nouveau modèle n'aurait réclamé que peu de modifications, mais cela nécessitait de la part des Wright une révision déchirante de leurs théories et ils ne s'y sont pas résolu. Le fait même que les autres « avionneurs » aient mis autant de temps à les égaler les rendit également trop sûrs d'eux-mêmes.

Rétrospectivement, le grand mérite des Wright fut d'avoir prouvé l'avantage d'une approche scientifique sur les méthodes empiriques. Mais ils comprirent trop tard certaines évidences et, à ce moment-là, les Français avaient depuis longtemps pris la première place dans le monde de l'aviation.

Le Flyer des Wright réclamait un pilote d'une extrême habileté. L'appareil ne possédant aucune stabilité propre, il ne pouvait se maintenir seul en l'air plus de quelques secondes; aussi les efforts du pilote devaient-ils être considérables, mais pour des vols extrêmement courts. Pour tous ceux auxquels les exhibitions triomphales de Wilbur en France avaient donné l'envie de voler le plus rapidement possible, l'appareil des Wright était inutilisable. Aussi achetaient-ils des avions Voisin parfaitement pilotables une fois familiarisés avec les techniques de base.

C'est alors — et malheureusement pour les Wright — que les deux défauts majeurs de leur appareil Flyer devinrent évidents pour tout le monde. Le premier concernait le problème posé par le gouvernail de profondeur avant, qui ne comportait aucun plan fixe pour assurer la stabilité longitudinale de l'appareil.

Le second défaut majeur des modèles Flyer consistait en l'absence d'atterrisseur à roues et en la confiance que les frères avaient dans le système du rail de lancement et de la tour à contrepoids. Ce système pouvait convenir à l'époque du champ de Huffman Prairie, mais, en 1909, l'avion n'était plus un « gadget » d'exhibition et les pilotes exigeaient un train d'atterrissage pratique ainsi qu'un minimum de sécurité.

Les atterrisseurs à roues avaient depuis longtemps la faveur des Français et cela, combiné avec le contrôle de la stabilité transversale, leur permit de faire de rapides progrès dans le domaine de l'avion rationnel. La part la plus importante prise par les Français dans la mise au point du contrôle de la stabilité fut l'adoption de plans fixes à l'arrière des ailes, allant de pair avec l'abandon des gouvernes à l'avant du fuselage. Bien que répondant rapidement et précisément aux commandes, les gouvernes avant ne pouvaient entraîner aucun contrôle sur le tangage et accentuaient l'instabilité longitudinale de l'appareil. Les gouvernes de queue avaient un effet tout à fait inverse et permettaient une bien meilleure stabilité longitudinale.

Le principal responsable de ces clairvoyantes innovations, du moins dans le domaine des biplans, fut Henri Farman. Le Voisin-Farman I, dans tous ses aspects, s'était révélé comme un appareil de bon aloi; mais, vers la fin de 1908, Farman voulut un nouveau modèle. Plutôt que de le commander encore aux Voisin, il résolut de construire un appareil de sa propre conception. En dépit de sa réussite avec le Voisin de base, Farman produisit une chose bizarre sous la forme d'un monoplan en tandem, qu'il appela Farman II. Cependant, il eut bientôt une vision plus claire des réalités et abandonna son projet avant même qu'il fût terminé. La dénomination fut donc appliquée à un appareil qu'il commanda aux Voisin et qu'il paya d'avance.

Cette commande a été l'un des épisodes les plus étranges et les moins explicables de l'extraordinaire carrière de Gabriel Voisin. Sans en informer personne, celui-ci vendit le Voisin-Farman II, qui lui avait pourtant été intégralement réglé, à un Anglais, J.T.C. Brabazon, qui lui avait acheté un Voisin standard l'année précédente. La date exacte de cette inqualifiable tromperie n'est pas connue, mais doit se situer entre janvier et février 1909. Brabazon emmena son nouvel appareil en Angleterre où, en avril et mai, il fit les premiers vols au-dessus du sol anglais, à Brighton. Malgré les modifications spéciales demandées par Farman, l'appareil nommé par Brabazon *Bird of Passage* n'était pas une réussite et s'écrasa début mai. Bien que Farman n'appréciât nullement les procédés de Voisin, il n'engagea pas de procédure contre lui. Il rompit tout contact avec les Voisin et décida de construire son propre atelier sur l'aérodrome du camp de Châlons, au sud de Reims, où il avait fait son premier vol en 1908. Cela eut une grande importance pour l'aviation, en soustrayant Farman à l'influence pernicieuse des conceptions

A l'époque de Reims, un certain nombre d'appareils avaient atteint un stade de développement bien supérieur à leur conception primitive.
Ci-dessous : le pilote français Roger Sommer, qui vola à Reims sur un Farman III engagé sous le n° 3. Sommer fit dix vols à Reims, le meilleur atteignant 60 km; en bas : le premier Farman III, avec les petits ailerons remplaçant l'ancien, plus grand, mais possédant encore son empennage cellulaire et son moteur Vivinus.
Page ci-contre : en haut, l'Antoinette VII piloté à Reims par Latham et aussi utilisé pour la deuxième tentative de traversée de la Manche; en bas, un Antoinette IV dans sa forme primitive. C'est le monoplan classique de l'époque.

retardataires des Voisin. Désormais, le grand pionnier était entièrement libre de poursuivre son aventureuse carrière.

La principale conséquence de la rupture de Farman avec les Voisin fut la réalisation du Farman III, l'un des meilleurs avion de la période précédant 1912. Trois éléments de ce remarquable appareil sautaient aux yeux : premièrement, Farman s'écartait de la conception des Voisin sur la totale « stabilité propre » en adoptant quatre grands ailerons pour assurer la maniabilité en roulis, ce qui était un énorme progrès. Deuxièmement, un plan stabilisateur était ajouté à l'empennage quoiqu'un gouvernail de profondeur avant du type Wright fût encore utilisé. Troisièmement, la regrettable apparence d' « engin-suicide » avait disparu : la forme du Farman III était plaisante à l'œil et annonçait les futurs biplans à hélice arrière.

L'avion, propulsé par un moteur Vivinus de 50 ch entraînant une hélice encore primitive de modèle Voisin, fut prêt en 1909. Farman entama aussitôt une période d'essais intensifs qui prouvèrent bientôt la bonne tenue de l'appareil. Farman, constatant que la surface des ailerons était trop importante, désaccoupla la paire montée sur l'aile inférieure en la verrouillant en place afin d'augmenter la voilure. Peu de temps après, il incorpora quatre ailerons plus petits, introduisant la notion moderne d'un rapport mieux équilibré entre les ailerons et la voilure.

Dans sa forme originale, le Farman III avait cependant une caractéristique dépassée : son grand empennage cellulaire biplan. En août, Farman le remplaça par une structure ouverte et, sous cet aspect, le Farman III devint l'ancêtre des biplans européens classiques. Son meilleur vol, le 19 juillet, atteignit 1 h 23 mn, et l'on jugea le modèle si séduisant qu'il en fut construit deux autres pour Roger Sommer et George Cockburn, mettant ainsi solidement en selle Farman en tant que constructeur d'avions.

Malgré la perte de la clientèle de Farman, les Voisin continuèrent à prospérer, construisant durant l'année 1909 quelque quinze Voisin standards. C'étaient des appareils conventionnels quelque peu modifiés, et plusieurs firent des vols excédant deux heures.

Les Wright continuèrent leurs vols au cours de 1909 sur leurs appareils du

modèle A ayant subi quelques transformations. Ceux en service étaient le plus souvent construits à Dayton, mais, vers la fin de l'année, les exemplaires fabriqués en France commencèrent d'être livrés à leurs acheteurs. Selon son contrat en France, Wilbur enseignait le vol à trois élèves à sa base de Pau : le comte Charles de Lambert, Paul Tissandier et Eugène Lefebvre. Entre-temps, Orville, alors complètement remis des suites de son accident où avait péri Selfridge, avait repris ses essais pour le Signal Corps avec un modèle A modifié caractérisé par une voilure plus petite et un atterrisseur à skis plus haut. A la fin de juillet les essais avaient prouvé les qualités du modèle et le gouvernement américain acheta l'appareil. Wilbur resta en Europe et continua ses exhibitions en France et en Italie avant de retourner aux États-Unis pour faire quelques vols de démonstration, en septembre et novembre. Orville avait pris, en Europe, la place de son frère et vola en Allemagne au mois d'août après le succès de ses essais pour le Signal Corps.

Les qualités statiques du monoplan avaient été clairement démontrées en 1908 par les modèles Antoinette et Blériot et, en 1909, les deux types d'appareils étaient parvenus, après un grand nombre de vols, à une maturité qui leur conférait une supériorité réelle sur les autres monoplans.

Levavasseur poursuivit le travail qu'il avait commencé l'année précédente avec l'Antoinette IV et V en améliorant ces deux types, la modification la plus importante étant le changement du système d'ailerons. Sous leur forme de 1908, les Antoinette IV et V ne possédaient que des ailerons fonctionnant vers le bas de telle façon qu'en virage il n'y en avait qu'un qui travaillait. Réalisant à présent l'inefficacité de ce procédé, Levavasseur installa en 1909 des ailerons se braquant différentiellement.

Sur son appareil suivant, l'Antoinette VI, Levavasseur revint vers le système à gauchissement à la place des ailerons. Cela mettait en valeur la beauté naturelle des ailes, mais il apparut bientôt que c'était revenir en arrière. Cependant, il faut se rappeler que la voilure longue et étroite de l'Antoinette avait normalement une grande tendance à la torsion, de quelque façon qu'elle fût haubannée, et il est très probable que Levavasseur décida de profiter de ce défaut et employa un « gauchissement contrôlé » pour assurer la maniabilité en roulis. On peut aussi admettre que fixer de larges ailerons sur une structure d'ailes aussi flexible pouvait être dangereux : l'aileron pouvait se comporter comme un volet compensateur et tordre l'aile en produisant une inclinaison contraire à l'effet désiré.

L'Antoinette VI fut construite pour R. Demanest mais ses performances ne dépassèrent pas la moyenne au cours de ses quinze vols exécutés entre avril et juillet 1909. Cependant, son successeur, l'Antoinette VII, était un classique de la série et seule la « redoutable » Antoinette IV la surpassait en performances. Construit pour Hubert Latham, un Français destiné à jouer un grand rôle dans la vulgarisation de l'aviation, l'appareil fit son premier vol le 27 juillet 1909. L'Antoinette VIII, construit pour la société et volant pour la première fois le 15 août, fut également une belle machine, mais de performances médiocres.

Dans le domaine du monoplan, 1909 fut l'année de Blériot, malgré les efforts courageux et malheureux de Latham. En décembre 1908, le premier salon aéronautique au monde (Salon de l'automobile et de l'aéronautique) se tint à Paris. Blériot y exposa ses deux derniers appareils, les Blériot IX et XI, qui n'étaient pas tout à fait terminés.

Le Blériot IX possédait quelques caractéristiques notables : un moteur Antoinette plus puissant (100 ch), un long fuselage de section triangulaire (unique chez Blériot) et un bâti disposé au-dessus de la tête et des épaules du pilote et destiné à protéger celui-ci en cas de capotage à l'atterrissage.

Quant au Blériot XI, il devint, sous sa forme, l'appareil le plus célèbre du monde, et fut à la base du succès de Blériot en tant que constructeur d'avions. Sous son premier aspect, le Blériot pré-

L'hélice rationnelle

L'hélice, jusqu'à l'avènement de la réaction, était le seul moyen pratique, sur un aéroplane, de convertir la puissance du moteur en une force réellement propulsive.
Les premières hélices n'étaient guère autre chose que des ailes de moulin à vent d'une efficacité très relative : des surfaces plates, plus ou moins minces, calées selon un angle permettant de défléchir l'air vers l'arrière et de se « visser » dans celui-ci pour obtenir un effet propulsif comme sur le REP *(ci-dessous)*.
On réalisa bientôt qu'un profil aérodynamique pouvait produire une « portance » accrue vers l'avant et l'hélice prit alors l'aspect d' « ailes

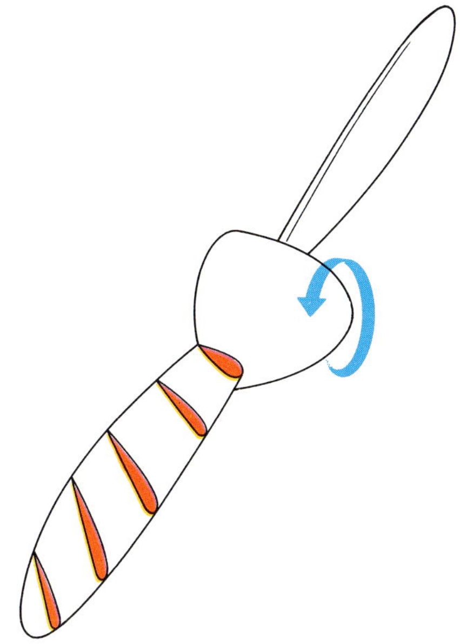

tournantes », comme celles équipant l'appareil des Wright *(en haut, à gauche)*.
Parce que la vitesse relative de l'air augmente d'une manière importante du pied de pale à la tête de pale, le profil d'une hélice doit être beaucoup plus évolutif que celui d'une aile.
La première hélice construite selon ce principe fut la « Chauvière » *(ci-contre)* qui équipa l'avion de Blériot.
Le diagramme (ci-dessus) démontre clairement ce concept : les pales sont calées selon un angle positif sur l'axe de rotation et se vissent dans l'air comme un écrou se visse sur une tige filetée. A noter : la réduction de l'angle d'incidence du moyeu sur la tête de pale.

sentait une silhouette inhabituelle tenant au fait que le plan de dérive était installé sur un bâti au-dessus de la tête du pilote, près de l'avant du fuselage. Les commandes étaient à gauchissement conventionnel et comportaient un gouvernail de profondeur et de direction à l'arrière. Le Blériot XI fut prêt à la fin de janvier 1909, mais ses essais en vol furent peu probants. Blériot tarda à apporter les modifications nécessaires et il se passa encore deux mois avant que le Blériot XI fût transformé en Blériot XI modifié. La dérive centrale fut démontée, le gouvernail arrière agrandi et — le plus important de tout — une hélice Chauvière à bon rendement fut accouplée au moteur Anzani « en pointe de flèche » de 25 ch qui remplaçait l'ancien 30 ch REP. Les résultats furent immédiatement impressionnants, surtout grâce à la très grande poussée produite par l'hélice Chauvière. Blériot fit sur cet appareil quelques vols excellents et de longue durée au-dessus de la campagne avant de porter son attention sur le franchissement de la Manche. On peut noter que le Blériot XI fut le premier appareil européen à utiliser le système de gauchissement avec un succès total.

Au cours du printemps 1909, Blériot décida d'être le premier dans l'histoire

Page ci-contre, en bas : le Blériot type XII, vu ici sous sa forme originale, était le premier appareil spécialement conçu pour transporter des passagers. Ci-dessous : Santos-Dumont avec la « Demoiselle » n° 20, le dernier appareil qu'il conçut avant de tomber gravement malade.

à fabriquer un appareil capable de transporter des passagers. Il se mit aussitôt au travail, et en mai présenta le Blériot XII. C'était essentiellement un modèle normal, mais construit à une plus grande échelle, propulsé d'abord par un moteur en V de 35 ch et ensuite par un moteur de la même provenance, mais développant 60 ch. Il était prévu pour un passager et le pilote, quoique Blériot transportât, au cours du meeting d'aviation de Reims du mois d'août, deux passagers afin de gagner un prix spécial. Le Blériot XIII était presque semblable à son prédécesseur, mais propulsé par un Anzani de 40 ch au lieu d'un moteur en V.

Sur les Blériot IX, XII et XIII, l'ingénieur utilisa un empennage en deux parties : la première étant un plan fixe servant de surface portante, destiné à supporter le poids de l'arrière du fuselage tandis que l'autre constituait la gouverne et le plan de dérive. Les succès du Blériot XI avec son conventionnel, ou presque conventionnel, empennage d'une seule pièce décidèrent Blériot d'abandonner, pour ses créations futures, le système en deux parties.

Le seul autre monoplan de 1909 qui eut du succès fut la dernière création qui sortit de la planche à dessins du frêle Santos-Dumont avant qu'il ne fût atteint d'une grave maladie. Ce dernier appareil, le grâcieux n° 20 Demoiselle, était le véritable ancêtre des appareils légers de tourisme. Tout comme le Santos-Dumont 19, le n° 20 était un petit monoplan à ailes hautes, mais avec un fuselage triangulaire à armature de bambou et une voilure à gauchissement manœuvrée par des câbles attachés au corps du pilote. Les Demoiselle furent essentiellement des curiosités et n'exercèrent pas d'influence réelle sur le monde de l'aviation avant la guerre de 1914-1918; elles contribuèrent toutefois à augmenter l'intérêt, pour les choses de l'aviation, d'un public toujours fasciné par les activités du sémillant Brésilien.

Esnault-Pelterie continua son chemin en solitaire, produisant, à la fin de 1908, son REP 2, modifié en REP 2 *bis*, qui vola durant la première moitié de 1909. Ce dernier comportait une innovation majeure : le premier « manche à balai », levier monté à la cardan contrôlant toute l'assiette de l'appareil en agissant aussi bien sur le gauchissement de la voilure que sur le gouvernail de profondeur. Adopté par tous les constructeurs, ce système rapportera de larges royalties à Robert Esnault-Pelterie. Pourtant son meilleur vol ne couvrit que 8 km (22 mai 1909). Les autres monoplans de l'année eurent encore moins de succès, notamment des curiosités comme l'avion Givaudan à voilure annulaire, Watson à voilure oscillante et le gracieux mais absolument démodé avion à ailes tandem de Guillebaud.

Quoique n'ayant eu aucun succès à l'époque, deux modèles de cette année-là allaient avoir une grosse influence sur le développement des biplans à hélice tractive : le Goupy II et le Breguet I. Le premier avait été conçu par Ambroise Goupy et Mario Calderera et construit par Blériot. C'était une conception avancée, avec une voilure décalée (le plan supérieur était en avant du plan antérieur) sur un fuselage et un empennage du type Blériot. Équipé d'« élevons » en extrémités d'ailes, il commença, à partir de la fin de l'année, une longue carrière d'avion-école. Le second, conçu et fabriqué par Louis Breguet, n'avait pas un aspect aussi moderne que le Goupy II, mais eut également une influence pour le futur. Présenté au spectacle aéronautique de l'Olympia à Londres en mars 1909, il fut prêt à voler en juin. Une des caractéristiques de l'appareil était le double usage du gauchissement, à l'unisson en tant que gouverne de profondeur et différentiellement en tant qu'ailerons.

Ci-contre : le Breguet n° 1, quoique assez peu satisfaisant, marque pourtant une étape capitale en déterminant presque définitivement la silhouette des biplans à hélice tractive. Construit solidement, et propulsé par un moteur Renault de 60 ch, le Breguet I avait une disposition inhabituelle des ailes.

Contrairement au Goupy II, le Breguet I prit part au meeting d'aviation de Reims, où sa silhouette originale et prophétique fut très remarquée.

En dépit d'une tendance à l'autosatisfaction, souvent exprimée sous forme de déclarations selon lesquelles ils étaient capables de construire un avion supérieur à tous ceux que fabriquaient les continentaux, les Britanniques commençaient seulement à émerger du marasme aéronautique dans lequel ils s'étaient enlisés. Deux hommes furent responsables de ce changement, et encore l'un d'eux, Cody, était citoyen américain. Après les pitoyables performances de son premier appareil, le British Army Aeroplane n° 1, Cody, dans les dernier mois de 1908, reconstruisit sa machine qui fut appelée Cody 2, et fit avec elle trente vols durant la première moitié de 1909, le meilleur couvrant une distance de 6,400 km. D'importantes modifications transformèrent l'appareil en Cody 3, à bord duquel son infatigable créateur fit plusieurs vols réussis, dont l'un de 64 km en 60 mn (8 septembre 1909). Les appareils de Cody étaient grands, robustes, mais disgracieux et n'exercèrent aucune influence sur l'évolution de l'aviation. Il était pourtant important de montrer aux Anglais que l'aéroplane pouvait voler et qu'un de ceux conçus dans leur pays — même si ce n'était pas par l'un de leurs compatriotes — était capable de tenir relativement longtemps dans les airs. L'enthousiasme et la détermination de Cody furent un encouragement pour les soi-disant pionniers britanniques et adoucirent un peu leur chagrin de voir que les « Continentaux » les avaient pris de vitesse.

Le seul autre avionneur anglais de cette époque qui obtint quelques résul-

Ci-dessus : à gauche, le Silver Dart, de l'A.E.A., conçu et piloté par J.A.D. McCurdy; à droite : A.V. Roe fait un petit bond avec son triplan Roe II de 1909; ci-dessous : le biplan « prophétique » Goupy II à hélice tractive avec ses ailerons articulés à l'extrémité des ailes.

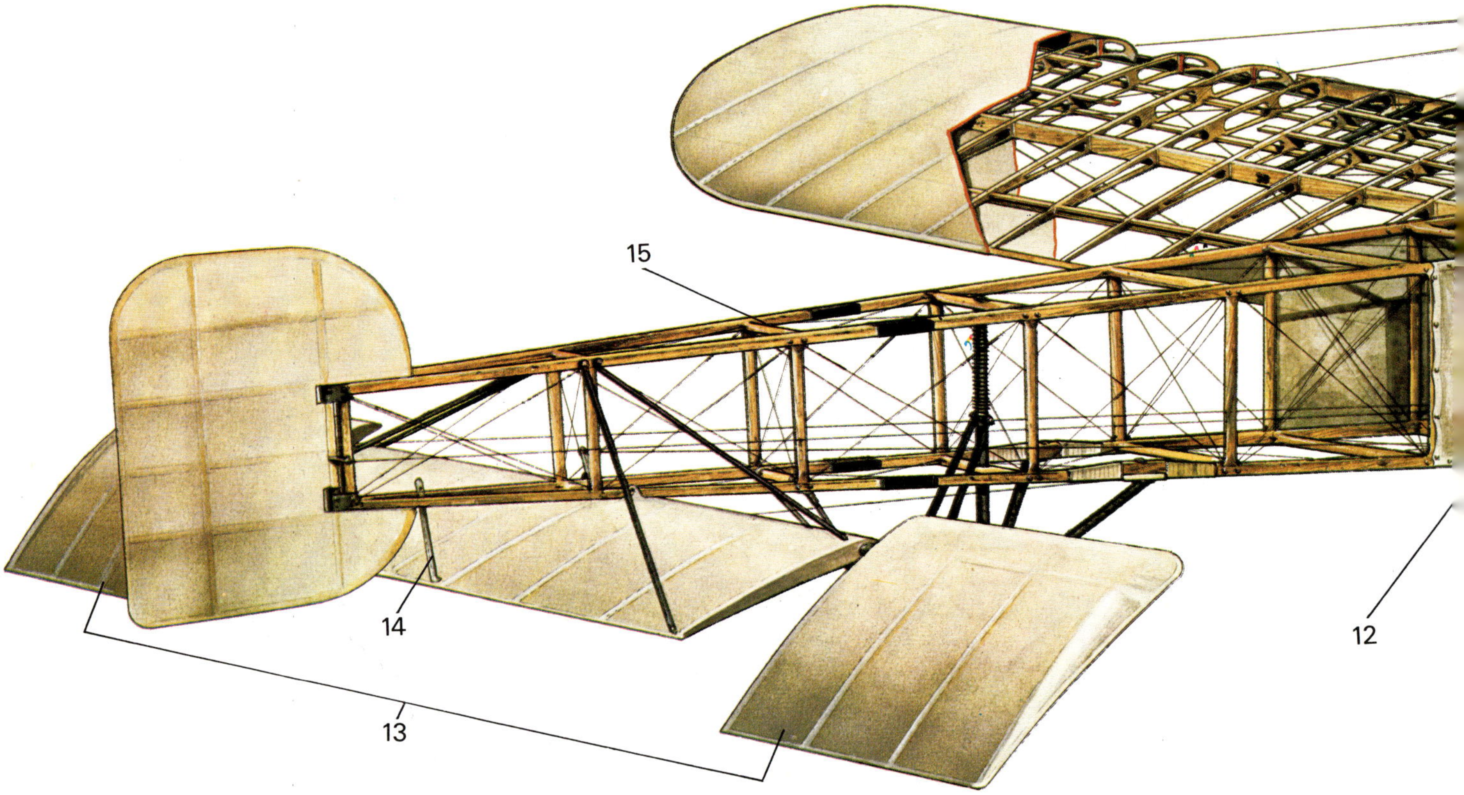

1. Haubanage
2. Réservoir d'essence
3. Moteur Anzani à trois cylindres
4. Double longeron d'aile
5. Commandes d'atterrissage
6. Commandes combinées d'atterrissage et de gauchissement
7. Commandes en vol
8. Commandes combinées vol et gauchissement
9. Suspension
10. Train d'atterrissage
11. Levier de commande « cloche » de Blériot
12. Chaise d'osier du pilote
13. Gouvernes d'altitude articulées
14. Crémaillère pour modifier l'incidence de l'empennage
15. Structure arrière du fuselage avec son étrésillonnage

En haut : le Blériot XI, le premier monoplan à hélice tractive vraiment « opérationnel » du monde, fut l'appareil que Blériot utilisa pour sa fameuse traversée de la Manche le 25 juillet 1909. Son moteur Anzani, du type « pointe de flèche » à trois cylindres, développant 25 ch, était un peu faible. Ce modèle fut utilisé en France, en Grande-Bretagne et en Italie durant les premiers mois de la guerre en tant qu'appareil d'usage général et de réglage d'artillerie.

tats fut A.V. Roe, avec une série de triplans inspirés du Goupy I. Cependant Roe manquait d'argent et ne put s'offrir d'autres moteurs que des JAP de 6 et 9 ch, tout juste capables de faire faire quelques sauts de puce à un appareil par ailleurs plein de promesses.

Aux États-Unis, l'Aerial Experiment Association poursuivait ses recherches avec le Silver Wing, une version agrandie du June Bug avec un stabilisateur avant, conçu et piloté par J.A.D. McCurdy. Tous les avions de l'A.E.A. furent construits et essayés près de la frontière canadienne et n'eurent guère d'intérêt, sauf en donnant à Glenn Curtiss l'envie de progresser dans l'aventure aérienne.

Au commencement de 1909, Curtiss démarra sa propre entreprise avec Augustus Herring, l'associé de Chanute dix ans auparavant. Le premier appareil construit par la firme pour l'Aeronautic Society de New York, mais qui fut bientôt prêté à Curtiss, fut le Gold Bug. Comme le Silver Wing, cet appareil était issu du June Bug et restait fidèle à la philosophie de base de l'A.E.A., mais il possédait une voilure parallèle au lieu des ailes à dièdre négatif-positif habituelles aux modèles de l'A.E.A. Des ailerons efficaces étaient installés à mi-intervalle, le reste de l'appareil n'ayant rien d'original. Vers la fin du printemps de 1909, après que le Gold Bug eut fait quelques vols réussis, Curtiss décida de construire pour lui-même un appareil capable de battre des records. Il avait clairement compris que l'enthousiasme du public pour la compétition pourrait devenir une source de revenus importants pour le premier homme qui construirait un appareil spécialisé. Le Golden Flyer, ainsi que Curtiss l'avait nommé, était semblable au Gold Bug, mais possédait un nouveau moteur Curtiss de 50 ch quoique, pour des raisons de publicité, l'aviateur n'annonçât qu'une puissance de 30 ch. Le Golden Flyer fut juste prêt pour participer au meeting d'aviation de Reims.

Curtiss fut l'un des premiers à comprendre que, bientôt, l'aviation serait un des principaux sports de spectacle susceptible de passionner les masses. Le moment allait venir où les entrepreneurs de spectacles prendraient l'argent du public avec des courses de voitures, de motocycles, de canots à moteur et éventuellement d'avions de compétition. Lors de ces réunions, le public serait électrisé par le danger affronté par les pilotes de ces nouveaux engins et enthousiasmé par la nouveauté des machines elles-mêmes.

L'aviation était l'un des progrès les plus « excitants » de la première décennie du XXe siècle, mais c'était aussi le plus captivant, ainsi que les journalistes l'avaient rapidement compris. La part prise par les journaux dans la croissance de l'aviation avant la Première Guerre mondiale fut considérable, par-

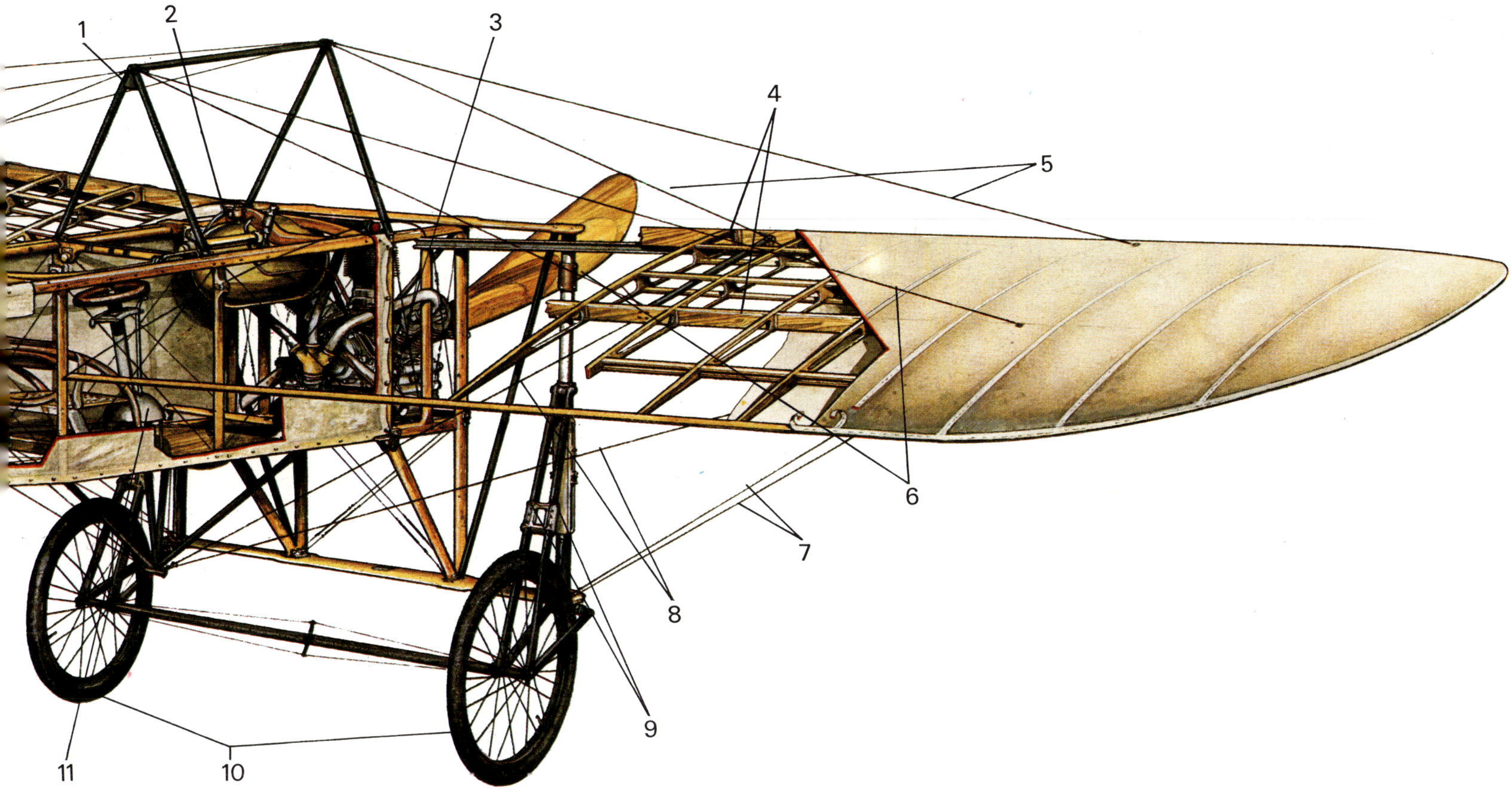

ticulièrement lorsque ceux-ci commencèrent à utiliser les services de spécialistes de la compétence de Harry Harper du *Daily Mail*.

En 1909, deux événements majeurs imposèrent l'aviation aux yeux du public qui, jusqu'alors, l'avait toujours considérée comme un sport réservé aux hommes fortunés et excentriques. Aucune application pratique pour une activité qui jusqu'à présent se suffisait à elle-même n'avait encore été envisagée par quiconque, sauf par une poignée d'esprits clairvoyants.

Mais, au mois de juillet, Blériot effectua son vol historique au-dessus de la Manche, reliant pour la première fois la France et l'Angleterre par la voie des airs. Le choc causé par cet événement sans précédent fut même, dans une certaine mesure, hors de proportion avec l'importance sportive du vol proprement dit, et passionna le monde entier. Pour la première fois, on réalisa qu'un nouveau mode de vie venait de s'ouvrir. Pour la première fois aussi, l'invincibilité des îles Britanniques assurée par la puissance de sa flotte était totalement remise en question.

L'exploit était en vue depuis le jour où le journal londonien *Daily Mail* avait offert un prix de 1 000 livres sterling au premier qui le réaliserait. Les deux concurrents les mieux placés étaient Hubert Latham, avec son Antoinette, et Louis Blériot avec l'un de ses propres appareils. Il faut noter que tous deux volaient sur des monoplans à hélice tractive.

La première tentative fut le fait de Latham qui décolla de Sangatte, près de Calais, aux premières heures du 19 juillet sur son Antoinette IV. Malheureusement pour lui, le moteur Antoinette de 50 ch, habituellement très sûr, lâcha alors qu'il se trouvait à 12 km de la côte, et Latham dut se poser sur l'eau. Le gouvernement français, ayant soutenu la tentative en faisant suivre le vol par le torpilleur *Harpon*, Latham et son appareil purent être repêchés.

Six jours plus tard, le 25 juillet, Blériot était à son tour prêt à prendre le départ. Bien qu'il souffrît encore de brûlures à une jambe, consécutives à un accident précédent, Blériot se mit en route au petit matin avec son avion n° XI et atterrit près du château de Douvres après un vol de 37,800 km effectué en 36 mn 30 s. L'appareil n'était pas spécialement adapté à la tentative, mais la réussite était celle de Blériot lui-même. Il fut accueilli en héros, aussi bien à Londres que lors de son retour à Paris.

A cette époque, le ministère de la Guerre britannique avait fait arrêter les études aéronautiques entreprises par la Royal Balloon Factory de Farnborough, car elles étaient trop onéreuses : 2 500 livres avaient été dépensées, à une époque où un Antoinette en coûtait 1 000. Le considérable impact du vol de Blériot sur le monde politique anglais fit annuler cette décision. Quant à Blériot, la traversée de la Manche lui assura la prospérité financière en tant que constructeur d'avions, ce qui s'ajouta à ses succès comme fabricant de moteurs d'automobiles; en moins de deux jours, il avait reçu commande de plus de cent avions Blériot XI.

Latham n'avait pas renoncé à franchir lui-même la Manche et, deux jours après le vol de Blériot, il s'envola de nouveau de Sangatte, cette fois sur l'Antoinette VII. Tout alla bien jusqu'à 1,500 km des côtes anglaises, mais là le moteur tomba de nouveau en panne et Latham, une fois de plus, se retrouva dans la mer.

La « Grande Semaine d'Aviation de la Champagne », le premier grand meeting aérien du monde, fut le deuxième événement majeur de l'année 1909. Il attira à Bétheny, près de Reims, entre le 22 et 29 août, tous les meilleurs pilotes et les meilleurs appareils du moment. Il s'ouvrit sous les auspices d'Armand Fallières, président de la République, entouré de tout ce qui comptait dans le monde politique et financier européen.

Il serait fastidieux de récapituler tous les événements et les exploits de ce meeting, et une simple statistique suffit à montrer à quel point cette semaine fut riche en records. Il y eut 38 participants dont 23 seulement réussirent à décoller.

En haut : *l'Antoinette IV vola pour la première fois le 9 octobre 1908 et fut le meilleur avion à ailerons de son époque ; équipée d'une surface alaire de 30 m², la voilure de l'Antoinette avait été étendue à 50 m² ;*
ci-dessus : *un marin cherche un point d'amarrage pour le crochet de la grue du torpilleur* Harpon *lors de la récupération de l'Antoinette IV, après que Latham eut échoué dans sa première tentative de franchissement de la Manche ;*
ci-contre : *le modèle XI modifié avec lequel Blériot accomplit son exploit est préparé pour le départ. Un sac-flotteur, en cas d'atterrissage forcé, était prévu à l'arrière du fuselage, juste avant l'empennage ;*
en haut à droite : *Louis Blériot au poste de pilotage de son monoplan modèle XI.*
Page ci-contre : *le Blériot XI après son atterrissage difficile à Northfall Macdown, près du château de Douvres, après sa traversée historique de la Manche.*

La traversée de la Manche

En 1909, plusieurs pilotes furent tentés par l'offre du *Daily Mail :* un prix de 1 000 livres sterling à qui traverserait la Manche pour la première fois à bord d'un aéroplane.
Hubert Latham paraissait avoir les meilleures chances parmi tous les concurrents possibles avec son excellent Antoinette IV.
Il partit de Sangatte, près de Calais, le 19 juillet, escorté du torpilleur français *Harpon,* mais, peu de temps après le décollage, son moteur lâcha et l'Antoinette IV tomba dans la mer. Latham et son appareil furent repêchés, mais l'avion était endommagé. Latham, aussitôt, prépara un Antoinette VII en vue d'un autre essai.
Influencés par l'extraordinaire figure de Wilbur Wright, d'autres aviateurs avaient sérieusement envisagé la possibilité de la traversée.
Le premier de ceux-ci était, sans nul doute Louis Blériot, avec son modèle XI modifié.
Bien qu'il souffrît encore d'une blessure à la jambe, il décida de tenter sa chance. Il décolla des Baraques, près de Calais, le 25 juillet, à 4 h 41 du matin, escorté du torpilleur *Escopette.* Il n'avait pas de boussole et perdit bientôt son escorteur de vue, ce qui ne l'empêcha pas d'atterrir dans la baie de Sainte-Marguerite, près de Douvres, après un vol absolument extraordinaire de 38 km effectué en 36 mn 30 s.
La nouvelle de son succès se répandit rapidement et Blériot, connu seulement par le petit monde de l'aviation, devint aussitôt un héros international fêté aussi bien en Angleterre qu'en France.
En dépit du fait qu'il ne pouvait plus espérer gagner le prix, Latham poursuivit ses tentatives de franchir la Manche. Il décolla de nouveau de Sangatte sur un Antoinette VII à gauchissement d'ailes. Son voyage fut sans histoire mais une panne de moteur le fit échouer alors qu'il allait atteindre son objectif : il dut se poser sur l'eau à 12 km de la côte, et cela deux jours seulement après le succès de Blériot.
Quoique des vols plus longs que celui de Blériot aient déjà été accomplis, son vol au-dessus de la Manche eut un retentissement énorme en Grande-Bretagne.
Pour la première fois, la notion d'insularité avait été battue en brèche et les possibilités d'utilisation de l'aéroplane comme engin de guerre sautaient évidemment aux yeux de tous.

Sur les 120 vols exécutés, 87 dépassèrent 5 km et 7 les 100 km. Le meilleur vol fut celui d'Henri Farman sur son Farman III, propulsé par le nouveau moteur rotatif Gnome de 50 ch, couvrant une distance de 180 km en un peu plus de 3 heures. Curtiss décrocha le record de vitesse avec 75 km/h sur son Golden Flyer, et Latham obtint le prix de l'altitude sur l'Antoinette VII à une hauteur de 155 m. Il y avait quatre autres prix pour les avions et deux pour les ballons. La plus grande vitesse atteinte cette semaine-là ne fut pas homologuée au cours du concours de vitesse, mais obtenue par Blériot sur son nº XII avec 76,95 km/h.

Le meeting fut couronné de succès et marqua le style des réunions similaires qui se succédèrent en Europe au cours des années suivantes. Il fut également un grand stimulant pour des hommes tels que Roe qui n'avait pas encore accompli de vols véritables; à la fin de l'année, il fut capable de piloter son second triplan sur une distance de 805 m. L'aviation, qui jusque-là avait été une exclusivité française, prit à partir de 1909 une physionomie plus européenne quoique toujours dominée par la France. En Angleterre, seuls Roe, Cody et Dunne obtenaient quelques résultats avec des appareils britanniques, tandis que la plupart des autres aviateurs utilisaient des appareils français ou américains importés ou construits sous licence, en Grande-Bretagne, Allemagne, Autriche, Suède, Roumanie, Russie, Turquie et Portugal, pour exécuter leurs premiers vols. Mais ils étaient le plus souvent utilisés par des pilotes français et lorsque les avions et pilotes étrangers prenaient l'air ils étaient loin derrière les Français.

Le regain d'intérêt pour l'aviation entraîna quelques conséquences tragiques : ainsi, en 1909, trois hommes se tuèrent au cours d'accidents alors que durant les cinq années précédentes où volèrent les pionniers, seul Selfridge avait été victime de la fatalité. Eugène Lefebvre se tua le 5 septembre lorsque son Wright modèle A construit sous licence s'écrasa dans des circonstances mal déterminées. Ferdinand Ferber, le grand défenseur des Wright, mourut le 22 septembre quand son biplan Voisin capota en roulant sur le sol. Le troisième homme qui se tua fut Fernandez, sur une machine conçue et fabriquée par lui-même.

Paradoxalement, au cours des années qui suivirent, les améliorations dans les aéroplanes furent les grandes responsables de l'augmentation du nombre des accidents et des victimes. Lorsque les appareils primitifs n'étaient capables

que d'atteindre de faibles vitesses à une hauteur ne dépassant pas celle des arbres, les accidents n'étaient jamais très graves, car les structures légères de l'appareil se disloquaient progressivement et permettaient au pilote un contact au sol relativement amorti. Avec l'amélioration des performances, vitesse et altitude devinrent trop élevées pour permettre aux structures d'absorber un choc violent.

A partir de 1909, l'avion est reconnu par tous comme un moyen pratique de transport. Jusque-là tout était encore à l'état expérimental, mais on avait déjà effectué des vols assez longs et transporté des passagers. Les années qui suivirent allaient connaître une véritable explosion dans le développement des possibilités de l'aviation, les Français restant solidement installés à la première place que leur talent incontesté avait ravie aux Wright. Celui-ci ne fut jamais aussi plus apparent qu'avec l'abandon des formes primitives des Wright, la disparition progressive du stabilisateur avant au profit du nouveau système d'empennage arrière associant dérive, gouvernail de profondeur et gouvernail de direction. La notion d'instabilité propre était aussi sur le point de disparaître, remplacée par celle de l'assiette, mélange de stabilité propre et de maniabilité totale.

Au cours de la période comprise entre les premiers vols de Wright et le grand meeting d'aviation de Reims, la vitesse maximale des avions était passée de 40 à 48 km/h, puis à 77 km/h et, vers la fin de 1909, les records du monde de distance et d'altitude atteignaient respectivement 235 km grâce à Farman et 453 m grâce à Latham. En 1910, tous ces records allaient être pulvérisés.

Page ci-contre : le Voisin de Louis Paulhan vole au-dessus de la tribune officielle à Reims. L'appareil fit sept vols et obtint le troisième prix pour la distance, derrière les avions de Farman et Latham.
Ci-dessous : Glenn Curtiss (avec une cravate) et son Golden Flyer avec lequel il obtint la Coupe Gordon-Bennett et les prix de distance et de vitesse à Reims;
en bas : les officiels dans la tribune d'honneur.

PLUS HAUT
ET PLUS VITE

De même que la réussite des Wright en 1905 leur avait fait proclamer qu'ils avaient non seulement fabriqué une machine volante, mais encore un aéroplane maniable et commode, le meeting de Reims de 1909 avait fait entrer l'Europe dans le domaine de l'aviation pratique. Quoique l'absence d'objectifs clairement exprimés entraînât des développements en dents de scie, l'avenir de l'aviation était désormais assuré et, au cours des cinq années qui précédèrent la Première Guerre mondiale, de remarquables progrès furent faits dans tous les domaines. Les concepts de structure et de contraintes retenaient davantage l'attention, les moteurs étaient améliorés, aussi bien en puissance qu'en fiabilité, et le perfectionnement de l'aérodynamique, résultant de la confrontation de la théorie avec la pratique, commençait à porter ses fruits et allait permettre de meilleures performances. L'habileté de pilotage, nécessaire au maniement d'appareils dotés de possibilités accrues, augmenta également d'une façon rapide. Les avions pouvaient être utilisés d'une manière plus sûre et plus spectaculaire, ce qui entra pour beaucoup dans l'intérêt que leur porta le public. L'aviation elle-même se diversifia, bien qu'elle restât d'abord sportive, avec les expériences faites dans le domaine militaire aussi bien que dans celui du transport des passagers et du fret.

Les toutes premières années de l'aviation furent dominées par les efforts faits par les pionniers afin de maintenir dans les airs leurs diverses créations, selon le rythme des saisons et lorsque les conditions atmosphériques leur permettaient de voler. Les mois d'hiver et ceux du début du printemps étaient employés à la construction et à la réparation des appareils. La période qui suivit le grand meeting de Reims fut marquée par plus de régularité dans la création, qui devint ainsi beaucoup moins tributaire des saisons qu'autrefois.

Peu après cette réunion, on discerna un changement subtil dans les façons de penser. Il y avait maintenant une tendance accrue à séparer le côté conception du côté purement pilotage. Blériot, par exemple, porta toute son attention sur la partie travail et confia toute la partie vol au brillant pilote professionnel Adolphe Pégoud. De grosses entreprises s'intéressaient à l'aviation. Les magazines spécialisés et les catalogues, de plus en plus nombreux, révélaient les dernières productions de firmes, telles la British and Colonial Aeroplane Company (qui devint plus tard la Bristol Aeroplane Company) ou l'A.E.G. allemande, au lieu de plans faits par des particuliers. L'aviation devenait une grosse affaire commerciale, et les prix étaient de véritables subventions plutôt qu'une récompense accordée dans l'enthousiasme

Le Farman III, piloté par Claude Grahame-White au-dessus de l'Executive Avenue à Washington, après que le pilote anglais y eut atterri pour présenter ses devoirs au président Taft. L'exploit eut un retentissement considérable et provoqua une grande admiration aux États-Unis.

d'une compétition. Il est vrai que les récompenses en espèces avaient souvent facilité le financement des premiers travaux des pionniers, mais il faut également insister sur le fait que gagner de l'argent était devenu, pour la plupart des sociétés d'aviation, un objectif qui se suffisait à lui-même. Il y eut naturellement des exceptions à cette prédominance des grosses sociétés, et des hommes, tel le fameux T.O.M. Sopwith, qui entra dans la carrière en 1910, furent en même temps concepteurs, ingénieurs et constructeurs.

Malgré le petit nombre de pilotes et d'ingénieurs que comptaient les États-Unis, les entrepreneurs de spectacles américains, réalisant que l'aviation était devenue une attraction, organisèrent, en 1910, à Los Angeles, la première compétition internationale de ce pays.

La France et les États-Unis se partagèrent les récompenses : Louis Paulhan battit, dans un appareil Farman, le record d'altitude avec 1 265 m, et Curtiss établit un record du monde de vitesse avec 88,500 km/h sur un appareil de sa conception. L'assistance était fort nombreuse, et les promoteurs de spectacles des autres villes comprirent que l'aviation faisait « gagner de l'argent ». En septembre, il y eut à Boston un meeting où la plupart des engagés étaient américains et britanniques. Cette réunion fut dominée par la figure dynamique et enjouée de Claude Grahame-White. La plupart des concurrents se retrouvèrent d'ailleurs au sud de New York au mois d'octobre, pour un meeting organisé au Belmont Park. Là aussi Grahame-White triompha. Il avait causé, avant la réunion, un énorme remue-ménage en survolant Washington et en atterrissant dans la rue face à la Maison-Blanche afin de présenter ses devoirs au président Taft. L'Amérique était désormais tout entière « empoignée » par le démon de l'aviation.

Le plus connu de la première génération des casse-cou fut Lincoln Beachey, qui commença de voler à l'école de pilotage de Glenn Curtiss. Les opinions sur ses vols sont très différentes : certains disaient qu'il était fou d'entreprendre les exploits qu'il réussissait; d'autres ne lui accordaient pas autant de maîtrise qu'à Orville Wright, qu'ils tenaient pour le plus grand pilote de tous les temps. Ce qui est certain c'est que la foule aimait ses acrobaties et que les gens s'amassaient en grand nombre à chacune de ses sorties. Beachey améliora quelques figures tels la descente en piqué vertical et le ramassage sur le sol, avec l'extrémité d'une aile, d'un mouchoir ou d'une écharpe. Il améliora également le remarquable exploit — considérant les turbulences d'air — de voler « en rase-mottes » au-dessus des chutes du Niagara et même sous le pont suspendu juste en aval. Beachey n'était pas une jeune tête brûlée, mais surtout un homme qui avait étudié dans les moindres détails les possibilités de son appareil ainsi que ses capacités personnelles. Ce genre de pilote fut d'un énorme secours pour les ingénieurs qui conçurent des structures plus légères et plus solides. De plus en plus agacé par l'intrépidité de ses imitateurs, Beachey se retira en 1913, mais, devant le succès remporté par Pégoud avec sa « boucle », il recommença à voler. Toutefois en 1915, au-dessus de San Francisco, les ailes de l'appareil de Pégoud se plièrent alors qu'il évoluait à 600 m et la foule pétrifiée d'horreur vit le pilote et sa machine s'écraser sur le sol.

L'autre grande personnalité qui retint l'attention du public américain à cette époque fut Calbraith Rodgers, déjà célèbre par ses courses de chevaux, d'automobiles et de bateaux. A la fin de 1911, Rodgers décida de s'attaquer au prix de 50 000 dollars offert par W.R. Hearst, le magnat de la presse à sensation, pour le premier vol côte est - côte ouest des États-Unis, effectué en trente jours. Après deux mois d'entraînement sur un

Lincoln Beachey aux commandes de son biplan Curtiss, en 1912. L'une de ses figures les plus populaires était le vol juste devant les spectateurs, à quelques mètres du sol sans toucher les commandes.

Le vol de Calbraith Rodgers

Calbraith Rodgers, pilotant un Baby Wright nommé Vin-Fiz Flyer, en l'honneur de ses commanditaires, décolla de Sheepshead Bay (New York) le 17 septembre 1911, pour entreprendre le raid de longue distance le plus extraordinaire de toute l'histoire de l'aviation : une liaison est-ouest des États-Unis en trente jours, récompensée par un prix de 50 000 dollars offert par W.R. Hearst, le magnat de la presse à sensation. Les ennuis commencèrent bientôt et Rodgers comprit rapidement qu'il lui serait impossible d'obtenir la récompense, il poursuivit néanmoins sa tentative au travers du continent avec beaucoup de persévérance et de courage.
Rodgers, cependant, n'était pas un très grand pilote et il endommagea souvent son appareil à l'atterrissage, causant ainsi de longs retards. Même lorsqu'il « ne cassait pas de bois », les chasseurs de souvenirs volaient des pièces de sa machine et, plus d'une fois, Rodgers courut de grands dangers au cours de décollages car son avion était entouré par la foule. Poursuivi par les problèmes mécaniques et atmosphériques, Rodgers arriva à Pasadena, en Californie, le 5 novembre après avoir couvert 6 400 km en cinquante jours, le plus remarquable étant qu'il pût accomplir ce périple sans se tuer.

biplan Wright et accompagné d'un train transportant du matériel et du personnel affrétés par la firme Vin-Fiz qui le parrainait, Rodgers décolla de New York le 11 septembre avec l'intention d'arriver à Pasadena, en Californie, vers le 11 octobre. Il fut bientôt évident que cette date ne pourrait pas être respectée, mais Rodgers persévéra. Le voyage devint une héroïque odyssée et Rodgers fut assailli tout le long du chemin par d'incessants problèmes : il eut de nombreux accidents, les chasseurs de souvenirs volaient des morceaux de son appareil; il faillit avoir une collision en plein ciel avec un aigle; les conditions atmosphériques étaient parfois effroyables, son moteur était très capricieux et, même une fois, explosa en vol. Mais Rodgers continua stoïquement et arriva à Pasadena le 5 novembre. Les seules pièces de son appareil qui étaient encore d'origine étaient le gouvernail et le bac récepteur du moteur, car l'avion avait été réparé maintes fois et de nombreuses pièces avaient été remplacées. Comme Beachey, Rodgers mourut dans un accident d'avion : au cours d'une acrobatie, en avril 1912, il perdit le contrôle de son appareil et s'écrasa sur le sol.

L'explosion d'intérêt qu'avait déclenchée le meeting de Reims ne se limita pas aux États-Unis. Durant l'année 1910 les meetings se succédèrent à travers toute l'Europe — quatre en Italie, deux en Allemagne, un en Espagne, Suisse, Belgique, Danemark, Russie, Hongrie et un grand nombre en Grande-Bretagne et en France. La foule continuait à se presser aux exhibitions et aux courses dont le nombre se multiplia régulièrement au cours des années suivantes. Elles avaient lieu habituellement près des grandes villes, sur des terrains loués spécialement; des aérodromes furent construits par quelques promoteurs, tel Grahame-White. Le terrain d'aviation de Hendon, près de Londres, en est un excellent exemple. C'était devenu une habitude en Europe de passer ses fins de semaine sur les terrains d'aviation, et les spectacles aériens étaient aussi bien suivis par l'aristocratie, la bourgeoisie que par les ouvriers. On trouvait là tout ce dont on pouvait avoir besoin, et les entrepreneurs de spectacles qui avaient la chance de bénéficier d'un temps clément pouvaient se faire des fortunes.

Les compétitions d'avant la Première Guerre mondiale n'étaient pas limitées aux seuls aéroplanes quoique ceux-ci restassent toujours la pièce maîtresse des activités du jour. Une des attractions pouvait être un ballon captif, ou, si la chose était possible, un ballon dirigeable. Ceux-ci devaient avoir pris l'air avant l'arrivée de la foule et y rester jusqu'à la fin de la réunion, soigneusement amarrés, de façon à leur éviter d'être mis en pièces par les chasseurs de souvenirs. Une fête aérienne de bon aloi devait comporter un certain nombre de courses disputées sur un circuit jalonné par des pylônes. Les différents concurrents étaient lancés à des intervalles déterminés

par un système de handicap, de sorte que le premier pilote qui passait la ligne d'arrivée face aux tribunes après avoir parcouru le nombre de tours requis était déclaré vainqueur. Si le handicap avait été bien calculé, les pilotes, durant les derniers tours, volaient côte à côte vers la ligne d'arrivée, ce qui mettait le public en transe. La science des « supporters » augmentait dans la même proportion que croissait l'habileté des pilotes, et ils commentaient en toute connaissance de cause les performances de leurs favoris : virage incliné ou dérapage autour du pylône, piqué ou montée en chandelle, etc.

Il y avait aussi des concours d'altitude, des compétitions d'atterrissages ponctuels, des faux bombardements avec des sacs de farine, sur des cibles marquées sur le terrain et d'autres distractions similaires. Quelques descentes en parachute étaient effectuées à partir de ballons captifs; le premier saut à partir d'un avion ayant été exécuté par l'Américain Berry, le 1er mars 1912. En Europe, ce fut Adolphe Pégoud qui réalisa ce tour de force le 19 août 1913. Ce fut encore en 1913 que la pratique de l'acrobatie aérienne se rationalisa, principalement avec ce même Pégoud volant sur un monoplan Blériot très résistant. Bien que modestes en regard des notions actuelles, les acrobaties aériennes de 1913 — rendues possibles par une meilleure connaissance des forces aérodynamiques sur un corps en mouvement et par le renforcement des structures — étaient particulièrement audacieuses. La première « boucle » fut réalisée à Kiev par Piotr Nesterov dans un monoplan Nieuport, le 20 août 1913. Nesterov fut la première victime de guerre dans l'aviation impériale russe et le premier homme au monde à détruire un autre avion en l'éperonnant (26 août 1914). Mais celui qui fut le véritable spécialiste de la boucle *(looping)* fut Adolphe Pégoud. Son looping positif était un cercle parfait. Par la suite, il exécuta une boucle inversée vers l'avant, débutant avec l'avion en vol horizontal normal, continuant sur le dos et sortant de l'évolution en vol normal. Ces acrobaties soumettaient le pilote à des accélérations négatives très pénibles à supporter. Les autres maîtres de la voltige furent des hommes comme Gustav Hamel, qui pilotait un monoplan Morane-Saulnier, et B.C. Hucks, qui pilotait des monoplans Blackburn et Blériot; ils étaient tous deux experts dans le looping. Chevillard se spécialisait dans les glissades verticales sur l'aile à bord de son Henri Farman, tandis que Moulinais et Manton, respectivement sur Morane-Saulnier et Bristol Boxkite, étaient d'excellents pilotes de voltige générale. Le nom de ces hommes était alors familier, comme le devint ceux des as qui suivirent, tels Louis Paulhan, Harry Busteed, George Cockburn, André Beaumont (qui volait sous le pseudonyme de Conneau), Geoffrey de Havilland, Bertram Dickson, Gordon England, Eustace Loraine, J.T.C. Moore-Brabazon, Harry Hawker, Howard Pixton, C.S. Rolls, T.O.M. Sopwith et Maurice Tabuteau. Ce sont des hommes comme ceux-là — volant sur des avions conçus par d'autres — qui rendirent l'aviation familière à tous les Européens.

En dehors de leurs activités au cours des fêtes aériennes, ces hommes gagnaient leur vie en essayant les nouveaux appareils et en travaillant comme instructeurs dans les nombreuses écoles de vol qui virent le jour avant la Première Guerre mondiale. Ils pilotaient également pour leur seul plaisir, et chacune de leurs moindres tentatives était rapportée fidèlement aux amateurs et au grand public par les magazines spécialisés, tels L'*Aérophile* et la *Revue de l'Aviation* en

Page ci-contre : en haut, un biplan Farman lors d'un vol réussi; en bas, le pilote Gustave Hamel essaie le moteur de son Blériot avant de décoller. En haut : un Farman de 1913 équipé d'un moteur S-56 A construit par Fiat; ci-dessus : accident à Bournemouth en 1910 qui coûta la vie à C.S. Rolls, associé de la société Rolls-Royce.

France ou l'*Aeroplane*, en Grande-Bretagne. Aujourd'hui, lire des extraits de ces récits de vols minutieusement détaillés a un petit parfum d'étrangeté désuète, mais, à l'époque, tout cela avait une importance considérable, en permettant aux pilotes de se tenir au courant des progrès de leurs confrères et de savoir, par exemple, que tel jour M. X... a réussi un virage sur l'aile, ou que Robert Esnault-Pelterie a déclaré dans *L'Auto* qu'il ne livrerait son appareil aux clients que lorsqu'il aura réalisé une belle performance...

Les fêtes aériennes, si prisées en Europe et aux États-Unis au cours de la période comprise entre le meeting de Reims et la Première Guerre mondiale, furent très importantes pour deux raisons majeures : d'abord, elles financèrent en grande partie les progrès faits par l'aviation — c'était l'argent du public qui élevait les prix et permettait aux constructeurs d'agrandir leurs entreprises, chose sans doute impossible s'ils avaient dû uniquement compter sur les bénéfices de la vente de leurs appareils. Ensuite, ces exhibitions et ces courses permettaient aux constructeurs de tester « sur le terrain » les améliorations apportées à leurs appareils et de prouver au public leurs capacités.

Aux disponibilités en espèces réservées aux constructeurs pendant les fêtes aériennes s'ajoutaient, naturellement, les prix spéciaux attribués pour certaines courses. Par exemple, le prix annuel de 20 000 francs-or pour la course Michelin, celui de 500 livres sterling de la British Empire Michelin Cup, le prix de 10 000 livres sterling offert par le *Daily Mail* pour la course Londres-Manchester (qui fut gagné en avril 1910 par Paulhan sur Henri Farman), le prix du Circuit de Grande-Bretagne, toujours de 10 000 livres sterling et toujours offert par le *Daily Mail* (gagné en 1911 par André Beaumont), ou encore le Circuit d'Europe (prix 18 300 livres) également remporté en 1911 par André Beaumont. Ces prix, à l'époque, étaient très importants, et les obtenir permettait aux constructeurs d'assurer leurs finances.

Le nombre de ces constructeurs augmentait d'ailleurs rapidement et de grosses entreprises, ayant d'autres intérêts principaux, prenaient des options sur ce débouché nouveau. Les meilleures sociétés, cependant, étaient celles qui avaient pris un bon départ dans les années 1908-1909. Si leurs nouveaux modèles n'avaient que peu de succès, ces firmes avaient toujours la possibilité de vendre un modèle plus ancien qui avait fait ses preuves ou de céder les brevets d'un appareil dont la production n'était plus assez rentable.

Cependant, vers 1914, la production aéronautique était entre les mains d'un grand nombre de petits fabricants, construisant seulement quelques appareils par an. Il existait aussi des sociétés plus importantes capables de sortir beaucoup plus de machines, telles Blériot, Morane-Saulnier, Bristol, Short Brothers, Albatros et Caproni. Ce furent ces entreprises qui supportèrent le choc de l'augmentation de production qu'entraînèrent les premiers mois de la guerre.

La popularité de l'aviation peut également se mesurer au nombre et à la qualité de ceux qui s'intéressèrent au pilotage après Reims. La première femme à obtenir son brevet, le 8 mars 1910, fut la baronne de Laroche à bord de son biplan Voisin.

Un des hommes les plus remarquables qui entra alors en lice fut le Péruvien Georges Chavez, né en France en 1887 et breveté en 1910, après quelques mois de vol, sur un appareil Farman, ce qui lui permit de participer à toutes les grandes manifestations aériennes. Avec un monoplan Blériot, il battit le record du monde d'altitude (2 652 m). Le 23 septembre, il entreprit son vol le plus audacieux : piloter un plus-lourd-que-l'air au-dessus des Alpes, de Brigue à Domodossola, par le col du Simplon. Chavez réussit la traversée du col, mais son avion s'écrasa à l'atterrissage et il mourut à l'hôpital quatre jours plus tard. Il avait vingt-trois ans. Le monde de l'aviation perdit sans doute beaucoup avec lui.

Une autre grande figure de l'aviation avant la guerre fut Roland Garros qui se rendit célèbre par son fameux vol sans escale du 23 septembre 1913 au-dessus de la Méditerranée, sur un Morane-Saulnier H. Décollant de Saint-Raphaël, Garros survola le sud de la Corse et la Sardaigne pour atterrir finalement à Bizerte après un voyage de 729 km parcourus en moins de huit heures. Un autre vol du même genre fut celui exécuté par le Norvégien Tryggve Gran, sur un monoplan Blériot au-dessus de la mer du Nord. Cela se passait le 30 juillet 1914, à la veille de la guerre.

A présent, des gens qui n'auraient jamais été capables de piloter eux-mêmes un aéroplane pouvaient malgré tout tenter l'aventure en tant que passagers. Les plus grands appareils volants de transport étaient les cinq zeppelins allemands qui, entre 1910 et 1914, transportèrent quelque trente-cinq mille voyageurs sur plus de 275 000 km, sans le moindre incident. Mais les aéroplanes

Les courses d'Hendon

Comprenant, en 1911, la fascination du public pour l'aviation, Claude Grahame-White, l'un des plus enthousiastes et entreprenants des pionniers anglais, loua pour dix ans huit hectares de pâturages à Hendon Hill, au nord-ouest de Londres. Une fois le terrain nivelé et les arbres abattus, les spectateurs jouissaient d'une vue complètement dégagée et les pilotes d'un terrain sans obstacles qui alors pouvait devenir une excellente piste de décollage et d'atterrissage.
Après la construction de dix-sept hangars, Grahame-White ouvrit l'aérodrome de Londres, où les pilotes pouvaient garer et entretenir leurs appareils, où la Grahame-White Company avait ouvert ses ateliers et où, point

le plus important, le public pouvait assister à intervalles réguliers à des exhibitions en vol. On pouvait même, pour le prix de 2 guinées, et si l'on était courageux, effectuer un « baptême de l'air » et, entre les meetings de fin de semaine, les spectateurs étaient admis à regarder l'entraînement des jeunes pilotes à l'école de vol Grahame-White. Mais la grande attraction restait les meetings qui comportaient acrobaties, atterrissages ponctuels, courses de vitesse et simulacres de bombardements.
Outre cela, le premier et le troisième jeudi de chaque mois, entre 1912 et 1913, Grahame-White effectuait des essais de vols de nuit. Des personnalités de la politique, de la haute société et de l'armée se mêlaient au grand public qui assistait aux essais effectués à Hendon, ce qui prouvait clairement que la Grande-Bretagne commençait, petit à petit, à porter un vif intérêt au domaine aéronautique.

Ci-dessus : *un Blériot contourne le premier pylône ;*
en haut : *le biplan de Cody tient, temporairement, la première place devant le Blériot de Jean Conneau et le Morane de Jules Védrines dans le Circuit d'Angleterre. Partis de Brooklands, la première escale était Hendon. Après quelque 1 625 km, la course fut remportée par Conneau ;*
ci-contre : *l'enthousiasme pour les courses de Hendon peut se mesurer par la présence de visiteurs de marque qui arrivent en voiture automobile. La plus grande partie du public fait cependant le voyage grâce aux transports en commun.*
Page ci-contre : *des aides essaient de maintenir un Morane-Saulnier sur la ligne de départ avant le début d'une course.*

prirent rapidement leur part dans la course au transport aérien bien que celle-ci fût très minime comparée au zeppelin. Une ou deux personnes avaient déjà été transportées au cours de plusieurs vols lorsque Grahame-White songea à ajouter des vols accompagnés à son « show » aérien de Hendon. Le résultat fut son extraordinaire « Char à bancs » qui fit son premier vol au début de l'été 1913. Le 2 octobre, l'appareil établit un nouveau record du monde en décollant et en tenant l'air une vingtaine de minutes avec neuf personnes à bord. Le 11 février 1914, ce record fut battu par l'avion *Le Grand*, du Russe Sikorsky, qui transportait seize personnes. Ce curieux appareil quadrimoteur, qui fut le premier bombardier géant du monde, possédait un « pont promenade » au-dessus de l'avant du fuselage, avec des garde-fous destinés à empêcher les passagers de tomber de l'énorme machine qui, il faut bien le dire, se traînait lamentablement.

Mais, tandis que ces appareils distrayaient le public des fêtes aériennes et que les pilotes repoussaient toujours davantage les limites de machines de plus en plus perfectionnées, l'aviation, pour la première fois, était inexorablement entraînée vers la guerre. La délicieuse excitation ressentie par les spectateurs d'une fête aérienne, alors qu'ils attendaient plus ou moins l'incident toujours probable, allait bientôt se transformer en terreur à l'approche des bombardiers de la Seconde Guerre mondiale.

Incertains qu'ils étaient du rôle que pouvait jouer l'avion durant la guerre, les gouvernements furent d'abord très réticents pour investir de fortes sommes dans la formation d'une aviation militaire. Mais l'armée française, qui avait utilisé des ballons depuis Fleurus (1794) et durant le siège de Paris en 1870, et l'armée allemande, qui utilisait les zeppelins depuis 1907, ne pouvaient manquer de se doter d'une flotte militaire aérienne. En 1910, la France, l'Allemagne et la Russie établirent un programme d'aviation militaire, quoique l'aviation allemande ne fût pas complètement formée avant le mois d'octobre 1912. Quant à la Grande-Bretagne, elle suivit le mouvement au printemps de 1911 en organisant l'Air Battalion, Royal Engineers incorporé dans le Royal Flying Corps avec les Military and Naval Wings, en mai 1912. Au mois de juillet 1914, le Royal Flying Corps éclata lorsque la Royal Navy créa son propre Royal Naval Air Service.

Cependant, ce ne furent pas ces corps nouvellement créés qui utilisèrent, pour la première fois, des avions au cours d'une guerre, mais bien les Italiens qui manquaient encore d'aviation militaire organisée. En Libye, l'armée italienne, en conflit avec les Turcs, employa un certain nombre d'avions prêtés par l'Aéro-Club royal d'Italie. Le fait historique eut lieu le 22 octobre 1911 lorsque le capitaine Piazza, monté sur un Blériot, entreprit le premier vol de reconnaissance au-dessus des positions turques près d'Aziziya. Le premier bombardement aérien fut exécuté le 1er novembre quand le lieutenant Gavotti, sur son Etrich Taube, lança quatre bombes de fabrication artisanale sur un camp turc. Immédiatement, les Turcs hurlèrent au crime de guerre parce qu'un hôpital avait été atteint, ce qui était faux. Le 24 novembre, le capitaine Moizo réalisa le premier vol de réglage d'artillerie et, le 23 février 1913, Piazza réussit la première mission de reconnaissance photographique du monde. Ainsi naquirent les quatre mis-

En haut : Grahame-White aux commandes de son modèle « Char à bancs ». Propulsé par un moteur autrichien Daimler de 120 ch, le « Char à bancs » eut l'occasion de prouver que l'avion pouvait être un « gros-porteur » en transportant neuf passagers;
au centre : la forme la plus ancienne de l'avion de transport géant de Sikorsky, le bimoteur Bolschoï Baltiski, développé plus tard en tant que bombardier Ilya Muromets.
Page ci-contre : en haut, les Italiens, pionniers de l'aviation militaire, emploient l'avion, en Libye, contre les Turcs. Ici le capitaine Ricardo Moizo (avec un casque) photographié devant son Nieuport;
au centre, le Blériot du capitaine italien Piazza en Afrique du Nord;
en bas, Eugene Ely, à bord d'un Curtiss, décolle pour la première fois d'un navire en 1911.

sions primordiales qui furent demandées à l'aviation au cours de la Première Guerre mondiale. Les Italiens avaient été fort impressionnés par les résultats obtenus par l'aviation, et ils créèrent leur propre armée de l'air en juin 1912. D'autres emplois militaires de l'aviation furent découverts durant la guerre des Balkans de 1912-1913.

Les autres pays européens continuèrent en 1911 et 1912, bien que sporadiquement, à s'intéresser aux applications militaires de l'aviation. Aux mois d'octobre et de novembre 1911, la France organisa la première compétition réservée aux appareils militaires, le « Concours militaire » pour choisir des types d'appareils appropriés aux services de l'armée de l'air; des essais furent entrepris avec des appareils armés de bombes et de mitrailleuses. Le premier modèle d'appareil spécialement conçu pour la guerre fut un Nieuport à deux places, équipé d'une mitrailleuse.

En 1912, pour la première fois, les forces armées commencèrent à envisager sérieusement quel pourrait être le rôle de l'aviation et quel genre d'appareil était susceptible de le remplir. Cet état d'esprit était d'une part le résultat d'une réflexion propre mais tenait compte également de la poussée croissante de l'opinion publique. Rarement, avant cette époque, les foules ne s'étaient autant intéressées aux armes de guerre et, vers 1912, la course à la suprématie navale, qui battait son plein depuis le lancement par les Anglais du supercuirassé *Dreadnought* en 1906, s'était à présent étendue à tous

les autres aspects du matériel militaire. Les Allemands étaient connus pour leur flotte de dirigeables tandis que les autorités françaises avaient une approche très constructive du problème de l'avion et dépensaient des sommes considérables pour essayer différents modèles et expérimenter leur rôle tactique. En Grande-Bretagne, le public, qui ne se sentait pas concerné, pensait malgré tout que le pays devait posséder également une aviation militaire importante.

A.V. Roe avait ouvert la voie en mettant au point des biplans à hélice tractive relativement satisfaisants, comme le Avro D et E de 1911, le F de 1912, culminant avec le grand Avro 504 de 1913. Geoffrey de Havilland, travaillant à la Royal Aircraft Factory, de Farnborough, avait produit le BE 2 à partir du contestable BE 1 de l'année précédente. Havilland présenta aussi le BS 1, biplan à hélice tractive, appareil qui présageait les futurs chasseurs. Mais au cours de la compétition de l'aviation militaire anglaise qui eut lieu en août 1912, le BE 2, en tant qu'appareil financé par le gouvernement, ne fut pas autorisé à concourir; le biplan militaire de Cody fut proclamé vainqueur quoique le BE 2, volant hors concours, fût manifestement le meilleur. Deux des appareils de Cody seulement furent

En 1914, le biplan et le monoplan avaient atteint à un haut degré de développement.
En haut : très bien connu, le Sopwith-Tabloid à deux places était aussi élégant;
en bas : le dernier monoplan de la période d'avant-guerre, le Deperdussin de course, puissant et profilé.

commandés par le Royal Flying Corps, et ce fut le BE 2 qui entra en fabrication.

Bien que l'aviation militaire britannique fût, durant les deux années qui précédèrent le conflit, préoccupée par le développement et la fabrication d'un certain nombre de modèles standards, tels le BE 2, quelques Avro et Sopwith, et par l'importation du Blériot XI, d'autres facteurs eurent, à long terme, une signification également importante. En 1910, l'Américain Eugene Ely avait été le premier à décoller et à atterrir sur un navire. Mais les Britanniques avaient amélioré cette technique. Le 9 mai 1912, le lieutenant C.R. Samson, à bord d'un Short S-27, décolla d'une plate-forme sur le *H.M.S. Hibernia* alors que le bâtiment filait 15 nœuds. Ainsi s'ouvrait l'ère des futures opérations aéronavales.

Malheureusement pour l'aviation, l'année 1912 avait vu une éclipse partielle du monoplan. Cet état de choses résultait de deux accidents graves en Grande-Bretagne et des doutes que Blériot émettait à présent sur la qualité structurale de son modèle de base. L'armée française avait immédiatement exclu les monoplans et ceux-ci mettront vingt ans avant de rentrer en faveur.

En France, l'événement le plus important de l'année 1913 fut l'apparition de l'avion le plus rapide de la période d'avant-guerre, le monocoque Deperdussin à moteur Gnome de 160 ch; sur ce monoplan d'une très belle ligne aérodynamique le pilote Prévost dépassa pour la première fois, le 29 septembre 1913, les 200 km/h, enlevant ainsi la Coupe Gordon-Bennett. L'appareil ouvrait la voie aux avions de course des années vingt, avec son fuselage monocoque, son moteur totalement caréné et l'attention avec laquelle avaient été éliminés les facteurs de traînée.

L'année 1913, cependant, fut moins marquée par l'apparition de nouveaux types d'appareils que par les progrès rapides de l'art du vol et du savoir-faire des ingénieurs et des constructeurs d'avions. Les pilotes d'acrobaties avaient aussi leur place, d'une part parce que des débouchés existaient pour eux, mais aussi parce qu'à travers les exhibitions des casse-cou les ingénieurs et les techniciens pouvaient mieux tester et comprendre les diverses contraintes agissant sur un avion en vol. Les cellules plus robustes et les moteurs mieux conçus permettaient aux pilotes d'essai d'exécuter des voltiges de plus en plus élaborées et avec une marge accrue de sécurité. Il y eut naturellement des accidents, mais ils furent surtout le fait du comportement de plus en plus téméraire des pilotes, tel un Pégoud qui transcenda l'attitude mentale du « conducteur » classique pour arriver à une véritable maîtrise complète de l'air.

L'année 1913 vit aussi le début des grands raids qui allaient marquer les années trente. Les pilotes français, surtout, se distinguèrent dans cette discipline en volant au-dessus de la Méditerranée, atteignant la Syrie et reliant la Palestine à l'Égypte. Mais l'approche de la guerre mit fin à ces performances.

Les progrès effectués au cours des années précédant les horreurs de la guerre ne peuvent être plus clairement exprimés qu'à travers quelques statistiques : depuis 1909, le reccord mondial de vitesse était passé de 77 km/h à 203,860 km/h; le record de distance, lui, avait progressé de 234,300 km à 1 021,230 km; quant au record d'altitude, qui était de 452,93 m en 1909, il atteignait alors 6 120 m.

Les routes aériennes avaient été ouvertes, aussi bien par le zeppelin allemand que par le service d'hydravions exploité aux États-Unis entre Tampa et Saint Petersburg. Mais ce qui avait déjà été accompli était en passe d'être surpassé, et les quatre années du conflit qui commençait allaient donner à l'aviation son stimulant le meilleur, sinon le plus contestable.

LA PREMIÈRE GUERRE MONDIALE

L'emploi généralisé de l'avion au cours de la Première Guerre mondiale transforma l'essence même de l'aviation, mais aussi les sentiments du public envers le vol et les aviateurs. Quoique l'avion ait été déjà utilisé, d'une façon très limitée, en tant qu'arme de guerre avant le déclenchement du conflit, la plupart des Européens, en 1914, considéraient encore l'aviation comme le domaine réservé de quelques esprits aventureux qui volaient pour le sport et par plaisir; ils ne pensaient donc pas qu'elle pouvait avoir une utilité pratique quelconque. Mais, à la fin de la guerre, l'aviation était devenue une véritable affaire commerciale. Une multitude d'entreprises, dont la plupart n'avaient jamais eu auparavant le moindre contact avec l'aviation, avaient construit plusieurs milliers d'avions et de moteurs. Les forces aériennes des nations combattantes étaient devenues des armes de guerre efficaces, présageant ce que serait l'aviation militaire, vingt-deux ans plus tard, lorsqu'elle ouvrirait, pendant la Seconde Guerre mondiale, l'ère de la guerre totale.

Mais, en 1914, seuls quelques visionnaires pouvaient imaginer l'avenir, car le rôle de l'avion était encore incertain. Quoique des essais aient été faits, avant la guerre, avec des appareils armés principalement de mitrailleuses légères et de petites bombes, l'enthousiasme engendré par le concept de l'aviation militaire s'était considérablement attiédi.

Dans une certaine mesure, cela était compréhensible, car les performances déjà limitées de certains appareils étaient sérieusement compromises par le supplément de poids qu'entraînait l'armement. Peu d'officiers généraux pouvaient se rendre compte de la véritable portée de l'aviation dans la guerre et, encore moins, imaginer l'emploi d'un avion armé contre un autre avion au rôle également mal défini.

Quelques-uns, cependant, réalisaient mieux ce qui se préparait. En France, pays qui, avant la guerre, avait fait les progrès les plus considérables dans le domaine de l'aviation, le général Joffre avait entrevu la possibilité de missions autres que la reconnaissance pure et simple et avait encouragé l'étude des diverses formes offensives de la nouvelle arme. En Grande-Bretagne, le capitaine Bertram Dickson, qui était mort en 1913 à la suite d'un accident en Italie, avait également prévu qu'un jour « des avions armés seraient inéluctablement entraînés à combattre les uns contre les autres » et que « les luttes pour la maîtrise de l'air auraient une extrême importance dans une guerre future ». Mais, en dépit de l'aveuglement presque général des autorités militaires, qui refusaient d'envisager les avantages et les inconvénients de l'aviation, des enthousiastes réclamaient à grands cris que les avions prennent leur place dans les forces armées. Cette pression de l'opinion publique, liée au désir de ne pas se laisser distancer dans le domaine de la construction aérienne militaire, fit que la France, l'Allemagne, l'Italie, la Grande-Bretagne et la plupart des pays

Au cœur de l'hiver sur le front français, cet Armstrong-Whitworth FK 3 de reconnaissance et de réglage d'artillerie a été abattu par le feu allemand. Avec ce genre d'appareil dont la structure légère « encaisse » bien les chocs – ici avec un arbre – l'équipage avait de fortes chances de sauver sa vie.

européens inclurent finalement l'aviation dans leur armement. En 1914, la France possédait la force aérienne militaire la plus importante du moment, avec environ 138 appareils. Quant à l'Allemagne, où l'enthousiasme du public pour les succès du comte Ferdinand von Zeppelin était toujours aussi vivace, elle « refusait — selon les dires de son empereur — de se laisser distancer par la France dans n'importe quel domaine ». Cette déclaration et l'indignation qu'elle souleva fut l'une des causes de l'augmentation du budget militaire britannique.

Ainsi, les pays belligérants possédaient-ils, à présent, une aviation militaire. Restait à savoir comment ils allaient utiliser ces précieuses machines et leurs non moins précieux équipages et mécaniciens. La seule solution envisagée au début du conflit se limitait aux missions

Ci-dessus : ce type d'avion, construit en grand nombre avant la guerre, était nommé « Taube » (pigeon) ; en haut, à gauche : quoique le Royal Flying Corps ne fût jamais à court de volontaires pour piloter, il était plus difficile de recruter du personnel au sol pour entretenir les appareils, comme l'indique cette affiche de l'avant-guerre ; ci-contre : l'ingénieur hollandais Anthony Fokker (en noir) pose avec un groupe d'officiers allemands, s'entraînant sur un de ses monoplans Spin, à Doberitz, juste avant la guerre.

Page ci-contre : l'Avro 504 K (ce modèle était fabriqué à Luton par Hewlett et Blondeau) était l'aboutissement d'un type d'avion utilisé par le R.F.C.

de reconnaissance, ce qui n'était, en quelque sorte, qu'un simple prolongement du rôle déjà connu du ballon d'observation. Deux usages étaient prévus : premièrement, la reconnaissance stratégique ou tactique au profit de l'infanterie; deuxièmement, le réglage du tir des batteries d'artillerie. Dans le premier cas, un officier entraîné devait être capable, grâce à l'avantage que lui donnait l'avion, d'observer et de noter les dispositions et les mouvements de l'ennemi, puis d'en rendre compte à son commandement. Dans le second cas, un officier devait pouvoir repérer la chute des projectiles d'une batterie et transmettre les corrections de tirs, soit dans une boîte lestée, soit par un système de signalisation convenu, soit, plus tard, par radio, lorsque des postes émetteurs suffisamment légers auraient été mis au point. La France et l'Allemagne, qui avaient mis de grands espoirs dans l'artillerie, adoptèrent très vite l'avion en tant que moyen pratique de réglage de tir. En Grande-Bretagne, où l'on était toujours très en retard en théorie et en pratique, les forces aériennes n'étaient encore considérées que comme un complément assez inutile de la cavalerie dans sa fonction traditionnelle d'éclaireurs. Cette attitude changea quelque peu dès le début de la guerre. Pourtant, pour la majorité des officiers des armées conventionnelles, l'avion n'était encore qu'un nouveau venu importun, comme le furent d'ailleurs la plupart des innovations essentielles qui virent le jour au cours du conflit : armes automatiques, fils de fer barbelés, gaz toxiques, chars d'assaut et lance-flammes.

Le recrutement des pilotes était relativement aisé, car la nouvelle arme offrait un débouché de choix pour les jeunes officiers aventureux auxquels répugnaient les contraintes de la vie régimentaire traditionnelle. Cela valait également pour la Grande-Bretagne, où, pourtant, les apprentis pilotes devaient payer de leurs propres deniers leurs leçons de vol dans des écoles civiles, et ce jusqu'en 1911. Partout ailleurs, les forces aériennes disposaient de leurs propres écoles de vol, bien que très souvent les moniteurs fussent des civils.

Les diverses compétitions d'avions militaires tenues en 1911 et 1912 avaient permis de sélectionner des appareils capables d'être réunis en escadrilles et suffisamment normalisés pour faciliter la production et la maintenance. Mais c'était une chose que de sélectionner un appareil capable d'un usage général. et une autre que de le produire en série. L'industrie aéronautique de l'époque n'était pas prévue pour la production en série; la plupart des usines avaient seulement l'expérience pour fabriquer un type de modèle ou encore une très faible capacité de production. En termes militaires, le résultat était que les modèles choisis ne pouvaient être construits en nombre suffisant et que les escadrilles n'étaient que difficilement homogènes.

A cet égard, les Français et les Allemands avaient une énorme avance sur les Britanniques. Les Allemands possédaient un grand nombre de « Taube » (pigeon) résultant des expériences d'Etrich et de Wels, ainsi que des unités généreusement équipées de biplans à hélice tractive, tels les Albatros et les Aviatik. Quant aux Français, ils disposaient d'escadrilles de bombardiers Voisin et de Blériot et de Morane-Saulnier de reconnaissance. Les Anglais commencèrent la guerre avec plusieurs modèles d'appareils français et un échantillonnage d'avions de fabrication nationale, le meilleur étant le Blériot expérimental BE 2 de la Royal Aircraft Factory. Suivaient le Sopwith Tabloid, le Bristol Scout D et quelques modèles d'Avro 504. Pour pallier l'inertie traditionnelle de l'industrie britannique et pour éviter les

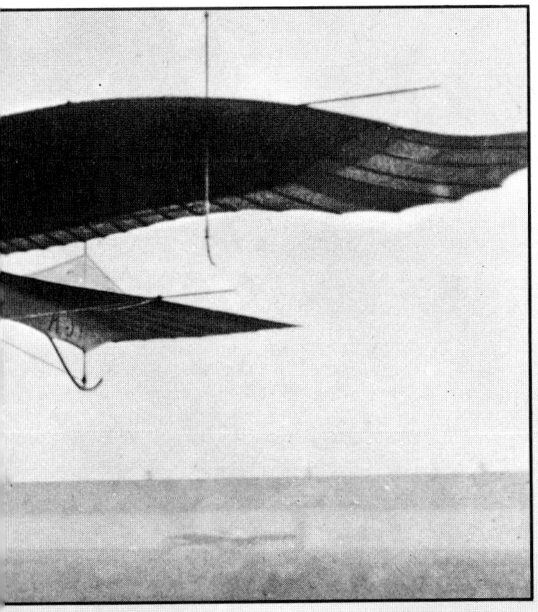

La nouvelle puissance de feu

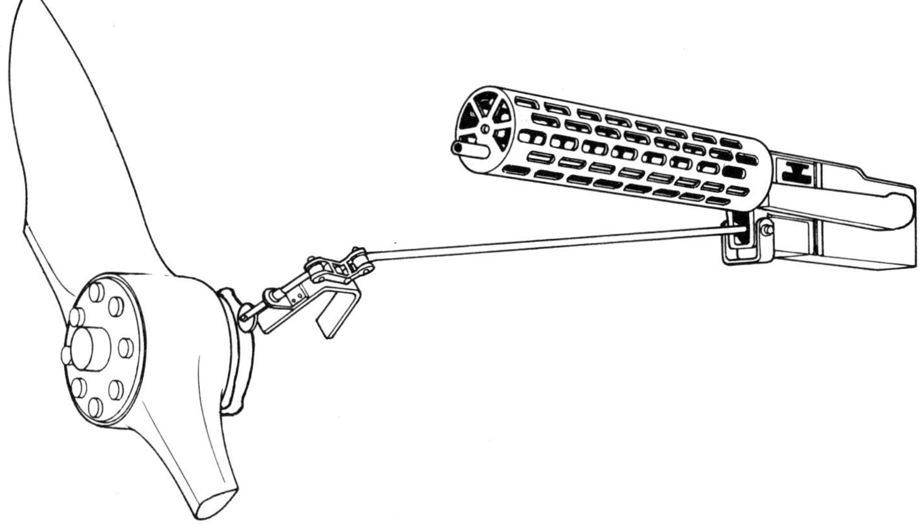

Comme certains l'avaient prévu avant la guerre, le principal problème posé par l'armement des avions résidait en l'installation de mitrailleuses sur les monoplaces, qui étaient les seuls appareils à posséder les qualités de vitesse et de maniabilité indispensables aux avions de chasse.
La question ne se posait pas vraiment pour les biplaces : dans les avions à hélice tractive, le mitrailleur, placé derrière le pilote avait un champ de tir tout à fait acceptable.
Dans les avions à hélice propulsive, tel le Voisin modèle 5 *(ci-dessous)* équipé d'un petit canon, les positions respectives du pilote et du mitrailleur étaient tout simplement inversées.

La situation se compliquait avec les monoplaces, dans lesquels l'arme devait être à poste fixe et parallèle à l'axe longitudinal de l'avion, afin que le pilote puisse « viser » la cible avec l'appareil lui-même. Cela était facile avec les moteurs arrière puisque l'hélice ne gênait pas le tir, mais ce type d'appareil était mal adapté à la chasse aérienne.
La première solution fut le déflecteur d'hélice, ici sur un Morane-Saulnier modèle N *(ci-dessus)*, mais le meilleur système fut la synchronisation de l'arme avec le passage de l'hélice adoptée par les ingénieurs de Fokker *(en haut)*. Dans ce système, une came alignée sur chaque pale arrêtait, grâce à un embiellage, le tir lorsque l'hélice passait devant la bouche de l'arme.
Ce synchronisateur absolument révolutionnaire à l'époque, rendit possible les succès des chasseurs *Eindekker*, comme le E-IV de l'as Immelmann *(ci-contre)*.

problèmes de concurrence, la R.F.C. était obligée de jongler avec les statistiques et feindre de réparer les avions endommagés alors qu'elle en fabriquait des neufs. L'Angleterre entra en guerre avec 73 appareils, contre 246 pour l'Allemagne et 160 pour la France. Une mention spéciale peut être faite à propos de l'appareil français Caudron G. III dont l'originalité majeure est d'avoir été le seul avion militaire d'usage général qui soit demeuré en service tout au long de la Première Guerre mondiale. C'était un biplan à hélice tractive avec un habitacle biplace, des ailes à gauchissement et une double gouverne de direction. La première escadrille Caudron fut créée en 1913 et coopéra, au début de septembre 1914, à la bataille de la Marne. La plupart des pilotes militaires en renom s'initièrent au vol sur le G.III, tels Bozon-Verduraz, coéquipier de Guynemer, Raymond Delmotte, René Fonck, l'as des as, Alain Gerbault, le futur navigateur solitaire, André Luguet, célèbre comédien, et Joseph Vuillemin, futur commandant de l'aviation.

Au début de la guerre, le temps était superbe mais l'aviation n'eut qu'une faible part dans les opérations en raison du grand nombre d'appareils et de moteurs en service à une époque où les Alliés étaient en pleine retraite et où tout ce qui était logistique devait être improvisé. Mais, d'une façon ou d'une autre, les pertes étaient tolérables et, à partir du 19 août, les Alliés commencèrent à effectuer des vols de reconnaissance efficaces. Au début, cependant, le haut commandement restait sceptique devant les informations transmises de cette manière d'avant-garde. Mais quand les avions de reconnaissance anglais apportèrent les premiers la nouvelle que l'aile gauche de l'armée allemande décrivait un mouvement tournant sur le côté ouest de Paris, et que cette information fut confirmée par les méthodes orthodoxes, les généraux commencèrent à réaliser que l'aviation pouvait effectivement apporter une aide appréciable. L'art du camouflage contre les reconnaissances aériennes était encore inconnu; le travail des observateurs était facile et leur permettait de transmettre des informations utiles.

Il faut noter que dans les premiers mois de la guerre, on employait deux styles complètement différents de vols opérationnels : les Allemands pensaient que la part essentielle de la mission — l'observation — devait être réservée à un officier mais que l'avion, étant tout bonnement un moyen de transport, pouvait être « conduit » par un simple sous-officier. Ce système de « chauffeur sans responsabilité » n'était sans doute pas le meilleur pour tirer tout le parti possible de la machine et de l'homme. Souvent les aviateurs alliés s'étaient amusés de voir dans les premiers équipages allemands l'officier être obligé de se disputer, voire de frapper son « conducteur », à la suite de quelque fausse manœuvre. Les Français et les Anglais, quant à eux, étaient persuadés que la tâche du pilote était aussi importante, sinon plus, que celle de l'observateur. Dès le début de la guerre, les Français employaient des équipages formés à la fois d'officiers et de sous-officiers, tandis que les Britanniques préféraient confier à un officier le pilotage d'une machine aussi coûteuse que l'était un avion. Bien entendu, les exigences de la guerre obligèrent petit à petit à assouplir cette règle.

Bien que leurs premières tâches fussent, lorsque le front fut stabilisé, le réglage de l'artillerie et la reconnaissance, les pilotes jeunes et téméraires des nations belligérantes ne voyaient pas pour quelles raisons on laisserait à l'ennemi le bénéfice de l'observation, alors qu'il leur semblait possible de les en empêcher par un moyen bien simple : les tuer ou faire tomber leur avion. Les armes à feu ne tardèrent donc pas à faire leur apparition dans les airs. Initialement, ces armes furent celles, personnelles, de l'équipage, soit des carabines, soit des pistolets. Mais les duels aériens qui suivirent n'avaient que peu de chance, dans ces conditions, d'aboutir à des résultats meurtriers pour l'une ou l'autre des parties en présence. Plus optimistes, ou peut-être moins réalistes, certains innovateurs eurent l'idée d'essayer des fusils de chasse, des grenades à main ou même des grappins attachés à l'extrémité d'une corde, ce dernier système dans l'espoir d'accrocher et de détruire l'hélice de l'avion ennemi. En juin 1915, le capitaine d'état-major A. Kazabov réussit ainsi, à bord de son Morane, à abattre un Albatros allemand. D'autres pensaient que tournoyer tout près de l'avion ennemi pouvait faire perdre au pilote le contrôle de son appareil et le forcer à s'abattre. En fait, ce fut la tactique utilisée au cours du premier combat aérien dûment homologué lorsqu'un avion biplace allemand fut abattu par le « ballet » aérien de trois pilotes de la 2e escadrille britannique conduite le 25 août par le lieutenant H.D. Harvey-Kelly.

Quoique les Français et les Allemands eussent dès le début de la guerre des appareils équipés de mitrailleuses, un seul avion britannique en possédait une, et encore était-ce un « bricolage » privé. L'avion était un Farman piloté par le 2e lieutenant L.A. Strange avec le lieutenant L. de C. Penn-Gaskell, utilisant une mitrailleuse légère Lewis. Mais, surchargé par le poids de la mitrailleuse, le Farman ne pouvait atteindre une altitude de quelque 900 m seulement, alors que les avions allemands volaient à 600 m au-dessus de lui. Cet équipage entreprenant reçut rapidement l'ordre de démonter ses mitrailleuses et de reprendre son travail classique d'observateur de manière à ne pas attirer de riposte de l'adversaire!

Mais ce ne fut qu'une question de temps avant qu'un matériel approprié ne fût effectivement utilisé en combat aérien. Le 5 octobre 1914, le caporal français Quénault abattit un Aviatik biplace avec une mitrailleuse Hotchkiss montée à l'avant de la nacelle d'un bombardier Voisin piloté par le sergent Joseph Frantz. A partir de ce moment, l'incidence des combats et des victoires aériens commença d'être prise en considération. Mais il restait, avant que le combat aérien pût se dérouler à une grande échelle, un problème crucial à résoudre : la disposition de l'arme par rapport à l'hélice. La solution n'en fut pas trouvée avant 1915.

Dès le début de l'histoire de l'aviation, de nombreux pilotes avaient pensé que, à partir du moment où l'on pouvait survoler une cible, il devait être possible de laisser tomber des projectiles dessus, et dès le déb t de la guerre toutes les aviations avaient envisagé des missions de bombardements. On peut même noter que, depuis le mois de juin 1910, l'infatigable Glenn Curtiss avait lâché de fausses bombes sur des bâtiments naviguant sur le lac Keuka, dans l'État de New York.

Les exhibitions de bombardements, dans lesquelles on utilisait des sacs de farine comme projectiles, étaient l'une des principales attractions des fêtes aériennes de l'avant-guerre. Sitôt les hostilités commencées, Français et Allemands — particulièrement les premiers — entreprirent des opérations de bombardements. Le 14 août 1914, les Français envoyèrent deux Voisin attaquer les hangars de Zeppelin à Metz-Frascaty. Le lendemain, Garaix et Taizieux, à bord d'un biplan Schmitt armé d'une mitrailleuse, furent abattus par un obus allemand en allant bombarder le même objectif. Quant aux Allemands, ils envoyèrent, le 30 du même mois, un appareil « Taube » lancer cinq petites bombes sur Paris, tuant un civil et en en blessant deux autres. Le Royal Flying Corps ne s'était pas spécialement inté-

Подпишитесь на
Военный
5½% заемъ
проложите путь
къ побѣдѣ

ressé aux bombardements, mais le Royal Naval Air Service fit preuve de plus d'esprit d'entreprise et fit décoller d'Anvers deux avions le 22 septembre pour un raid sur les hangars de Zeppelin à Düsseldorf, mission qui ne donna aucun résultat. Le 8 octobre, un deuxième raid sur la même cible, où furent engagés des monoplaces Sopwith Tabloid munis de bombes de 9 kg, eut pour résultat la destruction du zeppelin Z 9, tout récemment sorti d'usine. Au cours de ce même raid, des bombes furent aussi lancées sur la gare de Cologne.

Les premières bombes aériennes étaient des engins improvisés ordinairement à partir d'obus d'artillerie munis d'un empennage; aucun système de visée n'existait. Cependant, la volonté d'aboutir était là et, dès l'automne 1914, les Français mirent sur pied un important groupe de bombardement comportant trois escadrilles de six avions, principalement des Voisin, trop lents pour le combat aérien, mais capables d'emporter une charge de 90 kg de bombes avec une autonomie de vol de trois heures à la vitesse de 90 km/h. Ces appareils furent livrés à la Grande-Bretagne, la Belgique, l'Italie et la Russie.

Le problème qui retardait le développement des véritables combats aériens — la position de la mitrailleuse par rapport à l'hélice — était aisément résolu sur les plus anciens modèles de biplaces à hélice propulsive. Une mitrailleuse légère, servie par l'observateur, était montée à l'avant de la nacelle de telle façon qu'elle puisse être facilement orientée en dérive et en élévation. Sur les appareils à hélice tractive de modèle plus récent, l'observateur était souvent muni d'une mitrailleuse légère, capable de tirer en dehors du cercle de l'hélice, ce qui obligeait le pilote à voler « en crabe » pour attaquer. Les résultats de cette méthode de combat étaient des plus médiocres. Un inconvénient supplémentaire résidait dans le fait que l'observateur devait être installé le plus près possible du centre de gravité de l'appareil pour que celui-ci puisse éventuellement voler en solo. A cette place, juste entre les ailes, celui-ci avait un champ de vision et de tir extrêmement limités par l'enchevêtrement des haubans et de l'étrésillonnage qui risquaient ainsi d'être endommagés par les balles. Ce haubannage était d'ailleurs souvent excessif et, selon une plaisanterie de l'époque, n'était complet que si un oiseau lâché à l'intérieur de la structure ne pouvait s'en échapper! Cela étant très caractéristique pour les BE 2 du début de la guerre. On mit ensuite au point des montages simples en intervertissant la position du pilote et de l'observateur, de telle façon que celui-ci fût à même de tirer sur le côté du fuselage. Il fallait donc que le pilote puisse approcher l'ennemi latéralement, solution bâtarde qui permit malgré tout aux combats aériens de devenir monnaie courante.

Une affiche russe de propagande de guerre illustre un moyen archaïque de résoudre le problème du tir vers l'avant : une sorte de cage permet au mitrailleur, debout sur le dessus de l'aile, de se servir de son arme au-dessus du cercle de l'hélice (installée ici sur un Deperdussin).

Mais, quoique les biplaces du début de la guerre pussent être et aient effectivement été armés, ils n'étaient pas véritablement appropriés au rôle de « chasseurs », nom qu'ils porteront plus tard. Ils étaient trop gros pour cela, trop lourds, trop peu maniables et trop lents. Pour ce genre de combat, le seul appareil approprié était le monoplace, mais vers 1915 celui-ci était presque toujours à hélice tractive, ce qui reposait le problème de la position de l'arme par rapport à celle de l'hélice.

Si l'arme était installée de façon à tirer vers l'avant le long de l'axe longitudinal de l'appareil et de la ligne de visée du pilote, un certain nombre de balles allait inévitablement atteindre et endommager les pales de l'hélice. Diverses solutions furent essayées, entre autres le positionnement de l'arme selon un angle de 45° par rapport à l'avion, ce qui lui faisait éviter le cercle de l'hélice. Mais cela rendait la visée extrêmement difficile, sauf pour des pilotes particulièrement doués. Un de ceux-ci, le capitaine Lanoe G. Hawker, le troisième aviateur anglais à obtenir la Victoria Cross, réussit en juillet 1915 à abattre trois avions allemands au cours du même vol, forçant le premier à atterrir, détruisant le moteur du deuxième et incendiant le troisième.

La seule solution pratique du problème de la visée en vol était une mitrailleuse installée en position fixe selon l'axe de l'appareil, de telle façon que le pilote dirigeait l'avion lui-même vers la cible et n'avait plus qu'à presser la détente. Mais il fallait pour cela un système capable d'arrêter les balles qui, éventuellement, pouvaient frapper la pale de l'hélice. Des expériences dans ce sens avaient été faites avant la guerre par Franz Schneider, ingénieur en chef de la compagnie allemande L.V.G., le lieutenant Poplavko en Russie, les frères Edwards en Grande-Bretagne et Raymond Saulnier de la compagnie française Morane-Saulnier. Toutes ces inventions comprenaient un système primitif de synchronisation qui interrompait le tir de l'arme lorsqu'une pale de l'hélice passait devant la bouche de l'arme. Mais les efforts des inventeurs achoppaient sur le problème du tir prolongé. En effet, les irrégularités de fabrication des cartouches entraînaient des irrégularités de tirs qui rendaient le système inopérant, et certaines balles tirées trop tôt ou trop tard pouvaient malgré tout endommager l'hélice. Pour y remédier, Saulnier équipa les hélices de déflecteurs spéciaux en acier, fixés à l'arrière de chaque pale de telle manière que les balles qui frapperaient celles-ci fussent déviées et ne puissent les endommager. L'arrivée de la guerre avait interrompu ces expériences.

Au début de 1915, l'idée fut reprise par Saulnier et le célèbre pilote de l'avant-guerre Roland Garros, qui servait maintenant dans une escadrille française. Sans doute à l'instigation de Roland Garros, les deux hommes décidèrent que le système de synchronisation pouvait être supprimé pour des raisons de légèreté et de simplification, et que les déflecteurs seuls devaient suffire à détourner les quelques projectiles qui heurteraient les pales de l'hélice. Des tests préliminaires ayant prouvé le bienfondé de cette idée, Garros, en mars 1905, rejoignit son unité avec son chasseur Morane-Saulnier L. à voilure parasol ainsi modifié. Tout fut prêt le 1er avril 1915 et Garros s'envola pour chercher une proie. Il tomba sur une patrouille de quatre Albatros biplaces allemands qui, le voyant se diriger vers eux selon un angle ordinairement inoffensif, le laissèrent approcher sans méfiance. Tout à coup, une gerbe de balles jaillit de l'avant du Morane, criblant un Albatros qui s'abattit, son pilote tué aux commandes. Avant que les autres Allemands aient pu réagir, Garros avait viré et tirait sur un autre Albatros qui prit feu immédiatement et tomba. Les deux Albatros rescapés regagnèrent aussitôt leurs lignes, ramenant avec eux la nouvelle que l'ère du véritable avion de chasse venait de naître.

Dès ce moment, les pilotes allemands évitaient soigneusement tous les Morane type L qu'ils rencontraient. Pourtant, au cours des deux semaines qui suivirent, Garros remporta encore trois victoires, ce qui le plaça au premier rang des as de la chasse. Bien que les Allemands aient été mystifiés par les succès français, le secret de ceux-ci ne tarda pas à tomber entre leurs mains : le 19 avril, Roland Garros fit un atterrissage forcé derrière les lignes allemandes et n'eut pas le temps de détruire son avion qui fut ainsi capturé par l'ennemi. La cause de cet atterrissage était une simple panne de moteur. Au cours de près de trois semaines de combat, les déflecteurs d'une hélice de son avion avaient été fréquemment heurtés par les balles entraînant des vibrations qui avaient énormément fatigué le moteur rotatif de 80 ch, et le vent d'ouest ne lui permit pas de regagner ses lignes. Fait prisonnier, il réussit à s'échapper en janvier 1918 et reprit du service actif. Garros ne devait pas survivre à la guerre. Le 5 octobre 1918, il fut descendu en flammes par un Fokker D-VII.

Il est inutile de dire que la capture de ce remarquable avion français avait été une excellente surprise pour les Allemands, qui demandèrent immédiatement à Anthony Fokker, cet énigmatique ingénieur hollandais qui travaillait pour eux, d'adapter le système sur son Eindecker (monoplan) qui venait de sortir. Pilote d'essai de talent, Fokker était davantage un chef d'entreprise bien secondé qu'un brillant ingénieur. S'il fallait en croire ses Mémoires, il aurait décidé lui-même de ne pas tout simplement copier l'invention française, mais de concevoir un système de synchronisation, rompant définitivement avec les encombrantes plaques à déflection. En fait, Fokker se borna à faire exécuter une commande du grand état-major allemand. Dès son retour à son usine de Schwerin, à 180 km au nord de Berlin, il demanda à son équipe d'ingénieurs d'étudier le problème et, quarante-huit heures après, ceux-ci avaient mis au point un synchroniseur efficace pour la mitrailleuse Parabellum 7,92 mm, dont l'usage était standard sur les appareils allemands. (A partir de 1916, la MG 7,92 mm 08/15 fabriquée à Spandau, près de Berlin, supplanta la Parabellum en tant qu'arme fixe d'aviation, d'où l'appellation populaire chez les Alliés de « Spandau ».) Le synchroniseur de Fokker qui fut essayé sur un monoplan M-5k, rebaptisé E-I lorsqu'il fut mis en service avec son armement, était très simple : deux cames placées sur le vilebrequin, exactement en ligne avec les pales de l'hélice, actionnaient une tige-poussoir qui, par l'intermédiaire d'un ensemble de biellettes, empêchait

A l'automne 1915, la guerre aérienne faisait rage sur le front français, où les Allemands avaient la maîtrise de l'air avec leurs monoplans Fokker. Ci-contre : le chasseur standard des escadrilles allemandes était le Fokker E-III, tel celui-ci, capturé par les troupes alliées le 8 avril 1916. Bien qu'il ne fût pas un très bon appareil, le E-III était très maniable et surtout était équipé d'une ou plusieurs mitrailleuses tirant vers l'avant à travers le cercle de l'hélice; en bas : une réponse au Eindekker fut le DH 2 à hélice propulsive.

Page ci-contre : un Nieuport 11 français en mission de chasse.

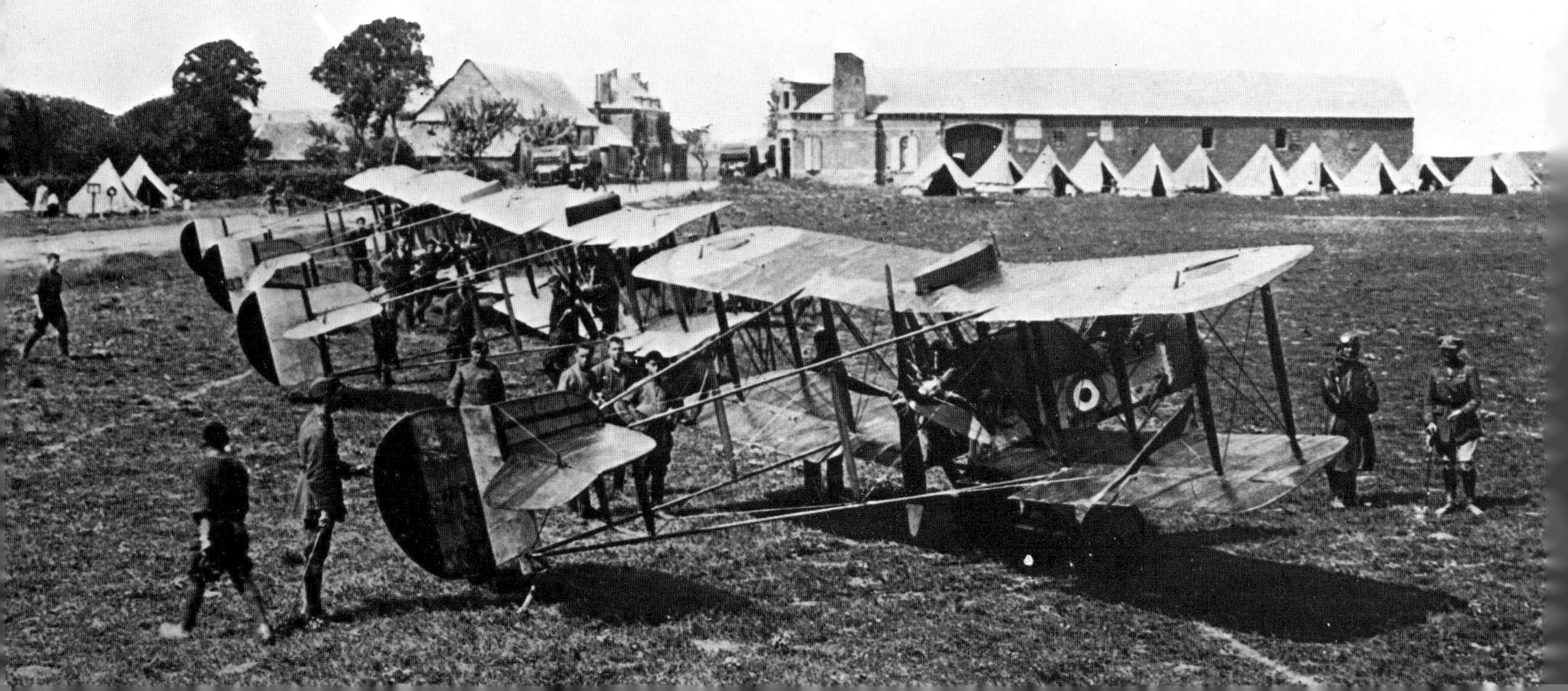

le percuteur de l'arme de jouer lorsqu'une pale passait devant la bouche de l'arme que le pilote pressât ou non la détente. Le système fut essayé avec succès et, bien que l'avion sur lequel il était monté n'eût pas de grandes qualités, l'ensemble fut rapidement fabriqué en série.

Le nouveau chasseur entra en service sur le front français où il acquit une terrifiante réputation, surtout dans le secteur anglais. Les avions alliés, qui étaient cependant aussi rapides et maniables que les appareils allemands, ne pouvaient se mesurer avec ceux-ci depuis qu'ils étaient armés de mitrailleuses synchronisées et, pour la première fois depuis le début de la guerre, subirent des pertes si lourdes que, par dérision, les pilotes britanniques reçurent le surnom de « fourrage à Fokker ».

Sur le front lui-même, le Fokker vit pourtant ses premiers effets limités parce que les Allemands n'avaient pas encore mis au point une tactique permettant d'utiliser au mieux les possibilités de l'armement de l'appareil. Les E-I, bientôt suivis par les modèles E-II et E-III, légèrement plus grands et plus puissants, étaient répartis dans les *Fliegerabteilungen* (escadrilles) sur la base d'une ou deux machines par unité. Heureusement pour les Allemands, quelques officiers de l'aviation bavaroise — l'une des forces nationales semi-autonomes faisant partie de l'aviation impériale allemande — comprirent que l'on pouvait obtenir de meilleurs résultats en réunissant dans des unités homogènes les chasseurs alors dispersés. Ainsi naquirent les *Kampfeinsitzerkommandos* (escadrilles de chasseurs monoplaces) dont trois furent formés à la fin de l'été 1915 et entrèrent immédiatement en action.

L'apparition de ces premières escadrilles de chasse révéla au monde les deux premiers as de la Première Guerre mondiale : Max Immelmann et Oswald Boelcke. Quoique la presse allemande les ait souvent présentés comme des rivaux acharnés dans la chasse aux avions alliés, il semble plus réel que les deux pilotes aient fréquemment combattu côte à côte, du moins jusqu'à ce que Boelcke fût muté dans un secteur situé plus au sud. Immelmann, surnommé « l'Aigle de Lille » par les journaux, est resté célèbre dans l'histoire de l'aviation par le « rétablissement » qui porte son nom *(Immelman)*. Cette figure, qui permettait à l'attaquant dc gagner de l'altitude tout en changeant la direction de 180°, consistait en une demi-boucle immédiatement suivie d'un demi- tonneau; c'était une manœuvre favorite de l'as allemand qui obtint un score de quinze victoires avant d'être tué, en juin 1916, par le mitrailleur d'un FE 2b britannique.

Oswald Boelcke est également un personnage très important, aussi bien par son influence dans le développement des combats aériens que dans le domaine de l'organisation. Comme Immelmann, c'était un grand pilote de chasse, mais, contrairement aux autres as allemands des débuts, Boelcke comprit qu'il ne suffisait pas d'être un as soi-même, mais qu'en analysant les raisons des succès et les causes des échecs il pouvait améliorer la qualité de tous les autres pilotes. Ses capacités furent telles dans ce domaine qu'il fut nommé commandant dans la *Jagdstaffel Nr. 2* (escadrille de chasse nº 2), lorsque fut créée cette grande unité en août 1916, principalement grâce au résultat de ses efforts. Mais Boelcke ne vécut pas assez longtemps pour recueillir les fruits de son travail. Après un score extraordinaire de quarante victoires remportées dans les deux premières années de la guerre, il mourut au mois d'octobre 1916. Il était resté invaincu dans les airs et fut tué lorsque lui et un camarade manœuvrèrent pour éviter une collision avec un avion anglais. Les roues de l'appareil de son camarade arrachèrent le haut de l'aile du chasseur Albatros piloté par le grand as allemand qui perdit le contrôle de son appareil et s'écrasa sur le sol. Les théories de Boelcke furent d'une inestimable importance. Il avait été lui-même un exemple, mais ses méthodes analytiques d'enseignement n'allaient plus permettre longtemps aux pilotes de s'approcher tout bonnement de l'ennemi selon n'importe quel azimut et d'ouvrir le feu. A présent, ils tentaient de traquer leur proie à partir d'une altitude supérieure ou en se cachant dans le soleil, puis piquaient sur elle pour l'abattre à bout portant avant de manœuvrer pour retrouver la sécurité.

Les Fokker gardèrent la maîtrise suprême durant l'automne et l'hiver 1915, car les Alliés avaient une certaine répugnance à copier le système synchronisateur des Allemands. Au lieu de cela, ils essayèrent une grande variété d'expédients avec pour seul résultat que les chasseurs allemands, pourtant intrinsèquement inférieurs, continuèrent à dominer le ciel durant les premières et cruciales semaines de la bataille de Verdun, bastion militaire et sentimental où les Allemands avaient décidé de « saigner la France à blanc ».

En octobre 1915, un nouvel appareil était apparu en escadrille, le Nieuport 10 auquel succéda, au printemps 1916, le « Bébé » Nieuport, sesquiplan, équipé d'une mitrailleuse Lewis sur le plan supérieur et qui tirait au-dessus du cercle de

l'hélice. Bien que cette arme ne possédât que des chargeurs de trente-deux ou soixante-quatre cartouches et qu'elle s'enrayât souvent, l'appareil fut un succès : souple et léger, il avait à la fois une maniabilité excellente et une bonne stabilité pour le tir, chose indispensable puisque le pilote « visait » sa cible avec l'appareil lui-même. Le « Bébé » Nieuport équipa entre autres la 3e escadrille française, plus connue sous le nom d'« escadrille des Cigognes » en raison de l'emblème qui allait être peint sur les côtés du fuselage. C'est avec cet avion que le sous-lieutenant Guynemer abattit, le 12 mars 1916, un avion allemand, sa septième victoire. A cette époque, l'escadrille des Cigognes est dirigée vers Verdun où, depuis le début de l'offensive, en février, l'aviation allemande possède toujours la maîtrise de l'air. Mais les Fokker sont encore les plus forts grâce à leur synchroniseur de tir. En revanche, la tactique française s'améliore avec l'étude et l'adaptation des procédés mis au point par Boelcke.

Du côté britannique, dont les forces aériennes sont alors commandées sur le front français par le brigadier général Hugh Trenchard, on considère qu'il vaut mieux posséder des escadrilles où quelques pilotes très capables encadrent des pilotes moyens, plutôt que de réunir des « as » dans quelques escadrilles d'élite et de laisser les médiocres se débrouiller dans des unités sacrifiées. Après une période d'adaptation, ce système prouva son efficacité, lorsque les escadrilles anglaises furent enfin équipées d'appareils homogènes. En février 1916, l'escadrille n° 24 arriva en France, commandée par le major Lanoe G. Hawker et équipée de DH 2. Les réticences anglaises aux escadrilles homogènes venaient du fait que les fonctions aériennes du corps expéditionnaire étant l'observation, la reconnaissance et la photographie, il avait semblé normal de réunir dans la même unité des appareils appropriés aux diverses tâches à accomplir. Lorsque le besoin de chasseurs se fit sentir pour protéger les appareils de reconnaissance, il fallut encore ajouter un nouveau type d'avions dans les escadrilles de biplaces déjà existantes. Les opérations offensives préconisées par Trenchard pour contrer le « fléau Fokker » avaient rapidement prouvé l'inanité de ces conceptions et, à présent, les Anglais étaient tous devenus partisans des escadrilles homogènes.

Côte à côte, les de Havilland 2 britanniques et les Nieuport 11 français commencèrent graduellement à reprendre aux Allemands la maîtrise de l'air, permettant à leurs propres biplaces d'assaut d'effectuer plus efficacement leur travail contre les troupes allemandes au sol et de chasser des airs, avec leurs monoplaces, les avions d'observation ennemis. La mort d'Immelmann (16 juin 1916) marqua la fin de la carrière du « terrible » Fokker, et les Alliés profitèrent de leur supériorité aérienne pour mettre en ligne plusieurs nouveaux modèles au cours des derniers mois de l'année. Finalement le système de synchronisation du tir avait fait son apparition du côté des Alliés sur d'excellents appareils comme le Nieuport 17, le SPAD 7 et les Sopwith 1 1/2 Strutter et Pup. Ces quatre avions étaient équipés d'une mitrailleuse Vickers, fixée le long du capot et tirant à travers le cercle de l'hélice; le 1 1/2 Strutter possédait en outre une mitrailleuse Lewis servie par l'observateur. Le Pup était un chasseur très adapté, aux performances excellentes et d'une très bonne maniabilité. Contrairement à beaucoup d'autres appareils, la maniabilité du Pup n'était pas obtenue aux dépens d'autres qualités. Il répondait correctement aux commandes, ce qui permettait au pilote de toujours placer son appareil où il le désirait.

Ci-dessus : sur ce tableau de Henri Farré, un Nieuport sesquiplan poursuit dans le ciel de Verdun un biplace allemand déjà endommagé. Petite machine extrêmement maniable, le Nieuport, dans ses différentes versions, eut une carrière longue et bien remplie; ci-contre : les dirigeables, quoique très vulnérables, participèrent à la Grande Guerre. Ici, un appareil italien, le P-4.

Malgré l'arrivée des nouveaux appareils, et en dépit de la nette supériorité que prenaient les Alliés sur l'aviation allemande au cours de l'été et de l'automne de 1916, l'époque était encore très difficile pour les chasseurs et les observateurs français et britanniques. La terrible bataille de Verdun avait été suivie par l'offensive de la Somme qui se déroula avec une égale violence. Les Franco-Britanniques concentrèrent dans ce secteur une importante force aérienne qui comprenait entre autres le groupe de chasse 12 français, composé de la 3ᵉ, 26ᵉ, 103ᵉ et 73ᵉ escadrille (cette dernière étant plus tard remplacée par la 67ᵉ). Ces appareils avaient pour mission d'interdire aux avions de reconnaissance allemands l'observation du terrain et du proche arrière de la bataille, tâche difficile, car les Nieuport n'avaient qu'une très légère supériorité en vitesse sur les biplaces de reconnaissance ennemis qui, le plus souvent, pouvaient regagner leurs lignes sains et saufs. L'aviation alliée coopéra dans ce double secteur pendant plus de six mois.

Alors que le terrible Fokker avait mis les Alliés à l'épreuve sur le plan technologique, l'intensification, en 1916, des opérations aériennes leur imposa une double épreuve matérielle et morale. Jour après jour, des semaines durant, et jusqu'à ce qu'ils s'effondrent de fatigue ou qu'ils fussent blessés ou tués, les pilotes, de l'aube jusqu'à la nuit, devaient assurer trois patrouilles, ou davantage, de quelque 90 minutes ou plus chacune. La première de ces patrouilles pouvait consister en escortes rapprochées à haute altitude (entre 3 500 et 4 500 m) d'un avion de reconnaissance photographique, travaillant au-dessus et immédiatement derrière les lignes allemandes. Là, le feu de l'artillerie antiaérienne était une incitation constante à voler le plus haut possible malgré la menace permanente des chasseurs allemands « cachés » à l'est derrière le soleil levant.

Après avoir refait le plein d'essence et de munitions, le pilote devait repartir pour une autre mission, qui pouvait être, par exemple, une attaque au sol. Le haut commandement allié voulait reprendre l'initiative aux Allemands et il envoyait les pilotes de l'autre côté des lignes harceler les biplaces allemands, tels les Albatros C-VII et les LFG (Roland) C-II entrés en service dans la seconde moitié de l'année 1916. Le but était d'empêcher les monoplaces allemands de franchir les lignes alliées au-dessus desquelles les avions et les ballons de réglage d'artillerie permettaient aux canons de pilonner efficacement les tranchées allemandes. Mais, opérer de l'autre côté des lignes allemandes, présentait une double difficulté. Premièrement, les observateurs au sol pouvaient situer le nombre et la position des appareils, permettant ainsi aux Allemands d'envoyer à leur rencontre le nombre d'avions nécessaire à leur interception. Deuxièmement, les appareils endommagés, ou qui tombaient en panne de moteur, ce qui arrivait fréquemment encore à cette époque, avaient à effectuer un long chemin avant de rejoindre leurs propres lignes, souvent contre les vents d'ouest dominants. Ils perdaient en général tellement d'altitude qu'ils pouvaient être atteints par le feu des armes légères au sol, s'écraser dans le *no man's land* séparant les lignes et y être pris à partie par l'artillerie ennemie.

Le troisième type de patrouille pouvait être entrepris en fin d'après-midi. C'était la « patrouille de contact », instituée dans les premiers jours de l'offensive de la Somme. Le commandement, qui perdait fréquemment le contact avec ses propres vagues d'assaut, désirait savoir à quel niveau se situait leur progression afin de faire procéder aux barrages roulants de l'artillerie. Mais les postes de radio du temps étaient trop lourds pour être transportés à bras d'homme, les lignes téléphoniques étaient le plus souvent coupées par les obus et les coureurs n'avaient que peu de chance d'échapper à la mort. Au début de l'offensive de la Somme, un nouveau système de contact fut mis en place. L'aviation britannique devait, en volant en rase-mottes, prendre contact avec les têtes de colonnes d'assaut qui signalaient leur position par des marquages au sol. Ensuite, les chasseurs attaquaient les troupes allemandes à la mitrailleuse ou avec des bombes légères — que tous les chasseurs anglais transportaient — avant de retourner faire leur rapport à leur base. C'était une mission très périlleuse, qui non seulement comprenait les dangers du vol en rase-mottes, mais aussi celui d'affronter le feu des armes terrestres.

L'importance des pertes était telle, au cours des premières semaines de l'offensive, que le problème se posa, non du recrutement, mais de l'entraînement des jeunes recrues.

L'entrée dans une escadrille, telle les Cigognes, n'était soumise à aucune restriction spéciale, le remplacement des pilotes disparus se faisant grâce à l'arrivée des néophytes sortant des écoles. L'adaptation aux conditions spéciales des vols de combat demandait un entraînement particulier à la voltige, à l'appréciation des distances de vol, à la connaissance du secteur d'activité et surtout au tir. Celui-ci exigeait non seulement une très grande précision, mais encore un sang-froid exceptionnel, car la faible contenance des chargeurs, en limitant la durée de la rafale, obligeait l'assaillant à s'approcher de son adversaire jusqu'à 50 et même 20 m, tout en se maintenant dans les angles morts de l'appareil ennemi.

Les Britanniques, après divers tâtonnements, adoptèrent, en 1917, un mode d'entraînement qui, plus tard, fit école dans le monde entier sous le nom de « système Gosport ». Il était fondé sur la rationalisation et la standardisation des vols d'école effectués sur des appareils à doubles commandes; un tube acoustique — innovation à cette époque — permettant au moniteur de converser directement avec son élève.

Sur le plan des opérations terrestres, la percée initialement recherchée par l'offensive de la Somme n'ayant pas été obtenue, les activités aériennes cessèrent dans ce secteur vers le début de janvier 1917. En trois mois, du 19 août au 19 novembre, l'escadrille des Cigognes y avait obtenu trente-huit victoires dont plusieurs à l'actif de Guynemer, Dorme, Heurtaux, etc.

Au début de 1917, l'inexorable va-et-vient des progrès techniques avait de nouveau fait pencher la balance du côté de l'Allemagne. Comprenant que Français et Anglais avaient, dès le milieu de 1916, réussi à surclasser leur *Eindecker*, les Allemands avaient mis au point une nouvelle génération d'appareils qu'ils étudiaient depuis la fin de 1915. Dès les derniers mois de 1916, la Deutsche Luftstreitkraft, nouvellement créée, fut dotée des nouveaux avions monoplaces Albatros D-I, II et III, le dernier de ceux-ci n'entrant en service qu'au milieu de 1917. Ces appareils, remarquablement profilés pour l'époque, étaient des biplans à fuselage semi-monocoque, auxquels le moteur Mercedes de 160 ch donnait une vitesse maximale de 176 km/h. Armés de deux mitrailleuses synchronisées, ils étaient capables d'excellentes performances et surclassaient nettement, grâce à leur armement, la totalité des chasseurs alliés.

La conséquence immédiate de l'arrivée sur le front de ces nouveaux chasseurs fut la reprise de la maîtrise de l'air par les Allemands. Ce furent surtout les Anglais qui en souffrirent et la période est connue sous le nom du *Sanglant Mois d'avril;* du 2 au 29 de ce mois, Manfred von Richthofen abattit à lui seul vingt et un appareils britanniques. Jamais les Anglais n'avaient subi de pertes aussi lourdes (30 % de l'effectif) en avions et en équipage. Le plus tragique, à tous les points de vue, était la disparition de la plupart des survivants des durs combats des années précédentes. Du même coup, la grande expérience que ces hommes avaient acquise en combat aérien allait faire cruellement défaut à la nouvelle génération de pilotes. Le programme spécial d'entraînement n'était pas encore en vigueur, et les jeunes pilotes sortant des écoles de vol étaient directement dirigés sur le front où ils étaient des victimes désignées pour les Albatros allemands. L'espérance moyenne de vie d'un sous-lieutenant de la R.F.C., combattant sur le front français au cours de ce fatal mois d'avril, se situait entre onze jours et

Manfred von Richthofen

Le *Rittmeister* Manfred, *Freiherr* von Richthofen (capitaine-baron) reste sans doute, avec Guynemer, l'as le plus célèbre de toute la Première Guerre mondiale. Connu par la suite comme le « Chevalier Rouge de l'Allemagne », il commença sa carrière militaire dans la cavalerie, puis finalement passa à l'aviation dans l'escadrille de Boelcke.
Médiocre pilote à ses débuts, il maîtrisa rapidement la conduite de son appareil. Mais c'était surtout un excellent tireur, doté d'une vue extraordinaire et de nerfs d'acier. Bien qu'il ait sans doute abattu trois avions auparavant, sa première victoire homologuée date du 17 septembre 1916. Au jour de sa mort, le 21 avril 1918, il avait obtenu quatre-vingts victoires

officielles, ce qui fait de lui l'as de la Grande Guerre.
Comme beaucoup de pilotes durant cette guerre, il menait ses combats en solitaire et son caractère était celui d'un homme renfermé, un peu morbide et très orgueilleux. Même s'il était d'un courage indomptable, Richthofen était aussi d'une loyauté chevaleresque à l'égard de ses adversaires.
Les circonstances de sa mort posent une énigme. Il fut tué sur le front de la Somme, près de Sailly-le-Sec, à la sortie d'un combat tournoyant contre des appareils anglais, sans que l'on puisse savoir s'il fut abattu par le capitaine canadien A.R. Brown — qui fut crédité de la victoire —, pilotant un Sopwith Camel, ou par un projectile tiré du sol par un soldat d'une batterie australienne.
Le jeune frère de Manfred, Lothar von Richthofen, aurait certainement été aussi un grand as si sa carrière au front avait été plus longue, car il abattit en onze mois quarante appareils alliés, ce qui le place parmi les meilleurs pilotes allemands.

En médaillon : *Von Richthofen aux commandes de son chasseur Albatros D-Va ;*
à droite : *une alignée d'Albatros de la « Jasta 11 » à Douai en février ou mars 1917. Le deuxième appareil est le « Petit Rouge » de Richthofen.*
Ci-dessous : *un Fokker Dr. 1, l'avion triplan qui reste associé au « Cirque volant » de Richthofen, en passe d'atterrir.*
Page ci-contre : *une partie des trophées que Richthofen prélevait sur les appareils qu'il avait abattus*

L'automne 1916 marqua le retour de la supériorité aérienne allemande avec l'apparition du chasseur Albatros; il en résulta une augmentation des pertes alliées.
Ci-dessus : le RE 8, construit en très grand nombre, fut l'appareil de reconnaissance standard de la R.A.F. de 1917 à 1918, mais subit d'énormes pertes du fait de la chasse allemande; ci-contre : le besoin de productivité entraîna l'augmentation du travail féminin.
Page ci-contre : l'Albatros D-III, remarquablement profilé.

trois semaines. Si l'on considère que les pilotes expérimentés avaient une meilleure chance de survie, on peut en déduire que l'espérance réelle de vie des nouveaux arrivants ne dépassait pas quelques heures, ou au mieux quelques jours. Les pertes de la R.F.C. étaient presque inévitables, car le général Trenchard persistait dans sa conception de patrouilles offensives menées par des avions biplaces dont les plus connus étaient le tout nouveau Armstrong Whitworth FK 8 et le RE 8. Ces deux modèles étaient de grands biplans et le RE 8 avait acquis ainsi la peu enviable réputation de « cercueil volant », qui en fait n'était pas méritée. En réalité, la faute incombait à l'emploi de ce modèle en tant qu'observateur d'artillerie où il était extrêmement vulnérable aux attaques des chasseurs allemands.

La tactique offensive des Britanniques, associée à la supériorité de la nouvelle génération des chasseurs allemands, étaient, pour ceux-ci, une véritable aubaine : ils n'avaient qu'à attendre leur gibier au-dessus de leurs propres lignes. A cette époque, la stratégie générale d'offensive des Alliés était justifiée et, de ce fait, la tactique allemande était tout à fait correcte. On peut également dire que la tactique offensive britannique était justifiée malgré les énormes pertes encourues parce que les reconnaissances offensives, l'observation d'artillerie et les bombardements aériens étaient très préjudiciables aux forces allemandes, les chasseurs ayant plutôt une mission d'escorteurs.

La façon de voir des Français et des Allemands était totalement différente. Alors que les Britanniques dispersaient leurs forces aériennes tout le long de la ligne de front, renforçant seulement les secteurs de grande activité, les Français et les Allemands, en revanche, concentraient leurs effectifs sur quelques points précis, tenus par des unités d'élite. Celles-ci étaient utilisées comme l'auraient été des « pompiers du front » et les états-majors les déplaçaient de secteur en secteur, selon les exigences de la situation militaire.

Du côté français, le type même de ces unités d'élite était la fameuse escadrille des Cigognes (escadrille n° 3). Contrairement à ce qui a été écrit fréquemment, la « 3 » ne recevait pas spécialement les meilleurs pilotes des autres unités; en revanche, elle fut toujours dotée, en priorité, des types d'appareils les plus récents. Ainsi les premiers SPAD 7 arrivèrent-ils aux « Cigognes » dès la fin du mois de juillet 1916 et, selon une coutume française, furent attribués « en récompense » à deux pilotes, Ménard et Pinsard, récemment évadés d'Allemagne où ils étaient prisonniers. Georges Guynemer, qui pilotait alors un Nieuport 17, reçut le troisième appareil. Dans cette escadrille volèrent la plupart des grands as français : Deullin (20 victoires), Heurteaux (21), Dorme (23), Pinsard (27), Guynemer (53) et Fonck (75). Unité d'élite également, l'escadrille N 124, plus connue sous le nom d'« escadrille Lafayette », groupait quarante-trois jeunes aviateurs américains venus combattre dans les rangs français dès le début de la guerre. Créée officiellement le 20 avril 1916, l'escadrille Lafayette permit aux pilotes américains d'acquérir sur le front une remarquable expérience des combats, qui sera extrêmement utile à leurs camarades lorsqu'ils voleront en 1918 sous les couleurs du corps expéditionnaire américain en France.

Du côté allemand, la *Jagdstaffel* occupait, bien qu'en plus petit, une position similaire à celle qu'avaient les Cigognes durant la première moitié de 1917. Mais, au mois de juin de cette même année, à la suite d'une réorganisation, la *Jagdgeschwader* Nr. 1 (1re escadrille de chasse) passa sous le commandement du redoutable *Rittmeister* Manfred, *Freiherr* von Richthofen. La *Jagdgeschwader* était composée de quatre *Jastas* — selon l'abréviation courante de *Jadgstaffeln* — et elle fut connue, du côté Alliés, sous le nom de « cirque de Richthofen » en raison des couleurs éclatantes dont étaient parés leurs avions. Hormis quelques exceptions notables, comme Charles Nungesser, le troisième as français avec quarante-cinq victoires qui décorait son appareil avec des emblèmes macabres, tels cercueil, crâne et tibias entrecroisés ou cierge funéraire, les Alliés étaient relativement stricts au sujet du marquage et du camouflage standards, et ne toléraient guère les marques personnelles. Les Allemands, au contraire, laissaient en cette matière une très grande latitude à leurs pilotes, ce qui fait que leurs as les plus glorieux arboraient sur leurs avions les couleurs les plus extraordinaires de toute l'histoire de l'aviation. Ainsi, l'appareil de Richthofen, entièrement peint en rouge, lui avait valu, dans la presse d'outre-Rhin, le surnom de « Chevalier Rouge de l'Allemagne » et, dans la presse alliée, celui de « Baron Rouge ». Apprenant que sa onzième victime avait été le célèbre pilote britannique Lanoe Hawker, Richthofen avait, pour célébrer cette victoire, fait peindre son appareil en rouge sang. Sur ses derniers avions, la couleur de camouflage était toujours modifiée avec une prédominance rouge. Manfred von Richthofen fut, au nombre des victoires confirmées, le plus grand as de la Première Guerre mondiale avec quatre-vingts avions ennemis abattus en combat. En 1912, il était lieutenant dans un régiment d'uhlans, mais il passa dans l'aviation à la fin du mois de mai 1915. Il fit ses premières armes sur le front russe en tant qu'observateur et fut muté sur le front français au mois d'août 1915. Incorporé dans l'escadrille de Boelcke, il obtint sa première victoire homologuée le 17 septembre 1916 à Villers-Plouich en abattant un F.E. 2b britannique et ne s'arrêta pratiquement plus jusqu'au jour de sa mort. Comme beaucoup d'autres pilotes de cette guerre, Richthofen menait ses attaques en solitaire et son caractère était renfermé, voire quelque peu morbide; très orgueilleux également, il s'offrait une petite coupe en argent pour chacune de ses victoires et collectionnait, autant qu'il pouvait se les procurer, des « trophées » prélevés sur les appareils qu'il avait abattus. Le « cas » Richthofen eut une extraordinaire résonance, d'abord parce qu'il fut un exemple pour ses camarades et ensuite parce qu'il servit à exalter le moral de sa patrie où il était adulé par la presse, les autorités et la haute société. Comme ce fut le cas pour Guynemer, les causes de sa mort (21 avril 1918) restent incertaines; il aurait été abattu par un pilote canadien, ou tué d'une balle tirée du sol.

L'armement

La première arme employée sur les appareils français fut la mitrailleuse Hotchkiss 8 mm, refroidie par air et alimentée par des bandes de vingt-cinq cartouches, assez difficile à manier.
Il fallut attendre 1915 pour que l'armement de bord des chasseurs devienne efficace. L'arme standard des Alliés était la mitrailleuse légère Lewis équipée d'un chargeur de trente-deux, puis de soixante-quatre cartouches. Montée sur le plan supérieur des appareils, elle était d'un maniement délicat et s'enrayait souvent. Ce système fut supprimé dès l'apparition du synchronisateur qui permettait le tir à travers le cercle de l'hélice.
En 1917, l'armement ordinaire des chasseurs monoplaces consistait en deux mitrailleuses fixes tirant vers l'avant. Dans les biplaces, le pilote disposait en général d'une mitrailleuse fixe avant synchronisée tandis que l'observateur disposait, à l'arrière, d'une mitrailleuse orientable sur affût pivotant. En 1918, la plupart des biplaces possédaient deux mitrailleuses de capot tirant vers l'avant, à la disposition du pilote, tandis que l'observateur était muni d'une mitrailleuse double. Certains chasseurs étaient équipés de trois ou de quatre mitrailleuses.
Quelques modèles — comme le fameux SPAD « Grand Charles » de Guynemer — furent équipés de « moteurs-canons » comportant une pièce de 20 ou même 47 mm, tirant dans l'axe de l'hélice.
Les mitrailleuses, ordinairement modifiées à partir d'armes terrestres, restèrent l'armement classique et conventionnel des chasseurs de la Première Guerre mondiale.

En haut : *la Parabellum 7,92 mm était la mitrailleuse sur pivot standard de l'aviation allemande. La bande de cartouches était contenue dans un tambour circulaire ;*
au centre : à gauche, *la mitrailleuse Lewis .303 et 7,7 mm à tambour fut utilisée par les Français, les Britanniques et les Italiens ;*
à droite, *l'arme de base des Austro-Hongrois était la Schwarzlose 8 mm, utilisée soit sur pivot, soit à poste fixe ;*
ci-contre : *mitrailleuse légère Revelli de 6,5 mm, fabriquée par Fiat, équipant un biplan Farman à moteur arrière.*

Les seuls concurrents sérieux de Richthofen au titre de « plus grand as » de la Première Guerre mondiale furent — puisque Georges Guynemer mourut à vingt-trois ans le 11 septembre 1917 — le Français René Fonck et l'Anglais Edward « Mick » Mannock, titulaires, respectivement, de 75 et 73 victoires homologuées.

René Fonck fut le plus grand pilote de la guerre. Solitaire parmi les solitaires, il semble que ses succès dépassèrent le chiffre de 120, mais c'étaient des victoires individuelles, obtenues dans des secteurs où aucune confirmation n'était possible. D'abord adjudant-chef du génie, René Fonck était un homme de petite taille, mince et d'allure timide. Il avait été breveté pilote sur Caudron en 1915 et, après avoir appartenu à l'escadrille d'observation C 47, où il avait déjà abattu deux appareils allemands, il était passé, au printemps 1917, à l'escadrille 103, appartenant au groupe des Cigognes. Dès les premiers jours, il s'y fit remarquer par son sang-froid, l'acuité de sa vision, la rapidité de ses réflexes et la prévision de son tir qui lui permettront de ne jamais se laisser surprendre à tel point que *pas une fois ses appareils ne reçurent une seule balle ennemie!* De tempérament renfermé et peu liant, Fonck s'entraînait au tir, à terre, avec régularité et vérifiait constamment la qualité et l'entretien de son armement. Sa hantise de l'enrayage de ses mitrailleuses était telle qu'il contrôlait lui-même toutes les cartouches qu'il emportait en vol. Souvent, Fonck rentrait à sa base après avoir tiré un si petit nombre de projectiles qu'il était difficile de croire à ses victoires avant que celles-ci puissent être officiellement homologuées. Sa tactique d'attaque consistait à monter sous l'aile de son adversaire et à ne tirer qu'à la limite de la perte de vitesse, ce qui lui donnait une extrême précision et lui permettait, selon ses propres termes, de « placer les balles comme avec la main ».

Contrairement à René Fonck, qui parfois saluait ses adversaires, Mannock haïssait les Allemands à tel point qu'il s'écria, alors que ses camarades saluaient la mémoire du grand pilote allemand Richthofen : « Je suis heureux qu'il grille en enfer. » Mannock était un excellent pilote et surtout un chef extrêmement consciencieux qui, avant chaque décollage, instruisait ses pilotes sur la manière dont il entendait mener la mission. Il était particulièrement attentif aux jeunes et tirait souvent à leur place lorsqu'il les voyait en difficulté. Mais au contraire encore de René Fonck qui survécut à la guerre, Mannock fut tué le 25 juillet 1918 d'une balle tirée du sol par un fantassin allemand inconnu.

A partir du « Sanglant Mois d'avril » de 1917, les combats aériens étaient devenus de véritables « batailles » groupant parfois cent appareils ou plus, bien éloignées des rencontres individuelles de 1915 et du début de 1916. Au-dessus du front français, le ciel était maintenant dominé par des séries de combats tournoyants, impossibles à suivre à partir du sol, excepté lorsqu'un appareil en difficulté et dont le pilote avait perdu le contrôle quittait l'engagement ou quand un avion atteint par des projectiles piquait comme une boule de feu, laissant derrière lui une traînée de flammes et de fumée noire avant de s'écraser et d'exploser au sol.

Bien entendu, il y avait encore, comme nous l'avons vu, des solitaires, tel l'as anglais Albert Ball, le premier pilote à être célébré par la presse britannique, qui traquaient leur proie à travers les nuages et se « cachaient » derrière le soleil; mais leur style de combat était désormais surclassé par l'emploi de tactiques de masse où les habitudes acquises à l'entraînement comptaient plus que le courage

Au centre : la reine Mary, accompagnée par Trenchard (à sa gauche), passe en revue une escadrille de Martinsyde « Elephant » (1917). Quoique assez peu utilisés comme chasseurs, les Elephant rendirent des services en tant qu'avions de reconnaissance et de bombardement; ci-contre : Charles Nungesser, aux commandes de son SPAD 13, fut sans doute le meilleur pilote de chasse français de la guerre. A noter sa marque personnelle : une tête de mort entourée de tibias et de cierges.

personnel. A cette époque, les combats aériens étaient devenus de plus en plus frénétiques. L'esprit chevaleresque, qui était de règle aux premiers jours de la guerre, avait disparu; les horreurs de la guerre de tranchées, les pertes terrifiantes en hommes et en appareils, la croissante impersonnalité de la guerre aérienne avaient complètement modifié la mentalité des combattants. Si l'on entendait encore parler de l'ennemi comme un compagnon de misère, on le traitait également de barbare, cette dernière attitude étant celle de Mannock.

Au deuxième trimestre de l'année 1917, les deux adversaires étant épuisés par le « Sanglant Mois d'avril », le seul fait nouveau était, du côté britannique, l'apparition des triplans Sopwith, surnommés « Tripehound » en Grande-Bretagne et utilisés par le Royal Naval Air Service. Bien qu'armé d'une seule mitrailleuse, cet appareil pouvait se mesurer aux Albatros grâce à sa remarquable capacité à virer court et à sa maniabilité en général, dues à la grande surface alaire des triplans. Les Allemands furent si impressionnés par ce genre d'avion qu'ils commandèrent aussitôt des appareils semblables. Le modèle qui entra en service fut le Fokker Dr-I, l'appareil piloté par Richthofen le jour de sa mort. Quoique très maniable, le Dr-I en fait un engin déjà dépassé auquel il manquait les performances indispensables à un avion de chasse utilisable par un pilote moyen et non pas uniquement par un as expérimenté.

Mais, même durant le « Sanglant Mois d'avril », il y avait une éclaircie dans le ciel des Alliés avec l'espérance de l'arrivée prochaine de nouveaux appareils. Les premiers qui furent mis en service à la fin avril étaient les SE 5 de la Royal Aircraft Factory. Ceux-ci, et leurs dérivés plus puissants SE 5a, généralisaient l'emploi de deux mitrailleuses sur les chasseurs alliés, ce qui les mettait sur le même plan en tant que puissance de feu que les appareils allemands dont ils surclassaient par ailleurs les performances. La robustesse et la stabilité du SE 5 en faisaient un excellent appareil de combat. En fait, il ne possédait qu'une seule mitrailleuse synchronisée avec l'hélice, l'autre, une Lewis, étant installée, grâce à un bâti métallique, sur le plan supérieur, ce qui lui permettait de tirer au-dessus du cercle de l'hélice. Résurgence de l'époque où les Alliés ne possédaient pas d'arme synchronisée, ce dispositif était incommode et imposait au pilote une véritable gymnastique lorsqu'il fallait changer les chargeurs.

Au mois de mai apparut le SPAD 13 français, l'un des meilleurs avions de cette guerre. C'était une version plus puissante du SPAD 7 de 1916, avec un nouveau moteur Hispano-Suiza de 220 ch à réducteur qui permettait des vitesses voisines ou même supérieures à 200 km/h. Comme le SPAD 7, le 13 était

En haut : l'as américain Edward Rickenbacker, photographié aux commandes de son SPAD 13, un appareil qui, grâce à sa robustesse et à sa stabilité, offrait une magnifique plate-forme de tir. Ce fut sans doute le meilleur avion produit en France durant la Première Guerre mondiale;
ci-contre : un Spad VII utilisé par l'armée de l'air italienne durant la Grande Guerre, avec l'insigne (le fameux cheval cabré) de l'escadrille Baracca. L'appareil est ici en phase de reconstruction au Musée aéronautique de Vigna di Valle.

Page ci-contre : l'entrée en guerre des États-Unis et leur énorme potentiel industriel firent naître un grand espoir, mais, en fait, la production américaine avait mal apprécié les besoins du temps de guerre et ne pouvait pas être d'un grand secours.

JOIN THE
ARMY AIR SERVICE
BE AN AMERICAN EAGLE!
CONSULT YOUR LOCAL DRAFT BOARD. READ THE ILLUSTRATED BOOKLET AT ANY RECRUITING OFFICE, OR WRITE TO THE CHIEF SIGNAL OFFICER OF THE ARMY, WASHINGTON, D.C.
ALPHA LITHO CO. INC. N.Y.

La reconnaissance

Au début des hostilités, les seules missions retenues pour l'aviation naissante étaient l'observation et le réglage de l'artillerie. Bien que cette notion primitive ait rapidement évolué, et que les domaines de la chasse et du bombardement se fussent ouverts aux aéroplanes, la reconnaissance et le réglage d'artillerie restèrent, jusqu'à la fin de la guerre, les tâches les plus importantes qui furent exigées de l'aviation militaire.
Sur les fronts français et italien, la guerre de tranchées, où dominaient artillerie et armes automatiques, exigeait aussi bien la localisation précise des batteries ennemies que celle des points de chute des pièces alliées. C'était là la mission de l'aviation de reconnaissance avec les relevés topographiques permettant d'obtenir une vue aussi complète que possible des dispositifs de défense de l'adversaire. Vers la fin de la guerre, les appareils de reconnaissance comportaient une caméra pour l'observation et un poste

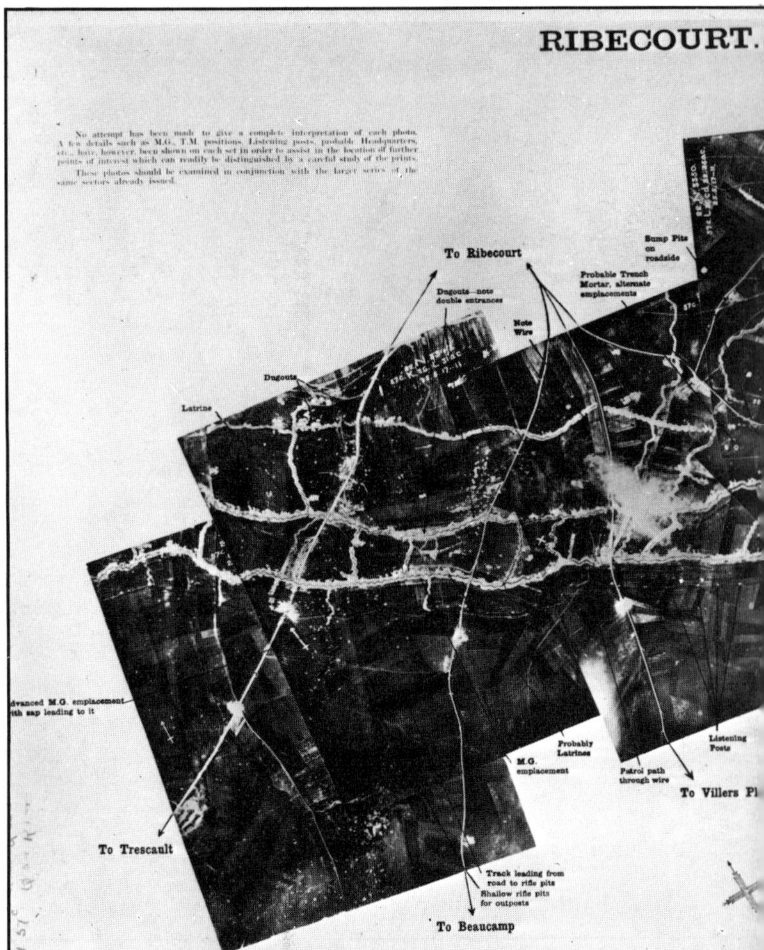

radio pour le réglage de l'artillerie. Leur équipage était de deux hommes. Tous étaient très adaptés à leur rôle avec un bon rayon d'action, une bonne maniabilité et un bon armement.

Page ci-contre : en haut, *dernière vérification d'un appareil photographique extérieur avant le départ en mission ;* au centre, *dès la rentrée de l'appareil au terrain, les plaques photographiques exposées étaient confiées au service de développement de l'aérodrome, souvent installé près d'un cours d'eau dans lequel les négatifs pouvaient être facilement lavés ; malgré ces méthodes archaïques, les résultats étaient bons et les tirages exécutés rapidement ;* en bas, *un avion de reconnaissance a photographié cette arrivée de renforts français dans les tranchées du front.*
Ci-dessous : *une carte des tranchées était établie en juxtaposant plusieurs photographies provenant de la reconnaissance aérienne.*

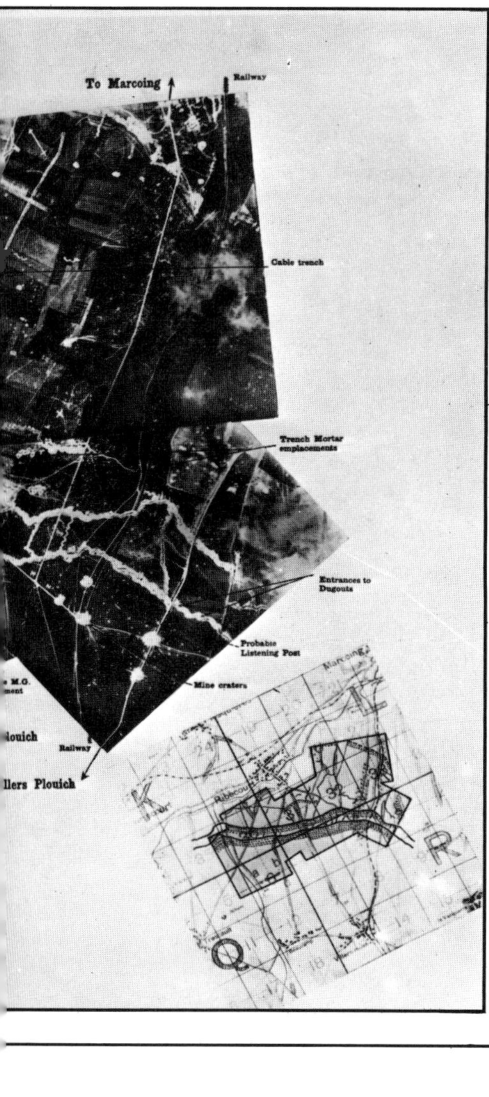

dû à la collaboration des ingénieurs Béchereau et Birkigt; il possédait la structure classique des appareils de sa génération : charpente de bois recouverte de toile, ailes haubannées de câbles métalliques, sa caractéristique essentielle étant son berceau-moteur constituant avec le siège du pilote, un ensemble d'une rigidité exceptionnelle.

Son moteur, qui rompait avec la tradition du moteur rotatif, était un huit cylindres en V, fixes, à culasse en aluminium et carter graissé sous pression. Armé de deux mitrailleuses synchronisées, l'appareil était une excellente plateforme de tir, mais ce fut surtout grâce à sa grande maniabilité, à sa mobilité en rotation et à son axe longitudinal d'inertie, qui lui permettaient toutes les acrobaties, que le SPAD devint l'appareil préféré de pilotes tels que Guynemer, Nungesser ou Fonck. Fabriqués à plus de treize mille exemplaires, les SPAD équipèrent tous les Alliés jusqu'en 1918, y compris les États-Unis dont l'as Rickenbacker, commandant la 49e escadrille, obtint avec lui vingt-six victoires.

Comme le SPAD, le RE 5 était propulsé par un moteur en ligne à cylindres fixes, mais le troisième appareil de chasse qui fut mis en service à cette époque, et qui contribua, vers le milieu de 1917, à reprendre à l'Allemagne la suprématie aérienne, était l'expression ultime du moteur rotatif. C'était le Sopwith Camel britannique, engagé au mois de juillet 1917. Ressemblant énormément au Sopwith Pup, le Camel manquait cependant de la légèreté apparente du modèle précédent. C'était un appareil trapu et ramassé, de 8,50 m d'envergure et de 6 m de longueur, équipé soit d'un moteur Le Rhône de 110 ch, soit d'un Cherget de

Ci-dessous : un hydravion Macchi M-5 construit à partir d'un projet de Buzio et Calzavara. Doté d'un seul moteur et de deux mitrailleuses de 6,5 mm, il fut utilisé comme avion de chasse ; en bas : le meilleur appareil britannique de toute la guerre fut le remarquable Sopwith Camel, toutefois difficile à piloter.

Ci-dessus et en haut : le Bristol F 2B fut peut-être le biplace anglais le plus connu de la guerre et, bien que périmé, resta en service de longues années après la fin du conflit. Prévu comme appareil de reconnaissance, ses performances, son armement et sa maniabilité en avaient fait un chasseur acceptable, bien que beaucoup moins adapté que le SPAD français.

130 ou 140 ch, qui lui donnait une vitesse allant de 170 à 180 km/h. Il était armé de deux mitrailleuses Vickers synchronisées avec l'hélice. Très « chargé » de l'avant, le Camel était extrêmement souple et maniable, surtout en cas de virages courts sur la droite, où le couple gyroscopique du moteur s'ajoutait à l'action du gouvernail et des ailerons. Le seul défaut du Camel était le résultat de sa compacité et de ce couple gyroscopique : les pilotes, n'étant pas habitués à ce genre d'appareil, avaient tendance à le mettre en vrille, ce qui, à basse altitude, était une faute qui pardonnait rarement. Mais, entre les mains d'un pilote expérimenté, le Camel était un excellent chasseur qui « descendit » 1 294 avions ennemis avant la fin des hostilités.

Le quatrième appareil qui surclassa les avions allemands jusqu'en 1918 fut le Bristol F2 B, qui entra en service en juillet 1917. Biplace standard destiné à compléter les FK 8 et RE 8, le premier modèle F2 A, sorti en avril 1917, eut un cruel baptême du feu, car au cours d'une rencontre avec la *Jagdgeschwader Nr. 1* de Richthofen quatre des six appareils engagés furent abattus. Mais bientôt les pilotes réalisèrent que le « Bristol Fighter » possédait les qualités manœuvrières d'un monoplace en même temps que le « dard dans la queue » des biplaces classiques, ce qui en fit l'un des meilleurs avions « à tout faire » du conflit.

Les Allemands furent pris de court par l'arrivée des appareils alliés et furent relativement lents avant de trouver une réponse. Ce fut d'abord une nouvelle version des Albatros, le D-V et le D-Va, très aérodynamiques et plus puissants, mais qui furent malgré tout incapables de reprendre aux Alliés la supériorité aérienne. Il devenait donc urgent de mettre en service de nouveaux modèles et, en janvier 1918, le Fokker D-VII fut choisi afin d'être fabriqué en série. Indéniablement, ce fut le meilleur chasseur de toute la guerre et le summum de toute la production de Reinhold Platz, l'ingénieur en chef de Fokker. Employé d'abord comme soudeur dans l'usine, Platz montra un remarquable don pour l'aérodynamisme et y prit rapidement la première place. La caractéristique des créations de Platz étaient la simplicité et la robustesse : fuselage en tubes d'acier renforcés de panneaux métalliques, voilure épaisse à nervures profilées divisant l'aile en caissons capables de résister aux efforts de flexion et de torsion, silhouette élégante et épurée; le D-VII était équipé d'un moteur Mercedes D-III de 160 ch qui lui donnait une vitesse de 180-190 km/h. Plus tard, il fut muni d'un moteur BMW excellent en haute altitude, qui lui permettait de « s'accrocher » à son hélice et de tirer vers le haut alors que, dans les mêmes circonstances, les avions alliés se mettaient en perte de vitesse et décrochaient. Le D-VII fut le seul appareil à être nommément cité comme devant être livré aux Alliés dans le traité de Versailles de 1919. Un autre Fokker, le D-VIII, excellent monoplan parasol, ne sortit que dans les dernières semaines de la guerre. Par chance pour les Alliés, les Allemands ne purent fabriquer tous ces nouveaux chasseurs en nombre suffisant pour empêcher les Français, les Britanniques, les Américains et les Belges de garder la prédominance aérienne conquise au printemps de 1918. A cette époque, Belges — les as Willy Coppens et de Meulemeester — et Américains ne volaient que sur des appareils de fabrication française ou britannique. Pourtant, en 1918, les Américains produisirent un moteur Liberty de 400 ch, mais qui ne fut pas employé au cours du conflit.

Bien entendu, le front français ne fut pas le seul théâtre des opérations aériennes qui se déroulèrent pendant la

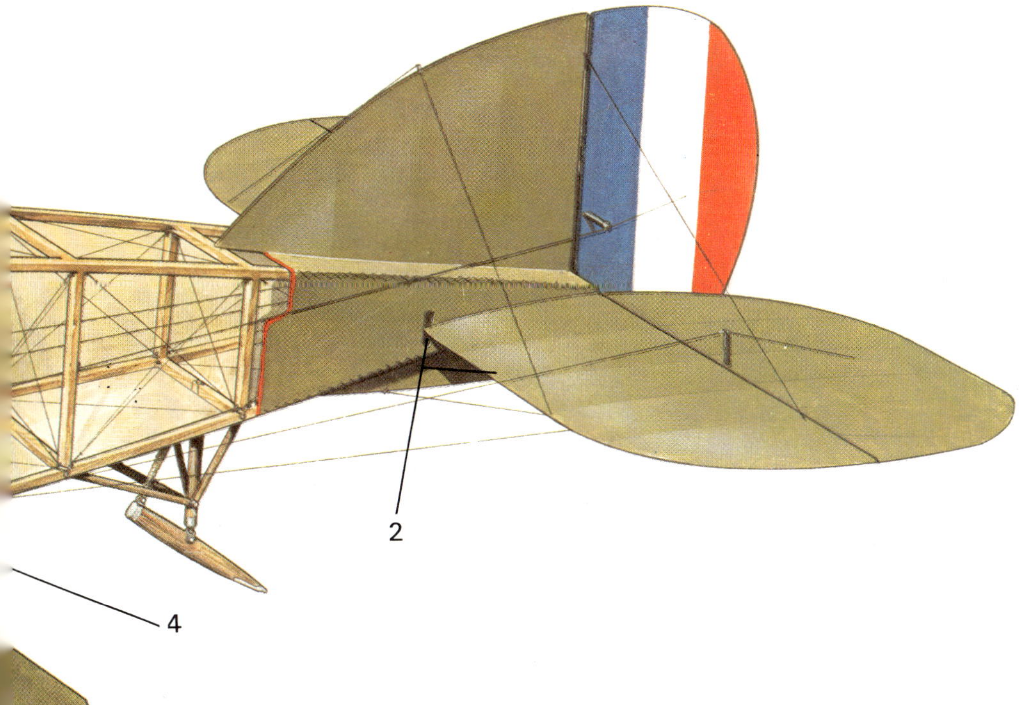

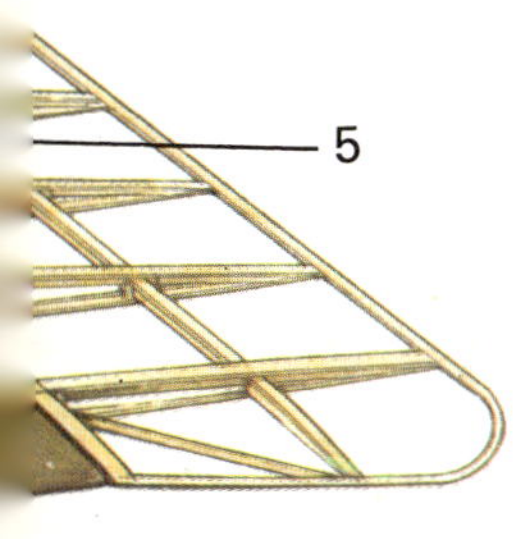

1. Flexible de tir de la mitrailleuse Lewis .303
2. Gouvernes à incidence variable
3. Affût à rotule pour Lewis, permettant le tir tous azimuts
4. Tambours de munitions de Lewis
5. Rangement des tambours
6. Nervure en compression
7. Réservoir de carburant
8. Siège d'osier du pilote
9. Amortisseurs de train d'atterrissage
10. Palonnier
11. Longeron supérieur incliné pour améliorer le champ de vision du pilote
12. Manche à balai
13. Mitrailleuse Vickers .303 à poste fixe

Le meilleur chasseur allemand de la guerre, le Fokker D-VII, était un excellent manœuvrier, et ses performances à haute altitude étaient meilleures que celles des avions alliés. Il est vu ici à la sortie d'un looping très réussi.

Première Guerre mondiale. Pourtant, les activités et les types d'appareils que l'on rencontra sur ce front marquèrent le style de tous les autres, y compris celui de l'Est, d'Italie, des Balkans et ceux des pays du Moyen-Orient où s'affrontèrent les Britanniques et les Turcs. Sur tous ces fronts, hormis celui de l'Italie, les opérations aériennes furent conduites par des avions quelque peu périmés qui n'auraient pu tenir leur place sur le front français. Et quoique les combats aériens, dans ces secteurs, n'aient jamais eu l'intensité qu'ils eurent en France, ils n'en restèrent pas moins opiniâtres et dangereux. Sur le front de l'Est, par exemple, les Russes, les Allemands et les Austro-Hongrois avaient à lutter contre des étés torrides et des hivers glacials aussi bien qu'à faire face à l'immensité du territoire. Dans les Balkans, les aviateurs devaient opérer dans des contrées montagneuses et très inhospitalières, à partir d'aérodromes de fortune et dans des conditions climatiques difficiles. Au Moyen-Orient, outre les problèmes militaires, il fallait compter avec la chaleur suffocante, la poussière, le manque d'eau.

Seul de tous ces secteurs subsidiaires, le front italien connut des problèmes propres. Les industries aéronautiques italiennes et autrichiennes étaient mal préparées à la guerre et ne démarrèrent guère avant 1915; pourtant, les opérations prirent bientôt la tournure, quoique à plus petite échelle, qu'elles avaient sur le front français. La plus grande innovation y fut le développement par les Italiens d'un type d'avion de bombardement stratégique. Par ailleurs, Italiens et Autrichiens introduisirent des notions nouvelles dans les opérations maritimes, utilisant les hydravions de chasse et de reconnaissance, opérant à partir des nombreux lacs et des baies de l'Adriatique.

Bien que moins glorieux que celui des chasseurs, le travail accompli par les avions de reconnaissance et de réglage d'artillerie eut une importance majeure dans le déroulement du conflit. De plus, s'ils couraient les mêmes risques que les chasseurs, les observateurs étaient beaucoup moins populaires et moins célèbres qu'eux, aux yeux du public de l'arrière.

Ces appareils, qui devaient transporter deux hommes, étaient en général assez lourds et peu maniables. L'un de ceux qui fit tout au long de la guerre la carrière la plus remarquable fut l'ancien Caudron G III, sorti en mai 1914 et dont 2 450 exemplaires au total furent construits. Vinrent ensuite des appareils tels les Salmson II, armés de deux ou trois mitrailleuses, et les Letord, utilisés également pour le bombardement. Du côté britannique, il faut citer la remarquable série des BE 2 et, d'une certaine manière, des RE 8. Dans leur ensemble, tous ces appareils volèrent par tous les temps, malgré le tir des batteries antiaériennes et la menace des chasseurs ennemis, et tout ce qui nuisait à leur maniabilité était un empêchement à leur survie. Pour toutes ces raisons, les problèmes de construction furent énormes. Vers le milieu du conflit, de gros progrès furent faits dans les domaines de la taille et du

Les bombardiers

L'usage de la bombe d'avion précéda, en tant qu'arme militaire, celui de la mitrailleuse. Après un début modeste, en 1914, le bombardier était devenu, à la fin du conflit, une arme d'une extrême importance tactique aussi bien que stratégique. En 1918, les Alliés avaient mis sur pied la première force de bombardement, organisée de façon rationnelle et à une vaste échelle, qui existât au monde. Mais, faute de viseur et d'instruments de navigation plus précis, les résultats des bombardements à grande distance étaient souvent décevants. Les principaux appareils de bombardement furent les Caproni, les Gotha, les « Géants », les Breguet XIV et les Hendley-Page.

De haut en bas et de gauche à droite : *cette ancienne photographie montre quels étaient les moyens primitifs dont disposaient les aviateurs du début de la guerre pour « bombarder » les lignes ennemies ; des viseurs de bombardement furent rapidement mis au point, mais les premiers construits étaient frustes ; les Allemands utilisaient des bombes efficacement stabilisées de 50 et 100 kg, installées sous les ailes de leur avion de bombardement bimoteur Gotha G-V ; les plus grosses bombes allemandes pesaient 300 kg ; il en exista même de 1 000 kg qui furent lancées de nuit sur l'Angleterre ; immeuble londonien éventré par une bombe le 17 juillet 1918.*

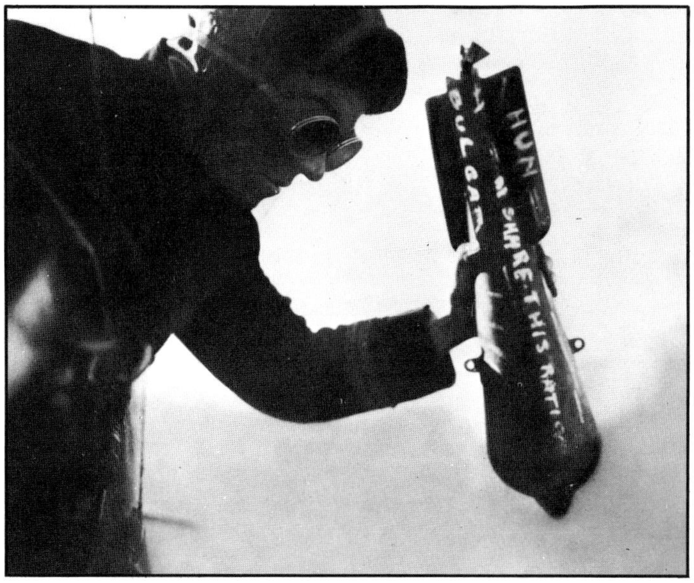
HUN
SHARE THIS

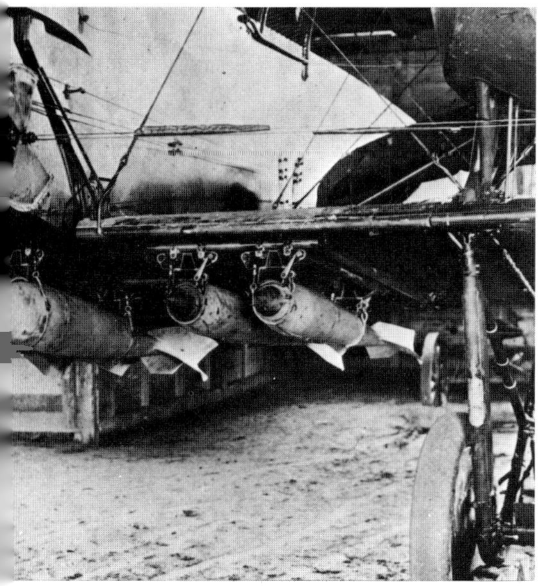

Les structures

Les ingénieurs en aéronautique durent faire face à un délicat problème de choix lorsque les structures métalliques et la construction en « revêtement travaillant » devinrent courantes. A l'origine, les seules contraintes étaient celles du poids et la surface de voilure, qui devait pouvoir supporter la charge de l'appareil.
Mais le problème devint ensuite plus complexe et il fallut choisir quel schéma offrait le meilleur compromis entre la robustesse de la cellule (ensemble ailes, mâts et haubans) et la finesse aérodynamique. Le monoplan était moins solide mais plus fin, le biplan était résistant, mais peu aérodynamique. Il en résulta des monoplans (1), tel l'Antoinette, dont les ailes étaient haubanées au-dessus et au-dessous, des monoplans « cantilever » (2) sans mât ni hauban, solution conciliable uniquement avec les avions métalliques, tels le Junker J-1 ou les appareils à ailes épaisses, comme le Fokker D-VIII.
Le biplan à cellule simple (3) offrait un compromis acceptable entre le poids et la robustesse ; ce fut la formule classique de la plupart des avions de 1914-1918, tels le SPAD 13 qui resta en faveur jusque vers les années trente. La cellule avait un aspect frontal rectangulaire et les mâts étaient haubanés entre eux latéralement et longitudinalement par des câbles métalliques. Quelques modèles, comme les chasseurs Nieuport et Albatros, possédaient des mâts en V qui produisaient des vibrations dans les ailes. Ce système pouvait être utilisé pour des appareils de grande envergure, tel le Staaken R-VI, dans lesquels la cellule principale était divisée en plusieurs cellules intermédiaires, haubanées entre elles par des câbles (4). Pour éviter ces haubanages, Ernst Heinkel mit au point un système de mâts en X pour son Hansa-Brandenburg, qui était simple et rigide (5). Plus compacte, la cellule triplan (6) était composée de sections d'ailes épaisses, comme dans le Fokker Dr-I, ce qui évitait le haubanage, ou d'ailes minces, comme dans le Sopwith triplan, qui devaient être haubanées. La dernière solution, qui fut en faveur dans les années trente, avec les Fiat CR 32 et 42, était la cellule à poutre Warren (7) dans laquelle un système de mâts en W combinait la double fonction de mâts et de haubans, ce qui permettait une cellule d'une grande rigidité n'occasionnant qu'une faible traînée.
Il existait, à partir de ces schémas de base, des solutions particulières, par exemple, pour les appareils possédant des réservoirs dans l'aile supérieure, ou des mâts de soutien en porte à faux, comme dans les sesquiplans.

Mâts	——— (rouge)
Haubans essentiels	——— (bleu)
Haubans facultatifs	- - - - (bleu)

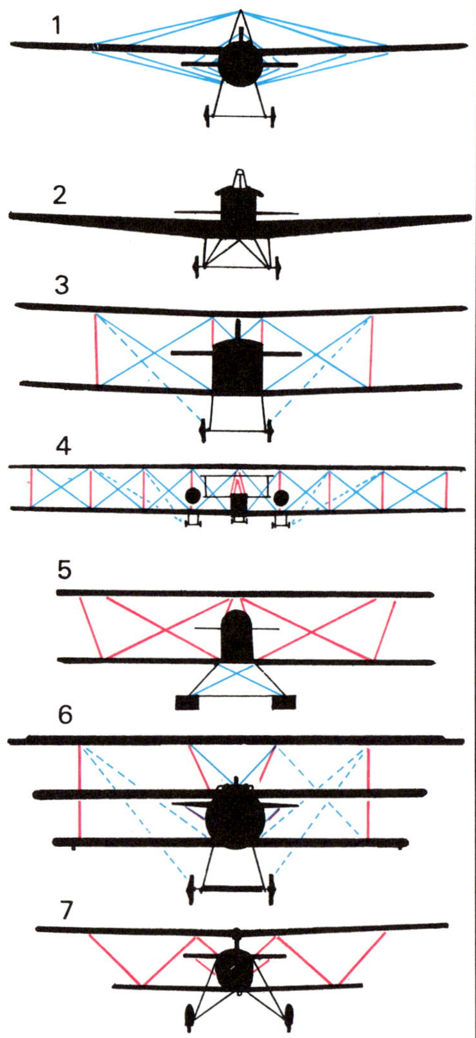

poids pour permettre aux appareils une maniabilité encore plus grande et assurer à l'observateur de meilleures possibilités d'utilisation de sa mitrailleuse. Dans cette ligne, les Allemands produisirent les Albatros C-X et XII, les Deutsche Flugzeugwerke (D.F.W.) C-IV et V, les Halberstadt C-V, les Luft-Verkehrsgesellschaft (L.V.G.) C-V et VI et les Rhumpler C-IV et VII. Quant aux Italiens, ils construisirent l'Ansaldo SVA 10 et les Austro-Hongrois le remarquable Ufag C-1.

Le rôle des appareils de bombardement et d'attaque au sol fut peut-être moins important, mais, au cours des hostilités, ils prirent une part de plus en plus grande dans les opérations. Nous avons vu que ce furent les Italiens qui, les premiers, utilisèrent l'avion en tant qu'appareil de bombardement pendant la guerre italo-turque de 1911-1912. Ces bombardements primitifs étaient presque inoffensifs en raison de l'absence de viseur approprié et des faibles charges que pouvaient emporter les appareils de cette époque. Le succès de quelques raids sur les hangars de zeppelins allemands et celui, tout moral, des premiers raids sur Paris du mois d'août 1914 pouvaient pourtant faire imaginer que les bombardements aériens allaient devenir une véritable arme de guerre. Curieusement, et bien que les Français eussent mis en service dès l'automne 1914 une escadrille de bombardement composée de biplans Voisin, ce furent les Russes qui ouvrirent la voie dans ce domaine. Ils avaient compris que les grosses charges de bombes nécessitaient de très grands appareils et ils en possédaient déjà deux modèles, le Russkii Vitiaz et le Bolchoï, tous deux conçus par Igor Sikorsky et construits en 1913 par les usines R.B.V.Z. de Saint-Pétersbourg. C'était les premiers avions quadrimoteurs du monde. En 1914, les bureaux techniques russes en commandèrent dix modèles modifiés et agrandis, Ilya Muromets pour l'aéronautique impériale russe. Quelque quatre-vingts appareils de ce type furent construits, mais le manque de moteurs appropriés fut un handicap pour leur carrière opérationnelle. Néanmoins, ils opérèrent quatre cents sorties avec des charges de bombes de 500 kg, mais, à cette époque, les bombardiers de la taille de l'Ilya Muromets n'étaient pas adaptés aux conditions du combat.

Malgré les efforts des forces de bombardement française et anglaise, les Allemands avaient une certaine avance dans ce domaine, ayant avant la guerre défriché le terrain en équipant les zeppelins pour cet usage. En tant qu'avion proprement dit, le premier appareil conçu spécialement pour le bombardement fut l'A.E.G. G-II allemand, apparu sur le front au cours de l'été 1915. C'était un grand biplan bimoteur capable de transporter une charge de bombes de 200 kg, qui fut suivi à l'automne par le G-III transportant, lui, 300 kg de bombes. L'année suivante les Allemands mirent en service trois autres bombardiers, l'A.E.G. G-IV (400 kg de bombes), le Gotha G-III (455 kg de bombes) et le Friedrichshafen G-II (455 kg de bombes).

Ces appareils ouvrirent la voie au Gotha G-IV (1917) qui fut le bombardier tout usage de la fin de la guerre. Les zeppelins avaient procédé à des attaques sporadiques sur le sud de l'Angleterre, principalement à Londres, en 1915. Mais, à partir de 1917, les pertes des zeppelins, trop vulnérables, entraînèrent leur disparition. Les Allemands décidèrent alors d'envoyer les Gotha G-IV et V au-dessus de l'Angleterre et le premier raid de juin 1917 y répandit la consternation aussi bien dans le public que dans les milieux gouvernementaux. Le premier résultat de ces raids, qui s'étaient déroulés en toute impunité, fut la réorganisations complète de l'armée de l'air britannique. Le 1er avril 1918, les deux corps séparés de la R.F.C. et de la R.N.A.S. furent réunis en une force unique : la Royal Air Force. En 1918 apparurent les bombardiers Zeppelin (Staaken) R-IV, énormes machines qui pouvaient transporter, sur des distances assez courtes, 2 000 kg de bombes. Les Allemands avaient un penchant pour le *Riesenflugzeug* (avion géant) et en construisirent un certain nombre.

Du côté allié, le seul pays qui, avant la guerre, avait mis au point des bombardiers stratégiques était l'Italie où l'ingénieur Gianni Caproni avait pris un excellent départ avec les Ca 3, 4 et 5, bombardiers lourds à trois moteurs, armés de deux mitrailleuses, dotés d'une vitesse de 116 km/h et d'un rayon d'action de 550 km avec 100 kg de charge de bombes. Entrés en service dans les premiers mois de 1917 au sein des escadrilles françaises et italiennes, ils représentaient la première génération des bombardiers à long rayon d'action.

Les Britanniques décidèrent également d'utiliser des bombardiers lourds. Ils construisirent un premier modèle, le Handley Page 0/100, qui entra en service en septembre 1916. C'était un bimoteur capable de transporter 900 kg de bombes à 150 km/h avec une autonomie de vol de six heures; une version plus puissante, le 0/400, entra en service en 1918. Ces modèles furent l'équipement standard de la première force de bombardement stratégique de la R.A.F. et quarante appareils de ce type participèrent au plus grand raid stratégique de la guerre lors du bombardement de la Sarre en septembre 1918. Avant l'Armistice, les Anglais construisirent trois bombardiers quadrimoteurs, le Handley Page V/1500.

Quoique les bombardiers lourds montrassent la voie de l'avenir, ce furent les bombardiers légers qui, au cours de la guerre, jouèrent le rôle militaire le plus important. Si l'on considère les résultats, il est assez surprenant de penser que les Alliés n'employèrent seulement que deux modèles de base : le Breguet 14 français et l'Airco (de Havilland) 4 et ses dérivés, le DH 9 et 9a britanniques.

Le Breguet 14 entra en service à la fin de l'été 1917. C'était un robuste biplan de 15 m d'envergure dans lequel l'aluminium avait été largement employé en tant que revêtement extérieur. Il était propulsé par un moteur Renault 12 Fe de 300 ch et armé de trois mitrailleuses Vickers dont l'une tirait à travers le cercle de l'hélice; son équipage était de deux hommes, sa vitesse de 180 km/h et son rayon d'action de 700 km. Sa charge de bombes se composait de trente-deux projectiles de 10 kg. Utilisé en tant que bombardier de jour au cours de la dernière année du conflit, le Breguet 14 valut aux escadrilles de la 1re division aérienne française de remarquables succès. Il fut aussi très largement utilisé par le corps expéditionnaire américain sur le front français.

L'équivalent britannique du Breguet 14 fut le DH 4 propulsé par un moteur Rolls-Royce « Eagle » en V de 250 ch; sa vitesse de croisière était de 188 km/h, bien qu'il puisse, dans les conditions optimales, atteindre près de 210 km/h, ce qui lui permettait de surclasser la plupart des chasseurs allemands. Il pouvait emporter quatre bombes de 50 kg avec une autonomie de vol de trois heures et demie; le DH 4 servit sur des théâtres d'opérations aussi divers que le front français, italien, la mer Égée, la Macédoine et la Palestine. Ce fut le seul appareil britannique à être construit en grande série (5 000) par les Américains qui l'équipèrent du moteur Liberty. Le

Ci-dessous : le Handley Page 0/400, fabriqué également sous licence aux États-Unis avec des moteurs Liberty, fut le meilleur et le plus opérationnel des bombardiers lourds britanniques.

DH 9 fut très inférieur au DH 4 et fut remplacé par le DH 9a, propulsé par un moteur Liberty de 400 ch qui pouvait emporter deux bombes de 100 kg chacune sans perte de performances. Malheureusement, la fabrication en série du DH 9 avait été entreprise et c'est lui qui dut supporter presque tout le poids des derniers mois de la guerre; vu son manque de vitesse et de plafond, ses pertes durant l'offensive de bombardements contre l'Allemagne furent extrêmement lourdes (cent avions abattus en territoire ennemi).

Tandis que les Alliés concentraient leurs efforts sur les bombardiers légers, les Allemands plaçaient plus d'espérance dans les avions d'attaque au sol qui devaient soutenir leur infanterie suivant une voie ouverte par les Britanniques au cours de l'offensive de la Somme en 1916. Ces appareils furent au début des avions de reconnaissance modifiés, utilisés par les *Schutzstaffeln* (escadrilles de protection) et les *Fliegerabteilungen-Infanterie* (unités de contact avec l'infanterie), bientôt suivis par les Junkers J-I, plus lourds et de construction entièrement métallique. Ils avaient été conçus par le Dr Hugo Junkers, l'un des pionniers de la construction métallique. En automne 1917, le besoin d'un modèle plus léger se fit sentir, pour tenir le double rôle d'appareil d'attaque au sol et d'avion de reconnaissance. Ces modèles devaient être utilisés par les *Schlachtstaffeln* (escadrilles de bataille) et les premiers de ceux-ci, le Halberstadt CL-II et les Hannover CL-II et III, équipèrent les escadrilles qui s'illustrèrent durant les offensives allemandes du rpintemps et du début de l'été de 1918.

Un dernier modèle de la série, le Hannover CL IIIa, possédait un empennage biplan et était de dimensions si réduites que les chasseurs alliés l'attaquaient de l'arrière, car ils le croyaient monoplace. Employé comme soutien au sol, il était également utilisé comme escorteur des bombardiers lourds.

Ces nouveaux appareils anticipaient sur le principal emploi des avions protégés de la Seconde Guerre mondiale, mais, à la fin de 1918, ils étaient incapables, malgré l'application de tactiques très élaborées, de reprendre aux Alliés une suprématie aérienne qu'ils avaient durement conquise.

Les avions étaient entrés dans la guerre « par la petite porte ». Ils étaient peu nombreux et leur rôle se bornait à la reconnaissance et au bombardement « très » léger. Pourtant, dès 1916, ils

Ci-contre : l'une des meilleures conceptions du bombardier lourd stratégique fut celle de la firme italienne Caproni. On voit ici un Caproni Ca 45 propulsé par trois moteurs Fiat A.12 de 300 ch;
ci-dessous : les Allemands construisirent le plus gros avion de la guerre, le Riesenflugzeug, *ou « Géant », prévu comme bombardier stratégique. Ici, le zeppelin Staaken R-VI, qui fut produit en série de 1917 à 1918.*
Page ci-contre : en haut, un des pilotes italiens les plus célèbres, Antonio Locatelli au départ d'une mission de reconnaissance sur un appareil biplan SVA;
au centre, lâché de tracts de propagande sur Vienne en Autriche, le 9 août 1918, durant le raid organisé par D'Annunzio. La photo a été prise à partir du SVA de Locatelli.

étaient débarrassés de leurs principales maladies d'enfance et étaient devenus de solides et d'efficaces machines de combat, capables d'exercer une influence notable sur le déroulement des grandes opérations menées au sol. Deux ans plus tard, avant la fin de la guerre, l'avion avait encore accru toutes ses performances et, d'une certaine manière, était à présent capable d'arbitrer les combats terrestres.

Les opérations aériennes, notamment sur le front français, avaient eu un effet psychologique considérable. La détermination britannique, en 1916, de vouloir faire à toute force jouer à l'aviation un rôle offensif avait eu pour résultat de porter l'Angleterre dans les premiers rangs des puissances aériennes, mais cela avait coûté beaucoup « de sang et de larmes ». Des as de la chasse, comme Guynemer, Fonck ou Richthofen, avaient attiré l'attention du public sur le côté chevaleresque et « romantique » de la guerre des airs tout en lui faisant toucher du doigt le tragique de ses implications. Et, avec le développement du bombardement stratégique par les Allemands, les populations étaient devenues conscientes de toutes les possibilités qu'à long terme l'aviation pouvait avoir sur le plan militaire. L'intensité de la lutte et les énormes pertes qui en découlèrent déclenchèrent dans le public, vers les années 1920-1930, une psychose de peur du bombardement stratégique, capable en quelque sorte d'anéantir toutes les formes de civilisation.

Ces sentiments furent encore accrus par la guerre d'Éthiopie et la guerre civile espagnole, et ce n'est certes pas la destruction des villes allemandes et japonaises en 1944 et en 1945 qui peut modifier la situation.

Les effets de la Première Guerre mondiale se firent encore sentir longtemps après qu'elle fut terminée.
Ci-contre : les spectacles et les fêtes aériennes de l'après-guerre étaient marqués par le souvenir des exploits accomplis au combat ;
ci-dessous : modèle civil de démonstration du Gloster Grebe, qui, avec le Armstrong Whitworth Siskin III, fut le premier modèle de chasseur adopté par la R.A.F. après la guerre.

LE DÉCLIN DE L'APRÈS-GUERRE

Si la Première Guerre mondiale avait fait l'aviation, la paix qui suivit manqua de démanteler la nouvelle industrie, car le terrible impact du conflit, l'avait, dans une certaine mesure, fait régresser au niveau où elle se trouvait avant la guerre.

A cette époque sereine, il n'y avait guère que quelques centaines d'aéroplanes dans le monde et peut-être trois fois plus de pilotes. La guerre avait fait réaliser d'énormes et rapides progrès : en novembre 1918, la France avait fabriqué 68 000 avions, l'Angleterre 55 000, l'Allemagne 47 600, l'Italie 20 000, les États-Unis 15 000 et l'Autriche-Hongrie 5 400. Le taux de l'expansion peut aussi être mesuré par les pertes subies par les pilotes. Du côté allemand, par exemple, il y avait eu 5 853 pilotes tués, 7 302 blessés. Du côté français, on avait formé 16 000 pilotes dont 7 755 avaient été perdus.

La guerre terminée, il était temps d'en tirer les conséquences : l'Europe et les États-Unis restaient stupéfiés par les horreurs de la guerre et l'énormité de leurs pertes; les populations étaient tout près de croire que cette guerre, la Grande Guerre, était la dernière guerre de tous les temps, la « Der des der ». Après des années de carnage, c'était une réaction normale que de se détourner de tout ce qui était militaire, y compris l'aviation, et les énormes dépenses de la guerre avaient à présent des répercussions désastreuses sur l'industrie. L'Europe était proche de la banqueroute. La France, la Grande-Bretagne et l'Italie avaient mis toutes — ou presque toutes — leurs ressources dans la guerre et avaient dû emprunter aux États-Unis pour régler les dépenses de l'année 1917-1918. L'Allemagne et l'Autriche-Hongrie étaient épuisées. Les difficultés financières de l'Europe de l'après-guerre étaient telles qu'aucune dépense risquant de réduire le niveau d'existence des populations civiles ne pouvait être envisagée, et les dépenses militaires n'avaient plus, après ce qui devait

être la « Der des der », le moindre intérêt. Mais l'abandon, pour la plupart des pays du monde, des forces militaires aériennes entraînait naturellement l'effondrement de l'industrie aéronautique.

Mieux encore que l'exemple français, le déclin de la R.A.F. britannique dans la période de l'immédiat après-guerre est typique du démantèlement général des forces militaires alliées. Au moment de l'Armistice, la R.A.F. comptait 188 escadrilles opérationnelles avec un effectif de 291 000 personnes, hommes et femmes, pour le service actif et la maintenance au sol. A la fin de l'année 1919, moins de quatorze mois plus tard, la R.A.F. était réduite à douze escadrilles occupant moins de 31 500 personnes. Bien que le gouvernement anglais ait rapidement compris qu'une aussi petite force aérienne était parfaitement inutile, son accroissement se limita à vingt-cinq escadrilles en mars 1920 et quarante-trois escadrilles en octobre 1924.

Plus significatif encore pour l'aviation en général fut le fait qu'une nouvelle génération d'appareils avait vu le jour juste au moment de l'Armistice et que ces avions furent jugés bien suffisants pour l'ère de paix qui s'ouvrait. Ainsi, les forces aériennes françaises restèrent équipées avec les SPAD, les Breguet 14, les Farman ou les Nieuport qui avaient si brillamment terminé la guerre, tandis que

Le rêve d'une aviation populaire, dans laquelle l'avion léger aurait rivalisé avec l'automobile, ne se réalisa jamais réellement, mais il aida beaucoup à la survie de l'aviation au cours des années vingt.
Page ci-contre : en haut, le joli petit avion monoplan de Geoffrey de Havilland (DH 53) dont le nom français « Oiseau-Mouche » est inscrit sur le capot-moteur ;
au centre, la version définitive de l'avion léger de l'entre-deux-guerres, l'extraordinaire création de Henri Mignet le Pou-du-Ciel à ailes en tandem à décrochement stable, qui fut construit par de nombreux amateurs, mais qui perdit de sa popularité en raison de son pilotage difficile ;
en bas, le biplan DH Moth.

les Britanniques gardaient en service les Bristol F2 B, les Sopwith Snipe et les Vickers Vimy. Le premier bombardier qui entra dans la R.A.F. après la guerre fut le Fairey Fawn (1923), et les premiers nouveaux chasseurs furent le Gloster Grebe et l'Armstrong Whitworth Siskin, une année plus tard. Quoique sévères, les réductions du gouvernement anglais n'étaient pas plus importantes que celles des autres pays d'Europe ou des États-Unis.

Les constructeurs d'appareils étaient eux-mêmes dans une position extrêmement difficile. Les gouvernements conservaient en service, ou en réserve, un très grand nombre d'avions et aucune nouvelle commande ne devait être passée avant un temps assez long. Sans le marché militaire, les constructeurs n'avaient plus guère la possibilité de travailler, d'autant plus que les gouvernements soldaient à bas prix un grand nombre d'appareils. Beaucoup de constructeurs célèbres durent donc ou fermer les portes de leur usine, ou diversifier leur production. Ceux qui survécurent, grâce à leur prévoyance ou à leur organisation, durent sérieusement réduire leurs activités. Les sociétés qui avaient acheté à bon compte leurs locaux du temps de guerre avaient maintenant la possibilité de les vendre et d'utiliser ce capital pour « tenir » jusqu'au moment où le travail allait reprendre, ce qui se produisit au début des années vingt.

Les gens qui souffraient le plus de ce recul de l'aviation étaient les ouvriers qui, en grand nombre, étaient au chômage; mais la perte la plus importante et la plus cruelle pour le développement de l'industrie aéronautique fut celle du personnel qualifié des bureaux d'études. Avant la guerre, n'importe quel bricoleur pouvait concevoir un modèle d'avion acceptable, mais en 1918 ce travail était du ressort de toute une équipe d'ingénieurs. Évidemment, un homme pouvait contrôler la totalité du travail, mais il était tributaire des techniciens en structures, des experts en aérodynamique et en calcul des charges, des ingénieurs en production, des ingénieurs-mécaniciens et de toute une foule de spécialistes. La plupart de ces hommes avaient à présent cherché et trouvé du travail dans des entreprises privées — les usines d'automobiles par exemple — et étaient perdus pour l'aviation.

Ceux qui restaient se trouvaient confrontés avec un difficile problème : quels types d'avions fallait-il construire ? Privés des commandes militaires, ils ne pouvaient envisager que l'aviation civile.

Ci-dessous : les appareils du concours d'avions légers, qui se déroula à Lympne (Kent) en octobre 1924, sont sur la ligne de départ.

Mais alors, quelle sorte d'appareils allaient-ils vendre? Avec le peu d'argent en circulation, le nouvel avion devait non seulement être peu coûteux d'achat et d'entretien, mais encore peu coûteux à la production, car aucune société n'avait la possibilité financière d'entreprendre des études et des essais onéreux. Il ne restait qu'un seul espoir : l'avion léger de tourisme pour lequel on estimait pouvoir trouver un débouché massif dans les prochaines années.

Le prototype de ces appareils avait été, avant la Grande Guerre, la fameuse « Demoiselle » de Santos-Dumont. Le Brésilien avait espéré bouleverser les transports individuels grâce à de petits dirigeables et des avions légers, estimant que les nouvelles classes moyennes allaient adopter ce moyen de transport, plus rapide et plus confortable que ce que l'on avait connu jusqu'à ce jour. Alors en semi-retraite au Brésil, Santos-Dumont aurait été enchanté de voir ses rêves de jeunesse enfin réalisés.

Mais qu'est donc un avion léger par rapport à l'aviation légère classique? La seule réponse possible est celle-ci : un appareil spécialement conçu pour un usage individuel et sportif. Un tel avion, capable de transporter une seule personne à l'exclusion de fret autre qu'un bagage personnel, pouvait être petit, peu coûteux à la construction et à l'achat. Les performances n'ayant pas une importance vitale, il pouvait être équipé d'un moteur de faible puissance. En définitive, l'équivalent aérien des voitures de sport des années vingt, mieux destinées à la distraction qu'à un usage pratique.

Le bénéfice de l'antériorité peut être attribué à des appareils comme le Blackburn Sidecar et l'Avro Baby, mais leur succès fut très limité en raison de la grosse masse d'avions militaires vendus « aux surplus » à des prix extrêmement bas. Vers le milieu des années vingt, le gouvernement britannique entreprit d'encourager le développement de l'aviation civile en subventionnant des concours d'avions légers et des aéro-clubs. Cette initiative sera suivie quelques années plus tard par la France qui inaugura une politique d'aide à l'aviation civile, facilitant aux amateurs l'achat d'avions de tourisme.

En Grande-Bretagne, le premier concours d'avions légers fut organisé par le Royal Aero Club, avec quelque 3 000 livres sterling de prix. On y put voir le Hawker Cygnet (la première création d'un ingénieur qui fera parler de lui : Sydney Camm, le promoteur du fameux chasseur Hurricane), le Shackleton ANEC et le de Havilland 35. Malgré le succès de la manifestation, le public, qui n'était pas motivé, bouda les avions légers qui, à quelques exceptions près, furent une mauvaise affaire commerciale.

Une tout autre réussite attendait l'extraordinaire création de l'inventeur français Henri Mignet : le H-M 14, baptisé par la presse d'alors « Pou-du-Ciel », surnom qui lui restera. Ce remarquable petit avion eut, dès son apparition en 1933, un énorme succès, à tel point qu'en moins d'une année plus de cent exemplaires furent construits par des particuliers. La grande idée de Mignet était d'offrir aux non-professionnels de l'aviation une machine de petites dimensions, capable de décoller de n'importe quel terrain, pouvant être fabriquée à la maison par des amateurs, facilement, à peu de frais et avec des matériaux courants.

Le « Pou-du-Ciel » était également très intéressant du point de vue aérodynamique : il possédait une paire d'ailes de 3,96 m, décalées en tandem, qui avaient permis à Mignet d'abandonner le gouvernail de profondeur classique. La position de l'aile avant, légèrement surélevée par rapport à l'aile arrière, créait un effet de décrochement stable très favorable à la portance et à la stabilité. Ayant une stabilité latérale propre, le Pou était contrôlé en lacet grâce à un grand gouvernail de direction, et en tangage par la modification de l'incidence des ailes. Le palonnier ayant été supprimé, l'appareil se dirigeait grâce à une commande unique. Malheureusement, le

Ci-contre : le dernier modèle de la grande lignée créée par de Havilland était le Tiger Moth, qui volait encore au début des années soixante-dix ; ci-dessous : le DH 60 Moth de Havilland ouvrit la voie à un nouveau concept de l'avion léger, avec un appareil capable de transporter une seule personne. Depuis cette époque, l'avion léger évolua selon ce modèle, réunissant des performances acceptables et un moteur relativement puissant.

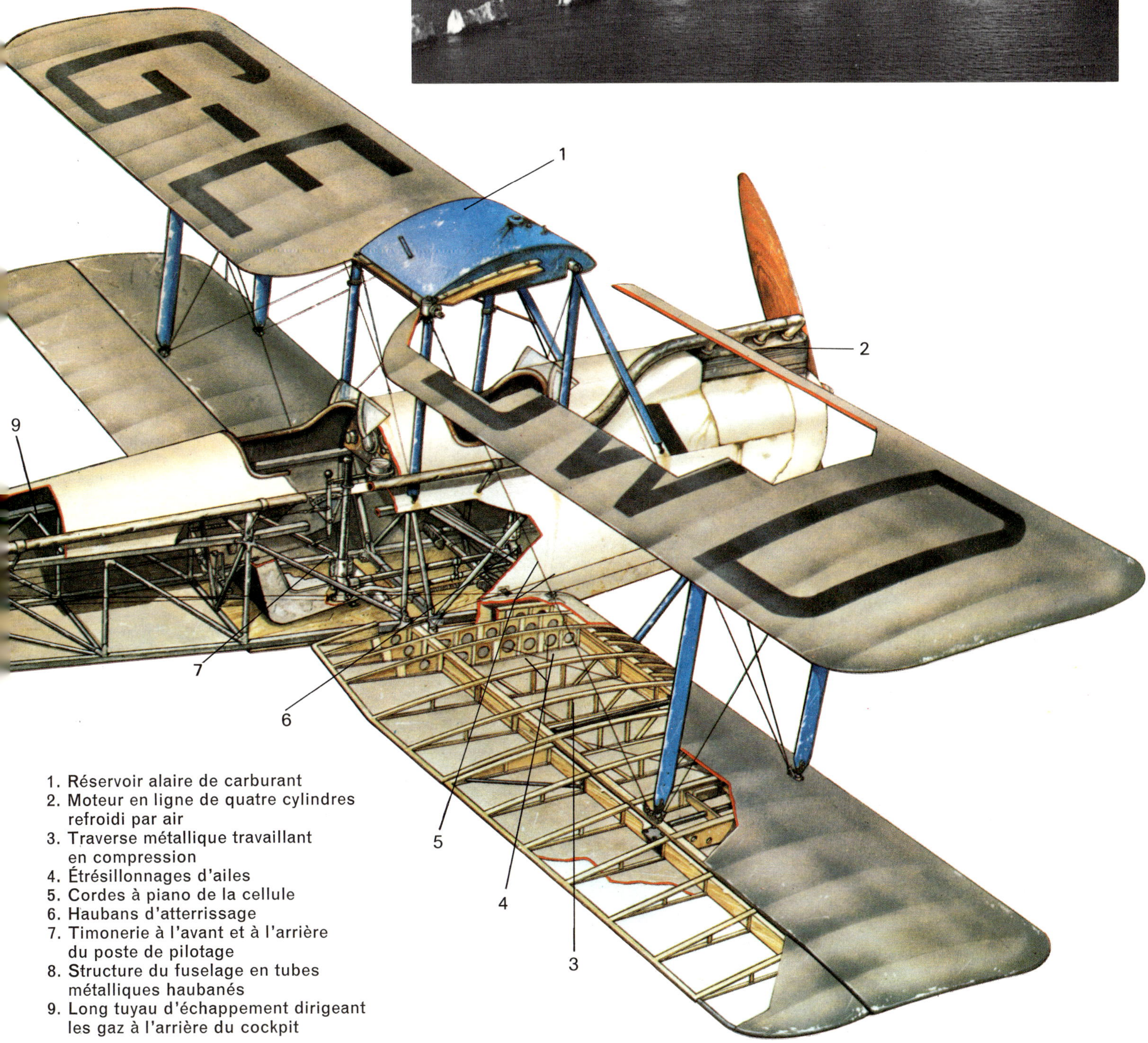

1. Réservoir alaire de carburant
2. Moteur en ligne de quatre cylindres refroidi par air
3. Traverse métallique travaillant en compression
4. Étrésillonnages d'ailes
5. Cordes à piano de la cellule
6. Haubans d'atterrissage
7. Timonerie à l'avant et à l'arrière du poste de pilotage
8. Structure du fuselage en tubes métalliques haubanés
9. Long tuyau d'échappement dirigeant les gaz à l'arrière du cockpit

Pou n'était pas très stable sous certaines allures, et le pilote avait quelques difficultés à le redresser. Cela, s'ajoutant à des fautes de construction dues à des bricoleurs peu doués, entraîna une série d'accidents graves et le Pou fut, pour un temps, interdit de vol en France. Mais la Seconde Guerre mondiale approchait et l'idée d'aviation légère de tourisme fut abandonnée. Elle ne revint au jour que vers les années cinquante.

Un homme, cependant, avait vu et compris la raison du manque de succès des avions légers : Geoffrey de Havilland, le créateur du Moth. Ce joli petit avion biplan associait des performances et une maniabilité correctes avec un prix de revient acceptable. Propulsé par un moteur de Havilland Cirrus de 60 ch, il pouvait transporter deux personnes assises l'une derrière l'autre. Le DH 60 Moth remporta tout de suite un gros succès et devint l'appareil de base indispensable dans tous les aéro-clubs, d'abord en Grande-Bretagne, puis dans l'Empire britannique tout entier. Toute une série d'appareils succédèrent au Moth d'origine, avec comme point culminant le fameux Tiger Moth, peut-être le meilleur avion léger qui fut construit à cette époque. Le succès de ces appareils permit à l'aviation de tourisme de prendre son essor et persuada d'autres constructeurs que ce genre d'avions intéressait le public et était capable de trouver des acquéreurs. Ainsi naquirent, dans le sillage du Moth, l'Avro Avian, le Westland Widgeon et l'Avro Bluebird.

En France, il faut citer le Caudron C 109, équipé d'un moteur Salmson de 40 ch, création de l'ingénieur Paul Deville, et le Potez 25, appareil inusable que l'on rencontrera, propulsé par différents moteurs (Lorraine-Salmson, Renault, etc.), pendant plus de dix ans en tant qu'avion de raid, d'escadrille et enfin d'école, avant de terminer sa carrière durant la Seconde Guerre mondiale.

Aux États-Unis, en revanche, l'aviation privée, durant les années vingt, n'intéressait personne, ou presque, et aucun appareil léger digne de ce nom n'y fut fabriqué. L'aviation privée n'était alors représentée que par des sortes de « cirques volants », exhibitions populaires réunissant des hommes et des femmes.

La guerre avait appris au public les possibilités de l'avion, et les casse-cou survivants avaient été engagés pour reprendre leurs exploits les plus risqués : acrobaties, « promenade » sur les ailes, passage d'un avion en vol à un autre, parachutisme, etc. Les accidents étaient inévitables et furent fréquents, mais cela, hélas! était aussi dans le goût du public et contribuait à faire des cirques volants une excellente affaire commerciale. En général, les pilotes qui volaient au cours de ces exhibitions étaient d'anciens as de la guerre qui n'avaient pu reprendre pied dans l'existence trop calme de la paix. Leur nombre, au cours des années vingt, diminua rapidement et, au début des années trente, les cirques volants disparurent peu à peu, remplacés par une véritable aviation civile, encouragée et supervisée par le gouvernement.

En Europe, les spectacles aériens rappelaient beaucoup ceux d'avant la guerre, quoique les appareils ne fussent plus les mêmes et que le vol fût devenu une affaire de professionnels. Ce genre d'exhibitions n'était plus nouveau et le public était également devenu plus difficile. Comme les forces aériennes régulières avaient présenté d'éblouissantes démonstrations de virtuosité, avec un ou plusieurs appareils volant en formation, les spectacles privés avaient moins d'intérêt pour la foule, quoique la mystique du vol n'ait rien perdu de son emprise première.

La compétition aérienne fut donc un autre débouché pour les pilotes issus de la guerre et, pour le public, une motivation beaucoup plus dramatique. Il y avait deux types de compétitions : les courses entre pilotes, en particulier les courses de vitesse, et les records de toute sorte : vitesse absolue, altitude et distance. Ce dernier genre de record retenait la principale attention du public dans les années qui suivirent le conflit.

En 1914, le journal anglais *Daily Mail* avait offert un prix de 10 000 livres sterling pour le premier homme capable de franchir l'Atlantique d'un seul coup d'ailes. A cette fin, plusieurs appareils avaient été préparés ou spécialement construits durant l'été qui précéda la guerre, mais — et ce fut peut-être une chance pour leurs équipages — les hostilités avaient marqué la fin de ces tentatives. En 1919, en revanche, l'aviation avait fait de tels progrès que le franchissement de l'Atlantique était, en théorie tout au moins, devenu possible.

Du côté anglais, Sopwith, pensant qu'un de ses appareils était susceptible de décrocher le prix du *Daily Mail*, convertit l'un de ses bombardiers B 1 pour tenter le raid. Le 18 mai 1919, le pilote australien Harry Hawker et le Britannique K. Mackenzie-Grieve décollèrent de Terre-Neuve, mais des ennuis de refroidissement décidèrent les deux hommes à faire un amerrissage forcé dans une zone parcourue par les navires. Ils furent effectivement recueillis par un navire danois qui ne possédait pas de radio; ils étaient considérés comme perdus jusqu'au jour où le cargo les débarqua en Grande-Bretagne. Ils s'étaient arrêtés à moins de 1 000 km de l'Irlande.

Le premier vol réussi au-dessus de l'Atlantique le fut six jours après, mais ce ne fut pas un vol sans escale. Trois hydravions Curtiss N.C. partirent de Rockaway, dans l'État de New York, le 1er mai 1919; deux de ceux-ci durent amerrir à peu de distance des Açores, où ils furent recueillis par des destroyers américains. Le dernier fit escale à Horta (Açores), d'où il repartit pour Lisbonne

La grande préoccupation de l'après-guerre fut la traversée de l'Atlantique par la voie des airs.
Page ci-contre : l'un des premiers concurrents fut le Short Shamrock britannique, un dérivé du bombardier-torpilleur Short Shirl, avec une plus grande envergure de voilure et un réservoir de carburant sous le fuselage. Le Shamrock est vu ici avant sa tentative d'avril 1919. Notez le nombre d'hommes nécessaires pour faire démarrer le moteur en tournant l'hélice.

Ci-contre et ci-dessous : le Curtiss NC-4, piloté par le commandant A.C. Read, de l'U.S. Navy, fut le premier avion à franchir l'Atlantique, mais avec escales. Trois NC-4 avaient pris le départ en mai 1919 sous le commandement de J.H. Towers, mais deux durent amerrir en plein Atlantique.

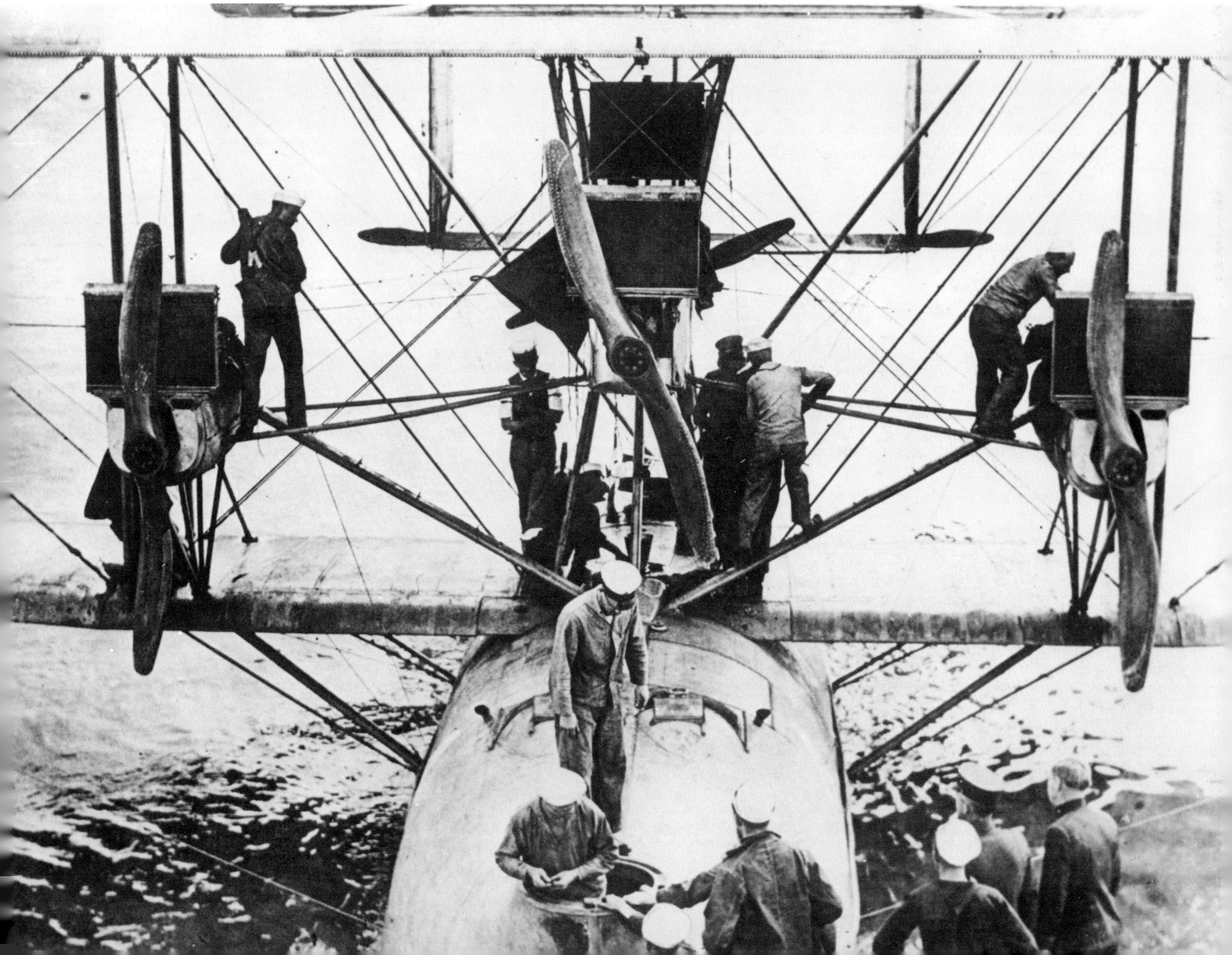

Alcock et Brown

Bien que quelques beaux exploits aient été réalisés avant la guerre de 1914-1918 dans le domaine des vols à longue distance, la traversée de l'Atlantique présentait, à la fin du conflit, des difficultés énormes et presque insurmontables. L'avion avait fait de très grands progrès durant le conflit, et quelques appareils possédaient l'autonomie de vol nécessaire pour accomplir le voyage, mais il y avait une différence entre la théorie et un raid de plus de 4 800 km au-dessus de la terre et des flots. En l'absence totale de balisage et de prévisions météorologiques, il était inévitable que la navigation se heurtât à des problèmes difficiles à résoudre.

Au-dessus de la terre, une panne de moteur était un accident grave, mais on pouvait espérer l'atterrissage forcé, d'où l'équipage avait des chances de se tirer sain et sauf. Néanmoins, au-dessus de l'Océan, une panne ou un accident mécanique étaient un désastre sans appel car, même en survolant les lignes maritimes, rien ne pouvait assurer que les membres de l'équipage puissent être sauvés par un navire et ils n'avaient que peu de chance de réchapper à un amerrissage. L'exploit d'Alcock et de Brown fut en tous points remarquable, non seulement en prouvant la fiabilité de l'appareil et de ses moteurs, mais aussi en démontrant ce que pouvaient accomplir des hommes courageux.

Ci-dessus : *John Alcock, à droite, et Arthur Whitten Brown, les premiers hommes qui traversèrent l'Atlantique, de Terre-Neuve à l'Irlande;* ci-contre : *le Vickers Vimy prend de la hauteur après son décollage de Terre-Neuve.*
Page ci-contre : à gauche, *l'équipe de maintenance assemble l'avion Vimy à Terre-Neuve après son transport par mer;* à droite, *le poste de pilotage du Vimy.* En bas : *le Vimy capota dans un marécage d'Irlande à la fin de son célèbre voyage.*

et Ferrol en Espagne où il arriva seulement le 31 mai, après un voyage de 6 500 km. Cet appareil était piloté par le commandant A.C. Read, qui prouva ainsi que l'Océan n'était pas infranchissable.

Mais le grand événement de l'époque fut la traversée de l'Atlantique sans escale — exactement d'île à île —, car le bombardier Vickers Vimy, transformé spécialement pour le raid et avec à son bord le capitaine John Alcock et le lieutenant Arthur Whitten Brown, décolla de Terre-Neuve le 14 juin 1919 pour capoter à Clifden, Irlande, 16 h et 12 mn plus tard. Les deux hommes furent reçus en triomphateurs à Londres et anoblis par le roi.

Le prix fut remis aux vainqueurs par le secrétaire d'État à la Guerre, Winston Churchill, mais en fait il fut payé deux fois, car il sera également partagé entre Hawker et Grieve.

Les 3 040 km de l'Atlantique avaient été vaincus par le courage d'hommes qui eurent à lutter non seulement contre les éléments, mais encore contre la mécanique car, par six fois, Brown dut quitter la carlingue et grimper sur les ailes pour atteindre et réparer les moteurs.

Si quelques pilotes héroïques avaient réussi des performances personnelles hors du commun, il n'en restait pas moins que l'aviation purement commerciale était encore dans l'enfance. Si les Allemands avaient, en 1910, inauguré le transport aérien avec l'immense dirigeable zeppelin *Deutschland* (qui, avec d'autres machines du même genre, reliait avant la guerre les principales villes d'Allemagne), la navigation aérienne par dirigeable n'avait pas donné satisfaction, tout au moins au point de vue de la sécurité. Dans cette voie, le plus-lourd-que-l'air, qui avait déjà été utilisé commercialement avant la guerre, commençait à faire ses preuves. Le 4 juillet 1911, par exemple, Horatio Barber avait transporté un chargement d'ampoules électriques Osram à travers tout le Sussex, de Shoreham à Hove, pour le prix énorme de 100 livres sterling. Quant à la poste aérienne, elle avait fait ses débuts le 18 février 1911, lorsque Henri Pequet avait convoyé six mille cinq cents lettres au-dessus de la rivière Jumna d'Allahabad à Naini Junction, pour le compte du gouvernement des Indes. Moins connue, mais tout aussi importante, avait été la création, par la Compagnie Benoist, du premier service de passagers, avec des horaires réguliers, entre Tampa et Saint Petersburg, en Floride. Créée en 1914, la ligne était exploitée avec des hydravions.

Tout cela, naturellement, donnait les meilleures raisons d'espérer que des services aériens réguliers pouvaient être établis, spécialement depuis la mise au point, durant la guerre, d'appareils plus grands, plus lourds et plus fiables. Le plus convaincu de la chose fut sans doute George Holt Thomas, qui, dès octobre 1916, fit enregistrer à Londres l'Aircraft Transport and Travel Ltd. Il inaugura ses opérations en 1919 avec un service postal — sur DH 9 — entre Londres et Paris, pour les besoins des négociations qui devaient aboutir au traité de Versailles.

Au mois de mars 1918, des biplans Hansa-Brandenburg C 1 étaient utilisés pour transporter le courrier entre Vienne et Kiev, pour le compte des armées austro-hongroises opérant dans la région; le service postal des États-Unis avait établi une liaison, au mois d'août 1918, entre New York et Washington (il en résulta le premier timbre de la poste aérienne). En fait, les États-Unis firent un vaste usage de la poste aérienne, ce qui est bien compréhensible vu la vaste étendue de leur territoire.

Le premier transport aérien civil de l'après-guerre démarra en Allemagne avec la Deutsche Luft-Reederei qui, en février 1919, établit une liaison commerciale entre Berlin et Weimar (via Leipzig) pour joindre le siège de l'ancien gouvernement impérial au nouveau gouvernement républicain. Les appareils utilisés étaient des A.E.G. (5 places) ou des D.F.W. (2 places).

Le 28 août 1919 fut fondée à La Haye l'International Air Traffic Association (I.A.T.A.) et, le 19 octobre, la première convention internationale de la navigation aérienne se réunit à Paris. En fait, dès le 8 février 1919, le pilote Lucien Bossoutrot avait transporté onze passagers entre Paris et Londres (2 h 35 mn de vol). Le 10 du même mois, la liaison Paris-Bruxelles est assurée par un Caudron C 23 (5 passagers) et, le 13, par un Goliath, ouvrant ainsi les lignes aériennes Farman.

Les autres pays suivirent cet exemple, utilisant à la fois les anciens bombardiers de la guerre convertis pour l'usage civil et les services des ex-pilotes militaires. Les entraves légales étaient minimes et le ciel de l'Europe du Nord fut bientôt sillonné par des bombardiers

L'aviation commerciale suit sa route... En haut : à gauche, Eddie Hubbard et William Boeing assurèrent la première liaison postale aérienne en reliant Vancouver à Seattle, en mars 1919; à droite, arrivée d'un chargement pour un avion postal Curtiss JN-4.

Ci-dessous : embarquement des passagers dans un Sablatnig P-III appartenant à la Lloyd Luftverkehr Sablatnig, une compagnie allemande fondée en 1919.

Ci-dessus : opération de ravitaillement du Farman 1, piloté par Coupet lors d'un concours d'avions de transport au Bourget en novembre 1922.

modifiés — tels les DH 4, capables de transporter quatre passagers. Tandis que des appareils plus importants — les Handley Page 0/400 et V/1500 — opéraient au-dessus de la Grande-Bretagne, les Breguet 14 et les SPAD 27 étaient utilisés en France sous l'égide de la nouvelle Compagnie des messageries aériennes (C.M.A.). La ligne la plus populaire était la liaison entre Paris et Londres, qui pouvait être opérée entre deux et quatre heures suivant le temps et le type d'appareil. Après une période expérimentale, un service régulier avait été ouvert, le 25 août 1919, par l'Air Transport and Travel qui, avant la fin de l'année, avait transporté quelque cinq mille passagers, sans que le chiffre, faute d'archives, puisse être considéré comme officiel.

Le 1er septembre 1919 avaient été inaugurées les lignes Latécoère, par une liaison régulière Toulouse-Casablanca sur Breguet 14, avec l'ambition d'atteindre plus tard l'Amérique du Sud. La ligne Paris-Strasbourg-Prague entra en service le 23 avril 1920, exploitée par la Compagnie franco-roumaine, qui desservira Varsovie en 1921 et Constantinople en 1922.

L'année 1920 fut une année difficile pour les petites compagnies, car le public commençait à réclamer plus de confort et plus de sécurité que n'en pouvaient assurer les anciens appareils de la Première Guerre mondiale. En Angleterre, les sociétés privées — telles Handley Page, Daimler Hire, British Marine Air Navigation et Instone Air Line — furent obligées de fusionner, d'abord sous le nom de British Overseas Airways Corporation, qui devint par la suite British Imperial Airways, mais la première compagnie nationale datait du 7 octobre 1919 : c'était la compagnie néerlandaise K.L.M.

Il est intéressant de noter que l'extraordinaire développement des services aériens réguliers s'était effectué au prix d'un nombre étonnamment restreint d'accidents graves. A la fin des années vingt, les passagers étaient transportés à bord de multimoteurs, dans des cabines fermées où ils pouvaient se faire servir des boissons fraîches, voire de véritables repas chauds. La voie était désormais ouverte aux vols transcontinentaux, qui allaient bientôt suivre, dans de nouvelles normes de confort et de sécurité.

Ci-dessous : l'aérodrome de Hounslow en septembre 1919. C'était le terminus de la ligne Paris-Londres de l'A.T. and T. qui utilisait des bombardiers de Havilland transformés.

LES TECHNOLOGIES NOUVELLES

Les quinze années qui suivirent la Seconde Guerre mondiale avaient vu se réaliser d'énormes progrès dans la théorie et la pratique de la navigation aérienne. La vitesse, le rayon d'action, l'altitude avaient été améliorés dans des proportions incroyables, sans rien dire de nombreux autres facteurs moins immédiatement marquants. Mais il était un domaine où le progrès avait été encore plus significatif : celui de l'aérodynamisme. Avant la guerre, la voie avait été tracée en France par les appareils à coque moulée que l'ingénieur Béchereau avait dessinés pour la société Deperdussin, dont le nom reste lié aux premières recherches de finesse et de hautes performances. Au cours des années 1920-1930, les Allemands, puis les Britanniques et les Américains, prirent le relais de ces travaux. Antérieurement, les ingénieurs s'estimaient satisfaits d'une approximation relative des effets de la pression de l'air sur un solide en mouvement dans l'espace et cela avait suffi à la mise au point des tout premiers aéroplanes. A présent, un travail considérable avait été fait, en théorie et expérimentalement, en soufflerie, afin de mieux connaître les notions de portance et de traînée.

Reinhold Platz fut le type même des ingénieurs de cette période, surtout si l'on considère la manière dont il envisagea le problème des profils de voilures. Platz préférait une section d'aile très épaisse, avec un bord d'attaque renflé et arrondi. Un tel profil avait des avantages évidents, du moins du point de vue des structures, et semblait attrayant aérodynamiquement parlant. Si la portance était produite par la différence de pression existant entre l'écoulement de l'air sur et sous la surface des ailes, un profil de voilure avec une surface supérieure excessivement cambrée devait donner une meilleure portance en accentuant cette différence.

Pour Platz, cette considération l'emportait sur les inconvénients créés par l'augmentation de la traînée qu'engendrait un profil épais.

Cette conception de la portance aérodynamique, bien que fort correcte au demeurant, soulevait beaucoup de problèmes qui ne pouvaient être résolus autrement qu'empiriquement avant les années vingt. Pourtant, ces questions avaient déjà été évoquées dans la plupart des cas et leurs réponses envisagées dès 1890 par un remarquable pionnier de l'aérodynamisme.

F.W. Lanchester, qui fut fabricant d'automobiles, fut également un grand précurseur de l'aviation, bien oublié aujourd'hui. Ses théories aérodynamiques étaient tellement en avance sur celles de son époque que les problèmes qu'elles soulevaient ne pouvaient être exprimés en termes mathématiques existants, si bien que Lanchester fut obligé d'en inventer lui-même. Bien qu'il s'efforçât de faire reconnaître le sérieux de son travail, il était tourné en dérision, car personne ne pouvait comprendre ce qu'il écrivait et encore moins ce qu'il voulait exprimer.

Appareil futuriste, le « Pterodactyl » de Hill fut l'un des quelques appareils à ailes delta qui virent le jour entre les années vingt et trente, mais qui ne trouvèrent à cette époque aucune utilisation pratique.

Page ci-contre : le curieux Fieseler-Kassel en vol;
en cartouche : la série des appareils à ailes delta construits par le Dr Alexander Lippisch était plus ambitieuse encore. Elle trouvera son aboutissement au cours de la Seconde Guerre mondiale avec l'intercepteur à moteur-fusée Messerschmitt Me 163 « Komet ».
Ci-contre : essai en soufflerie d'un chasseur Bristol Bulldog modifié afin de tester les moteurs Alvis;
au centre : modèle d'essai d'un Armstrong Whitworth Atlanta.

C'est en 1892 que Lanchester fut touché par le démon de l'aviation et commença ses expériences avec des maquettes. Ces petits planeurs étaient fondés sur l'observation du vol des oiseaux, une méthode qui n'était pas nouvelle et que Lanchester partageait avec bien d'autres précurseurs. En 1894, il présenta à une société scientifique de Birmingham un texte intitulé : *Le Vol des oiseaux et les possibilités de la sustentation mécanique.* Il ne reste aucune trace de ce texte, mais, dans les deux années qui suivirent, Lanchester développa ses théories. En 1897, il eut l'amertume de voir un de ses articles adressé à la Physical Society lui être retourné sous prétexte qu'il était absolument incompréhensible.

Et pourtant cet article était le premier énoncé, en termes mathématiques, de la véritable nature de la portance. Lanchester avait découvert que celle-ci était due à la réaction de l'air s'écoulant sur la surface des ailes, produisant ainsi une énergie cinétique sous forme d'un « champ de réflexion ». C'est cette énergie qui engendre la portance et tous les profils d'ailes devraient être conçus pour obtenir un champ de déflexion maximal en entraînant le moins de traînée possible.

Lanchester poursuivit ses études sur la mathématique du vol durant les dix années qui suivirent, publiant en 1908 son ouvrage de référence, *Aerodynamics,* et, l'année suivante, un second ouvrage *Aerodonetics.* Comme ses premiers articles, ces deux livres étaient très difficiles à comprendre et n'eurent, à l'époque, aucun impact. Il fallut attendre 1915 pour que Lanchester se décidât à présenter ses théories d'une manière plus intelligible et, de ce fait, les ingénieurs en aéronautique commencèrent à envisager une utilisation pratique de ce qu'ils estimaient n'être, auparavant, que des divagations.

En conséquence, il est normal que tout le mérite des études sur l'aérodynamique revienne au physicien allemand Ludwig Prandtl. Travaillant indépendamment de Lanchester et à la même époque, il avait également mis au point la théorie de la portance. Mais, contrairement à Lanchester, Prandtl était un esprit clair qui était capable de présenter ses conceptions d'une façon compréhensible, aussi bien verbalement que dans ses écrits. Et tandis que le Britannique, ayant cessé de s'intéresser à l'aérodynamique, avait mis fin à ses travaux, Prandtl poursuivit les siens, exerçant une grande influence grâce à l'école d'aérodynamisme qu'il fonda à Göttingen. Trente ans après la Première Guerre mondiale, son école restait encore un établissement pilote, développant les théories sur lesquelles les sections alaires furent et sont encore fondées actuellement. Ainsi sa théorie hydrodynamique de l'aile portante eut-elle une application aux vitesses subsoniques.

Deux autres figures clés de cette époque, dont les travaux portèrent leurs fruits entre 1920 et 1930, furent le mathématicien allemand Wilhelm Kutta et le Soviétique Nicolaï Jukowski. Ceux-ci posèrent les fondements des idées qui déterminèrent, à la fin des années vingt, les profils d'ailes à haut rendement et à faible traînée. Leurs études furent complétées par un autre aérodynamiste de naissance hongroise, Theodore von Karman, qui vécut et travailla aux États-Unis. Karman fut l'un des personnages les plus éminents de l'école américaine d'aérodynamisme qui travaillait pour l'industrie privée et le National Advisory Committee for Aeronautics (N.A.C.A.).

Les limitations inhérentes à la construction des voilures en bois et en métal avaient posé beaucoup de problèmes jusqu'à la fin de la Première Guerre mondiale; mais, vers 1920, il devint possible de fabriquer des voilures cantilever de grande envergure à partir d'alliages métalliques légers. L'allongement, ou rapport entre la longueur de l'aile et sa corde, devenait un facteur critique. Les ingénieurs avaient auparavant travaillé « à vue de nez », mais à présent les théoriciens avaient démontré qu'un grand allongement, c'est-à-dire une grande envergure combinée avec une petite corde, avait de gros avantages sur une voilure de petit allongement. Le champ de déflexion était augmenté par

Le profil de la voilure

Le profil de voilure est destiné à produire la portance aérodynamique nécessaire à la sustentation d'une machine volante. Selon les théories développées par Prandtl et Lanchester, l'écoulement de l'air autour du profil engendre, au-dessus et au-dessous de celui-ci, des pressions différentes du fait que la distance parcourue par les filets d'air passant au-dessus de la surface supérieure du profil est supérieure à celle parcourue le long de la surface intérieure.
Les filets d'air se rejoignent à l'arrière du bord de fuite en un grand nombre de petits tourbillons *(ci-contre)*. La portance est également fonction de la surface alaire, de la densité de l'air, du carré de la vitesse et de la section du profil.
La photographie prise en soufflerie *(ci-dessus)* montre la nature de la circulation de l'air autour d'un profil alaire moderne et l'importance de l'inclinaison de l'aile, dit généralement angle d'attaque.
Si cet angle est trop ouvert, la pression au-dessus du bord de fuite diminue et le filet d'air « décolle » de la surface supérieure, entraînant ce qu'on appelle le « décrochage ».
Les profils d'aile *(ci-contre)* illustrent la grande variété des options dont disposent les ingénieurs de l'industrie aéronautique en fonction du type et du modèle des appareils qu'ils désirent réaliser pour des vitesses subsoniques ou supersoniques.

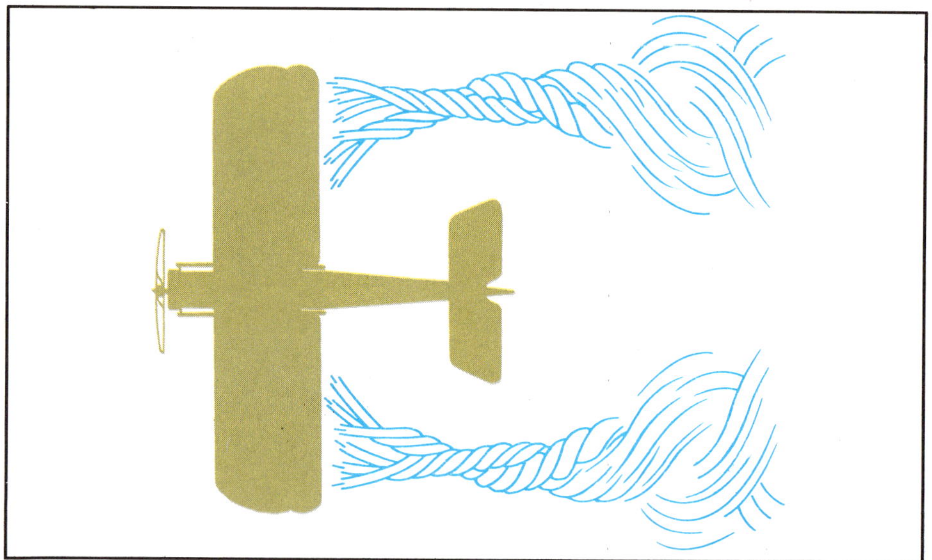

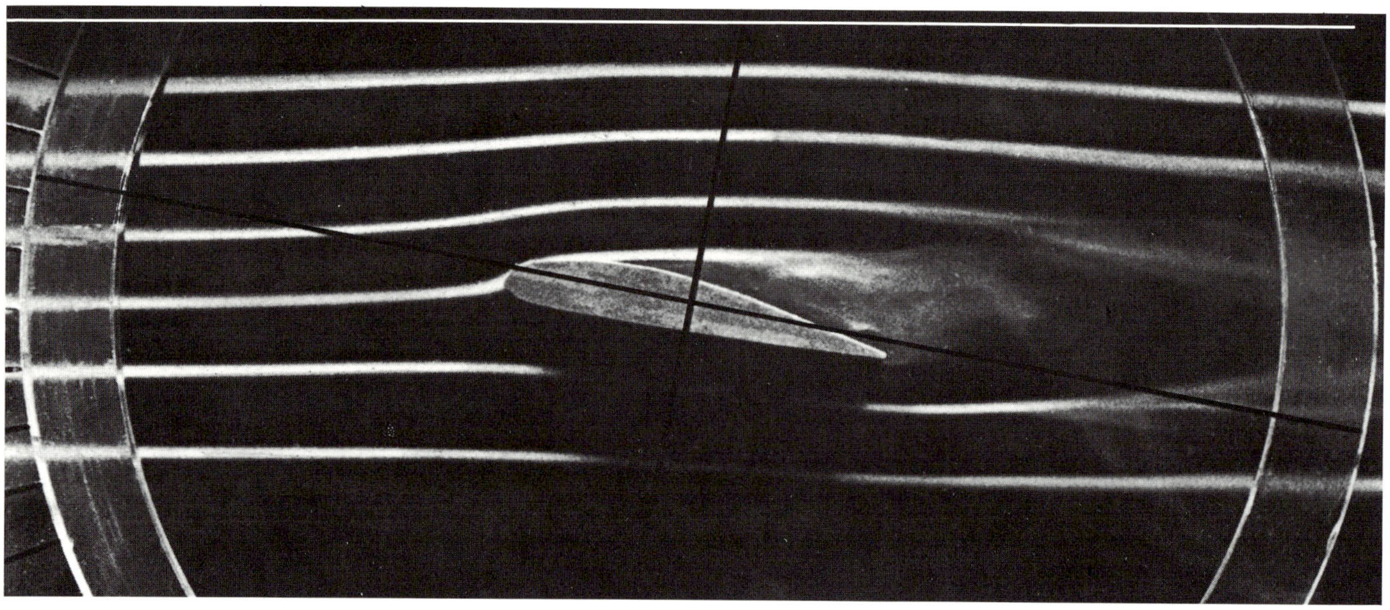

Profil concave convexe fin, utilisé aux débuts de l'aviation

Profil convexe et plan

Profil concave convexe épais, utilisé pour ses bonnes qualités de portance.

Profil biconvexe asymétrique

Profil concave convexe pointu, avec nez effilé

Profil biconvexe symétrique

Profil concave convexe

Bord de fuite relevé

la grande envergure tandis que la traînée était réduite par la petite corde.

Comme le matériau nécessaire devenait disponible, les ingénieurs commencèrent donc à donner à leurs voilures le maximum d'allongement, proportionné aux performances que l'on attendait de l'appareil. Pour les avions à grand rayon d'action, un allongement maximal était le meilleur choix. Par ailleurs, pour les avions militaires, c'était plutôt un handicap, car il empêchait l'appareil de virer court. Pourtant, la tendance générale était au grand allongement, qui donnait aux avions un meilleur aérodynamisme d'ensemble, surtout pour les appareils destinés aux vols en haute altitude et aux raids à longue distance. C'est toujours l'une des particularités des planeurs modernes.

Durant les années vingt, les problèmes de traînée retinrent également l'attention. Les anciens pionniers s'étaient heurtés, avec la traînée, à de nombreuses difficultés, mais aucune solution valable n'avait été envisagée avant la Première Guerre mondiale. A part Deperdussin, dont les monoplans monocoques avaient sonné le glas des anciennes « cages à poules », personne n'avait essayé de comprendre la véritable nature de la traînée, et cela jusqu'au milieu des années vingt.

La seconde moitié de la décennie vit encore de gros progrès qui culminèrent avec la parution de *The Streamline Aeroplane* (1929), livre écrit par un théoricien britannique, le Pr B. Melville Jones. Dès cette époque, les diverses composantes de la traînée et leurs incidences sur les autres forces mises en jeu commencèrent à retenir l'attention des ingénieurs; les performances des avions augmentèrent dans des proportions qui n'avaient aucun rapport avec l'accroissement de la puissance des moteurs. (On considérait antérieurement que l'accroissement des performances, surtout en vitesse, était fonction de l'accroissement de la puissance du moteur.)

Il existe quatre types fondamentaux de traînées : traînée de profil (composée de traînée simple et de traînée de frottement), traînée induite, traînée parasite et traînée d'interférence. L'étude des traînées est un sujet très complexe, et ce fut seulement lorsque les souffleries devinrent un équipement classique dans les usines d'aviation (1920) que les ingénieurs purent réellement se rendre compte de l'action de la traînée sur leurs conceptions. Un contrôle précis de la nature exacte des différents types de traînées par rapport au profil de la maquette était obtenu grâce à l'addition de fumées colorées dans l'écoulement d'air. Mais la découverte la plus importante fut que la traînée se développait non seulement à partir de la masse déterminée par l'avion lui-même, mais encore à partir de la totalité de la masse d'air mise en mouvement au cours du passage de l'avion. Toutes ces études permirent donc aux ingénieurs de créer des profils épurés qui réduisirent notablement les coefficients de traînée.

La compréhension de l'aérodynamisme se poursuivit tout au long des années trente grâce aux travaux d'un grand théoricien et ingénieur allemand, le Dr Alexander Lippisch. Celui-ci était convaincu que l'emploi traditionnel d'un long fuselage était parfaitement inefficace et que la voilure était le seul composant essentiel de la portance et pouvait, à la limite, être fabriquée de manière à supporter la charge, les moteurs et le carburant. Le raccourcissement du fuselage et l'augmentation de l'envergure des ailes devraient alors permettre de positionner les surfaces de commande (tangage et lacet) à l'arrière du centre de gravité. Pourquoi alors ne pas « emplir » la surface se trouvant derrière le bord de fuite afin d'obtenir une voilure de forme triangulaire ou « delta »? Cela devrait procurer un volume supplémentaire pour y loger charge ou carburant en même temps qu'améliorer les qualités aérodynamiques.

L'idée d'un avion à ailes delta était dans l'air depuis plusieurs années, mais ce fut Lippisch qui en rendit sa construction possible. Malheureusement, cela arrivait avant son heure et il fallut l'apparition de la propulsion par réaction — qui allait permettre aux avions d'approcher et de dépasser la vitesse du son — pour que les mérites de l'aile delta puissent être reconnus. Pourtant, vers la fin des années vingt et au début de 1930, Lippisch construisit un certain nombre de petits appareils expérimentaux qui fonctionnèrent fort bien, compte tenu de leur taille et de leur puissance.

En Angleterre, le Dr Geoffrey Hill obtint, bien qu'il ne réussît pas à mettre au point un appareil utilisable, un certain nombre d'informations sur l'aérodynamisme, en particulier au sujet des surfaces de commandes à double usage — ou élevons — et sur les problèmes inhérents aux avions sans empennage.

Tandis que ces hommes se penchaient sur les questions théoriques et repoussaient les limites connues de l'aérodynamisme, beaucoup d'autres, notamment les industriels de l'aéronautique, se trouvaient confrontés avec l'application pratique des nouvelles connaissances. Les deux principales questions sur lesquelles portait leur travail étaient l'aérodynamisme et l'évolution des structures ainsi que leur rapport avec la sécurité et les performances. De ce dernier point de vue, le développement le plus remarquable fut l' « aile à fente » qui permettait de résoudre les problèmes posés par les faibles vitesses.

Avant la Première Guerre mondiale et même au cours de celle-ci, le principal défaut des appareils était le « décrochage », notamment à basse altitude. Cet accident se produisait le plus fréquemment à l'atterrissage, lorsque le pilote réduisait les gaz afin d'aborder l'aérodrome à basse vitesse tout en maintenant son avion le « nez en l'air » pour conserver un maximum de portance. Il y avait une inclinaison — ou angle d'incidence — à ne pas dépasser; si cet angle atteignait 15° ou plus, l'appareil tombait comme une pierre et s'écrasait sur le sol. C'était le terrible décrochage.

Aérodynamiquement parlant, le décrochage est aisément explicable : lorsque l'angle d'incidence de la voilure augmente, la pression de l'air sur la surface inférieure de l'aile augmente rapidement tandis qu'elle décroît dans la même proportion sur la surface supérieure. Jusqu'à une certaine inclinaison, ce phénomène fournit une portance accrue, mais, peu à peu, il se crée des turbulences dans le filet d'air supérieur qui finit, lorsque l'angle critique (15° à 17°) est dépassé, par « se décoller » brusquement de la surface supérieure de l'aile et la portance disparaît totalement. L'avion perd alors rapidement de la vitesse et le pilote, pour le « rattraper », doit agir sur le gouvernail de profondeur afin de retrouver l'angle d'attaque initial en abaissant le nez de son appareil.

On comprend que le décrochage n'est grave qu'à basse altitude, lorsque le pilote n'a plus la possibilité de manœuvrer pour retrouver sa ligne de vol. Si l'appareil est encore assez haut, il a quelque chance de reprendre suffisamment de vitesse; les anciens aéroplanes avaient tendance à « se mettre en vrille » après un décrochage, et le pilote n'avait guère de possibilité d'en réchapper.

Avant la guerre, de nombreuses méthodes avaient été préconisées pour atténuer les effets de décrochage. Le premier des ingénieurs qui s'intéressa à la stabilité aux basses vitesses fut Frederick Handley Page, pionnier britannique qui fut à la fois créateur, pilote et constructeur d'avions. Ses modèles de l'avant-guerre prévoyaient un certain nombre de dispositifs antidécrochage, mais ce ne fut qu'au cours du conflit qu'une

Volets et becs de bord d'attaque

Les deux instants du vol les plus dangereux sont le décollage et l'atterrissage, car ils réclament une très faible vitesse de vol. A ces moments, le décrochage est toujours possible et l'altitude est alors trop faible pour qu'il soit possible de redresser efficacement l'appareil.
Dès les débuts de l'aviation les ingénieurs tentèrent d'imaginer un certain nombre de méthodes pour résoudre ce problème.
Il fallut attendre les années 1920-1930 pour que naissent des systèmes efficaces d'accroissement de portance, adaptés vraiment au bord d'attaque et au bord de fuite.
Les volets — disposés sur le bord de fuite — augmentent la portance en jouant le rôle de freins aérodynamiques.
Le volet simple (1) comprend une très importante surface du bord de fuite.
Le volet d'intrados (2) ne comprend que la partie inférieure du bord de fuite.

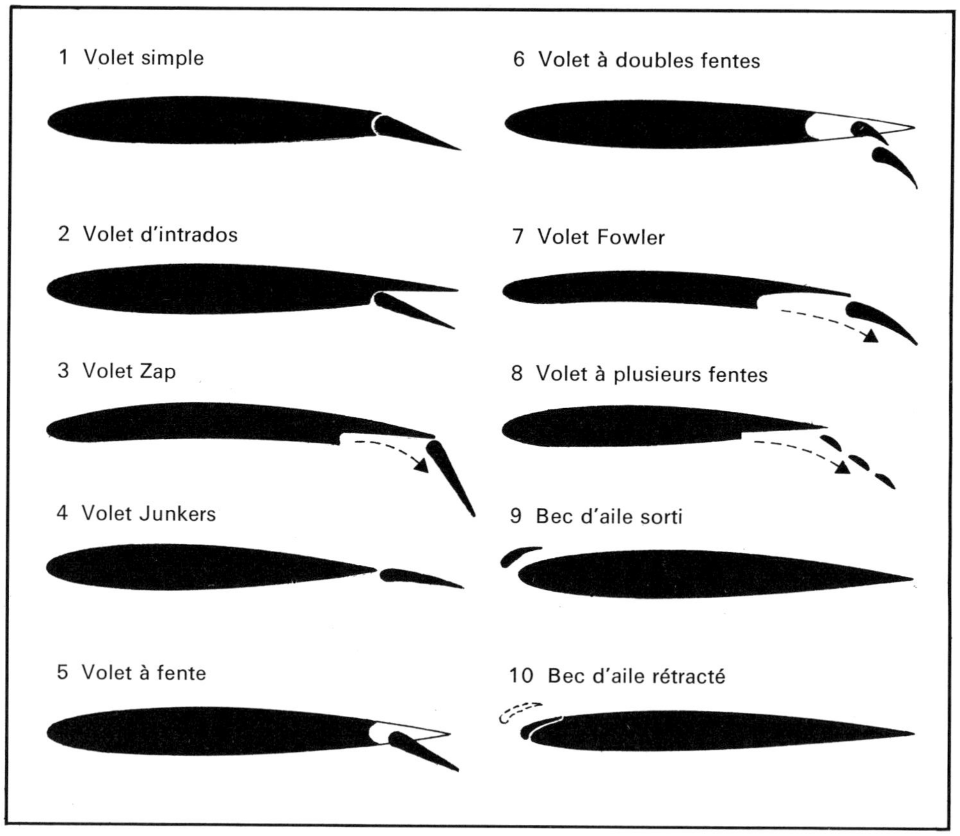

solution durable du problème put être envisagée. L'objectif était de pouvoir contrôler la circulation des filets d'air autour du profil alaire. Handley Page pensa que si le filet d'air, ou une partie de celui-ci, pouvait être prélevé de la zone de haute pression sous la surface inférieure de l'aile afin d'être conduit dans la zone de basse pression au-dessus de la surface supérieure, la différence de pression pourrait être réduite et le décrochage évité. La méthode qu'il préconisa alors — l'aile à fente de bord d'attaque — peut sembler aujourd'hui d'une simplicité enfantine. Elle est encore utilisée et fut l'une des plus grandes contributions apportées à la sécurité de la navigation aérienne depuis son origine.

Handley Page fit breveter son invention le 19 février 1918, mais celle-ci ne fut véritablement utilisée que dans les années vingt, lorsque le Dr Gustav Lachmann, sorti des laboratoires de Göttingen, vint travailler avec lui. Lachmann avait œuvré dans le même sens que Handley Page et avait abouti aux mêmes conclusions, mais il préféra entrer dans une société importante qui lui donnait de meilleures possibilités de réussite. Peut-être avait-il, inventé l'aile à fente, mais c'est à Handley Page qu'on doit en attribuer toutes les applications. Cette simple fente le long du bord d'attaque de l'aile « soufflait » sur l'extrados, apportant ainsi une énergie qui retardait le décollement des filets d'air. Ce dispositif permettait de donner à la voilure un angle d'incidence plus important, donc une meilleure stabilité aux basses vitesses, nécessaire aux décollages et aux atterrissages.

Immédiatement adopté, ce type de voilure équipa la plupart des appareils construits par Hugo Junkers. Mais l'inconvénient du système était que la fente restait constamment ouverte, ce qui réclamait un surcroît d'attention de la part du pilote et produisait une traînée supplémentaire. Lachmann et Handley Page remédièrent à ce défaut en mettant au point une « fente automatique », système qui soulageait le pilote et réduisait l'importance de la traînée.

Sachant que le filet d'air ne pouvait être séparé à l'aplomb du bord d'attaque de l'aile mais juste en avant — où n'existent pas de turbulences —, Handley Page réalisa un volet mobile plaqué sur la partie supérieure du bord d'attaque. Articulé pour pivoter en avant et en arrière, celui-ci créait une fente entre lui et le bord d'attaque proprement dit. En vol normal, le volet restait partie intégrante de l'aile et ne produisait aucune traînée; cependant, lorsque l'appareil approchait du point de décrochement, la différence de pression et son propre profil soulevaient le volet afin d'équilibrer les pressions inférieure et supérieure et permettre au filet d'air de s'écouler autour du bord d'attaque.

Les expériences menées au cours des années vingt prouvèrent l'efficacité de l'aile à fente de Handley Page; en 1928, ce système fut normalisé sur tous les appareils de la R.A.F. Beaucoup de modèles d'avions légers furent également dotés de ce perfectionnement qui devint, dans les années trente, une caractéristique ordinaire de la plupart des avions volant de par le monde. Les plus graves dangers du décrochage, sa soudaineté et son côté imprévisible, étaient supprimés et, avec eux, une grande partie de sa sinistre réputation.

A la même époque, d'autres chercheurs contribuèrent à résoudre les problèmes de l'écoulement de l'air sur le bord de fuite. Leurs études permirent de réduire les dangers occasionnés par le décollage et l'atterrissage en développant la capacité de portance de la voilure et en contrôlant la traînée. Ce que l'on recherchait était un moyen d'accroître la portance aux basses vitesses de décollage, et d'accroître la portance et la traînée nécessaires aux basses vitesses d'atterrissage. La solution fut apportée par les volets de bord de fuite, qui peuvent

Le volet « Zap » (3) est identique, mais est actionné en arrière du bord de fuite grâce à des rails de guidage.
Le volet « Junkers » (4) sert également à accroître la portance en vol normal tout en tenant le rôle de frein aérodynamique à bonne vitesse.
Le volet à fente (5) est identique au volet simple, mais permet l'écoulement de l'air au-dessus de la surface supérieure du volet. Le volet double fente (6) est similaire, mais encore plus efficace, car sa surface est plus étendue.
Le volet « Fowler » (7) est fondamentalement semblable au volet « Zap ».
Le volet « store vénitien » (8) est une forme avancée du volet à double fente.
Les deux types de becs de bord d'attaque sont le bec à fente fixe (9) et le bec rétractable (10). Tous deux permettent une plus grande incidence alaire aux faibles vitesses. Le Handley-Page Gugnunc *(ci-contre)* était équipé de la plupart de ces dispositifs hypersustentateurs.
Ce sont ces perfectionnements successifs qui, au fil des années, après de multiples essais et accidents, permirent d'accroître la portance des appareils et de les rendre peu à peu plus fiables et plus sûrs.

prendre une grande variété de tailles et de formes et qui sont utilisés soit séparément, soit en combinaison entre eux.

Il existe quatre types fondamentaux de volets de bord de fuite, qui, tous, firent leur apparition au cours des années vingt; leur usage se généralisa pendant la décennie suivante. Le premier de ceux-ci, le volet simple, est constitué par une longue — et relativement étroite — portion de l'arrière de l'aile, articulé de manière que le pilote puisse l'incliner de

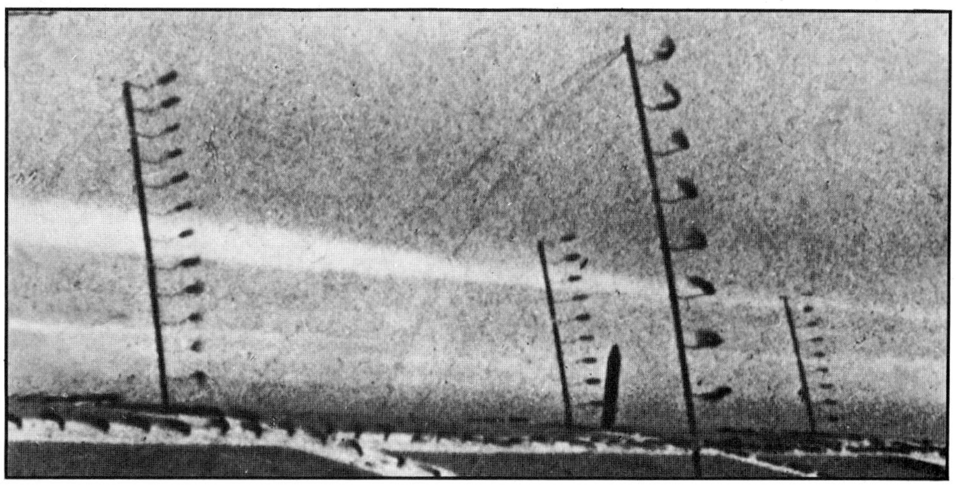

En haut : le moment critique du vol de tous les avions est celui où ils atteignent un point de vitesse et un angle d'incidence de voilure tels que les filets d'air au-dessus de l'extrados ont tendance à se décoller de la surface de l'aile et à créer des turbulences détruisant la portance et causant la « perte de vitesse ». Il faut, pour rétablir l'appareil dans sa ligne de vol, reprendre une certaine vitesse et retrouver l'angle d'attaque initial;
au centre : houppes de laine sur les ailes d'un appareil de la R.A.F. pour un essai d'écoulement d'air;
ci-contre : l'essai à la caméra montre le moment critique; les houppes arrière flottent lorsque l'appareil approche la perte de vitesse.

quelques degrés afin qu'il défléchisse l'écoulement de l'air vers le bas. L'action du volet sur les filets d'air au-dessus de la surface supérieure de l'aile est relativement brutale, et le volet d'intrados a été créé pour remédier à cet inconvénient. Celui-ci, au lieu d'occuper la majeure partie de la portion arrière de l'aile, est uniquement situé sur le revêtement inférieur du bord de fuite; il peut ainsi, lorsqu'il s'abaisse, détourner une partie du flux d'air sous la surface inférieure de l'aile, tout en laissant l'écoulement principal se diriger normalement audessus de la surface supérieure.

Le volet Fowler est bien supérieur au volet simple ou au volet d'intrados qui agissent en dirigeant l'écoulement de l'air sous la surface inférieure de l'aile. Le volet Fowler se compose d'une ou plusieurs « ailettes » d'allongement qui s'abaissent et dépassent l'aile vers l'arrière lorsqu'il est manœuvré, accroissant ainsi la surface alaire. Correctement conçu, le volet Fowler peut doubler la portance de l'aile, ce qui a le grand avantage d'abaisser la plage de vitesse de l'appareil. Quant au volet à fente, il travaille selon le même principe que la fente de bord d'attaque de Handley Page. Ces volets permettent, lorsqu'ils sont ouverts convenablement, l'écoulement de l'air au-dessus du revêtement supérieur du volet, augmentant ainsi notablement la portance. Ils sont en général abaissés dans l'écoulement de l'air grâce à des rails de guidage.

Les ingénieurs disposaient alors d'un grand nombre de systèmes permettant un accroissement de portance, aussi bien sur le bord d'attaque que sur le bord de fuite, ce qui rendait possible un large choix de dessins de voilures. Mais tous ces mécanismes devaient être installés aussi rigoureusement que possible, de façon à ne produire qu'une traînée minimale lorsqu'ils n'étaient pas utilisés et que leur poids ne fût pas excessif. Ce dernier facteur était d'une grande importance car leur poids diminuait rapidement leur efficacité. L'action réciproque de ces différents systèmes devait aussi être soigneusement étudiée. Les fentes de bord d'attaque, par exemple, pouvaient produire un aplatissement de l'écoulement de l'air qui permettait aux volets Fowler et aux volets d'intrados d'agir avec le maximum d'efficacité. L'aile devait être essayée dans une soufflerie pour tester la meilleure position des volets et déterminer l'allongement qui devrait donner les résultats les plus satisfaisants.

Toutes ces améliorations se concrétisèrent en quelques années et il s'écoula quelque temps avant que les ingénieurs en tirassent tous les avantages. Les Américains, avec la renaissance de l'aviation qui se produisit à la fin des années vingt et au début des années trente, utilisèrent bientôt les deux systèmes, surtout pour leurs avions de ligne. Le public était particulièrement sensible aux questions de sécurité que l'usage des volets et des fentes de bord d'attaque résolvait en grande partie. Les dirigeants des compagnies aériennes les appréciaient également, car ils augmentaient l'efficacité de leurs nouveaux appareils.

Les volets servaient à un double usage : braqués modérément vers le bas (environ 12°) au décollage, ils servaient seulement de dispositif hypersustentateur. A l'atterrissage, braqués plus largement (environ 20°) dans la dernière partie de l'approche finale, ils servaient à la fois d'hypersustentateurs et d'aérofreins. Mais le fait que les becs de bord d'attaque et les volets renforçaient la sécurité des appareils avait complètement échappé aux « spécialistes » britanniques des années trente. Un homme de grande audience, Charles Grey, éditeur de *The Aeroplane*, condamnait le DC 2, engagé par la K.L.M. dans la course MacRobertson en Australie, pour son apparente charge alaire et donc sa grande vitesse

Ci-dessous : avant l'invention des servo-commandes, les avions lourds, comme ce Rohrbach-Beardmore Inflexible, étaient équipés de gouvernes équilibrées (dans lesquelles une partie de la surface se trouvait à l'avant de la ligne d'axe). Cela limitait les efforts fournis par le pilote.
Page ci-contre : James Doolittle, pilote d'essai et de course américain, qui exécuta le premier vol sans visibilité, uniquement « aux instruments ».

d'atterrissage. Mais le DC 2 avait en réalité une vitesse de prise de sol beaucoup plus basse que les appareils à grande surface alaire préconisés par Grey et ses confrères.

Il y avait longtemps que les performances exceptionnelles d'un avion comme le Handley Page Gugnunc (construit en 1929 pour être présenté au concours Guggenheim de l'appareil le plus sûr, qui avait lieu aux États-Unis) auraient dû faire cesser ce genre de critiques. Il fallait bien admettre que le Gugnunc était un appareil étudié spécialement hors de toutes préoccupations commerciales, mais il était capable d'atteindre une vitesse maximale de 180 km/h avec un moteur de 130 ch seulement et une vitesse de décrochage avoisinant 48 km/h. Cette extraordinaire plage de vitesse, caractéristique d'un avion parfaitement sûr, n'avait pu être obtenue que grâce à l'utilisation des volets et des fentes de bord d'attaque. Le Gugnunc était aussi capable d'atterrissages et de décollages extrêmement courts et possédait un régime de montée qui lui permettait de prendre de la hauteur immédiatement après avoir quitté le sol. En l'air, il semblait capable de planer et, volant dans le vent, il pouvait descendre verticalement tout en restant sous contrôle total.

En Europe et aux États-Unis, les volets et les fentes de bord d'attaque étaient utilisés dans la plupart des avions légers construits à cette époque. L'exemple le plus remarquable de ce genre d'appareil, connu aujourd'hui sous l'appellation ADAC (à décollage et atterrissage courts), fut l'extraordinaire Fieseler Fi 156 Storch qui fut adopté par les forces aériennes allemandes en tant qu'avion de communication et de liaison. Cette excellente petite machine pouvait opérer à partir de presque n'importe quel terrain réduit, et prouva ses innombrables qualités durant la Seconde Guerre mondiale. Ce fut grâce à cet appareil, par exemple, que le colonel Skorzeny put enlever, en 1944, Benito Mussolini de sa prison de Gran Sasso en décollant « à l'arraché » d'une prairie minuscule. Aussi, les Alliés cherchaient-ils à capturer ces petits avions et, quand ils y réussissaient, les utilisaient-ils pour leur propre usage.

D'autres progrès contribuèrent également à accroître la sécurité en vol. Avant la Première Guerre mondiale, le problème du vol sans visibilité — lorsque le pilote ne pouvait pas distinguer l'horizon, ni aucun autre point de référence fixe — n'avait pas soulevé beaucoup d'intérêt. A cette époque, les pilotes avaient appris à « sentir » dans leur corps les mouvements de leur appareil et sa position par rapport au sol. C'était ce qu'on appelait — et que l'on appelle toujours — « voler aux fesses ».

Mais ce qui était possible pour des vols très courts, ne l'était plus lorsque l'aviation prit réellement son essor. On s'aperçut alors que les réactions sensorielles n'ont rien de commun à terre et dans les airs. Un pilote volant au milieu des nuages, sans aucune référence avec le sol ou l'horizon, peut très bien avoir l'impression de voler en ligne droite alors qu'en fait son avion est fortement incliné en virage ou même totalement la « tête en bas ». Ainsi, avant l'avènement des instruments permettant le vol sans visibilité, les pilotes évitaient au maximum les vols de nuit et la traversée de grands bancs de nuages, sauf durant des périodes de temps très courtes.

En fait, à cette époque, les « tableaux de bord » des aéroplanes ne comportaient guère qu'un compteur renseignant le pilote sur le nombre de tours/minute de son moteur et un indicateur de vitesse, signalant si l'appareil volait plus ou moins vite que sa vitesse normale. Juste avant la guerre, le Français Badin inventa l'anémomètre différentiel statique/dynamique qui porte son nom, et le premier compas spécialement destiné à l'aéronautique vit le jour en 1910.

Ce fut encore Badin qui réalisa le premier appareil réellement conçu pour le vol sans visibilité : un contrôleur de vol, dit clinomètre, destiné à renseigner le pilote sur l'inclinaison de son appareil par rapport à l'horizon et un indicateur de virage « bille et aiguille ».

Après la fin du conflit, la recherche se tourna vers la conception d'instruments propices au vol sans visibilité (V.S.V.), mais les véritables progrès ne se manifestèrent que vers les années vingt.

Pourtant les caractéristiques essentielles du gyroscope, instrument fondamental inventé par le Français Foucault (1819-1868), étaient depuis longtemps connues et un Américain, Elmer Sperry, avait même, dès 1912, conçu un « pilote automatique » fondé sur un gyroscope. Sperry eut la chance de rencontrer en la personne de James Doolittle (qui organisa plus tard le premier bombardement de Tokyo) un pilote capable de comprendre sa pensée et, en celle de Paul Kollsman, un fabricant génial d'instruments de précision. Il fut en outre sérieusement aidé, financièrement parlant, par la fondation Daniel-Guggenheim, laquelle avait, en 1928, lancé un programme de développement du V.S.V.

Ce fut cette année-là que Sperry mit au point son « horizon artificiel » dont le cœur est un gyroscope à axe vertical, relié à une barre représentant l'horizon et donnant au pilote sa référence de vol par rapport à celui-ci. Il réalisa aussi un gyrocompas permettant, après calage, de corriger les erreurs du compas magnétique classique. L'année suivante, le 24 septembre 1929, Doolittle, qui avait fait spécialement équiper un biplan Consolidated NY 2 de ces nouveaux instruments, décolla au milieu d'un épais brouillard. Il avait installé dans l'habitacle une housse qui l'empêchait d'avoir la moindre vue de l'extérieur. S'alignant sur la piste grâce à une balise radio, il put atteindre l'altitude de 300 m et voler sur plusieurs kilomètres selon deux caps différents, au moyen du gyro directionnel et de l'axe radio. Il atterrit enfin quinze minutes plus tard sans le moindre incident, prouvant ainsi que l'ancienne terreur suscitée par le vol sans visibilité pouvait être désormais surmontée.

Au cours des années trente, le développement rapide du variomètre (indiquant la vitesse verticale d'un avion), de l'indicateur de virage (bille et aiguille en France, double aiguille en Grande-Bretagne) et de l'indicateur de descente, ainsi que les progrès de la radio permirent d'effectuer des vols précis et sûrs, quelles que soient les conditions atmosphériques.

Entre-temps, les ingénieurs s'étaient penchés sur les problèmes d'aérodynamisme posés par les gouvernes et les surfaces de contrôle. Celles-ci s'étaient plus ou moins standardisées au milieu de la guerre : gouvernail arrière pour la commande en lacet, gouvernail d'altitude — ou de profondeur — pour la commande de tangage et les ailerons pour le contrôle du roulis. Les surfaces des gouvernes elles-mêmes avaient été améliorées. Au début, ce n'étaient que des surfaces simples, articulées à l'extrémité extérieure de la voilure ou sur le bord de fuite de la dérive et du stabilisateur, ce qui était parfaitement adapté aux petits aéroplanes d'alors. Mais la mise en service, pendant la guerre, d'appareils plus grands, plus lourds et plus puissants avait commencé à poser des problèmes. La vitesse et la puissance du moteur avaient changé les conditions de vol et augmenté les forces à vaincre par les gouvernes, à tel point qu'il devenait excessivement fatigant pour un pilote de maintenir l'équilibre de son appareil. Cette difficulté, déjà sensible en vol normal, devenait encore plus évidente au cours des combats, qui réclamaient des évolutions et des manœuvres acrobatiques.

Durant la guerre, une solution suffisante avait été mise au point : l'équilibrage des gouvernes, qui consistait à reporter l'axe d'articulation, normalement situé à la jonction de la surface fixe et de la surface en mouvement, à un tiers environ de cette dernière surface (déport d'axe). Ainsi, un tiers de la surface se trouvait-il en avant de la ligne d'articulation, ce qui permettait de mieux équilibrer les deux tiers restants et avait pour avantage de réduire la force nécessaire à la manœuvre de la gouverne tout entière.

L'amélioration de l'équilibrage aérodynamique se poursuivit durant les années vingt, avec des résultats très satisfaisants. On aperçut pourtant bientôt qu'aux vitesses élevées la position déportée des gouvernes — notamment des ailerons — causait des turbulences, engendrant elles-mêmes des vibrations violentes, extrêmement désagréables pour le pilote et pouvant entraîner des avaries de structure. Le nœud du problème était que, souvent, le poids de la gouverne était mal équilibré autour de son axe. La solution fut trouvée en équilibrant les gouvernes avec des poids métalliques, ou « masses d'équilibrage », ordinairement disposés en porte à faux sur le bord d'attaque de la surface mobile. Cela permettait de maintenir le poids de métal nécessaire tout en freinant les vibrations naissantes avant qu'elles ne puissent devenir dangereuses.

La question de l'équilibrage de l'appareil lui-même le long de son centre de

Page ci-contre : en haut, sorti après la fin de la Première Guerre mondiale, l'un des premiers avions de Rohrbach fut l'intéressant appareil de transport Roland II de construction métallique et comportant des ailerons de grande envergure; en bas, le Hawker Hart biplace était typique de la construction britannique au cours des années trente. Dérivé du chasseur Fury monoplace, il possédait une silhouette agréable, mais sa conception était déjà périmée.

En haut : le Junkers D-I (J-9) en 1918 fut le premier avion de combat opérationnel entièrement métallique. Notez le revêtement « tôle ondulée » typique des Junkers; au centre : le premier Junkers entièrement métallique, le J-1 de 1915, possédait un revêtement lisse en tôle d'acier. En dépit des avantages de ce procédé, Junkers préféra utiliser le duralumin ondulé, aussi résistant mais plus léger;

en bas : le Fiat CR-20 de 1926 correspondait à un développement ultérieur du premier avion de chasse italien, le CR-1, construit pendant l'après-guerre (1924) sur un projet de l'ingénieur Celestino Rosatelli.

gravité longitudinal posa de nombreux problèmes au début de la Première Guerre mondiale et durant les années qui suivirent immédiatement le conflit. Tous les avions sont sensibles à la position du centre de gravité, situé relativement au centre de portance, et cela était très marquant dans les petits avions assez légers de cette époque. Avec ceux-ci, le poids du pilote représentait en général 10 % ou plus du poids total de l'appareil en ordre de vol. Tandis qu'il était toujours possible de répartir les charges les plus lourdes, tels moteurs, armement ou carburant, de chaque côté du centre de gravité, cela devenait difficile avec un équipage. Il n'y avait pas suffisamment de place près du centre de gravité pour qu'il soit possible d'en équilibrer le poids dans les meilleures conditions.

Les ingénieurs devaient aussi faire face au problème du changement d'équipage

Les nouvelles constructions

Au cours de la Première Guerre mondiale, la structure des voilures *(ci-contre, en haut)* était généralement fondée autour de deux longerons principaux, soit en bois plein, de section en I, soit constitués d'une poutre creuse, ou caisson.
Les nervures réunissant les longerons entre eux, et donnant à l'aile son profil aérodynamique, étaient aussi légères et résistantes que possible. Elles étaient construites soit en treillis, comme une poutrelle, soit en contreplaqué. Elles avaient parfois une double semelle en T afin de permettre un meilleur appui à la surface de recouvrement. Les ailes étaient en outre haubanées intérieurement avec des cordes à piano et couvertes d'un revêtement de toile, tendue par l'application d'un vernis.
Bien entendu, dans ce type de voilure, la toile n'apporte aucune solidité supplémentaire à la structure interne. Avec les voilures à revêtement travaillant *(ci-contre, en bas)*, le revêtement contribue pour une bonne part à la solidité de l'ensemble, d'où une structure interne relativement plus légère et plus souple. Dans ce genre de construction, les longerons sont constitués de poutrelles métalliques, et les nervures de profils en métal estampé sont repercées pour en diminuer le poids. Un certain nombre de longerons auxiliaires servent de support au revêtement tout en renforçant la structure entière : le haubanage intérieur n'est plus alors nécessaire.

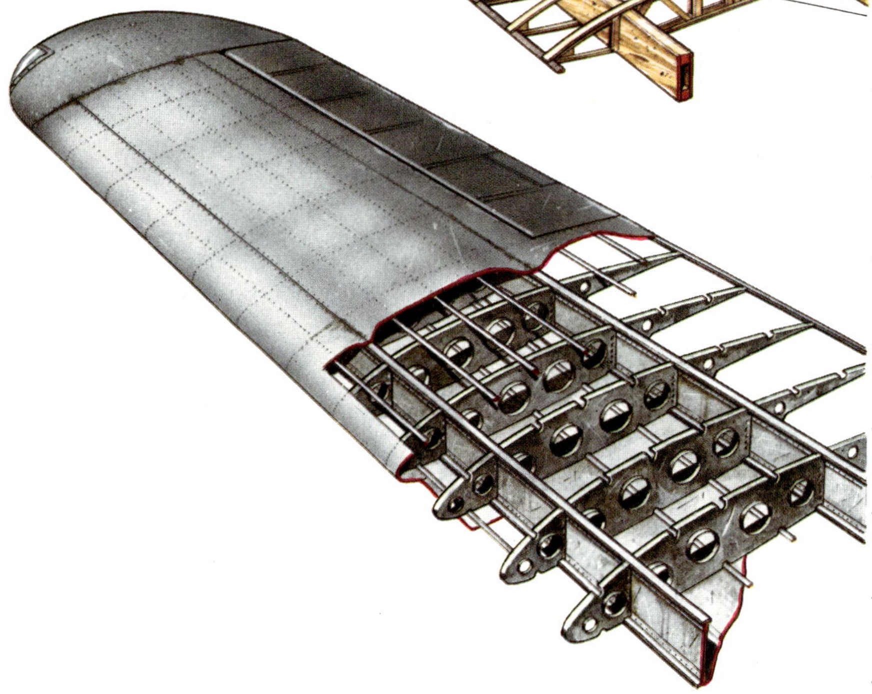

— un jour le mitrailleur, ordinairement placé entre le centre de gravité et la queue, pesait 68 kg et le lendemain son remplaçant en pesait 90. Les problèmes de compensation de poids, qui réclamaient de gros efforts de la part des pilotes, obligés d'agir sur les commandes pour garder l'appareil en équilibre, avaient également une incidence sur la vitesse, en raison du surcroît de traînée occasionnée par la position du gouvernail d'altitude.

Le problème trouva un début de solution avec les empennages à incidence variable, qui virent le jour avec les appareils plus lourds du milieu de la guerre. Commandé par le pilote, l'angle d'incidence de l'empennage pouvait passer de zéro à quelques degrés, tant négatifs que positifs. Il en résultait encore un léger accroissement de la traînée, mais c'était le prix qu'il fallait payer le confort et la tranquillité du pilote. Outre la répartition du poids, l'empennage ajustable avait encore plusieurs avantages sur l'empennage fixe, et il fut fréquemment adopté.

Au cours des années vingt, l'idée fut reprise et étendue aux autres gouvernes, sous la forme d'une gouverne secondaire réglable, connue sous le nom de « compensateur » ou « trim-tab ». Les compensateurs se montent sur les ailerons où ils peuvent, par exemple, corriger une tendance de l'appareil à voler « aile basse ». Particulièrement sensible aux variations de vitesse, la profondeur peut être compensée — « trimmée » selon le langage des pilotes — de façon que l'avion puisse voler de lui-même sans que l'on ait besoin de toucher aux commandes. Sur les avions légers, la compensation est ordinairement réalisée par des « tabs », préréglés et non commandés en vol.

Mais l'application la plus importante de l'idée de compensation est l'installation des « trim-tabs » sur la gouverne de direction des appareils multimoteurs. En effet, si l'un des moteurs tombe en panne, un trim permettra d'équilibrer la traction asymétrique du moteur restant et permettra à l'avion de suivre sa ligne de vol sans que le pilote ait à peser constamment sur le palonnier. Un trim de direction peut également remédier à une variation de couple d'une hélice. Les tabs permettent aussi d'augmenter l'équilibrage aérodynamique des gouvernes. Ils se présentent alors sous la forme de petites gouvernes de bord de fuite, se braquant dans le sens opposé de la gouverne principale.

Les mêmes facteurs s'appliquent également à la structure des fuselages : dans le fuselage en bois *(ci-contre, en haut),* quatre longerons sont réunis par des entretoises horizontales et des montants verticaux, raidis par un très astucieux haubanage en corde à piano.
Des lisses de bois courbées assurent un certain aérodynamisme au revêtement extérieur de toile ou de bois léger. Les fuselages monocoques métalliques *(ci-contre, en bas)* sont plus simples à construire et beaucoup plus légers. Le célèbre Deperdussin monocoque *(ci-dessous)* fut le premier appareil à utiliser ce mode de construction, quoi qu'il fût encore quelque temps en bois.
L'emploi de plus en plus généralisé de l'acier et des alliages légers entraîna l'adoption intensive de la construction « semi-monocoque » à revêtement travaillant, qui se révéla finalement bien plus résistante et encore mieux adaptée.

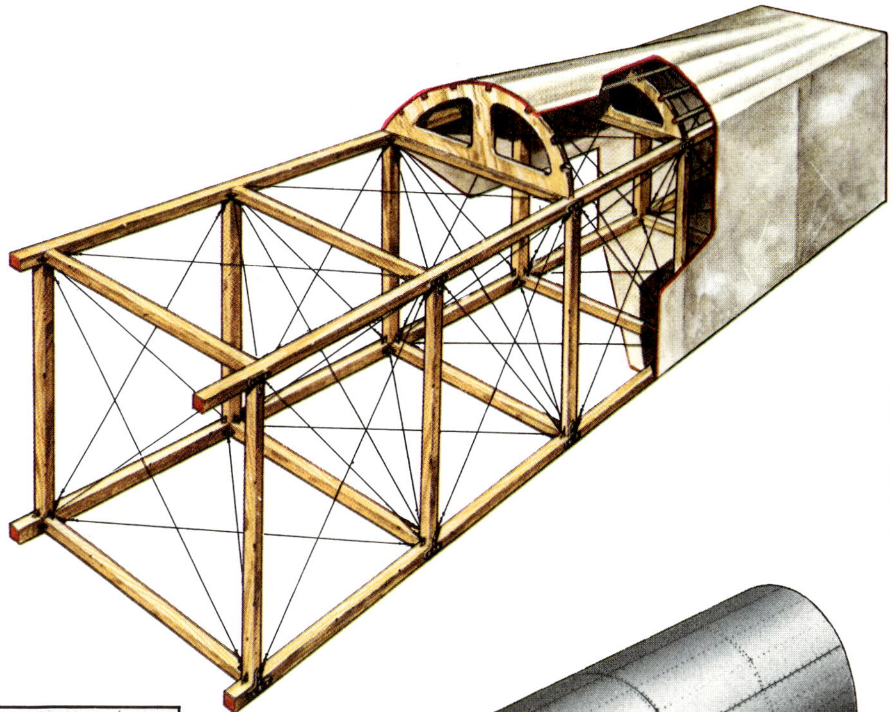

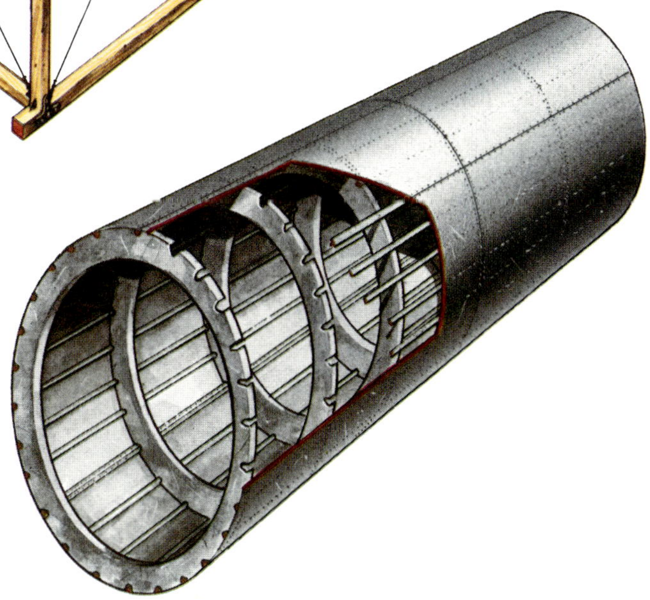

Mais l'accroissement constant du poids et des dimensions des appareils rendait l'emploi des commandes de plus en plus difficile, et les gouvernes équilibrées commençaient à ne plus suffire en tant qu'aide au pilotage. Il fallut donc trouver une solution nouvelle pour les bombardiers et les avions de transport. Ce fut la commande asservie, ou « servo-tab », dans laquelle on utilise les forces aérodynamiques afin d'aider le pilote à manœuvrer les gouvernes principales. Les servo-tabs des années 1920-1930 avaient la forme d'un plan important, séparé de la gouverne et monté en arrière de celle-ci, sur le bord de fuite. Lorsque le pilote désirait virer sur la gauche, il manœuvrait, ordinairement, le gouvernail dans cette direction; à présent il agissait sur le servo-tab vers la droite. La gouverne principale étant articulée librement, le servo-tab agissait comme un bras de levier et faisait pivoter la gouverne vers la gauche, sans que le pilote n'ait eu d'autre effort à faire qu'à manœuvrer le servo-tab dont la faible surface rendait le maniement facile.

Le Britannique Boulton Paul utilisa largement cette conception sur ses bombardiers, mais l'accroissement de traînée et différents facteurs d'origine technique empêchèrent les servo-tabs de devenir véritablement populaires, du moins à cette époque, car ils redevinrent d'usage courant après la Seconde Guerre mondiale. Vers les années trente, une bien meilleure solution fut proposée avec le système de commandes assistées mécaniquement — ou servo-commandes — qui fut bientôt utilisé sur les appareils de fort tonnage. A cette époque, des vérins hydrauliques suppléaient à l'insuffisance de force du pilote. Une partie donc de son effort restait indispensable et, en cas de panne, tout le système pouvait redevenir manuel. En fait, la manœuvre était très dure car, outre la force nécessaire à braquer à la main les gouvernes, le pilote devait vaincre la force d'inertie du liquide dans les vérins hydrauliques. Pourtant, combinée avec un équilibrage des gouvernes qui réduit la résistance des forces, cette solution est encore utilisée aujourd'hui, quoique sous une forme plus sophistiquée. En effet, il est extrêmement difficile, avec une servo-commande reversible actuelle, de conserver des sensations suffisantes de pilotage pour doser efficacement l'effort à fournir sur les gouvernes, car le procédé ne restitue au pilote qu'une partie de l'effort réel sur la gouverne. Aussi, sur les appareils actuels, divers systèmes complexes,

Le train d'atterrissage

La configuration courante du train d'atterrissage fixe se dégagea dès avant 1914 et fut utilisée universellement durant les vingt années qui suivirent. Il se composait d'une paire de roues principales fixées sur des jambes en V, elles-mêmes placées sous le fuselage au niveau du bord d'attaque de l'aile. Les roues, équipées de pneumatiques, étaient soit indépendantes, soit montées sur un essieu commun équipé de sandows ou de ressorts afin d'absorber les chocs. Ce système engendrait évidemment des traînées importantes; le principe du train rétractable, qui résolvait ce problème, avait été posé dès 1911, mais la réalisation n'en avait pas été possible en raison du poids et de la complexité du système.
Au cours des années vingt, la question fut reprise avec de meilleures chances de succès, et deux appareils furent équipés de trains rétractables : le Dayton Wright RB *(en haut)* et le Short Racer *(au centre)*. Dans les deux cas, le train s'escamotait à l'intérieur du fuselage grâce à une mani-

dénommés « simulateurs de sensations musculaires », restituent au pilote l'effort proportionnel au braquage des différentes gouvernes.

Dans les années vingt, ces systèmes n'étaient pas encore au point, mais les aérodynamistes et les autres techniciens « de pointe » avaient fourni aux constructeurs suffisamment d'informations pour leur permettre de produire des appareils importants et sûrs, capables de réaliser de bonnes performances. Mais ces perfectionnements ne pouvaient encore être correctement exploités sans la collaboration des spécialistes des structures. Les concepteurs et les théoriciens pouvaient rêver à des appareils extrêmement avancés mais il fallait, pour concrétiser ces rêves, que les ingénieurs en réalisent l'expression, et leurs travaux ne furent jamais moins importants que durant cette période d'entre les deux guerres.

A part quelques rares exceptions, comme les avions Junkers et Dornier allemands et le remarquable Antoinette Latham « Monobloc » de 1911, la structure des appareils de la fin de la Première Guerre mondiale était toujours composée de la formule qui avait fait ses preuves : charpente de bois et recouvrement de toile. Le bois avait, en tant que matériau principal, de gros avantages : il était léger, bon marché, facile à travailler et possédait un excellent rapport résistance/poids. Il existait des grandes quantités de bois disponibles de toutes les essences et de toutes les qualités : le spruce, particulièrement léger et résistant, était utilisé pour les longerons du fuselage et des ailes; le contre-plaqué entrait dans les couples de fuselage et les nervures des ailes; le frêne ou le noyer d'Amérique composaient les trains d'atterrissage, pour lesquels il fallait obtenir une grande résistance.

Pourtant, dès les premiers jours du plus-lourd-que-l'air, les concepteurs et les ingénieurs avaient compris que le bois présentait un inconvénient, notamment lorsque la taille et le poids des aéroplanes commencèrent à augmenter. De grands appareils pouvaient être construits en bois, mais leurs structures devenaient alors trop lourdes et compliquées. Durant la guerre, il fallut également compter avec la limitation des stocks, non seulement en raison de l'accroissement de la demande, mais parce que le bois était souvent importé de l'étranger. Mais ce n'était pas seulement le risque de pénurie, le poids ou la complication du travail qui condamnait l'emploi du bois; c'était qu'il ne permettait pas de notables améliorations du point de vue aérodynamique. En revanche, le métal offrait un certain nombre d'avantages, particulièrement lorsque les nouveaux alliages légers, tel le duralumin, commencèrent, au cours de la guerre, à devenir plus courants.

Les fuselages en bois étaient constitués de quatre longerons réunis par des traverses et étrésillonnés de corde à piano et, quoi qu'on fasse, ressemblaient à une longue boîte terminée en pointe. A l'époque où la question de l'aérodynamisme ne se posait pas encore, cette structure était tout simplement recouverte de toile que quelques couches de vernis raidissaient et rendaient imperméable.

Si l'ingénieur souhaitait donner à sa création une apparence aérodynamique afin d'accroître ses performances, la « boîte » de base était complétée par un certain nombre de cales placées à l'extérieur et réunies par un lattis, lequel était recouvert de toile. Mais cette toile était de finition rugueuse et lacée sur les structures avec de petits cordages, et, si la silhouette pouvait sembler aérodynamique, elle offrait, en réalité, une grande résistance à l'air. Les ailes, construites de façon identique, produisaient aussi une traînée considérable,

velle. A ce stade, le poids supplémentaire et la complication mécanique ne compensaient pas encore les avantages du gain obtenu en traînée. L'U.S. Navy fut la première à mettre en service des appareils militaires à train rétractable ; le chasseur Curtiss XF12C-1 expérimental *(ci-contre)* était équipé d'un système donnant toute satisfaction. Mais, pour permettre le logement du train, les fuselages devaient avoir une forme de « tonneau » qui en augmentait la traînée. Les roues des modèles plus avancés étaient recouvertes par l'aérodynamisme du fuselage *(ci-dessous)*.

sans omettre les haubans placés entre les ailes, ni les câbles de commandes et d'atterrissage qui raidissaient toutes les parties d'un biplan classique.

Dès le début de l'aviation, quelques novateurs avaient pensé simplifier ce mode de construction et produire des formes à la fois plus solides et d'un meilleur aérodynamisme. Quelques essais de fuselage « monocoque » furent tentés, entre autres par Béchereau, concepteur à la société Deperdussin. Dans ce genre de structure, tous les efforts sont supportés par le revêtement extérieur et non par la charpente intérieure. Les avantages en étaient évidents : bon profil, structure rigide et relative simplicité de construction. Avec son « Monocoque », Béchereau avait mis la construction aéronautique sur la voie qui allait aboutir au fuselage moderne.

Malheureusement, les ailes ne pouvaient pas être construites selon la technique monocoque en raison de la nature très différente des efforts qu'elles sont appelées à subir. En 1910, Hugo Junkers avait fait breveter une aile en porte à faux « cantilever » qui ne put être réalisée qu'en 1915 conjointement avec l'apparition de la construction métallique. Un autre ingénieur allemand, le Dr Adolf Rohrbach, apporta une contribution importante à l'évolution des structures en construisant, en 1919, des types de voilures métalliques comportant des longerons-caissons et un revêtement lisse destinés à absorber la majeure partie des contraintes du vol. C'était le premier pas fait vers la technique moderne du « revêtement travaillant » employé couramment de nos jours.

A la même époque, des progrès plus intéressants encore furent réalisés dans le domaine des trains d'atterrissage, entre autres avec l'apparition des freins et des premiers trains rétractables véritablement utilisables, qui réduisaient la traînée d'une façon extraordinaire et permettaient d'améliorer très nettement les performances des appareils. Le train pouvait être escamoté dans les ailes, les nacelles de moteurs et le fuselage, manuellement, hydrauliquement ou électriquement. Ce dernier perfectionnement, capital, allait ouvrir la nouvelle ère des appareils à haute performance.

Quant aux moteurs, les deux types les plus courants qui avaient été utilisés au cours de la Première Guerre mondiale étaient le moteur « en ligne » et le moteur rotatif, quoique ce dernier ait finalement été abandonné, car il approchait de ses limites théoriques et créait des problèmes de couple. Le moteur en ligne continua à se développer, devenant de plus en plus puissant, mais ce type d'engin devait être refroidi par liquide et le poids de l'eau, des radiateurs, des pompes et de la tuyauterie compromettait beaucoup les performances.

Après la guerre apparurent des moteurs fixes en étoile dont la disposition des cylindres, analogue à celle des rayons d'une roue, apportait plusieurs avantages importants dont le principal était que les cylindres étaient exposés au vent de l'hélice et pouvaient être très facilement refroidis au moyen d'ailettes et de déflecteurs. Un autre avantage était que tous les cylindres pouvaient être disposés autour d'un seul maneton sur l'arbre, de façon à obtenir un vilebrequin court et compact d'une grande rigidité et à l'abri des vibrations. Son inconvénient était son grand diamètre, ce qui avait tendance à produire une traînée supplémentaire, surtout lorsque les cylindres dépassaient le corps du fuselage, comme c'était souvent le cas dans les années vingt. Un certain nombre de ces moteurs eurent une grande notoriété, comme le 220 ch de Wright, qui équipa l'avion de Charles Lindberg lors de son raid mémorable de la traversée de l'Atlantique Nord entre New York et Paris en 1927.

LA COUPE SCHNEIDER

Avant la guerre, les pilotes étaient, en général, considérés comme des aventuriers, intéressants soit, mais excentriques. Au cours du conflit, les exploits des as avaient instauré une sorte de culte de la personnalité. A présent le public réclamait des exploits audacieux et l'émotion d'un spectacle où les hommes et les machines seraient poussés au maximum de leurs possibilités. A cet égard, les vols sur longue distance, tels ceux d'Alcock et Brown et de quelques autres, n'étaient compris que comme des expériences où l'on jugeait l'endurance des hommes, des appareils et des moteurs. Ayant saisi l'intérêt que portait le public aux records et à la vitesse pure, de nombreux pays avaient organisé leurs propres compétitions, mais ce fut aux États-Unis, durant les années qui suivirent la guerre, que l'engouement pour les courses de vitesse fut le plus vif.

La course pour la Coupe Pulitzer eut lieu pour la première fois en 1920. C'était une rencontre de vitesse pure qui opposait les pilotes de l'armée et de la marine, ainsi que leurs appareils, selon les critères d'une intense rivalité. Quoique ces courses se terminassent en 1925,

Page ci-contre : la Coupe Schneider qui fut d'une telle importance, entre les deux guerres, pour le développement des vols de vitesse pure.
Ci-dessous : l'hydravion désormais classique Supermarine S 6, vainqueur de la Coupe en 1929. Il faut noter les lignes épurées de l'appareil, avec des ailes minces, un fuselage étroit et un minimum de haubanage. Les protubérances ondulées de chaque côté du « nez » font partie intégrante du système de refroidissement.

on y avait pu voir des avions devenus légendaires, tels le Verville-Sperry racer, qui fut vainqueur en 1920, et tous les grands « racers » Curtiss. Les autres rencontres importantes furent les National Air Races, dans lesquelles les deux prix les plus conséquents étaient le Thompson Trophy, pour la vitesse pure en circuit fermé, et le Bendix Trophy, pour la vitesse sur un parcours transcontinental. Les appareils de la marine et de l'armée des États-Unis participaient à ces courses et aux autres épreuves; mais ils étaient fréquemment surclassés par des avions d'amateurs, comme les curieux Gee-Bee Sportsters, construits par la Granville Bros, ou le Travel Air « Mystery Ship », ou encore d'autres appareils conçus spécialement pour la course et dans lesquels tout avait été sacrifié à la puissance.

Mais la plus prisée de toutes ces compétitions fut la célèbre Coupe Schneider. A présent propriété du Royal Aero Club britannique, ce magnifique trophée fut le prix d'une série de courses aériennes devant se dérouler au-dessus d'un plan d'eau. Le prix avait été institué le 5 décembre 1912 par Jacques Schneider, le fils du célèbre « maître de forges » français dirigeant l'industrie de l'armement. Schneider avait la vision d'un monde dont les pays seraient reliés par des hydravions géants, qui, sans avoir besoin d'aérodromes complexes et coûteux, pourraient facilement accéder à tous les coins de la terre. Pourtant, le premier vol réussi à bord d'un hydravion à moteur ne l'avait été que trente mois auparavant, par Henri Fabre qui avait fait décoller à Martigues, le 28 mars 1910, un étrange avion-canard. Mais la vision de Schneider ne se limitait pas à cela : il attendait que les compétitions pour sa coupe fussent un aiguillon pour le développement de l'aviation maritime.

Faite d'argent et de bronze, la Coupe elle-même représentait la Vitesse — personnalisée par une jeune personne nue et ailée — donnant, à la crête d'une vague, un baiser à un Zéphyr. Audessous de cette vague batifolaient deux autres Zéphyr accompagnant Neptune, le dieu des Mers, le tout étant entouré de crabes, de poulpes et de divers animaux marins.

Vers 1920, lorsque la France, la Grande-Bretagne et l'Italie eurent chacune gagné le trophée une fois, la Coupe fut surnommée le « flirt volant » bien que Ralph Barker ait remarqué, dans son ouvrage *Les Courses de la Coupe Schneider*, « qu'elle n'était pas foncièrement volage, mais était partagée entre quatre grandes amours. Elle aima d'abord, et c'était bien naturel, un Français, le garçon de la maison. Ensuite, lorsqu'elle semblait avoir trouvé un foyer chez les Italiens, elle eut un coup de

foudre pour les Américains. Ramenée triomphalement, trois ans plus tard, en Italie, elle se fixa finalement en Angleterre... Mais de ses quatre soupirants, celui qui l'aima le mieux, le seul qui, toujours, lui pardonna tout, presque jusqu'à en perdre la tête, fut l'Italien ».

La compétition pour la Coupe, qui était décernée annuellement après une course de quelque 150 nœuds nautiques (270 km), était organisée par le pays vainqueur de la rencontre précédente. Il y avait des essais de flottaison et d'hydroplanage, et la série était terminée lorsque une équipe avait remporté la Coupe trois fois en cinq ans. Deux rencontres eurent lieu avant la Première Guerre mondiale : la course de 1913, courue à Monaco, qui fut gagnée par Maurice Prévost sur Deperdussin (270 km en 3 h 48 mn) et celle de 1914, également courue à Monaco, remportée par l'Anglais Howard Pixton, sur Sopwith Tabloid transformé en hydravion. La déclaration de la guerre empêcha la course suivante de se dérouler en Grande-Bretagne, comme prévu, en 1915.

Lorsque les compétitions reprirent en 1919, le développement de l'aviation avait complètement transformé la physionomie des courses ainsi que leur contexte historique. Les vainqueurs de 1913 et 1914 disposaient d'avions rapides, mais équipés de mauvais flotteurs de série. En 1919, les progrès techniques dus à la guerre avaient permis de réaliser une nouvelle génération d'hydravions, d'une conception plus aérodynamique, plus fins et produisant moins de traînée de profil. Les moteurs étaient plus puissants et plus sûrs, et les progrès, dus aux techniciens des structures, avaient permis aux ingénieurs de produire des cellules à la fois plus solides et plus épurées. Quant aux pilotes, le temps de guerre les avait familiarisés avec les nouveaux avions rapides et avec les plus grands risques.

Page ci-contre : des curieux examinent le Sopwith Tabloid de Howard Pixton, le surprenant vainqueur de la course de 1914, à Monaco. Les marques sur le côté du fuselage sont dues aux projections d'huile de ricin, éjectée en grande quantité par le moteur rotatif durant le vol.
Ci-dessus : Maurice Prévost, aux commandes du Deperdussin qui remporta la première épreuve de la Coupe Schneider en 1913. Remarquons la complication des jambes de force.

Tout cela faisait qu'un amateur ne pouvait plus espérer entrer en lice avec le moindre espoir de vaincre. Les industriels subventionnaient leurs propres appareils, et, lorsque, dans les années vingt, le rythme des progrès techniques s'accéléra, même les principaux fabricants ne furent plus à même de financer les concurrents. Cela étant, la participation financière et technique des gouvernements devenait inévitable, mais modifiait radicalement l'esprit de la compétition instituée par Schneider. L'appareil qui disputait l'épreuve finale n'était plus un appareil de série, mais un hydravion de course, construit spécialement et bien supérieur, technologiquement parlant, aux avions terrestres contemporains, constamment amélioré et repoussant toujours les limites de la science.

Les structures étaient calculées selon les derniers progrès techniques et tenaient compte des ultimes découvertes de l'aérodynamique. De nouveaux carburants étaient mis au point. Les moteurs étaient perpétuellement perfectionnés, notamment dans leur rapport puissance/poids, les systèmes de refroidissement étaient, eux aussi, sans cesse améliorés et des revêtements spéciaux adaptés aux grandes vitesses étaient usinés avec le plus grand soin. Les progrès arrivèrent si vite et furent poussés si loin que, lorsque la Grande-Bretagne remporta la Coupe Schneider en 1931, il ne fallut pas moins de quatre ou cinq ans pour que les développements de l'aéronautique en général rattrapassent l'avance prise par les hydravions spécialement conçus pour la compétition. Mais ce fut le travail effectué sur ces appareils qui détermina les nouvelles techniques dont bénéficièrent les appareils utilisés au cours de la Seconde Guerre mondiale.

Au mois de mai 1919, la Fédération aéronautique internationale demanda à la Grande-Bretagne d'organiser la prochaine course pour la Coupe Schneider au mois de septembre. Le Royal Aero Club accepta de subventionner et d'administrer la rencontre, et des dispositions furent prises pour mettre en place la troisième course de la série, qui devait avoir lieu à Bournemouth le 10 septembre. Quoique très satisfaisant du point de vue des spectateurs — qui avaient la possibilité de suivre la course de bout en bout —, le site de Bournemouth était, au point de vue de la compétition proprement dite, fort mal choisi. Il n'y avait aucune possibilité d'échouer et de réparer les appareils ailleurs qu'à Cowes, dans l'île de Wight, et le plus grave, dans cette situation, était l'absurde règlement du Royal Aero Club, qui laissait aux équipages la charge de leur propre entretien et la responsabilité de leurs appareils sur une plage sans abri et livrée à la curiosité d'un public peu averti.

La compétition avait été ouverte aux États-Unis, à la Belgique et à l'Espagne, mais, ces pays n'étant pas en mesure de concourir, la rencontre se déroula entre trois avions français, trois britanniques et un italien. Depuis l'avant-guerre, un changement sautait aux yeux. A cette époque, les treize concurrents des deux premières courses utilisaient tous des moteurs rotatifs, construits selon les normes établies par les frères Seguin. Ces engins, simples, compacts, légers et bien ventilés, réalisaient un excellent rapport puissance/poids pour l'époque, mais ils avaient été surclassés, au cours du conflit, par les moteurs en ligne refroidis par liquide, plus lourds, plus complexes, mais beaucoup plus puissants. Les Allemands et les Britanniques, en particulier, avaient pris une certaine avance dans le domaine de la motorisation, et ces derniers avaient réalisé un excellent engin, le Napier Lion, dont la puissance passa de 450 à 875 ch en moins de neuf ans.

La course de 1919 eut également cela de remarquable qu'elle marqua l'entrée en scène d'un jeune concepteur, nommé R.J. Mitchell, l'homme à qui incomba la transformation du chasseur Supermarine Baby en un hydravion de course, le Sea Lion. Mitchell fut plus tard le réalisateur du Supermarine Spitfire, excellent chasseur britannique de la Seconde Guerre mondiale. En 1919, cependant, et surtout en Grande-Bretagne, l'étude des monoplans était encore entravée par l'interdiction de vol (datant de 1912) de ce genre d'appareils, à la suite d'une dramatique série d'accidents. Aussi, tous les appareils engagés étaient-ils des biplans.

La préparation des Italiens et des Britanniques se déroula sans incident marquant, mais les Français subirent une longue succession de déboires : deux appareils s'écrasèrent au cours de l'entraînement et un autre s'abattit au sol lors de son voyage jusqu'à Cowes. Des deux avions qui arrivèrent enfin, l'un fut endommagé au cours de son amerrissage devant l'île de Wight mais, grâce à l'esprit sportif qui caractérisait alors ce genre de rencontre, la société Saunders, dans la cour de laquelle étaient cantonnés les concurrents, accepta de réparer l'appareil, bien que celui-ci eût plutôt besoin d'une reconstruction complète.

La course elle-même fut un fiasco total. Le départ avait dû être ajourné en raison du brouillard matinal et le comité du Royal Aero Club, qui offrait un déjeuner à bord d'un yacht, attribua aux concurrents plusieurs ordres de départ différents. Quoique le brouillard ait réapparu, il fut malgré tout décidé que la course aurait lieu, mais sans les deux appareils français qui avaient été endommagés en tentant de se mettre au sec à Bournemouth. Les Britanniques Harry Hawker et Vincent Nicholl se retirèrent durant le premier tour à cause du brouillard tandis que le Sea Lion, piloté par Basil Hobbs, eut une journée encore plus mouvementée. Descendant au ras de l'eau afin de vérifier sa position dans le brouillard, il endommagea, sans s'en rendre compte, la coque de son hydra-

En haut : Vincent Nicholl pilotait le Fairey IIIA britannique dans la course ratée de Bournemouth en 1919, mais il dut malheureusement abandonner au premier tour; au centre : le Savoia S-13 fut l'unique concurrent italien à la troisième édition de la Coupe Schneider, en 1919; en bas : avec Basil Hobbs aux commandes, le Supermarine Sea Lion coula accidentellement à la fin du premier tour en 1919. Page ci-contre : en haut, un parcours typique de l'épreuve, celui du circuit de Naples en 1922; en bas, le Nieuport 29 C-1 français, piloté par Jean Casale, fut endommagé avant le départ de la course. Seul l'Italien Guido Jannello termina le parcours dans le brouillard, et encore s'était-il trompé de circuit.

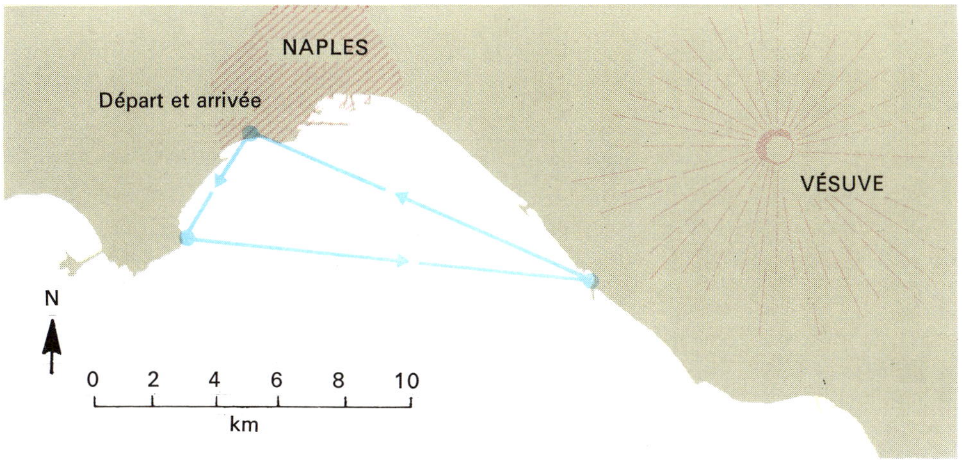

vion et lorsque, un peu plus tard, il répéta la manœuvre, l'appareil coula immédiatement. Par chance, Hobbs fut éjecté et se sortit indemne de l'accident.

L'appareil italien, piloté par le sergent Guido Jannello, fut le seul à terminer la course et fit donc figure de vainqueur. Au grand plaisir de l'assistance et sous le regard sceptique de Tommy Sopwith, qui passait pour un bon appréciateur des vitesses, Jannello sembla boucler le circuit avec une rapidité exceptionnelle. La raison en fut expliquée après la course : il avait suivi un mauvais parcours, confondant la balise flottante de rechange (laquelle était placée, par les organisateurs de la course, dans une position ambiguë) avec la balise véritablement utilisée pour la course. Par conséquent, il n'avait pas réalisé le parcours réel et la course fut déclarée nulle malgré la colère et les protestations des Italiens. La réunion suivante de la Fédération aéronautique internationale confirma cette décision, mais exprima néanmoins sa désapprobation sur la façon dont le Royal Aero Club avait organisé la rencontre en autorisant l'Italie à préparer la prochaine course, ce qui était le privilège du vainqueur.

Bien que la réunion elle-même eût été un échec, on avait pourtant pu en tirer un certain nombre de leçons, la première étant que la supériorité des moteurs en ligne refroidis par liquide était une fois de plus prouvée, car tous les engins s'étaient remarquablement comportés en vol. Deuxièmement, la course avait démontré les avantages des hydravions à coque, tels le Savoia S 13 italien et le Sea Lion britannique, sur les hydravions à flotteurs. Cela avait déjà été compris au cours de la guerre, durant laquelle les hydravions à coque, utilisés dans les pires conditions, s'étaient montrés plus efficaces et plus sûrs que les appareils à flotteurs. (Mais comme la Coupe Schneider devint, peu à peu, un concours de vitesse pure, les appareils à flotteurs, plus fins, prirent plus tard leur revanche.) Troisièmement, un certain nombre d'efforts avaient été réalisés pour s'adapter à la compétition et étudier la meilleure manière de la courir. Ce facteur, au cours des années qui suivirent, retint spécialement l'attention des Américains et des Britanniques.

En 1920, la course, organisée à Venise par les Italiens, fut aussi un échec, mais

pour des raisons toutes différentes. Aucun constructeur britannique n'avait voulu payer les frais d'un nouvel appareil de course et un concurrent français se retira juste avant la compétition. Seuls les Italiens étaient en position de terminer et de gagner la course. Au début de l'année, les Italiens avaient demandé à la F.A.I. d'imposer une condition suivant laquelle les appareils engagés seraient susceptibles de transporter 300 kg de charge, et l'accord de la F.A.I. avait été l'une des raisons de l'abandon des concurrents étrangers. Cette exigence était due au fait que la nouvelle génération des hydravions à coque italiens avait été conçue comme appareils militaires et devaient être munis d'un armement. Les Italiens engagèrent quatre concurrents, mais trois d'entre eux furent éliminés aux essais; il ne resta plus en course que le biplan Savoia S 12 à coque, piloté par le lieutenant Luigi Bologna.

Bologna courut et remporta la course le 20 septembre 1920 à la vitesse moyenne relativement faible de 173 km/h. La mauvaise conception des hydravions de l'époque fut soulignée par le fait que, une semaine plus tard, un Français remportait la Coupe Gordon-Bennet, l'équivalent de la Coupe Schneider, mais pour avions terrestres, avec une moyenne de 272 km/h. Jusqu'à cette époque, la différence de vitesse entre les hydravions et les avions terrestres avait toujours été minime.

La course de 1921, encore organisée par les Italiens à Venise, fut un peu plus réussie. La vitesse moyenne du vainqueur était de si peu supérieure à celle obtenue l'année précédente par Bologna que la course fut qualifiée sarcastiquement de « grande lutte de vitesse ». Les restrictions financières avaient empêché les Britanniques de prendre part à la course. La France avait l'intention d'engager une équipe complète, mais quoique les Italiens aient abandonné leurs exigences sur le poids en charge des appareils ils réclamaient à présent un droit de participation de 5 000 F pour « écarter les concurrents fantaisistes ». Cette exigence réduisit la participation française à un seul appareil. A la dernière minute, celui-ci fit même défaut, car le bâti des flotteurs de l'avion se brisa au cours des essais de navigabilité. Pour la troisième fois consécutive, les Italiens coururent donc l'épreuve seuls. La compétition elle-même fut peu intéressante, car le meilleur des appareils italiens prit feu après un accident de moteur et la course se déroula en fait entre deux chasseurs du modèle de ceux utilisés pendant la Première Guerre mondiale. Elle fut remportée par Giovanni de Briganti, à la vitesse moyenne encore faible de 190 km/h après que son concurrent, Piero Corgnolino, fut tombé en panne de carburant alors qu'il courait le dernier tour du circuit.

Avec les courses de 1920-1921 à Venise, la compétition pour la Coupe Schneider touchait à son point le plus bas. Malgré l'apparition de nouveaux appareils, ceux-ci ne marquaient que peu ou pas de progrès sur ceux utilisés pendant la guerre. Les efforts faits pour améliorer la vitesse n'avaient porté que sur l'accroissement de la puissance des moteurs, mais la technologie n'était pas suffisamment avancée pour faire face au problème de la puissance, et les courses avaient été marquées par un grand nombre de pannes et d'accidents mécaniques. Les lourdes structures des appareils du temps de guerre avaient cependant été allégées grâce à la construction métallique qui remplaçait peu à peu la fabrication à base de bois et de toile, à présent démodée. Il était néanmoins évident que, malgré la course de 1919 à Bournemouth, les Italiens pensaient, après la rencontre de 1921, devoir garder indéfiniment la Coupe Schneider.

En tant que vainqueurs, les Italiens gardaient le droit d'organiser la rencontre suivante. Cette fois, le lieu de la course se déroula dans la baie de Naples, le 12 août 1922. Les Français et les Britanniques étaient décidés à reprendre la Coupe à l'Italie. Les Français engageaient deux appareils et les Anglais un seul, le Supermarine Sea Lion II, un petit hydravion à coque modifié par R.J. Mitchell. De l'avis de tous les spécialistes, ces trois appareils pouvaient peut-être réaliser de bonnes performances si le temps était mauvais et la mer forte, mais ne devaient pas espérer vaincre les Italiens par beau temps, en termes de vitesse pure. Des deux nouveaux modèles italiens, l'un s'était écrasé au cours des essais, causant la mort de son pilote, mais l'on fondait beaucoup d'espoir sur le second, un Savoia S 51, un sesquiplan conventionnel mais très ramassé de ligne. La caractéristique la plus remarquable était sa coque, parfaitement profilée, qui ne produisait que très peu de traînée résiduelle. La silhouete du S 51 était si fine qu'il montra des lignes d'eau assez discutables et qu'il chavira effectivement au cours des essais d'hydroplanage. Bien que le règlement s'y opposât, il fut malgré tout remis à flot par son équipage. L'un des appareils français chavira également et l'autre fut alors retiré de la compétition.

Page ci-contre : en haut, le lieutenant américain David Rittenhouse pilotant un Curtiss CR-3. Il remporta la course de 1923 grâce à son remarquable entraînement, élément nouveau dans la Coupe Schneider; au centre, le Français J. Duhamel était aussi engagé dans la course de 1923, mais le moteur de son Latham L 1 refusa de démarrer juste avant le départ de la course. Ci-dessous : le Wright-Navy TR-3A du lieutenant Frank Wead était un appareil très en avance sur son temps, mais il dut déclarer forfait en raison d'un accident durant l'entraînement.

Malgré ces accidents, la course de 1922 fut assez intéressante. Avec trois appareils engagés, les Italiens pouvaient employer une tactique d'équipe : le S 51 pouvait courir pour gagner tandis que les deux autres appareils, d'une conception plus ancienne, essayaient de gêner le Sea Lion II qui, de toute façon, espérait terminer le parcours avec une bonne vitesse moyenne. En dépit de cette tactique, le pilote britannique Henri Biard, grâce à sa virtuosité — et surtout parce que l'avion italien eut des ennuis de moteur —, remporta l'épreuve à la vitesse moyenne de 235 km/h.

Cette performance, sans encore égaler celles obtenues à la même époque par des avions terrestres (le 21 septembre 1922, le Français Sadi Lecointe atteignait 341 km/h sur Nieuport-Delage et, le 30 du même mois, un autre Français, Fernand Lasne, remportait la Coupe Gordon-Bennett avec 289 km/h de moyenne), redorait quelque peu le blason de la Coupe Schneider et mettait pour la première fois en évidence l'emploi de la « tactique d'équipe ». Mais, avec le Sea Lion II, on avait atteint la limite des possibilités offertes par les conceptions aéronautiques issues de la guerre et il fallait à présent envisager des techniques parfaitement différentes et beaucoup plus avancées avant de songer à améliorer les performances des hydravions. Le pays capable de concevoir et d'appliquer ces nouvelles méthodes venait d'entrer dans la course. C'étaient les États-Unis.

La course de 1923 eut lieu à Cowes. Les Anglais engageaient toujours une extrapolation du Sea Lion, à présent le Sea Lion III, dont on espérait de meilleures performances, et ce uniquement grâce à un moteur plus puissant. Un

second appareil britannique, le Blackburn Pellet, un hydravion à coque très profilée, dont le gros défaut était son instabilité en hydroplanage, fit un tonneau à l'amerrissage au cours des essais.

Un seul des cinq appareils français engagés prit part à la course et encore dut-il abandonner au cours du premier tour en raison d'ennuis mécaniques. Les Italiens ne participant pas cette année-là, à la course, celle-ci se déroula entre le Sea Lion III et une excellente équipe américaine. Courue le 23 septembre 1923, la Coupe fut remportée par le lieutenant David Rittenhouse sur un Curtiss CR-3 à la vitesse moyenne de 285 km/h, soit 32 km/h de plus que Biard sur son Sea Lion III. L'autre Curtiss termina deuxième.

La victoire américaine de 1923 changea radicalement la physionomie de l'épreuve. Si tous les appareils en lice étaient des machines construites pour la circonstance, les Américains avaient, eux, consacré énormément de temps et d'efforts à la préparation de la course au cours d'une période d'entraînement intensif. Comprenant tout l'intérêt qu'une épreuve de vitesse pure pouvait avoir tant du point de vue des problèmes techniques et psychologiques que sur le plan du prestige national, l'armée et la marine américaines avaient décidé de faire les frais d'appareils et de moteurs susceptibles de remporter des épreuves, telles les Coupes Pulitzer et Schneider.

La société Curtiss avait produit une série d'excellents appareils de course, de ligne conventionnelle, mais compacts et merveilleusement profilés. A cet effet, les ingénieurs avaient été grandement aidés par le choix du moteur : le Curtiss D 12, l'un des classiques de l'histoire de l'aéronautique. La caractéristique du D 12 était sa faible surface frontale qui permettait aux concepteurs de cellules de construire des appareils très fins avec peu de traînée aérodynamique. Cela fut la cause première des performances du Curtisse CR 3 et marquait la fin de ce qui avait été la norme au cours de la Première Guerre mondiale.

Le soutien des forces armées et les subventions du Trésor public étaient une chose aussi importante que les appareils et leurs moteurs. A partir de ce moment, les pilotes et la maintenance au sol appartenant aux forces armées prirent une part de plus en plus grande dans les compétitions. La préparation des équipages américains, qui les familiarisait avec leurs appareils et avec les conditions de la course, ne pouvait se faire que grâce aux subventions du gouvernement et à l'appui des militaires.

Le succès des appareils américains et l'efficacité de leurs équipages furent un aiguillon pour les Européens qui mirent alors tout en œuvre pour être en mesure de reconquérir le trophée. Un incident, qui s'était produit au cours de la rencontre de 1923, avait, à cet égard, éclairé les Européens. Le Navy-Wright NW 2, sans doute le meilleur des hydravions à flotteurs américains, avait été complètement détruit, au cours des essais précédant la course, par une explosion de moteur (le pilote en était sorti indemne, au grand étonnement de tous). Mais la force américaine était tellement affirmée que le deuxième et le troisième appareils engagés étaient encore — et de beaucoup — supérieurs à tout ce que les Anglais et les Italiens étaient capables de leur opposer. Il s'en fallait donc de beaucoup pour que les Européens puissent se mesurer avec quelque chance de succès aux équipages américains.

La course de 1924 devait avoir lieu à Baltimore, dans le Maryland, mais elle ne fut jamais courue. Les Européens avaient tellement de retard qu'aucun appareil italien ou anglais n'avait pu être engagé et, bien que les Américains aient préparé des machines complètement nouvelles, ils eurent assez d'esprit sportif pour reporter la rencontre à l'année suivante, geste qui fut unanimement apprécié.

La compétition de 1925 eut donc lieu où aurait dû se dérouler la rencontre précédente, à Baltimore, et tous les espoirs américains reposaient alors sur le Curtiss R3C-2, l'ultime amélioration de la ligne des Curtiss CR-3. La propulsion en était assurée par un nouveau moteur, le Curtiss V-1400, mais, en raison de son extrême sophistication, celui-ci posa de sérieux problèmes techniques qui retardèrent l'entraînement des équipages.

En Europe, les travaux avaient repris sur des bases nouvelles. La France, qui se désintéressait plus ou moins de la Coupe Schneider, reportait ses efforts sur les avions terrestres. Le 31 décembre 1924, l'adjudant Bonnet battit le record de vitesse en atteignant 448 km/h sur le Bernard-Ferbois V 2, un monoplan à ailes épaisses dépourvu de haubanage. En Angleterre, les bureaux d'études fondaient leurs conceptions sur les appareils américains et, en 1924, les ingénieurs de Gloster avaient entrepris la construction d'un biplan à flotteurs extrêmement profilé, qui ne put être achevé que l'année suivante et fut engagé en tant que Gloster III. Mais les progrès les plus importants avaient été faits par R.J. Mitchell avec son Supermarine S 4. Celui-ci introduisait dans la compétition le concept du monoplan, si longtemps décrié, avec un élégant appareil à flotteurs doté d'une voilure médiane cantilever. L'aérodynamisme était bon et l'absence de haubanage, réduisant dans de fortes proportions la traînée résiduelle, était un gage de meilleures performances. Néanmoins, Henri Biard, le pilote, faisait quelques réserves sur les possibilités de vibrations engendrées par ce type de voilure, qui, selon lui, pouvait entraîner des risques d'accidents. Mais, au cours des essais préliminaires, le S 4 se comporta fort bien et se montra à la fois stable et rapide.

Les Italiens avaient également adopté la formule du monoplan cantilever, mais pour un hydravion à coque. Le résultat était un curieux petit appareil, agréable à l'œil, avec un moteur Curtiss D 12 d'importation installé au-dessus de la voilure qui, elle, était montée directement sur la coque. Plus lent, intrinsèquement, que les avions à flotteurs, le Macchi M 33, dessiné par Mario Castoldi et inscrit sous les couleurs de l'Aéro-Club royal italien, ne pouvait espérer remporter l'épreuve qu'avec une mer assez dure, qui handicapait sérieusement les hydravions à flotteurs.

L'événement le plus marquant de la préparation de la course fut l'accident spectaculaire du S 4 au cours d'un essai de vitesse. Il semble que les vibrations en furent responsables, comme l'avait craint Biard. Quoi qu'il en soit, l'appareil fut détruit en s'abîmant dans les flots. Mitchell, qui craignait toujours pour la vie de ses pilotes, avait, comme d'habitude, pris place dans le bateau de sauvetage. Lorsque celui-ci se rendit sur les lieux de l'accident, il subit lui-même une avarie, à la grande fureur de Mitchell qui considérait désormais Biard comme perdu. A sa grande surprise, celui-ci, bien que souffrant de contusions multiples, était indemne.

Bien que les monoplans européens eussent dû avoir l'avantage sur les biplans américains, le S 4 était désormais hors jeu tandis que la coque du M 33 italien produisait trop de traînée. Malgré cela, la course qui se déroula le 24 octobre fut très instructive et démontra une fois de plus l'avantage de l'intense préparation des équipages américains. Pour des raisons d'économie, l'armée et la marine des États-Unis avaient réuni leurs ressources et l'appareil vainqueur, un R3C-2, piloté par le lieutenant James Doolittle de l'U.S. Army, remporta l'épreuve, au grand dam des pilotes de la Navy auxquels on avait confié les deux autres R3C-2. Doolittle avait consacré

Hollywood et l'aviation

L'un des films les plus connus fut *The Dawn Patrol* tourné par Howard Hawks en 1930 et repris en 1938 avec Errol Flynn *(ci-contre)*. Bien que le scénario de *Wings* (1927) pût être considéré comme banal, les scènes d'action *(au centre)* étaient remarquables, notamment celles présentant des attaques au sol sur les lignes arrière allemandes. Le film d'Howard Hughes *Hell's Angels* (1930) ne valait guère lui aussi que par des scènes de combats et de vols particulièrement réalistes *(en bas)*. Ces productions mettaient alors en scène de véritables avions de la Première Guerre mondiale. Les films musicaux utilisèrent également la vogue de l'aviation ; ainsi *Flying Down to Rio* de Thornton Freeland (1933) qui présenta un véritable ballet aérien *(ci-dessous)*.

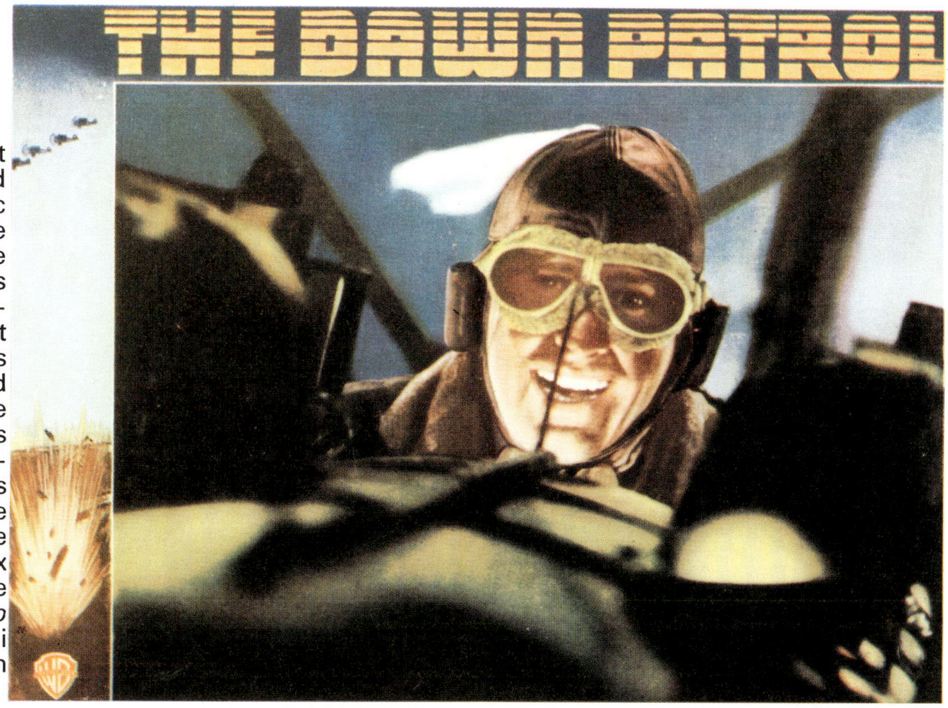

beaucoup de temps à étudier le problème des virages à grande vitesse et cela lui avait permis de distancer Hubert Broad, pilotant le Gloster III, et Giovanni de Briganti, aux commandes du M 33 qui arrivait en troisième position.

Les Américains étaient donc bien placés pour conserver définitivement la Coupe. Pourtant, les Européens avaient prouvé leur capacité dans le domaine de l'aérodynamisme des cellules, mais il leur manquait encore la pratique du vol en compétition. Les Américains avaient particulièrement travaillé les implications du vol en équipe et compris que concevoir un avion rapide n'était pas uniquement un gage de réussite. Le moteur devait être impeccablement mis au point et le pilote devait avoir appris à exploiter au mieux toutes les qualités de son appareil, surtout en ce qui concernait les virages courts à grande vitesse, ce qui avait été la majeure contribution de Doolittle dans la compétition.

Vu le retard de la France dans le domaine des hydravions — bien qu'elle conservât une réelle avance avec les avions terrestres et le record de vitesse de Bonnet, qui ne sera battu qu'en 1932, par Doolittle lui-même —, seuls les Italiens et les Britanniques pouvaient espérer avoir une petite chance de reprendre la Coupe aux Américains. En fait, après la course de 1925, il y eut une certaine confusion au niveau des règlements. Le coût et la complexité de la mise au point d'appareils destinés à la compétition étaient devenus tellement élevés que la Grande-Bretagne et l'Italie pensaient que la F.A.I. pouvait modifier les conditions de la course en rendant celle-ci biennale, ce qui donnerait à n'importe quel pays la possibilité de construire un appareil approprié.

Les États-Unis étaient opposés à cette suggestion. Ils n'étaient pas décidés à abandonner la Coupe et espéraient pouvoir la conserver grâce à une troisième victoire consécutive en 1926. Le problème était que la F.A.I. ne pouvait se réunir avant janvier 1926, et, si elle décidait de laisser la rencontre se dérouler comme prévu, cela ne laissait que très peu de temps à l'Italie et à la Grande-Bretagne pour préparer leurs appareils.

Il y avait, en même temps, une autre divergence de vues sur la nature exacte des hydravions engagés dans la célèbre et fameuse Coupe.

Lors de la réunion de la F.A.I., en janvier, la France et l'Italie proposèrent que les appareils des concurrents soient capables d'emporter une charge de 250 kg en plus du pilote et du carburant, et que la distance à courir soit portée à 500 km. La motion, ardemment combattue par les États-Unis et la Grande-Bretagne, fut rejetée, mais celle de cette dernière et de l'Italie, concernant le report de la course à 1927, le fut également, au grand déplaisir de ces deux pays.

Convaincus que la date de la compétition serait différée, les Britanniques avaient pris leur temps pour mettre en chantier de nouveaux appareils et ne purent être prêts à temps pour participer à la course de 1926, au grand désappointement des cercles aéronautiques britanniques. A présent que le prestige national se trouvait engagé, la Royal Air Force prit la décision de s'occuper elle-même de l'organisation de la prochaine rencontre.

A dire vrai, les jeux semblaient faits. La France avait décidé de ne pas concourir et l'Italie paraissait incapable, vu son retard sur le plan des moteurs, de mettre assez rapidement sur pied un programme cohérent. C'était compter sans l'énergie de Mussolini, mieux assis au pouvoir et bien déterminé à affermir le prestige italien. Mais il y avait un contretemps, et de taille, dans le fait que les Américains refusaient à présent d'exporter en Italie leurs moteurs Curtiss V-1400, sous prétexte que ceux-ci avaient été réalisés grâce aux fonds de l'État.

Convoqué par le Duce, l'ingénieur en chef de Fiat, Tranquillo Zerbi, se fit fort de fournir, pour la date voulue, un moteur de compétition de 800 ch et, fin janvier, Mussolini décida finalement que l'Italie devait, coûte que coûte, remporter la Coupe.

Ci-dessus : les États-Unis furent encore vainqueurs en 1925 avec un Curtiss R 3 C-2 piloté par James Doolittle. Cette victoire témoigna une fois de plus de la supériorité de l'entraînement des pilotes américains et de leur habileté en course ; ci-contre : vainqueur de l'épreuve, sur le Macchi M 39, Mario de Bernardi fut le héros de toute l'Italie. Il avait ravi la Coupe aux Américains.

Page ci-contre : le Supermarine S 4 anglais était un appareil remarquablement étudié, et peut-être le meilleur de la course de 1925. Il fut accidenté en mer au cours des essais d'hydroplanage et son pilote eut la chance d'en sortir indemne ; mais l'appareil était détruit et l'Angleterre perdait l'espoir de vaincre.

Pour ce faire, il fit appel au grand ingénieur Mario Castoldi qui, quelques jours plus tard, fut à même de présenter un plan de masse de son nouvel appareil. Celui-ci rompait avec ce qui avait été la « tradition italienne » et synthétisait les observations faites par Castoldi l'année précédente à Baltimore, bien qu'il tînt également beaucoup du Piaggio-Pegna de 1924. Il abandonnait aussi l'aile purement cantilever, dont les vibrations avaient été cause de l'accident du S 4 britannique, ainsi que des contre-performances du M 33. Le projet fut immédiatement accepté par le ministère de l'Air, qui, assurant le financement de l'appareil, demandait à Macchi et à Fiat d'accorder une priorité absolue à sa construction.

Dès le début février, Zerbi, le prototype du moteur AS 2, fut mis en chantier tandis qu'à Varèse on entreprenait en soufflerie des essais de cellules et de flotteurs. Le 25 mars, les plans définitifs étaient approuvés et la construction démarra le 15 avril. Au fur et à mesure qu'un dessin d'élément sortait des bureaux d'études, celui-ci était immédiatement mis en fabrication, si bien qu'au mois de juin deux appareils d'entraînement et trois appareils de course étaient sur le point d'être terminés. L'un des appareils d'entraînement vola le 6 juillet ; le 30 août, la première machine de course prenait l'air et les essais commençaient sous la direction du lieutenant de vaisseau Vittorio Centurione, dont l'équipe se composait des meilleurs pilotes italiens : Arturo Ferrarin, Mario de Bernardi, Adriano Bacula et Romeo Sartori.

L'entraînement, qui fut mené très rapidement, montra que l'appareil se comportait assez bien en vol, mais que le moteur présentait des troubles de carburation, engendrant des retours de flammes inquiétants. Le 17 septembre, le Macchi M 39, piloté par Bernardi, vola sur 3 km à la vitesse de 314 km/h, ce qui battait — officieusement — le record de vitesse, mais la performance fut tenue secrète. Le 21 septembre, Vittorio Centurione prit les commandes de l'appareil qui, quelques secondes plus tard, décrocha et s'abîma dans le lac de Varèse, provoquant la mort de son pilote.

A la suite de cet accident, qui décapitait l'équipe italienne, l'Aéro-Club royal demanda aux Américains de reporter au 11 décembre la compétition prévue pour le 24 octobre, ce qui laissait tout juste le temps aux Italiens d'amener leurs appareils et leur équipe à Hampton Roads, près de Norfolk, où devait se dérouler la course. Les Américains acceptèrent, ce qui déplut souverainement aux Britanniques qui avaient renoncé à l'épreuve, faute de temps.

Le Macchi M 39 de course se présentait sous l'aspect d'un monoplan construit en bois, monté sur des flotteurs en catamaran. Sa voilure était sans dièdre, haubanée par câbles et positionnée à la base du fuselage. Le parcours ne comportant que des virages à gauche, le plan droit était légèrement plus court afin de faciliter les évolutions. Des radiateurs lamellaires Curtiss étaient encastrés dans le profil de l'aile, ce qui réduisait considérablement la traînée. L'appareil était laqué rouge et poli comme un miroir, et l'extraordinaire finesse de ses lignes trahissait l'obsession de vitesse de Mario Castoldi, son créateur. Ce fut le premier exemple des hydravions de course qui allaient, à présent, dominer la Coupe Schneider.

Quant aux Américains, ils étaient tellement confiants dans la supériorité de leurs Curtiss R3C-2 de 1925 qu'ils décidèrent, dans un but d'économie, de les engager de nouveau. L'un de leurs trois appareils était exactement le même que celui qui avait remporté la Coupe l'année précédente avec un moteur Curtiss de 600 ch, mais les autres avaient été dotés de moteurs plus puissants : un Packard 1A de 700 ch à démultiplicateur équipait le R3C-3 et un Curtiss V-1550 de 700 ch en prise directe était monté sur le R3C-4. Les seules autres modifications — outre celles rendues obligatoires par le montage des nouveaux appareils — consistaient dans le remplacement des anciens flotteurs par d'autres, plus petits et beaucoup mieux profilés.

L'équipe de quatre pilotes était composée de trois lieutenants de l'U.S. Navy : George Cuddihy, Frank Conant et William Tomlinson, et d'un lieutenant des Marines, Harmon Norton. Tous comme les Italiens, l'équipe américaine subit des pertes. Norton se mit en perte de de vitesse et s'écrasa dans le fleuve Potomac alors qu'il pilotait le R3C-2 vainqueur de la compétition précédente et dut être remplacé par Frank Schilt, également lieutenant des *Marines.* Les nouveaux moteurs donnèrent de bons résultats, et le R3C-4 atteignit et dépassa la vitesse de 405 km/h. Le 30 octobre, cependant, l'équipe américaine fut de nouveau vic-

time d'un accident, lorsque Conant se tua en revenant de Norfolk, où il avait été surveiller le décaissement de son appareil. Pilotant un avion d'entraînement et volant à très basse altitude au-dessus de Winter Harbor, il dut heurter des filets tendus sur des pieux et s'engloutit dans la mer. Le remplaçant de Conant fut le lieutenant Carleton Champion.

Les deux équipes se retrouvèrent à Hampton Roads au début du mois de novembre et les essais se poursuivirent en grande hâte et le plus secrètement possible. Les conditions atmosphériques, les ennuis de moteur et les problèmes d'aérodynamisme posés par l'importance du couple engendré par les hélices augmentaient encore leurs difficultés. Les essais d'hydroplanage démarrèrent le 11 novembre et donnèrent encore lieu à des contretemps : un retour de flamme faillit causer l'incendie d'un appareil italien, dont il fallut démonter et remonter le moteur en prélevant des pièces sur les deux autres, tandis que les Américains durent remplacer par un Curtiss Hawk de série le R3C-3 détruit par un accident.

Finalement, tout, fut prêt et la course se déroula le 13 décembre, avec Tomlinson aux commandes du Hawk, Cuddihy sur le R3C-4 et Schilt avec le R3C-2. On donna à Bacula la tâche peu enviable de partir juste avant le Hawk pour permettre qu'un appareil italien au moins soit en état de donner le coup de grâce alors que les deux autres devraient s'occuper des appareils américains plus rapides. La course elle-même se déroula sur un parcours composé de quinze circuits de 50 km et fut exceptionnellement dramatique à cause de la défaillance totale ou presque totale de la plupart des moteurs et des résultats extrêmement serrés. Ferrarin fut forcé d'abandonner dès le quatrième tour et Cuddihy au dernier. Le vainqueur final fut le commandant Mario de Bernardi avec 397 km/h de moyenne, le deuxième Schilt avec 372 km/h suivi de Bacula et de Tomlinson, troisième et quatrième.

A l'étonnement du monde aéronautique, la « passe de trois » n'avait pas été faite et la Coupe Schneider n'avait pas encore été gagnée. Les Britanniques avaient considéré que neuf mois étaient un délai trop court pour mettre au point un appareil intéressant, mais les Italiens avaient conçu et fabriqué un avion entièrement nouveau qui allait servir de modèle à tous les hydravions de course futurs. Découragés et n'étant pas décidés à investir de grosses sommes d'argent dans la préparation de nouveaux modèles, les Américains renoncèrent à courir la Coupe Schneider et se trouvèrent d'autres ambitions. Le moteur en ligne

Ci-dessous : Mario de Bernardi aux commandes de son Macchi M 39 qui prend sa vitesse de décollage, à Venise, pour la course de 1927;
en cartouche : le Short Crusader qui s'écrasa au cours des essais de la course de 1927 à cause d'une erreur de montage des câbles de commande d'ailerons.

perdait graduellement la faveur des ingénieurs et était remplacé par le moteur en étoile, refroidi par air; les Américains prenaient désormais beaucoup plus d'intérêt dans le développement de l'aviation civile — considérée comme une affaire commerciale — que dans les compétitions internationales engageant des équipes de l'armée et de la marine.

Aux yeux des Européens, le succès de l'Italie signifiait que les rencontres internationales allaient se poursuivre, permettant ainsi la totale exploitation des concepts établis par le M 39 et le développement des moteurs en ligne de grande puissance. La course de 1926 marqua une date dans l'histoire de l'aéronautique en ce sens qu'elle matérialisa les divergences de vues entre les Européens et les Américains : les premiers se consacraient à des avions à grandes performances, dotés des derniers progrès de l'aérodynamisme et propulsés par de très puissants moteurs en ligne alors que les seconds préféraient s'intéresser à l'aviation commerciale utilisant moteurs en étoile, sans se soucier le moins du monde de l'aérodynamisme.

Ayant manqué la compétition de 1926, les Anglais étaient bien décidés à concourir l'année suivante à Venise, où devait avoir lieu la prochaine course. Pourtant, ils tentèrent d'obtenir, lors de la réunion de la F.A.I. du mois de janvier, que

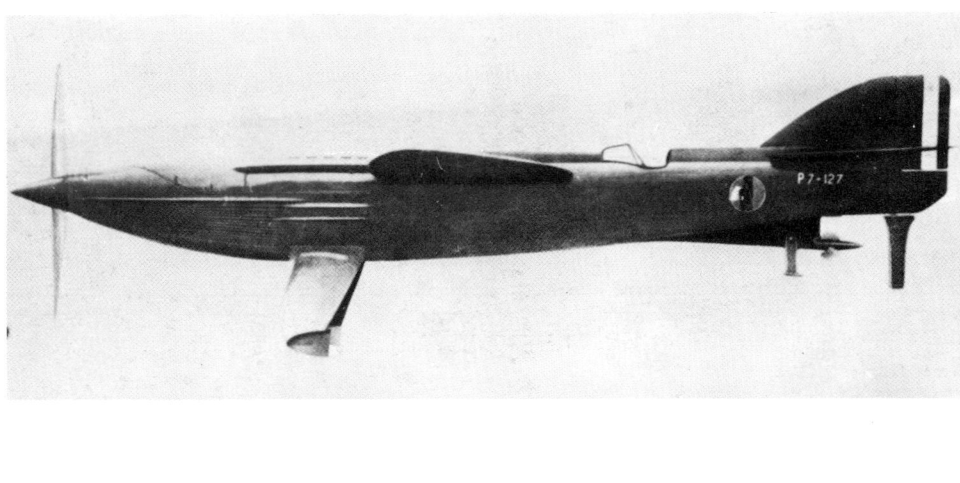

Page ci-contre : en haut, le Savoia-Marchetti 65, de la course de 1929, possédait deux moteurs disposés à chaque extrémité de la nacelle. Des ennuis mécaniques l'empêchèrent de prendre le départ; au centre, le MC-72, réalisé pour l'épreuve de 1934 durant laquelle le pilote Francesco Agello établit un record de vitesse; en bas, le Piaggo P-7, résultant du projet de Giovanni Pegna pour la Coupe Schneider de 1929. Ci-dessus : une des affiches commerciales qui fut éditée au cours des courses pour la Coupe Schneider et qui exalte l'aérodynamisme des appareils.

l'instance internationale adoptât la formule biennale, ce qui aurait reporté la rencontre en 1928, mais les Italiens insistèrent, avec quelque raison, pour que l'on maintienne la formule actuelle et ils eurent gain de cause. Les Britanniques, cependant, étaient mieux placés qu'en 1926, car ils avaient eu le temps de travailler sur trois nouveaux appareils. En dépit des protestations de sir Hugh Trenchard, chef de la R.A.F., il avait été décidé que celle-ci fournirait les pilotes et les équipes tandis que l'appareil resterait à la charge des finances privées. En mai 1927, la Trésorerie décida que les préparatifs à la Coupe Schneider seraient totalement pris en charge par la R.A.F., à travers le conseil de l'Air.

Les efforts britanniques s'étaient, en 1926, concentrés sur le développement du Supermarine S 5 (dérivé du S 4 mais avec une voilure haubanée de plus grande envergure, une meilleure ligne aérodynamique et un moteur plus puissant), mais également sur le Short Crusader (de conception semblable au S 5, mais équipé d'un moteur en étoile) et sur le biplan Gloster IV (une petite machine assez semblable au Curtiss, avec un moteur en ligne). Le Crusader et le Gloster IV furent prêts en mai 1927 et le S 5 en juin. Cela donnait aux pilotes le loisir de se familiariser avec chaque type d'appareil et, pour l'équipe des mécaniciens, de surmonter les ennuis mécaniques et les défaillances de structure. Quoique leur expérience de la compétition fût limitée, les pilotes s'entraînèrent à faire des circuits autour de pylônes pour améliorer leurs techniques du virage court à grande vitesse.

Les Italiens étaient bien placés avec leurs quatre Macchi M 39 préparés pour la dernière course. Ils pouvaient servir d'avions dc rcmplaccmcnt ct d'cntraînement afin de donner aux équipages une meilleure maîtrise de leurs appareils. Pour la course elle-même, Macchi et Fiat avaient préparé un modèle amélioré, le M 52, propulsé par un moteur Fiat AS 3 de 1 000 ch. Dérivé directement du M 39, le M 52 était plus petit et plus léger et avait une plus importante flèche d'aile. Trois modèles étaient en chantier. Le moteur AS 3 donnait, en revanche, quelque inquiétude. Il s'agissait, fondamentalement d'un AS 2 avec un plus fort rapport de compression et capable d'un plus grand nombre de tours/minute, mais il ne sut pas tenir ses promesses. En optant pour une puissance accrue et un poids moindre, les Italiens avaient été un peu trop loin. Plus prudents, les Britanniques avaient préféré plus de puissance alliée à une légère augmentation de poids. Leur succès de l'année précédente et l'absence des équipes militaires américaines les ayant peut-être rendus également trop confiants, les Italiens prirent leur entraînement un peu à la légère et subirent une énorme déconvenue lorsque l'un de leurs pilotes se tua. L'équipe italienne se composa finalement de Ferrarin, de Bernardi et Federico Guazzetti.

La France avait de nouveau décidé de ne pas participer à l'épreuve, et les efforts américains se résumaient en une initiative privée : une association d'hommes d'affaires new-yorkais avait subventionné la construction d'un appareil Kirkham-Packard qui devait être piloté par le lieu-

Les avions de course américains

Bien que la Coupe Schneider ait mobilisé l'attention du public de l'entre-deux-guerres, d'autres courses de vitesse, notamment celles qui se déroulèrent aux États-Unis, eurent également une réelle importance dans l'histoire de l'aviation.
En Amérique, les courses d'avions terrestres comportaient deux catégories principales : la course en circuit fermé, jalonnée par des pylônes, ou la course de distance, entre deux villes situées d'un côté et de l'autre du continent.
Les deux types de rencontres exigeaient des appareils aux capacités différentes : vitesse et maniabilité pour le premier ; sécurité et fiabilité pour le second. La recherche de ces qualités opposées pesa vraiment d'un grand poids dans le développement de l'aviation civile aux États-Unis durant les années trente.
Ces compétitions rendirent aussi célèbres les avions et les pilotes : le plus grand de ceux-ci fut Al Williams qui remporta le prix Pulitzer en 1923 sur un Curtiss R2C-1 *(en haut)*.
Un autre pilote de bonne renommée fut James Weddell qui occupa les deuxièmes places dans le Thompson Trophy et le Bendix Trophy sur son fameux Weddell-Williams *(ci-contre)*.
Quant aux appareils, le plus célèbre fut le Gee-Bee, un monoplan tonneau extrêmement rapide. Ici *(page ci-contre)* celui de Doolittle (9 septembre 1932).

tenant Al Williams. En congé spécial de la Navy, Al Williams poursuivait un double but : battre le record mondial de vitesse et remporter la Coupe Schneider. Kirkham était un excellent constructeur, car il avait l'expérience des appareils de course et son biplan terrestre pouvait voler à 480 km/h, mais sa conversion en hydravion posa des problèmes et les Américains demandèrent un délai de un mois.

Le gouvernement italien laissa la décision au Royal Aero Club britannique, ce qui, vu l'état d'esprit de cette association, était une façon adroite de repousser la requête. Effectivement, Kirkham fut incapable de préparer à temps son appareil en dépit de l'offre personnelle du président de mettre à sa disposition un croiseur nord-américain afin de conduire l'équipe à Venise. Ce fut la fin de la tentative américaine pour conserver la Coupe Schneider et l'opinion publique en fut très déçue, vu le comportement sportif des États-Unis lors de la dernière rencontre, également parce que Al Williams avait quelques chances de remporter la troisième victoire en moins de cinq ans.

La préparation de l'épreuve fut encore marquée par de nombreux incidents ou accidents, dont celui du Crusader britannique de H.M. Schofield qui s'abîma dans la mer par suite d'une interversion des commandes lors du remontage de l'appareil.

Le parcours de l'épreuve figurait un triangle aplati et comportait deux virages à 170° tandis que le troisième, à l'entrée de la lagune, n'était que de 20°. L'arrivée et le départ avaient lieu face au Lido, et les plages voisines étaient couvertes d'une foule estimée à près de cinq cent mille spectateurs. Le mauvais temps obligea de reculer la course de vingt-quatre heures, mais celle-ci se déroula dans les meilleures conditions possibles.

Malheureusement pour les Italiens, leurs trois appareils furent obligés d'abandonner par suite d'incidents mécaniques ; la rencontre fut remportée par un Britannique, le lieutenant Webster, sur Supermarine S 5, à la vitesse de 453 km/h.

La foule fut très déçue de la malchance des Italiens mais fut très impressionnée par la technique anglaise de virage court, bien supérieure à celle de leurs concurrents. Pourtant, au mois de mars 1928, l'Italien de Bernardi s'adjugea le record de vitesse pure sur hydravion avec d'abord 478 km/h, puis 513 km/h.

Au mois de mai 1928, Jacques Schneider mourut, curieusement oublié malgré la popularité de l'épreuve qu'il avait instituée. La Coupe avait d'ailleurs vu son règlement modifié et ne se courait

plus, grâce à un accord entre la Grande-Bretagne et l'Italie, que tous les deux ans, la rencontre suivante ayant donc été fixée à 1929 à Calshot, au Royaume-Uni.

A ce moment, la physionomie aéronautique des pays intéressés était la suivante : en Italie, où le général Balbo avait tiré les leçons de l'échec de 1927, quatre nouveaux types d'appareils avaient été construits : le Macchi M 67 doté d'un moteur Isotta-Fraschini de 1 800 ch; le Fiat C 29 avec un AS 5 de 1 000 ch; le Savoia-Marchetti SM 65, un curieux hydravion double coque propulsé par un moteur Isotta-Fraschini, installé dans une nacelle au-dessus de la voilure et entraînant deux hélices, l'une tractive à l'avant et l'autre propulsive à l'arrière; ce qui était peu fréquent.

Le quatrième modèle était l'extraordinaire hydrofoil Piaggio-Pegna Pc 7, très en avance sur son temps.

Du côté américain, le gouvernement avait refusé un effort financier supplémentaire, mais la Navy mettait à la disposition d'Al Williams ses installations et ses ateliers, permettant ainsi à des capitaux privés de faire construire un hydravion Mercury à moteur Packard, qui ne sera jamais mis suffisamment au point pour prendre part à la rencontre.

La France s'était enfin décidée à participer à la course et avait préparé à cet effet trois appareils; mais le manque de moteurs assez puissants et surtout le terrible accident qui coûta la vie au pilote Florentin Bonnet, durant la préparation de l'épreuve, firent qu'elle se retira une fois de plus de la compétition.

Restait la Grande-Bretagne, qui possédait une bonne base de travail avec le S 5 et le Gloster IV, mais le moteur Napier était parvenu à la fin de sa carrière et il fallait impérativement lui trouver un successeur. R.J. Mitchell demanda à sir Henry Royce de construire un moteur de 1 500 ch, qui fut depuis connu sous le nom de « type R ». Ce moteur fut pris en mai 1929 et fut monté sur le Supermarine S 6. Celui-ci, lancé le 5 août, montra d'abord quelques défauts en hydroplanage, mais l'on s'aperçut rapidement que cela provenait d'un manque d'entraînement du pilote. En revanche, les Gloster VI eurent beaucoup d'ennuis mécaniques, et deux machines furent retirées de la compétition. Celle-ci devait donc se circonscrire entre Italiens et Britanniques. Le Savoia-Marchetti et le Piaggio-Pegna ayant eu des défaillances et le Fiat C 29 s'étant écrasé, causant la mort de son pilote, l'Italie demanda un délai d'un mois au Royal Aero Club qui, naturellement, le refusa. En désespoir de cause, les Italiens engagèrent deux appareils, le M 67 et le M 52R, dont ni les cellules ni les moteurs n'avaient encore jamais subi d'essais prolongés en vol.

Comme il fallait s'y attendre, les Britanniques remportèrent l'épreuve grâce au Supermarine S 6 piloté par H.R. Waghorn avec 529 km/h, mais l'Italien Dal Molin occupait la deuxième place sur son Macchi M 52R (457 km/h), excellente performance si l'on songe qu'il ne disposait que d'un moteur de 900 ch face au Rolls-Royce de 1 500 ch du vainqueur.

La Grande-Bretagne était donc à présent bien placée pour remporter le trophée, mais sa situation financière était telle que le gouvernement refusa de financer une prochaine épreuve. Une riche particulière, lady Houston, offrit alors de participer aux frais pour une si large part qu'elle força ainsi la main du ministère de l'Air. Mitchell put donc transformer son S 6 en S 6B qu'il équipa d'un moteur Rolls-Royce R de 2 300 ch.

En Italie, l'ingénieur Castoldi avait étudié un nouveau « petit monstre », le Macchi-Castoldi MC 72, à hélice contrarotative. Mais le lieutenant Bellini, qui devait le piloter en course, se tua au cours des essais et l'Italie, comme l'avait fait la France, se retira de la course.

Les Britanniques étaient seuls en piste et remportèrent définitivement la Coupe le 12 septembre 1931 avec une vitesse de 547 km/h (lieutenant J.N. Boothman, sur le Supermarine S 6B). Mais le Macchi-Castoldi eut malgré tout l'occasion de faire ses preuves, car ce fut avec lui que, le 10 avril 1933, le sergent-major Francesco Agello battra le record mondial de vitesse sur hydravion avec 682 km/h, record qui sera porté l'année suivante, par le même pilote sur le même appareil, à 709 km/h.

Les courses pour la Coupe Schneider, véritable « Ruban bleu » des compétitions aériennes, eurent un énorme retentissement dans le domaine de l'aéronautique. Plus encore que l'aérodynamisme, ce furent les moteurs qui bénéficièrent en premier lieu des progrès accomplis, car la non-limitation de la cylindrée conduisait les constructeurs à aller jusqu'aux extrêmes limites des possibilités techniques. Ainsi naquit le célèbre moteur Rolls-Royce R de 2 300 ch, équipé d'un compresseur qui en doublait la puissance effective. Des carburants nouveaux durent être étudiés également pour permettre des taux de compression extrêmement élevés. Quant aux hélices, leur fabrication cessa d'être empirique et l'adoption généralisée de l'hélice métallique et celle, un peu plus tardive, de l'hélice à vitesse constante permit d'atteindre des vitesses de vol, inimaginables quelques années auparavant. Quant aux cellules, on peut considérer que le fameux chasseur Spitfire, qui contribua à gagner la bataille d'Angleterre en 1940, fut le descendant direct de l'hydravion Supermarine de la Coupe Schneider.

Cette épreuve permit la mise en valeur du talent des deux meilleurs concepteurs de l'époque, Reginald Mitchell et Mario Castoldi, et ouvrit la voie à des rencontres similaires, qui allaient continuer de donner à l'aviation, dans les années précédant la Seconde Guerre mondiale, une impulsion extraordinaire. La Coupe Deutsch-de-la-Meurthe, par exemple, réservée aux appareils légers, permit à un autre ingénieur de talent, le Français Marcel Riffart, de concevoir la série des célèbres Caudron-Renault.

Propulsés par des moteurs n'excédant pas 350 ch et 8 litres de cylindrée — des jouets si on les compare aux « monstres » utilisés durant la Coupe Schneider —, ces appareils atteignaient des vitesses allant de 320 à 440 km/h, le record de Raymond Delmotte, en 1935, sur Caudron C 460, étant de 443 km/h.

Le public, qui avait d'abord été fasciné par les exhibitions aériennes, commençait à prendre conscience que l'aviation pouvait faire partie de sa vie quotidienne, cela à une époque de restrictions financières et où les vols commerciaux n'étaient pas encore, ou très peu, développés.

Ci-dessous : sans autres concurrents que des coéquipiers, le lieutenant J.N. Boothman ne pouvait faire mieux que de remporter la course de 1931, qui rendit l'Angleterre propriétaire de la Coupe Schneider. L'appareil remporta encore le record de vitesse pure en septembre 1931. Les courses, qui furent un remarquable aiguillon pour toutes les branches de l'aéronautique, firent réaliser de remarquables progrès dans le domaine de l'aérodynamisme. Page ci-contre : un programme-souvenir de la dernière course.

THE SCHNEIDER TROPHY
SEPT. 12TH CONTEST - 1931 -
THE ROYAL AERO CLUB
OFFICIAL
SOUVENIR PROGRAMME
Printed and Published by
GALE & POLDEN LTD., LONDON, ALDERSHOT & PORTSMOUTH.
6D

LES VOLS DE RAID

Les séries d'épreuves de vitesse, comme la compétition pour la Coupe Schneider, avaient fait naître les appareils les plus évolués de l'époque, dans lesquels tout était sacrifié aux performances sans souci de coût, ni de rentabilité. Mais la même décennie, entre le milieu des années vingt et celui des années trente, vit se concrétiser un autre genre de compétitions : les records de distance en vol sans escale. Alors que les épreuves de vitesse pure exigeaient avant tout une grande avance technologique et les subventions d'un gouvernement, les vols de raid étaient plutôt le domaine réservé de l'initiative privée.

Les exigences techniques pour les deux sortes de vols étaient totalement différentes : les appareils de vitesse pure exploitaient au maximum l'ensemble de l'avance technique, pour les cellules, les moteurs et les carburants, tandis que les vols de raid réclamaient surtout une fiabilité éprouvée. Les concepteurs tendaient à utiliser au mieux les techniques existantes au lieu de rechercher de nouvelles solutions dans les domaines de l'aérodynamique et de la métallurgie.

Ainsi les moteurs de course n'avaient besoin de donner toute leur puissance que durant quelques heures. Les moteurs de raid, au contraire, devaient procurer une puissance moyenne durant des périodes très longues. Une panne pouvait facilement réduire le pilote de raid à un atterrissage forcé dans les solitudes d'un désert, d'un océan ou de n'importe quelle autre partie inhospitalière de la planète. Les avions devaient donc être relativement confortables pour éviter

La foule enthousiaste de Londres acclame sir Alan Cobham alors qu'il survole le pont de Westminster à son retour d'Australie, le 1er octobre 1926. Pilotant un de Havilland 50, Cobham avait accompli le voyage en vingt-sept jours, traçant la route des lignes aériennes commerciales futures.

Ci-dessus : un des Douglas « World Cruisers » qui accomplirent le tour du monde en 1924. Le vol dura cent soixante-quinze jours et deux seulement des quatre appareils engagés dans le raid rentrèrent à bon port. Le vol fut une épopée d'endurance et d'organisation.

aux pilotes de trop grandes fatigues et permettre de bonnes conditions de vol.

Les lignes aériennes civiles tirèrent de grands profits de ces raids, notamment celles qui avaient mis en service des vols réguliers. Les bombardiers bénéficièrent également de cette expérience et l'on commença de voir apparaître, sur les planches à dessins des ingénieurs, des projets d'appareils capables de transporter, sur de longues distances, des charges importantes.

Dès la fin des hostilités, un certain nombre de précurseurs s'attaquèrent aux vols de raid, dont les plus mémorables furent la traversée de l'Atlantique par les Curtiss américains et le vol entre Terre-Neuve et l'Irlande d'Alcook et Brown. Les avions utilisés alors étaient des appareils militaires à peine modifiés mais, à partir du début des années vingt, une grande variété de nouveaux appareils spécialisés firent leur apparition.

En 1924, quatre avions Douglas « World Cruisers », objet du premier contrat obtenu par la firme de l'armée des États-Unis, entreprirent, pour la première fois, un tour du monde aérien. Les appareils — des biplans à structures métalliques entoilées — étaient équipés de moteurs Liberty de 400 ch et plafonnaient à 2 500 m, ce qui obligeait les équipages à voler au-dessous des nuages. Le 17 mars, les quatre appareils décollèrent de Clover Field, en Californie; le 6 mars, à Seattle, ils furent transformés en hydravions pour traverser le Pacifique par la route de nord, mais l'un des avions heurta une montagne en Alaska; les autres firent escale aux îles Aléoutiennes, au Japon, aux Indes et arrivèrent à Paris, le 14 juillet. Entre les Orcades et l'Islande, un deuxième appareil dut abandonner, à la suite d'un amerrissage forcé. Le 28 septembre, c'est le retour à Clover Field, devant une foule délirante de plus de deux cent mille personnes, après un voyage de 49 500 km parcourus en six mois (15 jours de vol effectif), à la vitesse moyenne de 138 km/h.

C'était un immense succès, car il fallut encore attendre cinq ans pour voir « boucler la boucle » par la voie aérienne, et ce par un plus-léger-que-l'air, le Graf Zeppelin, qui accomplira le trajet en 21 jours 7 heures et 34 minutes. Un avion ne réalisera de nouveau cette performance que deux années plus tard.

Cependant, le but principal de tous les pilotes de raid était la traversée de l'Atlantique. En 1924, tandis que les « World Cruisers » américains accomplissaient leur remarquable périple, l'Italien Locatelli tenta le « grand saut » aux commandes d'un hydravion Dornier Wal. Celui-ci rattrapa les Américains le 17 août en Islande, mais dut faire un amerrissage forcé au large de Terre-Neuve; il ne fut recueilli par un navire que trois jours plus tard.

Un peu plus tôt dans l'année, le major Franco et son équipage de trois hommes avaient utilisé le même type d'appareil pour une traversée de l'Atlantique Sud — d'Espagne à Rio de Janeiro — via les îles Canaries, les îles du Cap-Vert et Pernambouc. Le Wal de 1922 était l'un des hydravions les plus connus du moment — il fut construit sous licence dans six pays au moins — et sera très employé comme appareil de raid grâce à son haut pourcentage de flottabilité.

Mais tous les « challengers » de l'Atlantique n'eurent pas la chance de Locatelli. Le 8 mars 1927, le grand as français de la guerre de 1914-1918, le capitaine Charles Nungesser, accompagné de François Coli, décollèrent du Bourget sur un avion biplan marin Levavasseur *L'Oiseau blanc*, équipé d'un moteur Lorraine-Dietrich de 450 ch au rayon d'action de 6 000 km... Le 9 mai, une erreur de transmission fit croire que les aviateurs étaient arrivés en rade de New York, et leur victoire fut célébrée en France par une explosion de joie. Il n'en était rien, malheureusement. Aperçu vers 10 heures du matin au-dessus de Terre-Neuve, l'appareil, retardé par des vents contraires et pris dans une tempête de neige, s'était perdu corps et biens au large du continent américain.

Alors que l'échec dramatique de Nungesser et Coli était encore dans toutes les mémoires eut lieu le raid qui restera le plus célèbre dans l'histoire de l'aviation. Entre le 20 et le 21 mai 1927, un jeune pilote américain, parfaitement inconnu en Europe, franchit pour la première fois l'Atlantique Nord, de Long Island-New York à Paris-Le Bourget, plongeant ainsi le monde dans la stupéfaction et l'admiration. Le jeune héros s'appelait Charles Augustus Lindbergh.

Le vol de Lindbergh fut un fait historique marquant, et cela dans tous les sens du terme. Ce fut la première vraie traversée de l'Atlantique, en solitaire et sans escale. En effet, et contrairement à ses prédécesseurs, Lindbergh avait volé de continent à continent, et mieux, d'une grande ville à une autre ville. Alcoock et Brown, eux, avaient choisi la route la plus courte possible et n'avaient, en fait, relié qu'une île américaine — Terre-Neuve — à une île européenne — l'Irlande. En reliant New York à Paris, Lindbergh remportait donc le prix de 25 000 dollars, offert en 1919 par le mécène Raymond Orteig à qui réussirait la liaison, dans un sens ou dans l'autre.

Ancien parachutiste d'exhibitions et pilote de transports, Charles Lindbergh, à vingt-cinq ans, était désespérément à court d'argent et dans l'impossibilité

Lindbergh

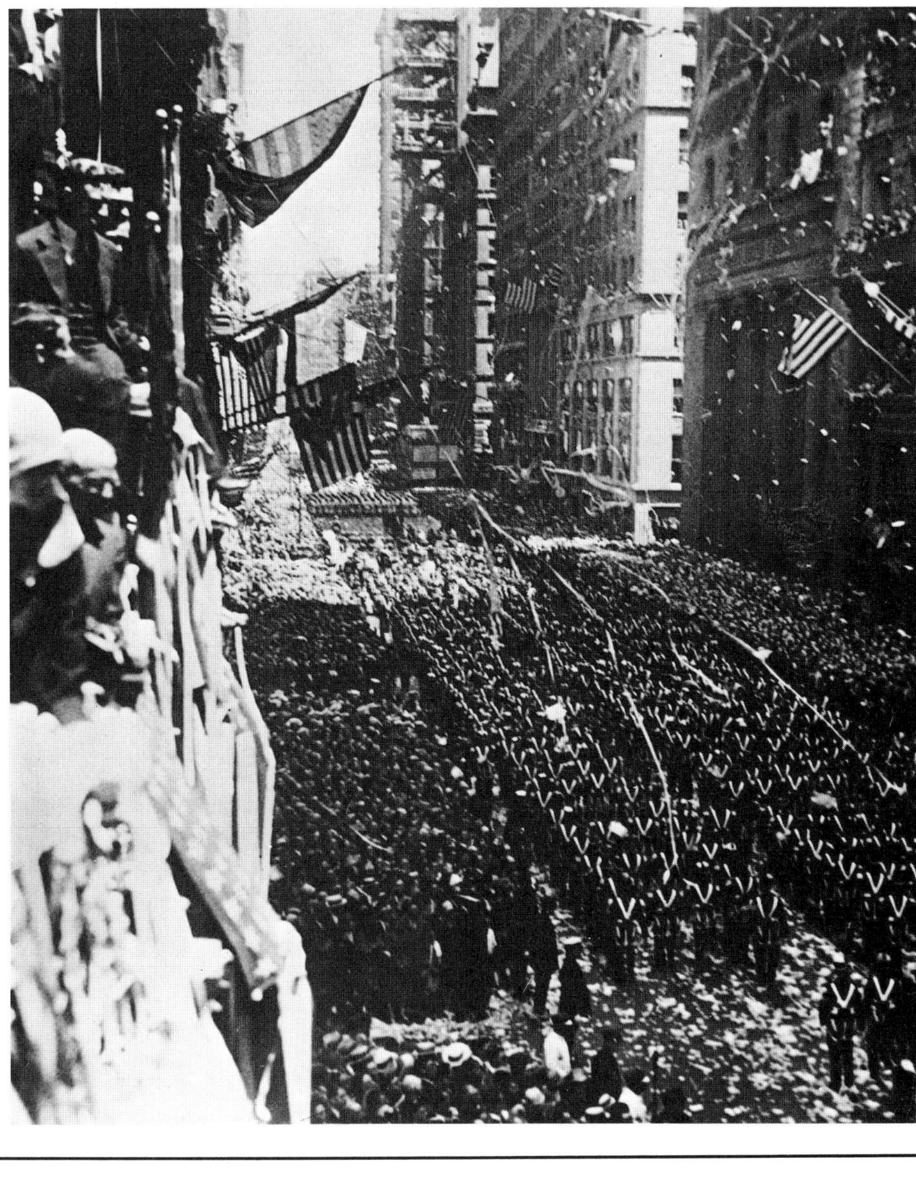

Né en 1902, Charles Auguste Lindbergh fut fasciné par le premier avion qu'il vit, à l'âge de dix ans. Mais ce ne fut qu'en 1922 qu'il fit ses premiers vols. N'ayant pas assez de moyens financiers pour prendre sa licence, il fit un certain nombre d'exhibitions au cours desquelles il sautait en parachute. Lorsqu'il eut gagné quelque argent, Lindbergh passa son brevet et reprit ses exhibitions. En 1924, il s'acheta un avion, vendu au surplus par le gouvernement et, quoiqu'il n'eût jamais encore volé seul, il s'entraîna et devint un excellent pilote.
Lindbergh désirait tenter la traversée de l'Atlantique, mais le manque d'argent l'arrêtait. Finalement, un groupe d'hommes d'affaires de Saint Louis lui prêta 10 000 dollars. Malgré le scepticisme de bien des gens, Lindbergh démontra la fiabilité de son appareil au cours d'un raid San Diego-New York, avec une seule escale à Saint Louis.
Parti de Roosevelt Field avec deux sandwiches, deux gourdes d'eau, deux barres de chocolat, deux lampes, quatre fusées, un radeau pneumatique et cinq boîtes de ration de secours, Lindbergh arriva à Paris en triomphateur.

En haut : à gauche, *le Ryan* Spirit of Saint Louis ;
à droite, *Lindbergh parle à la foule qui l'acclame à Croydon, sur le chemin de son retour ;*
ci-contre : *le triomphe à New York, sous une pluie de papiers lancés des fenêtres.*

d'acquérir un avion. Empruntant 10 000 dollars à un groupe de financiers de Saint Louis, dans le Missouri, Lindbergh s'était entendu avec un petit constructeur de San Diego, T.C. Ryan, qui avait accepté de lui mettre au point un appareil conçu selon ses spécifications : un monoplan à ailes hautes de 14 m d'envergure, propulsé par un moteur Wright J-5 de 225 ch, à neuf cylindres en étoile et dont la vitesse de croisière était de 195 km/h. Il était peint couleur aluminium et portait le nom de *Spirit of Saint Louis.*

En fait l'appareil présentait une caractéristique curieuse et qui pouvait être dangereuse : le manque absolu de vision directe à partir du poste de pilotage. Cela était pourtant inévitable, car l'énorme quantité de carburant nécessaire à la traversée pesait un grand poids et devait être logée le plus près possible du centre de gravité. Dans un appareil d'aussi petite dimension, la seule place disponible se trouvait juste derrière le moteur, à la place habituelle du poste de pilotage. Ryan et Lindbergh furent donc obligés de reculer celui-ci derrière le réservoir d'essence (1 943 l), le dotant des traditionnelles verrières de flanc et d'un périscope qui permettait au pilote de voir devant lui.

Lindbergh avait déjà à son actif plus de mille huit cents heures de vol, effectuées durant son court séjour dans l'armée des États-Unis, ses exhibitions ainsi que durant une carrière de pilote d'aéropostale. Toute son expérience devait lui être utile au moment du départ, car il était extrêmement difficile de décoller avec une aussi lourde charge de carburant. Il dut aussi résoudre les problèmes de navigation au cours d'un vol de trente-trois heures — dont seize passées au-dessus de l'eau sans aucun repère — avec un simple appareil directeur de vol Alkan, sans radio (encore peu sûre à l'époque), ni sextant qu'il trouvait trop lourd et trop délicat à manier. Quoi qu'il en soit, lorsqu'il survola l'extrémité sud de l'Irlande, il ne se trouvait qu'à 8 km de sa route prévue, précision extraordinaire si l'on tient compte des vents instables de l'Atlantique Nord. Le dernier danger fut l'atterrissage au Bourget où une foule énorme se pressait sur le terrain afin de l'acclamer. Il est triste d'avoir à dire que la presse américaine, au courant de ses préparatifs, ne l'avait pas pris au sérieux et l'avait traité de fou. Après le raid, naturellement, elle fit chorus avec la presse et l'opinion publique mondiales qui portaient aux nues le premier homme à avoir vaincu, seul, l'Altantique.

La renommée qu'avait déclenchée son triomphe eut, pour Lindberg, un effet de boomerang : il était devenu riche et influent, ce qui fit de lui la cible de gangsters qui enlevèrent et assassinèrent son fils. Après une visite qu'il fit dans l'Allemagne du IIIe Reich, Lindbergh, très impressionné par la force et la discipline allemandes, fit campagne en faveur de la traditionnelle doctrine isolationniste américaine et s'affronta avec les autorités américaines qu'il accusait de vouloir à toute force entraîner le pays dans le conflit qui se préparait.

Naturellement, le succès de Lindbergh fut un encouragement pour d'autres aviateurs qui voulaient, eux aussi, laisser leur nom dans l'histoire. Peu de temps après l'exploit de Lindbergh, Clarence Chamberlin et C.A. Levine — en tant que passager — tentèrent de relier sans escale New York et Berlin. Chamberlin décolla le 4 juin 1927 sur le monoplan Bellanca *Miss Colombia* et fit un atterrissage forcé à Eisleben, près de Berlin.

Les vols au-dessus de l'Atlantique tentèrent encore beaucoup d'esprits aventureux, mais un grand nombre se termina par des désastres. F.F. Minchin, L. Hamilton et la princesse Loewenstein-Wertheim, partis de Grande-Bretagne avec l'intention de se rendre au Canada, se perdirent au-dessus de l'Atlantique Nord et le grand pilote anglais W.C.R. « Bert » Hinchliffe, pionnier de l'aviation commerciale, périt également en mer, en compagnie de l'Honorable Elsie Mackay.

Une traversée est-ouest fut cependant réussie. Le capitaine Hermann Köhl, le colonel James Fitzmaurice et le baron Günther von Hünefeld, partis de Baldonnel, en Irlande, sur le Junkers F 13 « Bremen », atterrirent à Greenly Island, au Labrador, le jour suivant, le 13 avril 1928. L'Atlantique était maintenant conquis dans les deux sens, ouvrant ainsi la voie à de nouveaux exploits.

Pourtant, la traversée de l'Océan tenta encore de nombreux « chasseurs de records » et beaucoup de ceux-ci s'y essayèrent avant d'entreprendre d'autres vols, sur des distances encore plus longues. Le monoplan Fokker VII à ailes hautes était alors un appareil à la mode. Le 17 juin 1928, Lou Gordon et Willmur Stultz, accompagnés, en tant que passagère, par Amelia Earhart, une aviatrice américaine promise à une fin mystérieuse, s'envolèrent de Terre-Neuve pour arriver en Irlande le lendemain. Amelia Earhart fut la première femme qui traversa l'Atlantique en tant que passagère. Charles Kingsford-Smith traversa également l'Océan, sur un Fokker, mais d'est en ouest. Une aventure peu banale allait arriver, l'année suivante, à l'équipage français Assolant, Lefevre et Lotti qui tentait une traversée de l'Atlantique dans le sens Amérique-Europe. Ayant décollé, sur un monoplan Bernard à moteur Hispano-Suiza de 600 ch, baptisé *L'Oiseau Canari*, d'Old Orchard, dans

Page ci-contre : à gauche, dans le cadre des explorations polaires, les ballons dirigeables eurent un rôle essentiel. Cette photo montre le départ du célèbre « Italia », commandé par Umberto Nobile, pour le vol historique sur le pôle Nord qui s'est tragiquement terminé le 24 mai 1928 ; à droite, arrivée de Locatelli en Amérique du Sud sur un SVA en 1919.
Ci-dessus : la plus connue des femmes pilotes américaines, Amelia Earhart. Après de nombreux raids, elle disparut mystérieusement dans le Pacifique ; en bas : un autre trimoteur fameux fut celui utilisé par Byrd pour ses expéditions polaires. On le voit ici en cours de remontage.

l'État du Maine, leur appareil se trouva déséquilibré dès le départ par une cause inconnue, qui se révéla bientôt : c'était un passager clandestin, l'Allemand Schreiber ! Malgré cette surcharge imprévue, *L'Oiseau Canari* atteindra l'Espagne après un vol de 5 500 km qui avait duré vingt-deux heures. C'était la première traversée de l'Atlantique d'un avion français, piloté par des Français.

Les pilotes tentèrent des raids sur des distances encore plus longues. Les 15 et 16 juillet 1931, par exemple, les Hongrois Alexander Magyar et György Enders volèrent de Terre-Neuve à Budapest avec un Lockheed Sirius ; entre les 28 et 30 juillet 1931, Russell Boardman et John Polando relièrent New York à Istanbul sur un Bellanca. A la date du 10 août 1934, l'Atlantique Nord avait été survolé quarante-cinq fois, dont quatre fois seulement avec des dirigeables. Fin septembre 1934, l'Atlantique Sud avait été franchi trente et une fois, toutes ces traversées ayant été réalisées avec des plus-lourds-que-l'air.

Certains vols de très longue distance furent sans doute moins connus, mais aussi difficiles ou plus encore. Les Italiens étaient entrés en piste en 1920 en préparant avec beaucoup de soin un grand raid qui devait être accompli par une véritable petite flotte aérienne, comprenant quatre Caproni et sept S.V.A. Le but du voyage était Tokyo. Sur les onze appareils, seuls le S.V.A. de Masiero et celui de Ferrarin — qui s'était fait un grand nom dans la Coupe Schneider et en accomplissant plusieurs raids de longue distance — atteindront leur but, mettant un peu plus de trois mois pour franchir 18 000 km (du 11 février au 31 mai).

En 1920 également, deux avions français réalisèrent deux raids au-dessus du Sahara, reliant Tamanrasset à Tombouctou ; l'un des appareils se perdit dans le désert, causant la mort du général Laperrine.

D'autres raids avaient été accomplis, un peu plus tard, en direction de l'Extrême-Orient. L'un de ceux-ci fut effectué en 1924 par Georges Pelletier-Doisy, dit « Pivolo », sur un Breguet 19, puis sur un Breguet 14, avec lesquels il avait relié Paris à Tokyo (20 146 km) en quarante jours (150 heures de vol effectif). On peut également citer le voyage de Pinedo et Campanelli qui, en 1925, volèrent avec un hydravion Savoia-Marchetti du lac Majeur à Tokyo. Le périple, qui comportait le tour de l'Australie, avait été de 54 720 km, le record de distance à l'époque. La même année, Pelletier-Doisy et Carol, volant sur Breguet 19, accomplirent le trajet Paris-Pékin en sept jours, ce qui était une performance remarquable.

Mais les Européens n'étaient pas les seuls à effectuer de grands raids en Extrême-Orient : partis de Tokyo le 25 juillet 1925, deux officiers japonais,

Ci-dessus : le Lockheed Vega passait pour être, dans les années vingt, le summum de la perfection pour les avions légers monomoteurs; ci-contre : le S-55 « Santa Maria » de Depinedo-Del Prete-Zacchetti. Page ci-contre : Wiley Post (à gauche) et Harold Gatty, après leur magnifique tour du monde aérien. Ils sont protégés par la police de l'enthousiasme de leurs admirateurs lors de leur retour à New York, le 1er juillet 1931. Ils avaient survolé en cours de route les étendues désertes de la Sibérie et de l'Alaska.

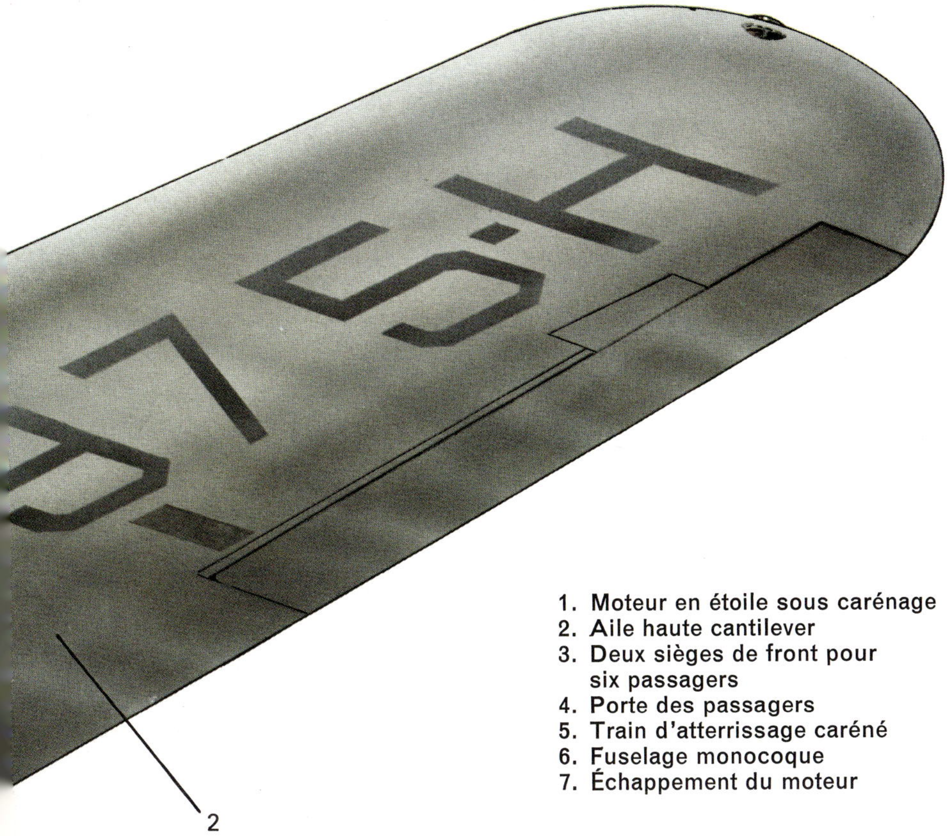

1. Moteur en étoile sous carénage
2. Aile haute cantilever
3. Deux sièges de front pour six passagers
4. Porte des passagers
5. Train d'atterrissage caréné
6. Fuselage monocoque
7. Échappement du moteur

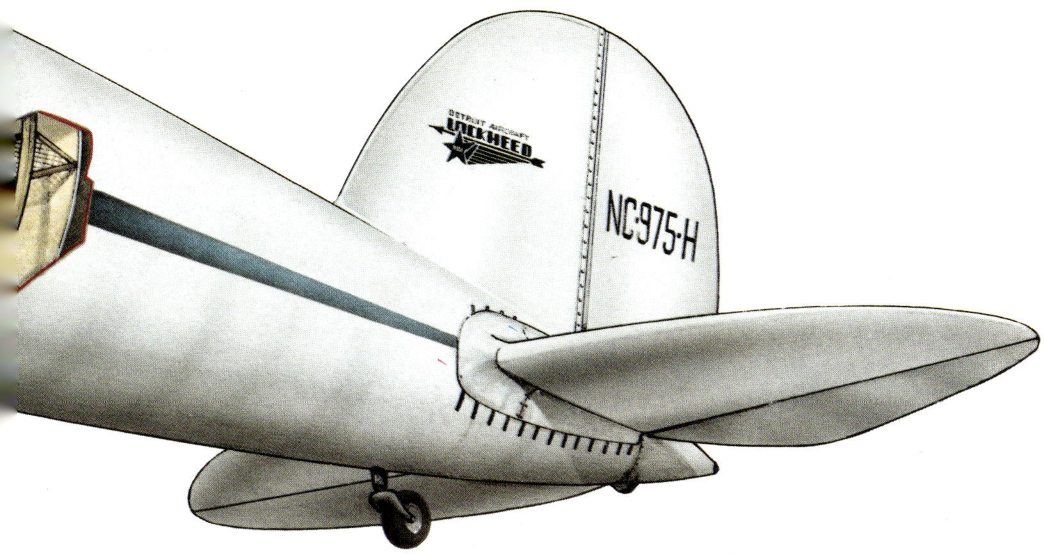

Abé et Kawashi, pilotant un Breguet 19 A2 de série, équipé d'un moteur Lorraine, atterrissaient à Paris le 28 septembre. Ce modèle d'avion était le plus célèbre avion de « grand raid » français de l'époque et fut fréquemment utilisé pour des vols de longue distance, y compris deux traversées de l'Atlantique. Le plus fameux de toute la série fut le *Point-d'Interrogation* qui, piloté par Costes et Bellonte, accomplit un vol sensationnel Paris-Tsitsikar-Hanoi-Paris (24 275 km) entre le 27 septembre et le 21 novembre 1929. Le voyage comprenait une étape de 7 900 km sans escale, ce qui était alors le record du monde. L'année suivante, le même appareil et le même équipage traversèrent l'Atlantique dans le sens Paris-New York, les 1er et 2 septembre 1930. Cette fois, le raid avait duré 37 h 18 mn. Le Breguet 19 était alors un appareil militaire, mais beaucoup d'autres avions de raid avaient été spécialement construits ou adaptés pour les longs voyages.

Les premiers vols en direction des régions arctiques furent entrepris entre le 21 mai et le 17 juin 1925 par le grand explorateur norvégien Roald Amundsen, accompagné de Lincoln Ellsworth et de quatre Norvégiens : Dietrichsen, Feucht, Omdel et Rüser-Larsen, partis de Tromsoë sur le vapeur *Hobby* transportant deux hydravions Dornier Wal. Le but de l'expédition était le survol du pôle Nord, mais les hydravions durent s'arrêter à quelque 250 km de leur but. L'exploit fut réalisé l'année suivante par deux Américains, le Commander Richard Byrd et son pilote, Floyd Bennett; quittant le Spitzberg à bord d'un trimoteur Fokker F-VII monoplace le 9 mai 1926, les aviateurs déclarèrent avoir survolé le pôle Nord. Cette assertion, qui fut acceptée à l'époque sans hésitation, a été récemment remise en doute sans qu'il fût possible d'en établir la preuve. Néanmoins, Roald Amundsen survola le pôle quelques jours plus tard, le 12 mai, à bord du dirigeable *Norge*. Pour ce qui est de l'Antarctique, ce seront les Américains, encore une fois, qui obtiendront la palme en survolant les premiers le pôle Sud. Partis de Little America, une base américaine de l'océan Antarctique, l'amiral Richard Byrd, à bord d'un trimoteur Ford piloté par Bernt Balchen, avec pour équipage le radio June et l'opérateur McKinley, survolèrent le pôle Sud entre le 28 et le 29 novembre 1929. Byrd effectuera d'autres voyages polaires en survolant l'Antarctique en décembre 1933, à bord d'un Curtiss-Wright Condor. Parti d'une base de la mer de Ross, il volera plein sud jusqu'à 70° de latitude.

Quoique moins significatifs que beaucoup d'autres, au point de vue de la distance parcourue, ces vols polaires démontrèrent la confiance que l'on pouvait désormais avoir dans les avions, car une panne quelconque, dans ces régions désolées, déterminait la mort de tout l'équipage. Ces vols ouvrirent également la voie, dans les années quarante et cinquante, aux explorations polaires, dans lesquelles l'avion fut le véhicule de base, aussi bien pour le transport que pour le ravitaillement.

Mais la conquête des pôles avait eu son martyrologue lors de l'expédition du dirigeable *Italia* d'Umberto Nobile, semblable à celui qu'avait utilisé Amundsen. Survolant le pôle Nord le 24 mai 1928, Nobile y lancera une croix bénie par le pape, puis ce sera le silence. Une expédition internationale comprenant Français, Suédois et Soviétiques se portera au secours des naufragés : neuf survivants de l'*Italia*, dont Nobile, seront finalement sauvés, mais au prix de la vie d'Amundsen, de l'équipage de l'hydravion français *Latham* et de l'hivernage sur la banquise du Suédois Lundborg, recueilli l'année suivante par le brise-glace soviétique *Krassine*.

Après les pôles, après l'océan Atlantique, Nord et Sud, les immensités désertes de l'océan Pacifique restaient à vaincre. La première traversée avait eu lieu lors du tour du monde des quatre Douglas World Cruisers de 1924, mais il ne s'agissait que d'un passage entre les îles Aléoutiennes et le Japon. Restaient les 3 850 km séparant Oakland, en Californie, de Honolulu, dans les îles Hawaii. Ce voyage fut effectué pour la première fois par un équipage américain, composé des lieutenants Lester Maitland et Albert Hegenberger, qui utilisa un Fokker trimoteur. Parti le 28 juin 1927, l'équipage, après une traversée presque sans encombre, se posa le 29 juin, après moins de vingt-six heures de vol. Le mois suivant, le Pacifique était encore vaincu, mais par deux civils, E. Smith et E. Bronte, dont le monomoteur Travelair dut faire un atterrissage forcé, à l'arrivée sur la plage de Moloka..

Les distances étaient si grandes qu'il était encore hors de question, pour les avions des années vingt et trente, de franchir sans escale la totalité de l'Océan. Personne n'avait encore tenté de parcourir, par exemple, les 7 000 km séparant les îles Hawaii de l'Australie. L'expérience sera entreprise pour la première fois par un équipage de quatre personnes : Charles Kingsford-Smith et Charles T.P. Ulm, tous deux australiens accompagnés de deux Américains, le radio J.W. Warner et le navigateur H.W. Lyons.

Leur appareil était un Fokker trimoteur F VII baptisé pour la circonstance *Southern Cross* (Croix du Sud); ses réservoirs permettaient une autonomie de vol de 36 heures et l'équipement radio était suffisamment au point pour assurer la navigation d'après les radio-phares de Californie et des îles Hawaii. Kingsford-Smith et son équipage quittèrent Oakland le 31 mai 1928 et parcoururent leur première étape jusqu'à l'île Kauai (3 800 km) en 27 h 30 mn. L'étape la plus longue (5 000 km au-dessus de l'Océan) les mena, le 4 juin, au bout de 34 heures de vol, à Souva, dans les Fidji. Ils atteignirent finalement Brisbane, en Australie, le 8 juin, soit un voyage de huit jours, dont 83 heures de vol proprement dit.

Les routes terrestres sont également parcourues en tous sens : les frères Ludovic et Paul Arrachard franchissent, en 1926, sur un Potez 28 doté d'un moteur de 550 ch, les 4 300 km séparant Paris de Bassorah tandis que, la même année, un autre équipage français composé de Costes et de Rignot dépasse les 5 000 km en ligne droite en reliant, sur un Breguet-Hispano 19, Paris à Djast (5 396 km).

Mais l'océan Pacifique n'avait pas fini de faire parler de lui. Les 28 et 29 juin 1931, les Américains Harol Gatty et Wiley Post traversèrent cet océan par le nord, reliant Solomon Beach, en Alaska, à Khabarovsk, en Sibérie, à bord d'un Lockheed Vega, confié par un richissime Américain qui l'avait baptisé du nom de sa fille *Winnie Mae*. Cette étape n'était qu'un pas dans un voyage autour du monde qu'ils effectuèrent de New York à New York. Comme W.G.R. Hinchliffe et François Coli, qui disparurent tous deux dans l'Atlantique, Wiley Post était borgne et portait un bandeau noir, ce qui le rendit très populaire. Son voyage fut jalonné par les seules escales nécessaires au ravitaillement en essence, d'abord à Terre-Neuve, puis à Chester en Angleterre, Berlin, Moscou, Novossibirsk, Blagoveshchensk, Khaborovsk, Fairbanks en Alaska, et Edmonton au Canada. Le voyage avait duré 8 jours 15 heures et 51 minutes. Mais Wiley Post n'allait pas s'en tenir là...

Une autre traversée du Pacifique Nord fut effectuée, la même année, du 4 au 5 octobre 1931, et dans des conditions semblables, car Hugh Herndon et Clyde Pangborn faisaient également un tour du monde. Ils volèrent sur un Bellanca nommé *Miss Veedol*, de Tokyo à Wenatchee dans l'État de Washington, où ils se posèrent sur le ventre, ayant largué au départ leur train d'atterrissage afin d'alléger leur appareil. C'était la première véritable traversée du Pacifique sans escale et un fabuleux exploit pour l'époque.

Kingsford-Smith et le capitaine Taylor, à bord d'un Lockheed Altair, franchirent à leur tour le Pacifique entre le 22 octobre et le 4 novembre 1934. Ils avaient déjà parcouru cette route en 1928, mais dans le sens inverse.

Les femmes prirent aussi leur part dans la traversée du Pacifique : les 11 et 12 janvier 1935, Amelia Earhart, qui relia, à bord d'un Lockheed Vega, Oakland à Honolulu, devint la première femme pilote à franchir l'Océan. Amelia Earhart avait déjà franchi l'Atlantique, seule sur son Lockheed Vega, les 20 et 21 mai 1932; partie d'Harbour Grace, à Terre-Neuve, elle avait atterri à Londonderry, en Irlande. Elle fut, malgré tout, vaincue par l'océan Pacifique : accompagnée du navigateur Fred Nooman, elle tenta, le 21 mai 1937, un tour du monde sur un Lockheed Electra. Elle fit escale à Miami, Natal, Dakar, Gao, Fort-Lamy, Khartoum, Assab, Karachi, Calcutta, Rangoon, Singapour, Java, Timor, Port Darwin et Lae, en Papouasie-Nouvelle-

Page ci-contre : le célèbre « Point-d'Interrogation » de Costes et Bellonte. Ci-dessus : les vingt-quatre hydravions à double coque Savoia-Marchetti S 55 qui accomplirent le premier vol de groupe au-dessus de l'Atlantique en 1933 afin de montrer au monde les progrès que l'Italie fasciste de Benito Mussolini avait faits dans le domaine de l'aviation. Pour accomplir de tels exploits l'industrie aéronautique disposait de crédits quasi illimités; en cartouche : le général Italo Balbo qui conduisit la flotte aérienne italienne.

Guinée, qu'elle quitta le 2 juillet après avoir parcouru 43 500 km en quarante jours, mais on l'attendit en vain à l'îlot de Howland. On pensa, à l'époque, qu'elle avait fait un atterrissage forcé dans une île occupée par les Japonais, et que ceux-ci l'auraient fusillée, avec son compagnon, en tant qu'espion. Cette fin mystérieuse ne fut néanmoins pas prouvée et il est fort possible que son appareil se soit abîmé dans l'Océan à la suite d'une panne de moteur. Il semble aussi que l'on ait repéré récemment l'épave de son avion dans les îles Philippines.

Tandis que les pilotes de toutes les nations, qu'ils fussent civils ou militaires, concentraient leurs efforts pour vaincre les océans, les pilotes de l'armée américaine effectuèrent de nombreux vols au-dessus de leur propre continent. En septembre 1922, par exemple, le lieutenant James Doolittle, déjà célèbre par ses exploits durant la Coupe Schneider et qui fut l'auteur du fameux raid sur Tokyo en 1942, fit un vol remarquable à la poursuite du soleil dans le ciel des États-Unis en reliant Jacksonville, en Floride, à San Diego; il effectua ce voyage en tout juste 21 heures, avec une seule escale pour se ravitailler en carburant. Son appareil était un Airco de Havilland DH-4 construit aux États-Unis sous licence. Huit mois plus tard, les lieutenants John MacReady et Oakley Kelley firent le trajet New York-San Diego (4 000 km) sans escale sur un monomoteur Fokker T-2 en 26 h 50 mn. L'année précédente, les deux hommes avaient battu le record du monde de durée avec un vol de 35 h 18 mn.

En juin 1924, l'armée américaine remporta un autre succès lorsque le lieutenant Russell Maughan traversa les États-Unis de côte à côte en reliant, dans un chasseur Curtiss PW-8, New York à San Francisco, distants de 4 300 km.

Un autre atout d'importance, et qui allait bouleverser les vols à longue distance, fut mis au point la première semaine du mois de janvier 1929, lorsqu'un Fokker C-2A put tenir dans les airs 150 heures d'affilée grâce à un système de ravitaillement en plein vol. L'appareil, nommé *Question Mark*, avait pour équipage le major Carl Spaatz, le capitaine Ira Eaker, les lieutenants Harry Halverson et Elwood Quesada, et le sergent Roy Hoe; Spaatz et Eaker seront affectés, au cours de la Seconde Guerre mondiale, à un commandement supérieur.

Durant le vol, le C-2A fut ravitaillé quelque trente-sept fois à partir d'un Douglas O-2C, qui transportait également de l'huile. La technique était encore rudimentaire, mais l'expérience, parfaitement réussie, ouvrit la voie aux procédés modernes, vitaux pour les avions militaires actuels.

Quoique moins célébrés que les grands raids transocéaniques internationaux, les exploits de l'aviation américaine furent suivis, aux États-Unis, avec énormément d'attention. Ils encouragèrent l'Air Corps et développèrent les théories et la pratique des vols à longue distance. Cela portera ses fruits, vers la fin des années trente, avec la mise au point du premier bombardier lourd quadrimoteur américain qui rendit bien des services.

Les forces aériennes des autres pays avaient aussi, dès les années vingt, à comprendre l'intérêt des raids à longue distances. Inspiré par le désir de montrer au monde les réalisations concrètes du premier régime fasciste, le général Italo Balbo, ministre de l'Air de Mussolini, développa l'idée des vols de groupe pour vaincre les records de distance. Se fondant sans doute sur le vol sans escale Italie-Brésil effectué entre les 3 et 5 juillet 1928 par Ferrarin et Del Prete sur Savoia S 64, le général Balbo pensa que des vols groupés sur des distances transatlantiques pouvaient favorablement influencer l'opinion mondiale et renforcer le prestige italien. Pour sa première tentative, le général Balbo dirigea une formation de dix hydravions Savoia S 55 qui, partie de la côte de la Guinée portugaise, se posa à Natal au Brésil le 6 janvier 1931, après un voyage de 10 500 km. Encouragé par le succès de ce premier exploit, le général Balbo entreprit de conduire une formation massive de Savoia S 55X — des hydravions à coque équipés de deux moteurs montés en opposition au-dessus de la voilure — depuis l'Italie jusqu'à l'Exposition universelle de Chicago. Les vingt-quatre appareils prirent leur vol à Orbetello, le 1er juillet 1933, et arrivèrent à Chicago le 15 du même mois, après une escale en Islande.

La formation avait fait le voyage d'aller au-dessus de l'Atlantique Nord et devait rentrer au pays par l'Atlantique Sud. Les appareils italiens quittèrent Chicago le 25 juillet; le trajet du retour fut endeuillé par la perte d'un des appareils, lors de l'escale des Açores, et la mort de l'un des membres de l'équipage. Les vingt-trois appareils restants arrivèrent en Italie le 12 août 1933, et leurs pilotes furent reçus comme des héros. Quoique l'événement ait été quelquefois minimisé pour des raisons étrangères à l'aviation, l'exploit du général Balbo et de ses équipages, qu'aucun autre pays ne renouvela à l'époque, reste encore un fait absolument unique dans l'histoire de l'aéronautique.

Le palmarès des raids continuait toujours de grossir ainsi que, malheureusement, la liste des victimes de la soif des records. Après avoir battu le record de distance en circuit fermé (10 371 km) au mois de juin 1931 sur le Dewoitine D 33 *Trait d'union*, les Français Marcel Doret et Joseph Le Brix s'attaquèrent, le mois suivant, au record de distance en ligne droite sur le trajet Paris-Tokyo. A 6 200 km du départ, au-dessus de la forêt sibérienne et à la suite d'une panne de moteur, Le Brix et son équipier Mesmin sautaient en parachute tandis que Doret réussissait à poser l'avion. Au mois de septembre, alors que le même équipage s'attaquait au même raid, sur un autre appareil, les trois hommes durent de nouveau sauter en parachute durant une tempête; seul Marcel Doret fut sauvé (11 septembre 1931).

Mais le tour du monde aérien tentait toujours les esprits aventureux. Le premier voyage de circumnavigation effectué par un hydravion — le Dornier Wal *Amundsen* — eut lieu entre le 21 juillet et le 9 novembre 1932, soit un total de 111 jours. (Le voyage de Herndon et de Pangborn n'avait duré que 81 jours.) L'*Amundsen* était piloté par Wolfgang von Gronau, accompagné de Gerd von Roth, Fritz Albrecht et Franz Hack. Le plus grand exploit de cette époque fut réalisé par Wiley Post qui, seul à bord de son *Winnie Mae*, boucla « son tour du monde entre le 15 et le 22 juillet 1933, soit 24 954 km en 7 jours 18 heures et 49 minutes. C'était l'utilisation d'un « pilote automatique », développé à partir des recherches de vol sans visibilité

La course Londres-Melbourne

Appelée dans les pays anglo-saxons « MacRobertson Air Race », du nom de l'homme d'affaires australien MacPherson Robertson, qui avait subventionné l'épreuve, la course Londres-Melbourne sera le grand événement aérien, et la première course intercontinentale de l'année 1934.
Le parcours de la course (18 200 km) comportait cinq escales imposées : Bagdad, Allahabad, Singapour, Port Darwin et Charleville, au centre de l'Australie. Le point de départ était Mildenhall, dans le Suffolk, et l'arrivée à Melbourne, dans l'État de Victoria. Sur les soixante-dix appareils engagés, vingt seulement prirent le départ et neuf rescapés accomplirent la totalité du parcours. Trois appareils avaient été conçus et construits spécialement pour l'épreuve, tous des Havilland DH 88 « Comet ». Ils étaient pilotés par James et Amy Mollison (Black Magic), O. Cathcart-Jones et K. Waller (G-ACSR) et Scott et Campbell Black (Grosvenor House). Le départ fut donné le 20 octobre 1934; les Mollison paraissaient favoris, mais les avaries de moteur et de train les retardèrent à Karachi et ils furent rattrapés à Allahabad par Scott et Black, qui les dépassèrent malgré quelques ennuis de moteur. Ils arrivèrent à Melbourne après 70 h 54 mn 18 s de vol, ce qui représentait une moyenne de 255,700 km/h. Jones et Waller se classèrent en quatrième position.
Mais la performance la plus remarquable fut accomplie par un DC-2 de série engagé par la compagnie K.L.M. qui termina deuxième en temps réel (71 heures de vol) et premier avec handicap, faisant ainsi la démonstration des nouvelles possibilités offertes à l'aviation de transport par les conceptions américaines de l'avion de ligne. L'appareil transportait, en plus de l'équipage, trois passagers payants.

d'Elmer Sperry, qui avait permis à Wiley Post d'accomplir cette performance vraiment exceptionnelle.

La plupart des grands raids intercontinentaux, notamment ceux effectués par les Américains, les Français et les Italiens, avaient été accomplis sur des monoplans. Dans les années vingt et trente, ces trois pays avaient pris une sérieuse avance dans la mise au point des monoplans destinés aux grands raids sans escale et sans possibilité de ravitaillement en carburant. Les Britanniques, eux, restaient traditionnellement fidèle à la formule biplan qui avait fait ses preuves durant la Première Guerre mondiale. Il ne fallait pas oublier non plus la courte vue — également traditionnelle — du War Office, ni que l'ancienne condamnation du monoplan, appareil considéré comme dangereux, était encore présente à l'esprit des Anglais.

Les aviateurs britanniques effectuèrent donc un certain nombre de raids sur des appareils déjà démodés, surtout entre 1919 et 1920, où l'un des seuls avions disponibles pour les vols sur longues distances était le Vickers Vimy, datant des derniers mois de la guerre, ou encore le Handley Page V/1500, un ancien bombardier transformé, tel celui utilisé pour le premier vol à longue distance effectué après la fin du conflit. C'est sur cet avion qu'un équipage anglais composé de MacLaren, R. Halley et McEwen prit le départ pour les Indes, en décembre 1918, à partir de Martlesham Heath, dans le Suffolk. Il atteignit Delhi au mois de janvier 1919.

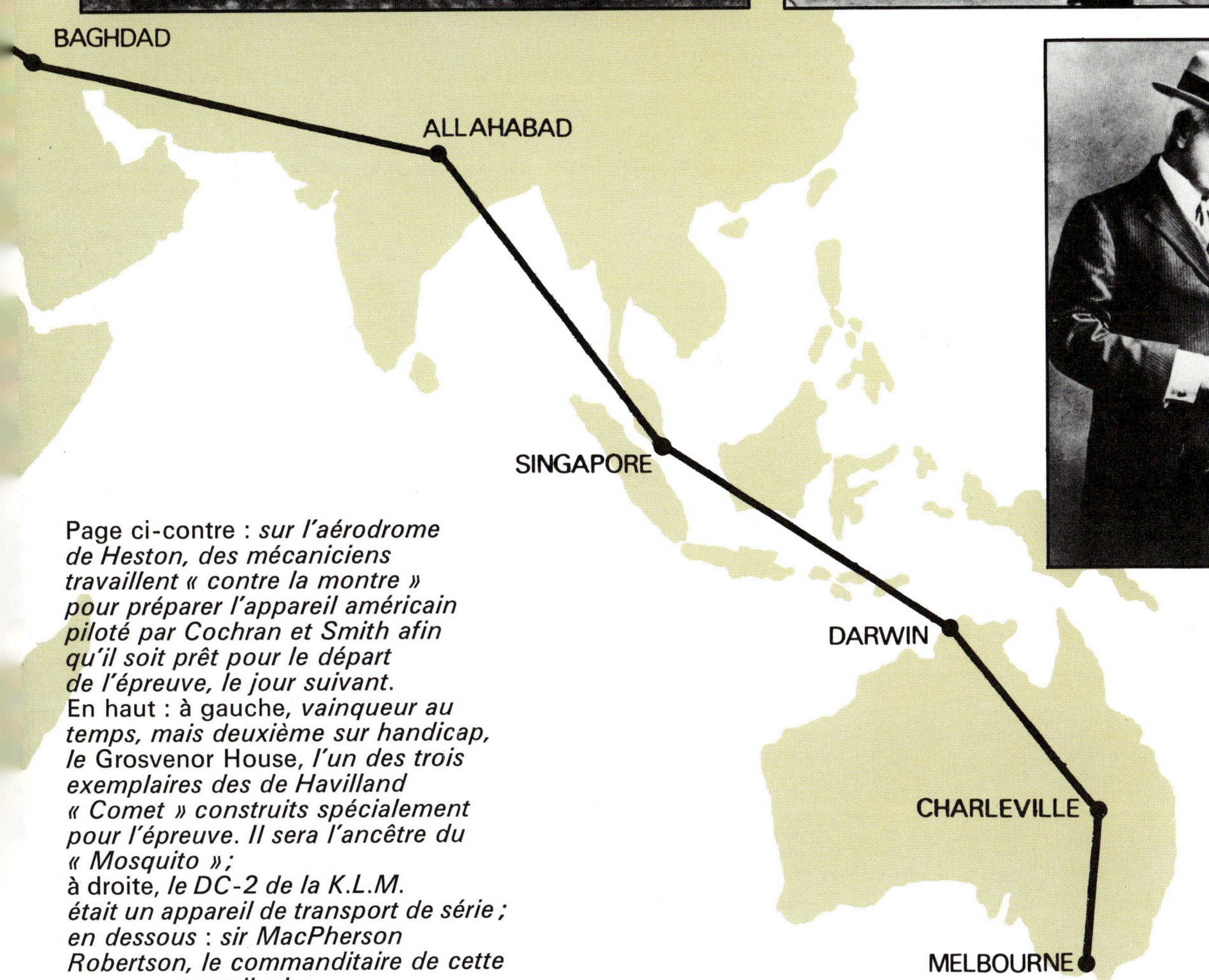

Page ci-contre : *sur l'aérodrome de Heston, des mécaniciens travaillent « contre la montre » pour préparer l'appareil américain piloté par Cochran et Smith afin qu'il soit prêt pour le départ de l'épreuve, le jour suivant.*
En haut : à gauche, *vainqueur au temps, mais deuxième sur handicap, le* Grosvenor House, *l'un des trois exemplaires des de Havilland « Comet » construits spécialement pour l'épreuve. Il sera l'ancêtre du « Mosquito »;*
à droite, *le DC-2 de la K.L.M. était un appareil de transport de série ;*
en dessous : *sir MacPherson Robertson, le commanditaire de cette course extraordinaire.*

Un peu plus tard, le 12 novembre 1919, le capitaine australien Ross Smith accompagné de son frère le lieutenant Keith Smith et des sergents W.H. Shiers et J.M. Bennett quittèrent Heston, près de Londres, sur un Vickers Vimy à destination de l'Australie. Quatre semaines et deux jours plus tard, l'appareil se posa à Port Darwin, dans le nord de l'Australie, après un vol difficile et extrêmement hasardeux. Un mois après la réussite de ce raid, un autre équipage, formé de Parer et McIntosh, quitta Hounslow, également pour se rendre en Australie. Mais, à la suite des difficultés rencontrées, il n'atteignit Port Darwin que sept mois après son départ d'Europe.

La ville du Cap, à l'extrémité sud de l'Afrique, fut également l'un des objectifs favoris des pilotes britanniques. Le 4 février 1920, le premier vol vers l'Afrique du Sud, au départ de Londres, fut entrepris par un équipage composé du colonel Pierre Van Ryneveld et du capitaine Quintin Brand. Les aviateurs partirent à bord d'un Vickers Vimy, mais terminèrent leur voyage au Cap le 20 mars à bord d'un Airco de Havilland 9, car l'équipage avait dû, par deux fois, changer d'appareil. Ils avaient parcouru 11 965 km (en passant par Le Caire), et cela en quelque 80 heures de vol.

L'Afrique tenta aussi les pilotes français. Le 3 février 1925, les capitaines Lemaître et Arrachart quittèrent Étampes sur un Breguet 19 de 480 ch et se posèrent d'abord à Villa Cisneros, au Maroc espagnol (3 160 km), avant de gagner Dakar le 5 février, Tombouctou le 17; cependant, ils feront un atterrissage de fortune dans le désert saharien et ne rejoindront Paris, via Casablanca et Alger, que le 24 mars. Quelques semaines auparavant, deux quadrimoteurs Blériot 115 avaient également quitté Paris pour un périple africain. L'équipage du premier appareil était composé du colonel de Goys, de Pelletier-Doisy, Bésin, Laversin et Dely; celui du second, du colonel Vuillemin — qui sera plus tard ministre de l'Air —, du commandant Dagnaux et des sergents Knecht et Vandamme. Ce dernier appareil s'écrasera au sol le 7 février à Niamey, causant la mort de Vandamme.

Les Belges, à leur tour, tentèrent de joindre leurs possessions africaines grâce à la voie des airs. Le 12 février 1925, Thieffry, Roger et de Bruycker quittèrent Bruxelles sur un trimoteur Handley Page et atterrirent le 3 avril près de Léopoldville.

Un an plus tard, l'équipage belge formé par les pilotes Médaets, Coppens et Verhaegen accomplira le voyage Bruxelles - Léopoldville et retour (18 300 km en 100 h et 30 mn de vol) sur le Breguet 19 *Reine Elisabeth*.

Ci-dessus : à gauche, la femme pilote anglaise Amy Johnson qui popularisa les vols de raid à un moment où ils perdaient de leur intérêt; à droite, la sympathique Française Maryse Bastié, première aviatrice qui traversa l'Atlantique Sud en 1936. Page ci-contre : à gauche, le légendaire « Arc-en-ciel » de Jean Mermoz, construit par l'ingénieur Couzinet; à droite, le célèbre pilote, qui, entré à la compagnie Latécoère, se distingua par ses qualités physiques et morales. Pratiquant le vol de nuit, il fut un des pionniers de l'Atlantique Sud.

Quant aux Britanniques, ils avaient préparé, après une pause de quelques années, des voyages vers les trois principaux pays qui faisaient alors partie de leur empire, afin d'ouvrir au plus tôt des routes commerciales aériennes, régulières et rapides, vers ces contrées lointaines.

A l'époque, et bien que le Canada ne fût pas véritablement inaccessible, il ne pouvait être question d'y envisager un trafic régulier, ce qui était possible avec l'Inde quoique le voyage entrepris en mai-août 1922 par Wilfred Blake et Norman MacMillan entre Calcutta et Croydon durât près de quatre mois.

Alan Cobham et A.B. Elliott, accompagnés de sir Sefton Brancker, directeur de l'Aviation civile britannique, ouvrirent la route de la Malaisie avec un vol Londres-Rangoon (sur un de Havilland 50, moteur Suddley « Puma » de 250 ch) effectué, aller et retour, entre le 20 novembre 1924 et le 17 mars 1925. C'était le premier vol ayant pour but officiel de jalonner la route des Indes et d'y préparer une ligne commerciale pour les marchandises et les passagers.

Alan Cobham devait encore faire parler de lui. Après avoir exploré les routes d'Extrême-Orient, il entreprit, toujours sur le même DH 50, un raid Londres-Le Cap, en Afrique du Sud, soit une distance de 25 750 km qu'il accomplit en quatre mois. Anobli après cet exploit, Cobham se tournera vers l'Australie. Toujours sur son de Havilland 50, et en compagnie de son mécanicien, il décolla de Rochester, dans le Kent, le 30 juin 1926 et arriva à Darwin le 5 août, soit cinq semaines plus tard. Il gagna ensuite Melbourne où il arriva le 29 août; le mois suivant Cobham repartit pour l'Angleterre et atterrit à Londres le 1er octobre, après un vol ayant duré vingt-sept jours. L'année suivante, sir Alan Cobham, son épouse et six compagnons s'envoleront de Londres (17 novembre 1927) sur un hydravion Short, 1 300 ch, bimoteur avec lequel ils effectueront le tour de l'Afrique, soit un trajet de 32 000 kilomètres. Il entreprendra par la suite (1932) une campagne d'exhibitions destinées à promouvoir l'aviation (National Aviation Day Campaign) sous la forme de meetings itinérants. De nombreux Britanniques firent

ainsi leur baptême de l'air à bord d'un des avions de Cobham lorsque celui-ci et son « cirque aérien » passaient dans leur ville.

La nouvelle émancipation féminine, dont les prémices dataient de la Première Guerre mondiale, se développa rapidement grâce au nombre relativement élevé de femmes pilotes qui prirent part aux raids de longue distance. Amelia Earhart et Jacqueline Cochran (elle remportera, en 1938, le Bendix Trophy aux États-Unis) furent considérées en Amérique comme des héroïnes et sont sans doute les plus célèbres. Il ne faudrait cependant pas oublier la pléiade d' « étoiles » féminines qui volèrent au cours des années 1920-1930, telles les Françaises Hélène Boucher, Andrée Dupeyron et Madeleine Charnaux et la jeune Néo-Zélandaise Jean Batten, qui fut la première femme à traverser l'Atlantique Sud. Les plus grandes aviatrices européennes de cette époque furent l'Anglaise Amy Johnson et les Françaises Maryse Hilsz et Maryse Bastié.

Amy Johnson s'était passionnée pour l'aviation après la projection du film *Wings*, en 1928, et avait passé par la suite son brevet de pilote. En 1930, avec un DH Motb acheté d'occasion, elle relie, seule à bord, l'Angleterre à l'Australie (du 5 au 24 mai). Elle poursuivit avec un raid Londres-Tokyo et retour, en 1931, puis un « Angleterre-Le Cap et retour » en 1932. Elle épousera un grand pilote britannique, James Mollisson, titulaire lui aussi d'un certain nombre de records et continuera ses exploits avec son mari : Angleterre-États-Unis en juillet 1933, Angleterre-Indes en 1934 et — mais seule cette fois — Londres-Le Cap sur un Percival « Gull » de 200 ch, en 3 jours et 6 heures. Sa popularité contribua pour beaucoup au prestige de l'aviation britannique.

La Française Maryse Bastié, brevetée pilote en 1925, s'attaqua aux records de durée et de distance, volant 26 h 48 mn sur Caudron 109, le 28 juillet 1928, et 37 h 47 mn du 2 au 4 septembre 1930 sur Klemm 40 ch. Elle battra ensuite le record féminin de distance, toujours sur Klemm, avec un raid Paris-Uring, en U.R.S.S., de 2 976 km, et traversera seule l'Atlantique Sud, de Dakar à Natal le 30 décembre 1936, battant le record de Jean Batten de 1 h 10 mn. Elle pilotait un Caudron « Simoun » de 180 ch. Elle se tuera en avion en 1952, titulaire de dix records internationaux et célèbre pour sa persévérance et son intrépidité.

Sa compatriote Maryse Hilsz, de quelques années sa cadette, fut brevetée le 21 avril 1930 et prit presque aussitôt le départ pour un raid Paris-Saigon (12 novembre) sur un Moth-Morane « Gypsy » de 75 ch et rentra à Paris le 7 février de l'année suivante. Elle battra ensuite un record d'altitude féminin en 1932 et accomplira, de 1930 à 1937, plusieurs raids, tels Paris-Saigon-Paris, Paris-Madagascar-Paris, Paris-Tokyo-Paris et encore Paris-Saigon-Paris où elle battra le record établi par André Japy avec 92 h 36 mn. Ce record, qui n'a jamais été battu, reste toujours valable. Maryse Hilsz mourut accidentellement en 1946.

Vers le milieu des années trente, la plupart des routes aériennes ayant été défrichées, les pilotes pouvaient espérer y trouver un certain nombre de facilités — en tant qu'aide de vols et équipement au sol — s'ils en avaient un besoin quelconque. Les grands raids, cependant, restaient toujours des entreprises et des exploits dangereux.

Le plus grand nombre de vols sur longue distance avaient jusque-là été accomplis la plupart du temps « contre la montre » et pour l'amour du sport ou encore afin de démontrer la puissance et la résistance des appareils. C'est vers cette époque que se déroula un événement important qui allait marquer un tournant dans l'histoire de l'aviation : la Course MacRobertson, entre Londres et Melbourne. Cette compétition réunit un grande nombre d'appareils de toutes sortes, comprenant le nouveau de Havilland DH8 « Comet », dessiné spécialement pour l'épreuve, aussi bien qu'un DC 2 de série de la compagnie K.L.M. ou un DH 89 conçu pour la vitesse, le *Dragon Rapide*.

Si le Comet gagna l'épreuve, la prouesse la plus significative fut effectuée par le DC 2. Ce résultat ne pouvait laisser les ingénieurs européens indifférents et leur fit toucher du doigt les extraordinaires progrès réalisés par les Américains dans la voie de l'avion de ligne : construction entièrement métallique, monoplan à ailes basses cantilever et enfin moteur en étoile refroidi par air.

LA NAISSANCE DE L'AVION DE LIGNE

Les transports commerciaux par voie aérienne — sur la base d'appareils plus lourds que l'air — démarrèrent véritablement au cours des mois qui suivirent la Première Guerre mondiale, mais les succès initiaux ne permettaient pas, à long terme, d'en garantir la viabilité. A cette époque, ni les appareils ni les itinéraires ne présentaient une sécurité suffisante. Les avions étaient les bombardiers utilisés durant le conflit, adaptés plus ou moins bien pour le transport des passagers. Les structures classiques de bois entoilé avaient été modifiées grâce à un carénage articulé, à hublots, qui recouvrait les places auparavant à l'air libre. Le nombre des passagers était naturellement limité car rien n'avait été changé dans le reste de l'avion. Les conditions de vol étaient donc aléatoires, et il fallait protéger les passagers contre les intempéries avec des combinaisons de vol, des casques et des gants.

Quant aux itinéraires, ils avaient été choisis selon les besoins du moment, sans objectifs à long terme, du point de vue économique tout au moins. Les nations victorieuses, notamment la France et la Grande-Bretagne, cherchaient à relier leurs capitales afin de permettre les allées et venues rapides de leurs diplomates et des hommes politiques qui négociaient alors les traités de paix. Ces itinéraires, encore précaires, étaient ouverts au public, mais les passagers privés devaient alors être non seulement fortunés, mais encore être pressés d'arriver à destination. Il n'était donc pas question d'envisager des compagnies aériennes commerciales avec un marché aussi limité dans le temps.

Pourtant, peu à peu, le nombre des lignes aériennes augmenta, car on avait compris qu'elles pourraient être, à long terme, financées par les hommes d'affaires et les voyageurs désirant effectuer rapidement leurs trajets.

Vers les années vingt, les compagnies aériennes qui avaient survécu aux premiers mois de l'après-guerre commencèrent à rationaliser leurs itinéraires. A cette époque également, les appareils militaires convertis à l'usage civil firent place à de nouveaux types d'avions spécialement conçus pour le transport des passagers, car ceux-ci n'étaient plus disposés à supporter plus longtemps l'inconfort des anciennes machines.

Les différentes nations, d'ailleurs, s'étaient préoccupées, dès 1919, d'unifier les réglementations de la navigation aérienne civile et la Société des Nations avait désigné, cette même année, une commission chargée d'élaborer les règles de la circulation par la voie des airs.

En fait, ce fut l'Allemagne, où résidaient plusieurs concepteurs particulièrement lucides et efficaces, qui ouvrit la voie au transport aérien régulier civil. Les stipulations du traité de Versailles ne permettaient pas à l'Allemagne de concevoir, de construire ou de posséder des appareils militaires; aussi les ingénieurs allemands se tournèrent-ils vers la fabrication des avions à usage civil. Cette concentration rigoureuse des efforts contribua pour beaucoup à la production du premier avion de ligne, dérivé du Sikorsky « Le Grand » de 1913. Cet appareil fut le Junkers J-13, désigné plus tard sous le nom de F-13, qui apparut en 1919 et fut mis en service dans la Deutsche Luft Hansa peu de temps après. Le nom de cette compagnie aérienne fut déformé en Deutsche Lufthansa au cours des années vingt.

Le J-13 offrait une assez grande similitude avec le chasseur monoplan à ailes basses de construction métallique fabriqués par Junkers à la fin de la guerre et qui, malgré un certain scepticisme, fut utilisé avec succès comme appareil

Page ci-contre : la compagnie allemande Lufthansa fut l'une des premières compagnies aériennes européennes.
Ci-dessous : l'hydravion géant allemand Do X représente un « rêve aérien » qui n'aura ni succès ni avenir. Il fut au moment de sa construction, en 1929, le plus grand avion du monde.

Les Américains ne prirent pas tout de suite en considération l'aviation commerciale civile, ce qui eut pour résultat de laisser le champ libre aux compagnies européennes, comme la K.L.M., la Lufthansa et les sociétés françaises.
Ci-contre : un Fokker FVIIB de la compagnie néerlandaise K.L.M., utilisé sur les premières lignes intercontinentales et assurant la liaison Pays-Bas-Java en 1929;
ci-dessous : le Junker Ju 52 trimoteur fut l'un des avions de transport européens les plus réussis, avant d'être intensivement utilisé au cours de la Seconde Guerre mondiale.
Page ci-contre : le premier appareil de commerce rationnel américain fut le Ford 4 AT trimoteur, de construction métallique, qui fut produit en 1926 afin de concurrencer les trimoteurs Fokker.

d'attaque au sol. La voilure en position basse était, à l'époque, décriée car elle plaçait, selon les dires, le centre de gravité de l'appareil trop haut; de plus, la structure métallique n'emportait pas la confiance. Mais les J-13 étaient à la pointe du progrès et la suite des événements l'a amplement prouvé; à part le montage encore archaïque du propulseur et le train d'atterrissage fixe à essieu, le J-13 avait des lignes relativement fines et pouvait transporter, outre le pilote, quatre passagers dans des conditions de confort relatif et dans une cabine fermée.

Hugo Junkers continua à produire d'autres avions de ligne assez réussis, la plupart d'entre eux étant équipés d'un revêtement en duralumin ondulé que Junkers avait mis au point durant la guerre lorsqu'il avait compris que la tôle d'acier était trop lourde. Ce revêtement ondulé présentait pourtant deux inconvénients, qui ne devinrent apparents qu'au cours des années trente lorsque les autres industriels commencèrent à fabriquer des modèles d'une conception plus avancée.

Premièrement, quoique le revêtement fût remarquablement résistant sur le plan longitudinal, c'est-à-dire dans le sens des nervures, il l'était beaucoup moins sur le plan axial, c'est-à-dire dans le sens perpendiculaire aux nervures. Puisque le revêtement était résistant dans un sens mais pas dans l'autre, aucune économie réelle ne pouvait être réalisée du point de vue de la structure. Par ailleurs, le matériau ondulé était incompatible avec la conception du « revêtement travaillant », et tous les avantages que celui-ci pouvait comporter.

Deuxièmement, et bien que les nervures du revêtement fussent en grande partie parallèles au sens de l'écoulement des filets d'air, la structure de certaines parties de l'appareil produisait des remous et des tourbillons lorsque les filets d'air attaquaient les nervures sous un certain angle. Cela n'était guère sensible avec les premiers modèles, mais lorsque d'autres ingénieurs conçurent des revêtements lisses, tous les inconvénients du revêtement Junkers devinrent manifestes. La traînée aérodynamique supplémentaire produite par les nervures nécessitait des moteurs plus puissants et, bien entendu, davantage de carburant, pour n'obtenir finalement que des performances similaires.

Malgré cela, les appareils de transport Junkers étaient, au cours des années vingt, des machines techniquement très avancées. Les autres avions européens de cette période — que ce fussent les Armstrong Whitworth britanniques ou les Farman Goliath français qui, en 1919, transportaient douze passagers dans deux cabines fermées — étaient d'une conception déjà surannée, avec leurs silhouettes anguleuses, leurs voilures biplans, avec ce que cela comportait comme mâts, haubans et raidisseurs. Le seul constructeur qui pouvait alors concurrencer Junkers était Antony Fokker, lequel avait passé les années de guerre en Allemagne, où sa société avait fabriqué un grand nombre d'appareils de chasse et d'entraînement pour le compte des Forces aériennes impériales allemandes.

En homme d'affaires astucieux, Fokker, qui avait compris en 1918 que l'Allemagne était en train de perdre la guerre, agit en conséquence. Néerlandais de naissance, il avait prévu son repli de l'autre côté de la frontière, en pays neutre, dès la fin des hostilités avec un grand nombre d'appareils en pièces détachées, des moteurs, de l'outillage, des machines et des plans. Grâce à l'argent qu'il avait gagné en des temps plus faciles, Fokker pouvait s'installer de nouveau dans son pays natal et y réaliser des affaires. Il trouva d'ailleurs un débouché intéressant pour ses modèles du temps de guerre aux Pays-Bas et en Suède, et développa ensuite de nouveaux types d'appareils militaires et civils.

Bien que ses premières conceptions aient remporté quelque succès dans les années qui suivirent immédiatement le conflit, la réputation de Fokker, durant les années 1920-1930, fut due en grande partie à un avion civil. Fokker avait gardé, comme chef de son bureau d'études, Reinhold Platz, sans doute l'un des meilleurs ingénieurs en aéronautique de l'époque de la guerre, où il avait produit les remarquables chasseurs Dr-I, D-VII et D-VIII, de 1917 et de 1918. Platz n'avait aucune raison d'abandonner les caractéristiques de construction qui avaient fait le succès de ses trois avions de chasse; il produisit donc des avions de transport civils ayant les mêmes qualités aérodynamiques, la même simplicité et la même robustesse que ses précédents modèles.

Le premier de ses avions de transport qui fut mis en service fut le F-II, en 1920. C'était une conception typique de Platz : un fuselage à section rectangulaire avec une charpente en tube d'acier recouverte de toile, sauf à l'endroit du capot moteur, dont le revêtement était fait de tôle d'acier, un train d'atterrissage simple mais résistant et une voilure cantilever à section épaisse, recouverte de contreplaqué. Platz préférait ce type de voilure pour deux raisons principales : elle permettait la construction à partir de longerons en caisson, constitués d'une semelle inférieure et d'une semelle supérieure en bois de forte section, lesquelles étaient réunies de part et d'autre par des flancs en contre-plaqué, ce qui les rendait capables de résister aux efforts de torsion et de flexion. Deuxièmement, le profil épais procurait un surcroît de portance pour lequel Platz était prêt à payer le prix en tant que traînée aérodynamique. Comme il l'avait toujours fait, Platz disposait la voilure en haut du fuselage. De cette manière, le fuselage était entièrement disponible pour le fret ou les passagers et la voilure pouvait être construite d'une seule volée, très résistante, et donnait à tout l'appareil une certaine stabilité pendulaire.

La différence de conception entre les voilures des appareils de Junkers et de Fokker provoqua de nombreuses discussions. Le système Platz ne pouvait encore être rejeté, car il n'était alors pas question de trains d'atterrissage rétractables. Par ailleurs, Junkers pouvait facilement incorporer ce genre de train dans sa conception fondamentale. Mais la position de la voilure à la base du fuselage avait été choisie originellement par Junkers pour donner aux pilotes des appareils militaires le maximum de vue, et aux passagers des avions civils la meilleure chance de survie en cas d'accident ou d'atterrissage brutal. Fokker, avec quelque raison, raisonnait ainsi : en heurtant la première, l'aile basse devait fatalement absorber la majeure partie de l'énergie de l'impact, donnant ainsi à l'équipage et aux passagers une meilleure chance d'échapper aux blessures graves ou à la mort.

Le Fokker F-II, comme le Junkers J-13, pouvait transporter son pilote et quatre passagers, mais il était beaucoup moins rapide que le Junkers bien qu'ils fussent tous les deux dotés du même modèle de moteur : un 185 ch B.M.W. Cependant, le F-II fut le véritable ancêtre de toute la lignée des Fokker de transport qui dominèrent les lignes aériennes, aussi bien européennes qu'américaines jusqu'au début des années trente. Après le F-II vinrent le F-III, capable de transporter cinq passagers, le F-IV, un appareil à dix places qui n'eut guère de succès commercial, le F-V, construit seulement en tant que prototype et prévu comme un avion à huit places, enfin le F-VIII, qui devint l'avion de transport standard de toute une époque.

Le F-VII, tout comme le F-VIIA plus profilé, ou la version trimoteur F-VII/3 m, ou encore le F-VIIB/3 m trimoteur de raid à longue distance, fut l'appareil le plus utilisé par les « chasseurs de records » et, par-delà la notion de « raids au long cours », contribua à généraliser l'idée des lignes aériennes de longue distance.

Équipée d'une grande variété de moteurs, la série des Fokker F-VII était encore une des conceptions typiques de Platz, mais avec un nouveau modèle de train d'atterrissage. En effet, l'ancien atterrisseur classique de la Première Guerre mondiale, comprenant une double jambe en V haubannée, avait été abandonné au profit d'un large train à roues indépendantes sans essieu; chaque unité était fixée à la fois sur le longeron inférieur (ou membrure longitudinale) du fuselage et sur le longeron principal du plan de voilure — ou sous la nacelle du moteur — dans le cas des appareils trimoteurs, ce qui avait l'avantage de répartir les efforts de l'atterrissage entre le fuselage et la voilure. Cette combinaison était simple et pratique, mais souffrait malgré tout d'un gros inconvénient : le démontage des ailes exigeait celui du train, ce qui nécessitait des installations spéciales pour supporter le poids de l'appareil et rendait l'entretien plus long et plus difficile. Ce modèle fut pourtant maintenu pour le prototype du F-XIX. Le F-XX avait un train d'atterrissage rétractable et le F-XXII, qui était un quadrimoteur très profilé, conservait en revanche un train fixe, déjà démodé.

Platz quitta la compagnie en mars 1931; dès lors, la conception traditionnelle des Fokker commença peu à peu à évoluer. Parce que c'était un personnage assez effacé — contrairement à Fokker qui, lui, était brillant —, Platz resta dans l'ombre et ne fut connu que des spécialistes de l'aviation, à l'exclusion de tous les autres. C'était un autodidacte, à la fois ouvrier, mécanicien et ingénieur, qui avait produit quelques-uns des meilleurs appareils militaires de la guerre, ainsi que quelques-uns des avions les plus valables des années vingt, cela grâce à son réalisme et à sa compréhension des choses aériennes. Platz était un génie, mais un génie brut, qui réalisait ce qu'il croyait être le plus simple et le meilleur, donc le plus fonctionnel. A partir de cette époque, les ingénieurs pensèrent différemment leurs créations : une vue d'ensemble remplaça le travail sur des pièces indépendantes, ce qui était la meilleure façon d'aller de l'avant.

La compagnie Fokker avait ouvert la route du véritable transport public par voie aérienne et, dans les années vingt à trente, la plupart des lignes aériennes européennes avaient utilisé ses appareils. Mais, peut-être en raison de l'association d'idées que le nom de Fokker faisait naître avec le temps de la guerre, les autorités américaines avaient le sentiment que celui-ci ne pouvait être populaire auprès du peuple américain. Lorsque Fokker entreprit la construction d'appareils pour l'armée et la marine des États-Unis, la nouvelle usine de New York ne prit pas son nom, mais celui d'Atlantic Aircraft Corporation.

Fokker ne faisait même pas partie de la direction. Le « Hollandais volant » fut malgré tout connu du public américain, et ce grâce à Harry Bruno, un des

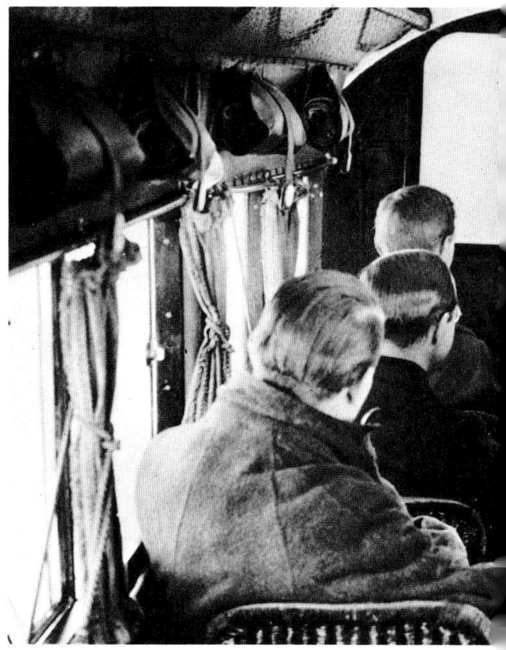

Le confort en vol

Les appareils de bombardement convertis en avions de ligne tout de suite après la Première Guerre mondiale n'offraient que des installations rudimentaires, mais les compagnies comprenaient bien que cette nouvelle aventure commerciale ne pouvait réussir qu'à condition que le confort des passagers s'allie à la ponctualité des horaires.
Au fur et à mesure que les appareils s'amélioraient, les cabines devenaient de plus en plus grandes et luxueuses. Au cours des années vingt, les passagers étaient considérés comme des individualités et non plus comme une marchandise humaine, d'où de gros efforts du côté du confort : sièges en rotin légers, tapis et rideaux. L'inconvénient majeur était encore le bruit des moteurs, mais, peu à peu, l'insonorisation devint plus efficace. Les vols devenant plus longs, on dut servir des repas à bord et augmenter le personnel de cabines. La présence d'une « hôtesse de l'air » devint habituelle. Aux États-Unis, où les distances étaient encore plus grandes, certains appareils étaient équipés de couchettes. Le plus grand luxe fut celui des gros hydravions transocéaniques à coque étanche dont les dimensions permettaient d'installer des ponts, des salons, des bars, une salle à manger et des couchettes. Un tel confort et de telles commodités ne se retrouvent pas toujours sur les appareils long-courriers actuels.

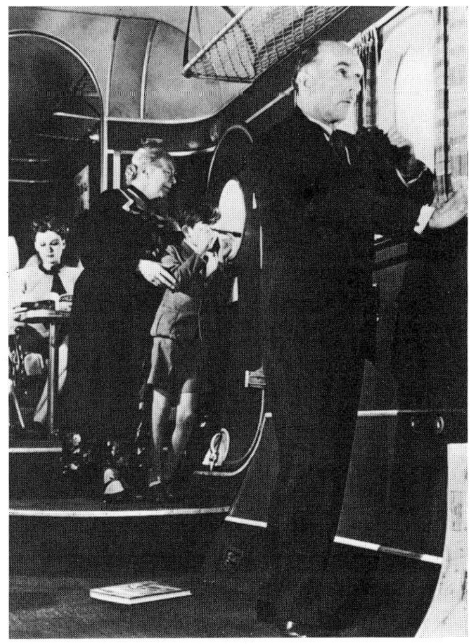

En haut : à gauche, *le 6 avril 1925, un film fut projeté pour la première fois dans la cabine d'un avion de ligne britannique, dont les passagers sont assis sur des sièges en osier ;* à droite, *en 1930, ce Boeing 247 comporte des fauteuils individuels et une « hôtesse de l'air » ;* ci-contre, *l'intérieur de cette cabine-couchette d'un Fokker FXXXVI de la K.L.M. reflétait les tendances de la décoration ;* ci-dessus : *le véritable luxe dans le transport aérien fut celui des grands hydravions utilisés pour les vols transocéaniques. La caractéristique distinctive de ces appareils était leur pont-promenade.*

grands promoteurs de l'aviation, qui exigea de présenter Fokker au cours d'un grand spectacle aérien à Saint Louis, dans le Missouri. Ainsi, l'ingénieur et industriel néerlandais commença d'être reconnu aux États-Unis. De toute façon, il aurait été impossible de déguiser ou de nier le succès phénoménal des différents modèles de Fokker, aussi bien dans les appareils civils que militaires, à partir de l'introduction du F-VIIA trimoteur en 1925.

L'influence des réalisations de Fokker sur les créations des autres ingénieurs était alors évidente, par exemple dans l'un des meilleurs avions de ligne américains des années vingt, le trimoteur Ford 4AT. Celui-ci apparut en juin 1926 et combinait ce que son créateur, William Stout, avait trouvé de meilleur dans les appareils de Fokker et de Junkers : le trimoteur Ford ressemblait de par sa silhouette au Fokker F-VIIA 3/m, mais il comportait, comme les Junkers, un revêtement en duralumin ondulé. La preuve la plus éloquente de la robustesse du trimoteur Ford est qu'un certain nombre de ces appareils volaient encore en Amérique du Sud cinquante ans après leur mise en service.

Pendant ce temps, Junkers n'était pas resté inactif. Il avait produit une série d'appareils typiquement « Junkers », dont le meilleur fut le G-31 de 1926. C'était un trimoteur propulsé par des moteurs en étoile de 450 ch, qui pouvait transporter seize passagers à la vitesse de 160 km/h. Comme le Fokker F-VII, il était équipé d'un train d'atterrissage indépendant, sans essieu, et fut le point de départ des appareils Junkers du futur qui trouvèrent leur apogée avec le premier monomoteur Ju-52 de 1930 et son dérivé, le Ju-52 trimoteur — le plus fameux des avions de transport allemands des années trente et de la Seconde Guerre mondiale.

Comme le Ford trimoteur, le Ju-52, qui resta en service de nombreuses années, était un appareil « increvable », pouvant décoller et atterrir sur les pistes les plus défoncées. Aussi bizarre que cela puisse paraître, c'est en raison du manque de technicité que l'existence de ces appareils fut beaucoup plus longue que prévue.

Les avions de ligne modernes sont construits selon des normes qui englobent les moindres détails et tiennent compte de la fatigue exacte de chaque élément principal. Tout y est soigneusement calculé; le poids des structures selon la destination de l'appareil, son poids en charge et son rayon d'action, voire selon sa consommation de carburant. Le calibrage des éléments correspond à la fois aux tolérances des constructeurs et aux spécifications de sécurité des gouvernements; les matériaux sont donc tous sévèrement contrôlés.

Il n'en était pas de même au cours des années vingt, époque où l'on ne connaissait rien ou très peu de chose sur la fatigue des matériaux selon les différentes compositions d'alliages alors communément employés, ni sur le comportement des diverses parties des structures. Aussi des appareils comme le Ju-52 ou le Ford trimoteur étaient-ils construits avec des éléments souvent surdimensionnés, ce qui leur assurait une robustesse peut-être inutile. Il est inconcevable aujourd'hui d'imaginer des appareils pouvant rivaliser, en nombre d'heures de vol, avec les modèles anciens, y compris, bien entendu, le légendaire Douglas DC3, qui fut le plus grand appareil de transport de tous les temps.

La fatigue des matériaux est très souvent le résultat des vibrations dues aux moteurs à piston de grande puissance, ce qui posa de graves problèmes à la fin de la Seconde Guerre mondiale. Le type d'avion de transport qui souffrit d'un problème de fatigue des composants métalliques fut l'un des premiers appareils commerciaux à réaction britanniques, le de Havilland Comet, dont plusieurs s'écrasèrent sans que l'on comprît pourquoi; en fait, les vibrations, le froid et l'air pressurisé causaient la rupture des structures. Bien entendu, ces facteurs n'avaient pas ou peu d'importance lorsque les avions volaient à des altitudes relativement basses; ils ne pouvaient, pour des raisons entièrement opérationnelles, dépasser les mille heures de vol.

Vers le milieu des années vingt, la plupart des pays d'Europe avaient créé leurs propres lignes aériennes. Des sociétés telles que Fokker avaient vendu des avions aux différentes compagnies, mais la tendance générale était de voler sur des appareils de construction nationale. A cette époque, une trentaine de compagnies sillonnaient l'espace aérien européen (belge, danoise, néerlandaise, norvégienne, espagnole, hongroise, lituanienne, finlandaise, etc.). En France « Air Union » et la compagnie Farman (Société générale de transports aériens) se partageaient les différentes lignes : « Air Union » pour Paris-Londres avec des appareils Lioré et Olivier bimoteurs, ou des hydravions LeO 242 quadrimoteurs pour Paris-Alger; les lignes Farman utilisaient bien entendu des appareils de la marque, les fameux Farman « Goliath », biplans bimoteurs de silhouette anguleuse, mais d'une robustesse à toute épreuve. Ceux-ci volèrent sur le trajet Paris-Amsterdam et Paris-Berlin, transportant, pour l'année 1925, 2 317 passagers, et 6 500 en 1927. Un billet Paris-Londres coûtait alors 900,00 F et l'aérodrome de Paris, situé au Bourget, reçut 23 930 passagers, toujours en 1927. Sur la ligne de l'Aéropostale (Latécoère) la liaison était assurée, en 1928, de Buenos Aires à Santiago du Chili par des pilotes français, tel Jean Mermoz, qui survolait souvent la cordillère des Andes.

Du côté britannique, la ligne nationale « Imperial Airways » utilisait principalement le de Havilland DH-66 « Hercules », un appareil typique de la conception anglaise de l'époque; c'était un lourd biplan avec un train d'atterrissage indépendant et une triple dérive, classique chez de Havilland. Il pouvait transporter quatorze passagers et les moteurs étaient montés, l'un dans le nez du fuselage, les deux autres entre les plans de la voilure, au-dessus du train. Sa vitesse de croisière était de 150 km/h et il était utilisé sur à

Ci-dessus : le trimoteur Siai S-73 fut employé sur les lignes de la compagnie Ala Littoria, mais également vendu à la Sabena belge qui le mit en service sur sa liaison avec le Congo. Page ci-contre : l'Armstrong Whitworth « Argosy », utilisé sur les routes européennes, avait une silhouette passablement archaïque.

peu près toutes les lignes desservies par « Imperial Airways » : d'abord l'Égypte, puis, à partir de 1927, la correspondance vers le Tigre et l'Euphrate et vers Karachi en 1929. Sur les routes aériennes d'Europe, la compagnie britannique utilisait des avions Armstrong Whitworth « Argosi », biplans trimoteurs à empennage triple.

Durant les années trente, les passagers des longs parcours devaient fréquemment changer d'appareils et même faire une partie de la route en chemin de fer lorsqu'il n'existait pas d'aérodrome. Bien qu'il fût possible, par exemple, d'aller par avion vers la Côte d'Azur ou la côte italienne de l'Adriatique, il était encore plus facile de faire le trajet par le train. A partir des bords de la Méditerranée, les voyageurs pouvaient prendre des hydravions en direction d'Alexandrie, en Égypte. De là, on pouvait rejoindre le cap de Bonne-Espérance ou les Indes, par différents types d'avions ou même par voie ferrée.

Par rapport aux conditions de l'époque cependant, le voyage était relativement rapide et pouvait être effectué avec un certain degré de confort. Les cabines des appareils, ventilées et chauffées, étaient installées comme de véritables salons, avec des tables et des fauteuils, et l'insonorisation était suffisante pour rendre les conversations possibles. Quant à la nourriture et à la boisson, elles étaient certainement supérieures à ce que l'on offre sur les lignes aériennes d'aujourd'hui. Les escales avaient lieu à la nuit tombante et les passagers étaient logés dans des hôtels.

Les nations possédant un vaste empire colonial, comme la France et la Grande-Bretagne, et, à un moindre niveau, la Belgique, étaient au premier chef concernées par la maintenance d'un service aérien sur les routes de leurs possessions. La Grande-Bretagne avait été l'un des premiers pays à posséder une compagnie aérienne nationale et concentrait ses efforts non sur une recherche de vitesse, mais plutôt sur le transport d'un petit nombre de passagers, mais dans de bonnes conditions de régularité et de confort. L'aviation britannique poursuivit dans cette voie avec un entêtement bien insulaire, même lorsque la plupart des autres pays avaient déjà commencé à utiliser des monoplans dont les performances étaient, sur tous les plans, bien meilleures.

Ainsi, jusqu'à la veille de la Seconde Guerre mondiale, on a pu voir voler, sur les lignes continentales, des HP-45 « Heracles » ou, sur les lignes coloniales, des Handley Page 42 « Hannibal », majestueuses machines transportant trente-huit et vingt-quatre passagers à moins de 160 km/h, dans des conditions de sécurité remarquables, il faut le reconnaître.

En France, une compagnie nationale de transport aérien — Air France — fut créée, le 30 août 1933, par la réunion des différentes compagnies privées, dont certaines dataient de 1919. Au cours des années trente, cette compagnie accomplit un magnifique travail de pionnier en créant des services postaux réguliers en direction du continent sud-américain — où s'illustrèrent les célèbres Jean Mermoz et Henri Guillaumet.

Au début de la Seconde Guerre mondiale, la flotte aérienne d'Air France s'élevait à près de cent appareils de divers modèles dont des hydravions Lioré et Olivier quadrimoteurs et des hydravions Breguet. Contrairement à la Grande-Bretagne, la France ne possédait qu'un petit nombre de points d'escales vers l'Extrême-Orient et ses possessions d'Indochine, et considérait en définitive l'hydravion comme le meilleur moyen de transport vers ces pays éloignés.

L'Italie, de son côté, avait mis en service les excellents monoplans trimoteurs fabriqués par Caproni et Savoia ainsi que différents autres appareils de taille plus réduite pour desservir aussi bien les lignes européennes que les routes africaines vers la Libye et la Somalie italiennes. Comme plusieurs autres pays, y compris l'Allemagne, l'Italie avait fait de gros efforts pour produire des appareils de ligne à double usage : avions commerciaux civils pour le temps de paix, mais pouvant être facilement convertis en temps de guerre, en transport de troupes ou en bombardiers. Bien entendu, les chaînes de fabrication pouvaient être rapidement adaptées à la production d'appareils militaires de classe équivalente. De cette façon, les coûts de mise en chantier et de production pouvaient être considérablement réduits, élément très important pour des nations comme l'Italie dont l'équilibre économique était encore précaire. En Allemagne, la double utilisation de nombreux appareils « civils » était gardée secrète, car les stipulations du traité de Versailles interdisaient à ce pays toute ambition militaire aérienne.

Vers 1930, cet aspect des appareils allemands n'était pas encore tellement significatif, mais il allait devenir vraiment important lorsque le chancelier Hitler arriva au pouvoir et durant la période qui précéda la dénonciation des clauses restrictives du traité de Versailles, en 1935. Dès les années vingt, les Allemands avaient compris que l'instruction et l'entraînement intensif d'un grand nombre de pilotes pourraient leur permettre de posséder des équipages qui seraient un atout maître lorsqu'ils commenceraient à réarmer. Dirigée par un ministère de l'Air clandestin, la compagnie Lufthansa possédait un grand nombre d'appareils d'entraînement sur lesquels les équipages sans engagement sur les lignes régulières pouvaient entretenir et développer leurs capacités de vol.

L'Allemagne fut également le premier pays d'Europe à comprendre les avantages économiques d'un réseau aérien important et bien organisé. Dès le début des années trente, la Lufthansa était présente sur toutes les routes aériennes d'Europe, reliant les centres industriels allemands avec les plus grosses places financières et commerciales du reste du continent.

Aux États-Unis, durant les années vingt, l'industrie de l'aviation de ligne était presque inexistante. Les plus grands centres urbains étaient reliés entre eux par des réseaux ferrés et routiers extrêmement denses, et la production massive des automobiles paraissait être la clé du

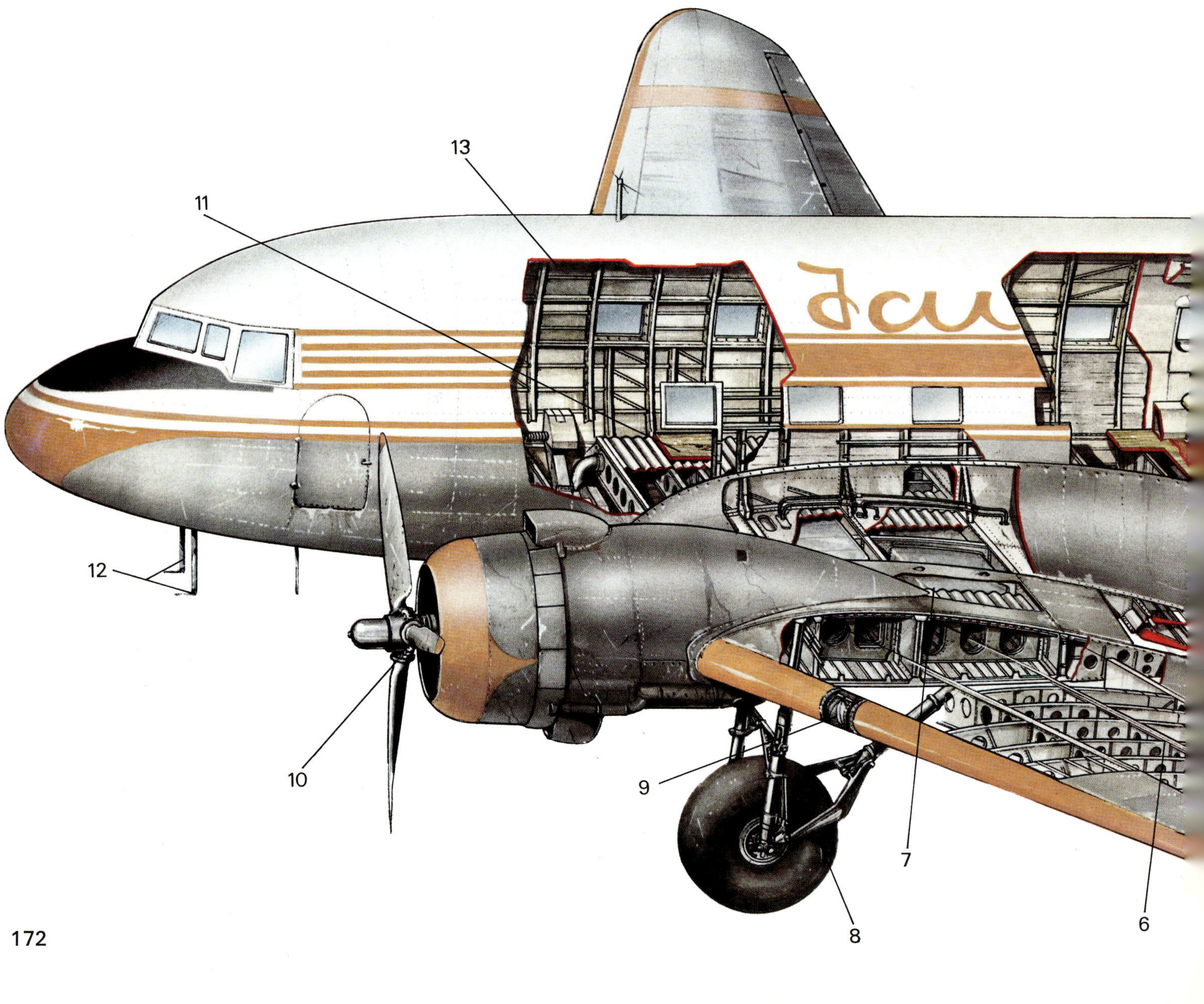

En bas : le Douglas DC-3 représentait l'expression définitive des nouvelles conceptions américaines sur le transport civil aérien du milieu des années trente : structure entièrement métallique, ailes basses, moteurs en étoile refroidis par air et train d'atterrissage rétractable. Sous tous ses aspects, cet appareil était supérieur à l'ensemble de tous les avions du moment et il lui manquait seulement d'être équipé d'une cabine pressurisée pour être véritablement « moderne »; ci-contre : un DC-3 en vol montre bien l'élégance de sa silhouette qui fut pour beaucoup dans le succès qu'il remporta auprès des utilisateurs des transports aériens.

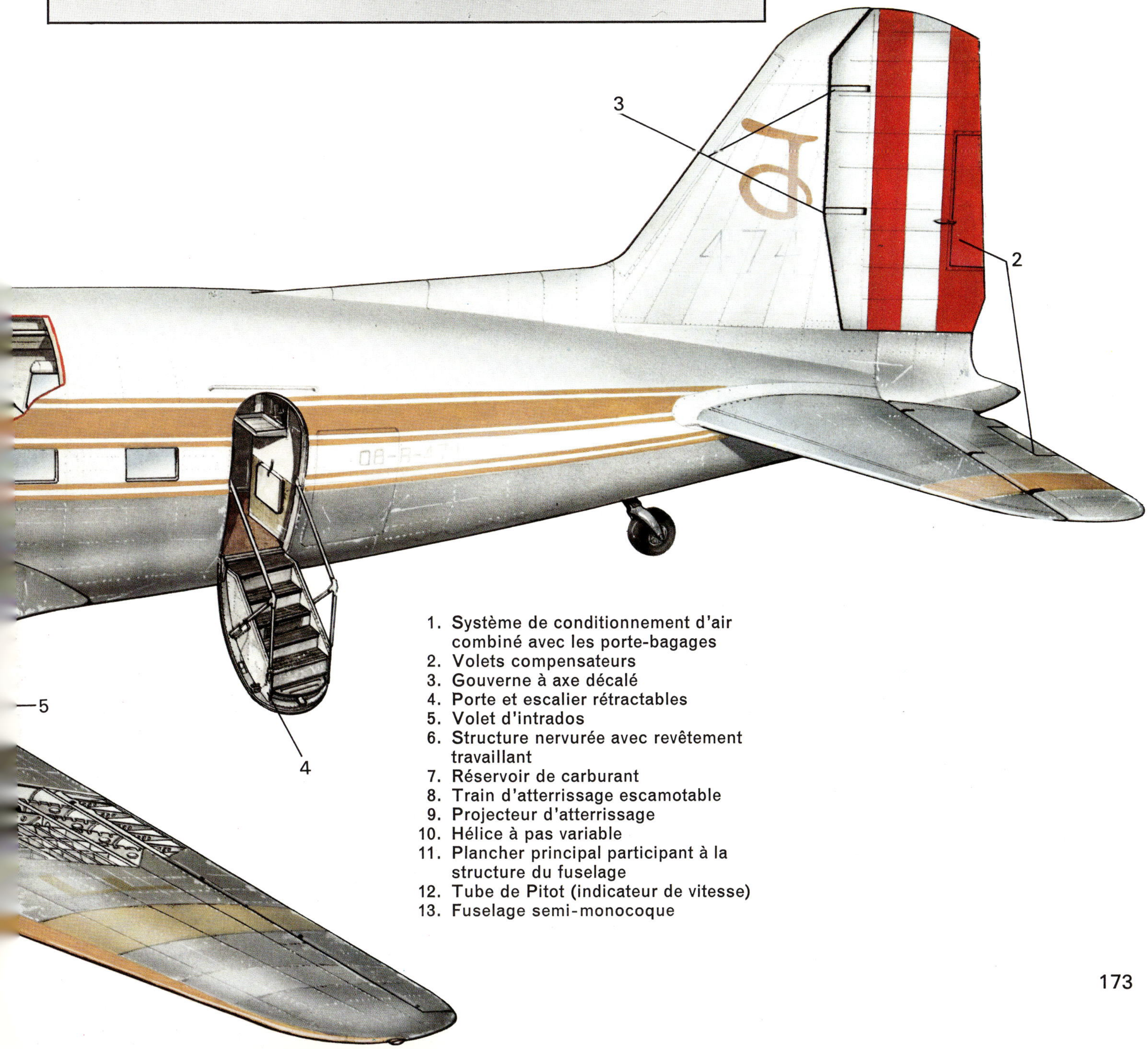

1. Système de conditionnement d'air combiné avec les porte-bagages
2. Volets compensateurs
3. Gouverne à axe décalé
4. Porte et escalier rétractables
5. Volet d'intrados
6. Structure nervurée avec revêtement travaillant
7. Réservoir de carburant
8. Train d'atterrissage escamotable
9. Projecteur d'atterrissage
10. Hélice à pas variable
11. Plancher principal participant à la structure du fuselage
12. Tube de Pitot (indicateur de vitesse)
13. Fuselage semi-monocoque

Les États-Unis, qui furent les derniers à entrer dans la voie du transport aérien, accomplirent en peu de temps d'énormes progrès. Cette spectaculaire renaissance américaine était due à la taille des entreprises industrielles.
Ci-dessus : le Boeing 40 B fut un des avions qui bénéficia de l'expérience des vols postaux transcontinentaux. En service dès 1927, il représente, pour l'époque, un bel exemple d'aérodynamisme et de finesse de ligne ;
ci-contre : avec le Boeing Monomail s'ouvrait l'ère des appareils commerciaux modernes, possédant un revêtement travaillant et un train d'atterrissage escamotable.
Page ci-contre : en haut, la « Croix du Sud », de Jean Mermoz, était un hydravion Latécoère 500 quadrimoteur ; en bas, l'élégant Lockheed 14.

développement économique du pays. Les longs voyages aériens comportaient de nombreux inconvénients : le bruit, les pannes, les escales pour le ravitaillement tous les 300 ou 400 kilomètres. En revanche, les trains et les autocars étaient très confortables, peu bruyants, ne nécessitaient que peu d'arrêts pour le ravitaillement et étaient, en outre, bon marché. Les routes intercontinentales étaient, sauf pour le Canada, le Mexique, ou les Caraïbes, encore interdites à la technologie et les villes du Canada, qui auraient pu faire l'objet de liaisons aériennes, étaient proches de la frontière et déjà bien desservies par le fer et la route.

Il existait pourtant aux États-Unis un certain nombre de petits entrepreneurs privés, assurant des services limités dans les zones de grand peuplement et dans les régions où les transports traditionnels étaient difficiles ou insuffisants, ou encore dans les centres vacanciers comme les Antilles. En revanche, les Américains avaient développé un remarquable réseau aéropostal, très avancé pour l'époque. Organisé par les Postes américaines, le premier service du courrier avait démarré en 1918 entre New York et Washington, et s'était rapidement étendu jusqu'à San Francisco. A partir de 1925, un système de guidage de navigation, encore rudimentaire mais déjà opérationnel, avait été installé à travers l'étendue du continent américain : il consistait en des phares, disposés tous les 40 kilomètres ou plus, et tous les terrains d'atterrissage étaient balisés avec des projecteurs électriques.

Mais, par un de ces retournements de situation caractéristiques de cette période, le gouvernement devait prendre en charge tous les terrains d'aviation privés et allait, en revanche, par le Kelly Act signé en 1925 par le président Coolidge, autoriser le transport aérien de la poste par des compagnies civiles. Ces décisions étaient excellentes, car le gouvernement avait la possibilité d'équiper les aérodromes et les bases d'aide à la navigation avec des moyens modernes, telle la radio, et il assurait aussi la maintenance de tous les appareils destinés à l'aéropostale. Le courrier devait être acheminé quelles que soient les conditions atmosphériques; les appareils de ce service devaient donc être capables de voler par tous les temps avec une charge importante de fret.

Ces avions postaux, même s'ils étaient en nombre limité, servirent de base à ce qui allait devenir l'aviation civile américaine.

Les constructeurs acquirent peu à peu un remarquable savoir-faire; le trajet à effectuer entre les différentes villes principales était mieux connu, les pilotes étaient habitués au vol par mauvaises conditions atmosphériques et le peuple américain avait compris quel bénéfice il pouvait tirer de liaisons aériennes régulières et sûres.

En 1927, la compagnie Boeing, l'un des actuels géants de l'aéronautique mondiale, fit des offres de soumission extrêmement basses pour la liaison Chicago-San Francisco et, à l'étonnement des spécialistes, réussit à faire des bénéfices sur le contrat. Les appareils employés étaient les Boeing 40A, avions très rentables et économiques pour l'époque, quoique encore loin de posséder toutes les qualités aérodynamiques. Le Boeing 40A avait été conçu très sérieusement, avec un grand soin dans les détails et un souci de légèreté, ce qui lui permettait une excellente moyenne de vitesse pendant de longues périodes de temps. Ce genre d'appareil terminait un chapitre dans l'histoire de l'aviation : le temps de l'avion de la Première Guerre mondiale était définitivement révolu.

En 1930, la société Boeing mit en service un appareil d'une technique encore plus avancée : le Boeing Monomail, résultat d'un certain « miracle américain » : une création originale, rompant complètement avec le passé et parfaite, ou presque, dès sa première apparition. L'appareil était doté d'un fuselage métallique de section circulaire et de construction monocoque, d'un moteur en étoile refroidi par air d'un excellent rapport puissance/poids et de consommation raisonnable, d'une voilure basse cantilever de construction métallique et d'un train d'atterrissage rétractable. Le Monomail fut une révélation. Plus fin et plus profilé qu'aucun appareil de cette époque, il était aussi le premier représentant de la technique de construction dite « à revêtement travaillant ».

Cette technique offrait d'énormes avantages : d'une part, cette sorte de revêtement — dont la conception était due à l'ingénieur allemand Adolf Rohrbach en 1924 — absorbait une grande partie des contraintes du vol; d'autre part, elle permettait la construction de voilure à profil mince, ce qui réduisait la traînée, tandis que le fuselage de section circulaire assurait un volume intérieur important pour un minimum de surface, d'où une amélioration de l'aérodynamisme. Toutes ces composantes, qui allaient devenir la base de l'aviation moderne, étaient déjà réunies dans le Boeing Monomail.

L'année suivante, Boeing produisait un autre appareil de ligne générale identique, mais de plus grandes dimensions, pourvu de deux moteurs et prévu comme avion de bombardement. C'était le Boeing B-9, le prédécesseur immédiat du premier appareil commercial réellement moderne, le Boeing 247, apparu en 1932. Cet avion — qui deviendra,

en 1934, sous une forme un peu plus épurée, le B-247D — était un appareil remarquable et aurait mérité un plus grand succès commercial que celui qu'il obtint. C'était, à une époque où les biplans dominaient encore, un avion révolutionnaire qui ouvrait la voie aux avions de transport de la nouvelle génération.

Équipé de deux moteurs en étoile Pratt et Whitney de 550 ch, installés dans des nacelles sur le bord d'attaque de la voilure, le Boeing 247 était un appareil de construction monocoque à revêtement travaillant, avec un fuselage de section ovale, un poste de pilotage entièrement clos et un train d'atterrissage rétractable dans les nacelles des moteurs. Pour augmenter la sécurité au cours des vols en haute altitude, un système efficace de dégivrage était installé sur les ailes et les plans de gouverne, et cela pour la première fois sur un avion de transport commercial. Ce système était simple et consistait en boudins pneumatiques qui pouvaient être alternativement gonflés et dégonflés de manière à briser la glace qui aurait pu s'accumuler sur les bords d'attaque des ailes ou des gouvernes.

Page ci-contre : en haut, le dirigeable « Hindenburg » en vol au-dessus de Spring Beach dans le New Jersey; au centre, le S-75, trimoteur typique de l'aviation civile italienne d'avant-guerre. Il disposait d'une autonomie de vol de 3 000 kilomètres; en bas, le Dewoitine 338 qui fut l'avion typique de la renaissance de l'industrie aéronautique française.

Ci-dessous : une publicité de Shell montrant un Armstrong Whitworth Atalanta.

Pour mettre le 247 au goût du jour, le modèle D était équipé d'hélices à pas variable qui assurait un rendement meilleur et plus économique des moteurs. Le seul défaut de cet appareil était sa trop petite taille : il ne pouvait transporter que dix passagers, alors que les lignes aériennes commençaient à prendre de l'importance. Cependant, le Boeing 247 entra en service dans les United Airlines fondées en 1934 grâce à la fusion de la Boeing Air Transport et de deux autres sociétés. Cet avion fut pour beaucoup dans le succès de cette compagnie, la plus importante des États-Unis.

Les autres principales compagnies aériennes américaines, toujours en activité aujourd'hui, sont la Pan American Airlines, fondée en 1927, et la Transcontinental and Western Air, ou T.W.A. (les initiales ont été conservées bien que la société ait changé de nom : Trans World Airlines). Pour ne pas être surclassée par les Boeing des United Airlines, la T.W.A. demanda à la firme Douglas de produire un appareil similaire mais encore supérieur. Arthur Raymond, l'ingénieur d'études qui fut choisi par la Douglas Aircraft afin de mener à bien ce projet, commença son travail d'une manière un peu inhabituelle : il fit un vol transcontinental au-dessus des États-Unis sur l'un des appareils les plus récents de la T.W.A., le Ford Trimoteur, connu sous le sobriquet de « Tin Goose » (l'Oie de ferblanc), appareil très représentatif des avions commerciaux du temps.

Ce long voyage fut une révélation pour Arthur Raymond : cabine glaciale et bruyante, vibrations, sièges en osier, niveau sonore insupportable. Il insista

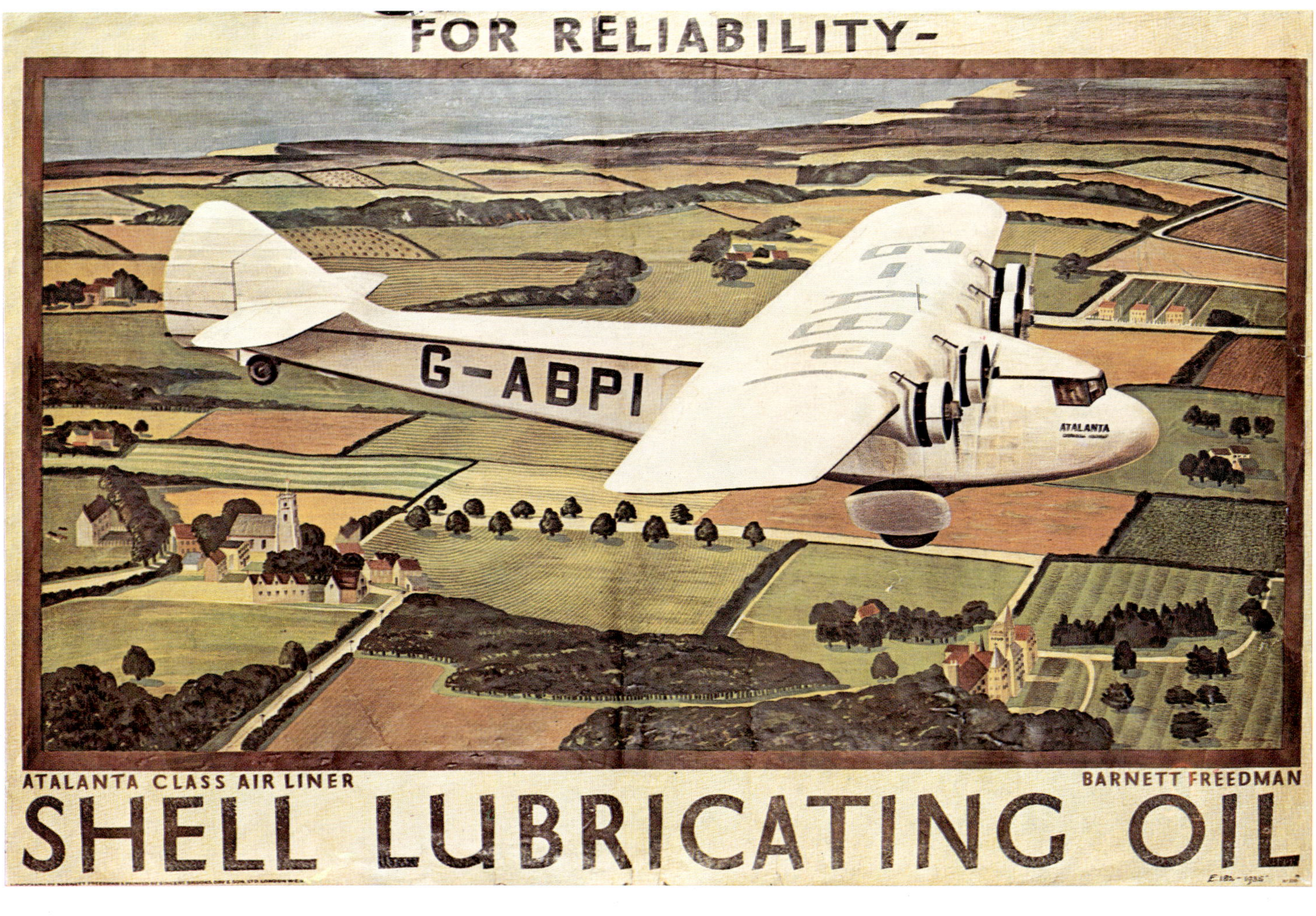

pour faire admettre à Douglas que le confort des passagers avait autant d'importance que la capacité en charge, la vitesse ou le rayon d'action, notions qui avaient jusqu'alors complètement échappé aux constructeurs américains.

Le résultat des études de Raymond fut le Douglas DC-1, dont le prototype vola en juillet 1933. Les performances de ce premier appareil, prévu pour douze passagers, furent si encourageantes que Douglas décida immédiatement la construction d'un modèle plus grand pouvant recevoir quatorze passagers. Cet appareil, le Douglas DC-2, fut aussitôt mis en fabrication et sortit en mai 1934. Il possédait une cabine spacieuse, très confortable, une isolation sonore satisfaisante et une office permettant de préparer des boissons chaudes. Plus rapide que son rival, le Boeing 247, il avait aussi un plus grand rayon d'action, ce qui était d'une grande importance au niveau de l'exploitation commerciale. C'était le premier appareil où tout était conçu pour le confort et l'agrément des passagers, sans sacrifier la vitesse et l'aérodynamisme comme dans les avions des Imperial Airways.

Les Britanniques, d'ailleurs, furent les seuls à considérer ce nouvel appareil avec méfiance. Ils critiquaient le fait que le DC-2 était un monoplan, qu'il était trop rapide, manquait de portance et que ses décollages et ses atterrissages étaient dangereux. Mais les détracteurs ignoraient que le DC-2 était équipé de volets d'intrados, qui réduisent la vitesse de l'appareil dans les périodes critiques et augmentent considérablement la portance. La vitesse la plus basse du DC-2 était de 100 km/h, ce qui était aussi peu rapide, sinon plus lent que la plupart des appareils des années vingt. Mais les excellentes performances de l'appareil finirent par réduire au silence les critiques britanniques les plus acharnées.

Ayant conscience du haut niveau de leur réalisation, les ingénieurs d'études de la Douglas Aircraft décidèrent d'améliorer encore le DC-2 et de construire un appareil plus grand, capable de performances supérieures. Ce fut le fameux DC-3 qui fit son premier vol en 1935 et fut immédiatement adopté par les compagnies aériennes. C'était essentiellement un DC-2 de taille plus importante, propulsé par deux moteurs en étoile, soit des Wright Cyclone de 1 000 ch, soit des Pratt et Whitney en double étoile de 1 200 ch qui remplaçaient les Wright Cyclone 710 ch du DC-2. Le DC-3 transportait vingt et un passagers à la même vitesse que le DC-2, mais était capable de faire des étapes plus longues.

La demande de ce nouveau modèle fut tout de suite extrêmement importante, ce qui entraîna l'abandon du DC-2. En 1938, le Douglas DC-3 occupait la première place sur le marché aéronautique américain. Aucun appareil ne correspondait aussi bien aux besoins des compagnies aériennes, ni, lorsque éclata la Seconde Guerre mondiale, aux besoins des forces armées. Au moment où la production cessa, en 1946, treize mille exemplaires du DC-3 avaient été construits, tant civils que militaires, ce qui représentait le plus grand nombre d'appareils de transport jamais produits. Aujourd'hui, un certain nombre de DC-3 sont encore en service, entre autres en Amérique du Sud.

Le DC-3 contribua beaucoup à l'expansion des voyages aériens à travers les États-Unis. Jusque vers les années vingt, le chemin de fer et l'automobile pouvaient encore concurrencer favorablement l'avion, même sur de longs parcours, mais la situation changea lorsque les DC-2 et les DC-3 entrèrent en scène. Les nouveaux avions étaient presque aussi confortables que les trains, et leur rayon d'action plus important limitait à quatre ou cinq les escales nécessaires à la traversée du continent.

Tandis que le DC-2 et le DC-3 accaparaient le haut de la gamme du marché des avions de ligne, la firme Lockheed se taillait un même succès avec un appareil plus petit. A partir du milieu des années vingt, Lockheed s'était consacré à la production de petits appareils à grande vitesse et à long rayon d'action, destinés à la poste aérienne ou aux vols de raid, dont le meilleur exemple était le Lockheed Vega. Avec l'accroissement de l'aviation civile vers la fin de la décennie, Lockheed entama la production d'un appareil d'une conception plus avancée : l'Orion. C'était un avion monoplan à ailes basses, de ligne élégante et de construction mixte, équipé d'un train d'atterrissage rétractable.

Étant une firme relativement peu importante, Lockheed décida qu'elle devait prendre tous les risques pour produire un appareil bimoteur qui, plus petit que les Boeing et les Douglas, pourrait occuper la partie encore libre du marché. Le nouvel appareil, le Lockheed 10 Electra, apparut en février 1934 : c'était un bimoteur de huit places, équipé de deux Pratt et Whitney Wasp Junior en étoile de 450 ch chacun. L'avion fut un succès et Lockheed poursuivit avec le modèle 12, plus petit et plus rapide, puis avec ce qui devait être le véritable avion de transport léger de l'époque : le modèle 14.

Les nouveaux aéroports

Dans les premiers jours de la navigation aérienne, les aéroports étaient relativement simples : un grand terrain herbeux et les quelques services indispensables pour l'entretien des appareils, l'accueil des passagers et des autorités douanières. Ces installations rudimentaires permettaient de situer les aéroports assez près du centre des villes qu'ils devaient desservir.
Avec l'accroissement de la dimension des appareils et celui du nombre des utilisateurs, les anciens aéroports devinrent rapidement démodés. Les grands appareils réclamaient des pistes plus longues, des sols cimentés, des hangars de rangement et des ateliers de maintenance. Le plus grand volume de trafic exigeait un agrandissement des services administratifs, un contrôle

de sécurité de vol, un équipement radio, un balisage électrique efficace, etc.
Vers la fin des années vingt, les aéroports commencèrent à prendre l'aspect qu'ils ont de nos jours. Leurs dimensions leur interdisaient les zones urbaines ; ils durent donc être installés beaucoup plus loin du centre des villes que ne l'étaient leurs prédécesseurs. Cet éloignement impliqua la création de nouveaux réseaux ferrés ou routiers pour relier les cités et les aéroports.
Les données de base étaient établies et les autorités les plus compétentes certifiaient que leurs aéroports étaient situés dans des zones où il serait possible de pratiquer des agrandissements lors de l'apparition de modèles plus importants et plus sophistiqués.
Dans ce domaine particulier, les responsables américains apprécièrent mieux que les Européens le développement du transport aérien et installèrent des aéroports auprès de villes de petite importance, préparant ainsi l'avenir intelligemment.
Ainsi, aujourd'hui encore, les petites cités américaines sont-elles beaucoup mieux desservies que ne le sont leurs homologues européennes.

A gauche : *les anciens appareils étaient légers et très sensibles aux différences de poids. Il était donc nécessaire de peser soigneusement les passagers et les bagages pour en répartir le poids au mieux ;*
en cartouche, à gauche : *en 1935, Croydon était le principal aéroport de Londres. On aperçoit plusieurs appareils sur le parking : un français (le plus proche), deux anglais, un néerlandais et un avion allemand entre les deux hangars ;*
ci-dessous : *deux antennes radio dominaient l'aéroport de Tempelhof, à Berlin, ici en 1928 ;*
en bas : *un Lockheed 14 de la K.L.M., sur l'aérodrome de Schiphol, à Amsterdam.*

Entièrement métallique et de construction monocoque, le modèle 14 était un remarquable petit avion capable de soutenir une vitesse moyenne de plus de 300 km/h. L'une de ses principales caractéristiques était son double empennage de forme ovoïde qui, depuis le modèle 10, était le « cachet » particulier des Lockheed. Une autre caractéristique était les extensions bizarres de ses bords de fuite; c'était là le « secret » du modèle 14. En effet, les ingénieurs avaient, pour obtenir un avion aussi rapide que possible, diminué au maximum la surface de voilure afin de réduire la traînée aérodynamique. Cette conception affaiblissait d'autant la portance de l'appareil, dont la vitesse d'atterrissage aurait été beaucoup trop grande sans un dispositif spécial : les volets Fowler « à recul » qui furent utilisés pour la première fois sur le Lockheed 14.

Douglas avait adopté les volets de bords de fuite simples, mais Lockheed avait préféré les volets Fowler pour leur meilleur rendement. En effet, ces volets, l'un des systèmes hypersustentateurs les plus efficaces, augmentaient la surface alaire, donc la portance, et avaient également pour effet de réduire considérablement la vitesse au décollage ainsi qu'à l'atterrissage.

Au point de vue de l'aérodynamisme, le Lockheed 14 était, lors de son apparition en 1937, très avancé et fut en fait le plus sophistiqué des avions civils avant la Seconde Guerre mondiale. Il fut aussi le premier avion de ligne à être équipé de moteurs à compresseur double vitesse, et le premier appareil commercial sur lequel étaient montées des hélices à vitesse constante. Ce dispositif consiste en un régulateur dont la vitesse de rotation est proportionnelle au nombre de tours du moteur; il est connecté à la fois à l'hélice et à la commande de pas d'hélice du pilote, et garantit la meilleure combinaison calage d'hélice et nombre de tours/moteur nécessaire à un bon rendement de ce dernier, tout en évitant la survitesse. Ce système devait se généraliser par la suite.

L'Amérique, avec des séries d'appareils comme les Douglas et les Lockheed, avait non seulement rattrapé son retard, mais encore s'était hissée à la première place dans le domaine de l'aviation civile. Les principales causes de cette spectaculaire expansion étaient avant tout l'adoption des théories de Rohrbach sur le « revêtement travaillant », le fait qu'il n'existait pratiquement pas d'appareils anciens, ni de traditions sclérosantes qui auraient pu entraver la création des nouveaux modèles, enfin l'existence d'une gamme importante de moteurs en étoile disponibles dans diverses puissances. Ce dernier point était dû à la concurrence acharnée qui était née en 1925, lorsque quelques-uns des meilleurs techniciens de la société Wright avaient décidé de fonder la compagnie Pratt and Whitney.

Les constructeurs européens avaient eux aussi poussé leurs recherches dans la même direction que leurs homologues américains, mais beaucoup plus lentement, gênés qu'ils étaient par l'inertie d'une routine qui datait des premiers jours du transport aérien, juste après la Première Guerre mondiale. Junkers, par exemple, mit en service, en 1929, son G-38. Ce monstre, qui était utilisé sur la ligne de la Lufthansa entre Berlin et Londres en 1931, était un mélange curieux des anciennes et des nouvelles techniques. Le gouvernail de profondeur était de structure biplane, laquelle était séparée par des triples dérives et le train d'atterrissage était du type traditionnel. La voilure, cependant, où étaient encastrés les quatre moteurs, était cantilever, de construction métallique et à profil épais. Les sept membres de l'équipage et les trente-quatre passagers étaient installés dans la partie avant et centrale du fuselage. C'était un appareil intéressant, mais dont la vitesse de croisière était peu élevée, comparativement aux modèles américains, car elle ne dépassait pas les 180 km/h.

Le Short Scylla britannique, le contemporain du G-38, était un biplan quadrimoteur capable de transporter quarante passagers à 160 km/h seulement. Peu de temps après, en 1932, apparut le Armstrong Whitworth Atalanta, plus avancé techniquement. C'était un monoplan à ailes hautes, du style Fokker, à quatre moteurs, d'une ligne épurée, mais définitivement compromis par un train d'atterrissage fixe et des hélices sous-dimensionnées. Utilisé pour desservir les lignes coloniales de la compagnie Imperial Airways, il pouvait transporter neuf passagers confortablement installés, à une vitesse d'environ 200 km/h. Huit exemplaires avaient été mis en service, dont trois furent perdus accidentellement.

La comparaison entre ces avions commerciaux européens — y compris le Fokker FX VIII de 1932, qui emportait quatorze passagers à 250 km/h — et les appareils de conception américaine, en construction ou en projet, illustrait assez le retard qu'avaient pris les constructeurs européens dans une compétition technologique ressemblant à une guerre non déclarée. L'avance des Américains était telle que leurs appareils dominaient, dans les années trente, la totalité du marché civil.

Pourtant, les Européens avaient produit, à cette époque, quelques excellents appareils. Le Junkers Ju-52 trimoteur était devenu, en nombre et en degré d'utilisation, l'équivalent allemand du DC-3 américain. Il en fut construit plus de 2 800, et quelques-uns étaient encore en service jusqu'à une période récente. Capable de transporter dix-sept passagers, le Ju-52 soutenait facilement la comparaison avec son homologue d'outre-Atlantique, aussi bien pour le confort que pour la rapidité. Mais Junkers, qui avait compris que son système de revêtement en duralumin ondulé était dépassé techniquement, tournait son attention vers les revêtements travaillants. Il en résulta des appareils de silhouette épurée et aux bonnes performances.

Les Ju-60 de 1933 et les Ju-86 de 1936 en furent d'excellents exemples. Le Ju-60 devait concurrencer le Lockheed Orion, mais ne fut pas compétitif, car de conception un peu retardataire; la Lufthansa choisit à sa place le Heinkel He-70 Blitz. Le Ju-86, tout comme le Heinkel He-111, était un gros appareil théoriquement conçu pour égaler les appareils américains, mais leur destinée fut très différente. Si le Junkers 86 fut intensivement utilisé par la Lufthansa, le Heinkel 111, prévu pour être, ostensiblement, un avion de transport, ne tarda pas à révéler sa véritable vocation : transporter des bombes plutôt que des passagers. Entré en service dans la Luftwaffe en 1936, il fut l'un des principaux bombardiers moyens allemands de la Seconde Guerre mondiale. Le Ju-86 fut du reste également utilisé comme bombardier et en tant qu'appareil de reconnaissance à haute altitude, après un allongement de la voilure. Quant au Ju-52, il fut aussi employé comme bombardier dans les premiers temps du conflit, puis comme avion de transport militaire et de parachutage.

En Grande-Bretagne aussi, les chefs des bureaux d'études tentèrent de rattraper les Américains et développèrent, vers le milieu des années trente, un certain nombre d'appareils intéressants. Le Bristol 142, conçu en 1933 et mis en service en 1935, était un appareil d'une classe équivalente au Lockheed moyen-courrier.

Son histoire était curieuse. Commandé à Bristol par lord Rothermere, un magnat de la presse anglaise, en tant qu'avion d'affaires, ses performances (480 km/h de vitesse de pointe) dépassaient celles des plus récents avions de chasse de la R.A.F. En fait, l'avion, qui fut offert au ministère de l'Air par son propriétaire, avait une vocation purement militaire et n'eut qu'une carrière symbolique dans l'aviation civile. Il fut, en revanche, développé comme avion de bombardement léger, sous le nom de Bristol

La période qui précéda immédiatement la Seconde Guerre mondiale vit apparaître plusieurs avions commerciaux quadrimoteurs d'une technique très avancée.
Page ci-contre : le Boeing modèle 307 Strato-liner était un dérivé d'un appareil de transport militaire. C'était le premier avion de transport à être doté d'une cabine pressurisée. Il fut utilisé, après la guerre, sur les lignes transatlantiques.

Ci-contre : au centre, apparu trop tard pour pouvoir entrer en service en tant qu'avion commercial, le Focke-Wulf 200 fut transformé en un excellent avion de reconnaissance maritime et de bombardement au cours de la Seconde Guerre mondiale; en bas, le Fiat G-18 V, construit en 1937, était inspiré du DC-3. Il pouvait transporter 18 passagers à la vitesse de 340 km/h.

« Blenheim », et utilisé avec succès pendant les premiers mois des hostilités. A cette époque, les quelques avions de transport civil britanniques à peu près réussis l'avaient été du fait de l'initiative privée, les trois meilleurs étant un petit monoplan bimoteur, l'Airspeed Courier, et deux appareils de chez de Havilland, les biplans Dragon et Rapide, qui furent utilisés en assez grand nombre par les compagnies britanniques.

L'industrie aéronautique française, qui avait commencé de décliner au cours des années vingt, n'était guère florissante à la décennie suivante. Les causes de cette décadence étaient multiples : la prolifération de petites compagnies aériennes, dont la plupart n'avaient pas les moyens financiers nécessaires à l'étude de nouveaux projets, ni la possibilité de

Page ci-contre, en haut : à part certaines exceptions, les avions soviétiques des années trente étaient relativement puissants, mais de silhouette anguleuse. Le modèle typique de cette tendance fut le Tupolev ANT-20 Maxime Gorki *qui s'écrasa après une collision avec un petit avion au-dessus de l'aérodrome de Moscou (mai 1935).*

Ci-contre : l'hydravion bimoteur Macchi MC 94, de 1936. Il fut utilisé par l'Ala Littoria et quelques exemplaires ont été exportés en Argentine;
ci-dessous : un hydravion britannique Short Empire en vol au-dessus de New York.

les faire réaliser; la situation politique instable où les gouvernements, qui se succédaient à un rythme accéléré, étaient dans l'impossibilité d'assurer la réalisation de plans à long terme. En 1933, la société nationale Air France avait été créée afin de regrouper les petites compagnies, mais l'apport de ces sociétés consistait surtout en appareils disparates de quelque vingt-cinq modèles différents, dont la plupart étaient des monomoteurs déjà périmés. Vers 1935, Air France ne possédait encore que quelques trimoteurs : le Breguet 282, le Dewoitine 332, le Wibault-Penhoët 283 qui transportait dix passagers à la vitesse de 260 km/h et qui fit une longue carrière.

En 1936, l'industrie aéronautique française fut nationalisée et réorganisée. Le 11 août de cette même année, six nouvelles sociétés avaient été créées dans différentes régions : Nord, Ouest, Sud-Est, Sud-Ouest, Centre et Midi, qui furent regroupées en une seule grande société nationale. Les effets de ces réformes, bien qu'elles aient été critiquées à l'époque, ne tardèrent pas à se faire sentir; le génie des ingénieurs français pour l'aérodynamique leur permit de produire de nouveau des appareils d'un excellent fini et d'une grande finesse de ligne, ce qui leur assurait de bonnes performances. Des problèmes d'études et de coordination existaient bien encore, mais une nouvelle classe d'avions, tant civils que militaires, était en train de naître dans les bureaux d'études et les terrains d'essais. Vers la fin des années trente, Air France avait encore étendu son réseau de lignes aériennes : il couvrait alors le monde entier et mettait en service des appareils excellents, tels le Farman 220 quadrimoteur, le Potez 62 et le Dewoitine 338 à train d'atterrissage rétractable et à hélice à pas variable, dont certains volaient encore après la Seconde Guerre mondiale.

Aux États-Unis, les compagnies aériennes conservaient leur avance. Les ingénieurs envisageaient, grâce à l'apparition d'une nouvelle génération de moteurs encore plus puissants, la construction d'appareils quadrimoteurs capables de faire franchir à l'aviation une nouvelle étape. Ces avions devaient être capables, du moins l'espéraient-ils, de transporter davantage de passagers sur des étapes plus longues et à des vitesses plus élevées. Boeing, toujours à la pointe du progrès, avait conçu, dès 1935, deux modèles d'appareils quadrimoteurs de bombardement : c'étaient les prototypes XB-15 et le modèle 299. Ce dernier allait être connu sous le nom de B-17 « Forteresse volante ».

A cette époque, les performances des avions leur permettant d'atteindre des altitudes de l'ordre de 6 000 à 10 000 m, les passagers et les pilotes souffrirent de troubles physiques et psychiques dus à la pression atmosphérique réduite. Le besoin de rétablir cette pression fut très vite admis et conduisit à la réalisation d'une cabine spécialement équipée. Celle-ci constituait, dès que toutes les issues étaient fermées, une cellule étanche dans laquelle, au fur et à mesure que l'avion prenait de la hauteur, la pression était maintenue à un taux équivalent à celui d'une altitude inférieure. On utilisait pour cela une provision d'air à température donnée, répartie dans la cabine par des circuits et des groupes spéciaux. Le principal problème résidait dans la construction du fuselage lui-même qui devait être étanche, de façon à maintenir une pression positive différentielle entre la cabine et l'air extérieur. Quoique les

L'augmentation du réseau aérien

Quoique relativement nouveaux venus dans le domaine de l'aviation commerciale, les États-Unis possédaient, dès 1927, un réseau aérien transcontinental satisfaisant, fondé sur les itinéraires de la poste aérienne. La première partie de la route New York - San Francisco, jusqu'à Chicago, était desservie par la National Air Transport et, à partir de Chicago, par la Boeing Air Transport. Bien que le trafic des passagers fût minime à côté de celui de la poste, les bases d'un véritable service commercial étaient d'ores et déjà jetées. Les routes secondaires étaient desservies par des compagnies comme Ball, Colonial, Colorado, Florida, Ford, National, Northwest, Robertson, Stout, Varney et Western. En 1946, le réseau aérien des États-Unis était devenu, malgré la guerre, une énorme toile d'araignée tendue au-dessus du continent ; les compagnies s'appelaient alors les American Airlines, United Airlines, Eastern Airlines, T.W.A., Braniff et Western Airlines. D'autres petites compagnies étaient installées dans les régions isolées et utilisaient des aérodromes locaux.
Le graphique *(à droite)* illustre l'accroissement du nombre de passagers au kilomètre entre 1930 et 1944, et quelle part les lignes américaines prennent dans l'ensemble de la situation mondiale.

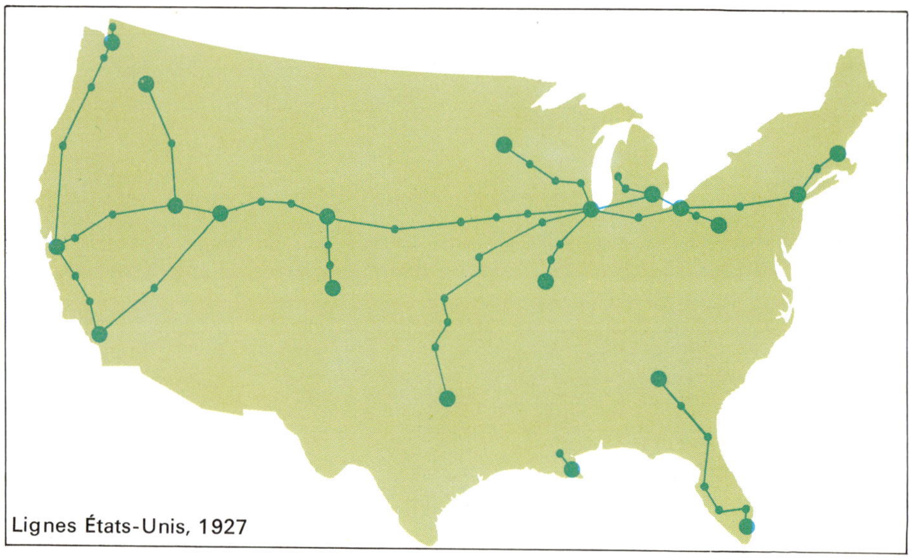
Lignes États-Unis, 1927

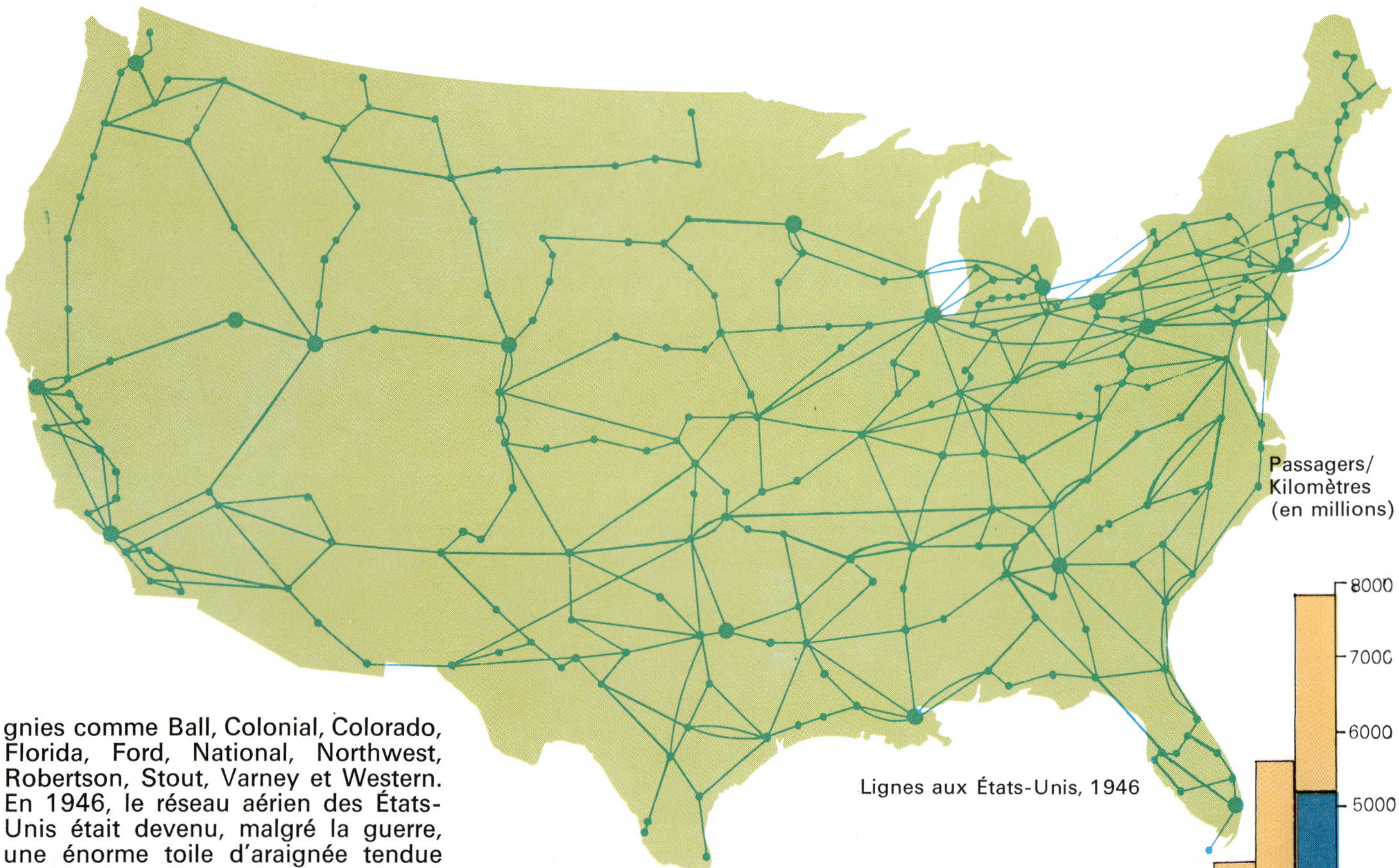
Lignes aux États-Unis, 1946

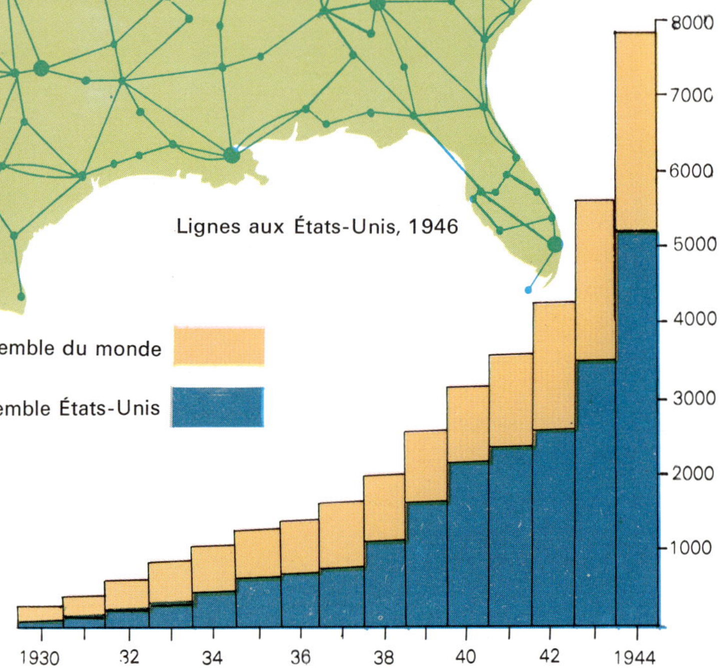

Cette couverture de catalogue des Imperial Airways met moins l'accent sur l'aspect commercial que sur l'exotisme des routes coloniales aériennes vers l'Afrique du Sud, l'Extrême-Orient et l'Australie, desservies par des hydravions.

Français et les Anglais aient travaillé sur ce problème entre les années vingt et trente, le premier avion convenablement pressurisé fut le Lockheed XC-35 mis en service en 1937.

D'autres nations s'intéressaient à l'aviation commerciale, dont la Russie soviétique, où l'industrie aéronautique était une énigme pour les Occidentaux, quoique l'on sût que les Soviétiques avaient fabriqué un grand nombre d'appareils, en majorité militaires. Cependant la plus grande partie des ressources aéronautiques civiles du pays était réservée pour les avions de records et les appareils expérimentaux qui pouvaient faire progresser la technologie. Les ingénieurs soviétiques produisirent ainsi un appareil à long rayon d'action, conçu par Andrei Tupolev, l'ANT-20, un avion géant monoplan octomoteur capable de transporter de vingt à quatre-vingts passagers; mais c'était surtout un instrument de propagande comportant un grand salon et une salle de cinéma à l'intérieur du fuselage, une imprimerie dans l'aile bâbord, un studio photographique dans l'aile tribord, un équipement radio et téléphonique. Il était aussi doté de haut-parleurs puissants et de phares sous la surface inférieure des ailes avec lesquels il pouvait communiquer avec le sol. La compagnie aéronautique soviétique Aeroflot fut créée en 1932, mais ce n'est qu'après la Seconde Guerre mondiale que l'U.R.S.S. réussit à rattraper l'avance qu'avaient pris les pays occidentaux, aussi bien en dimensions qu'en développement technique.

Les avions terrestres étaient destinés à dominer le monde de l'aviation, mais, durant les années vingt à trente, la plupart des gens s'imaginaient que les vols long-courriers ne pouvaient être effectués que par des hydravions. Leurs avantages semblaient évidents : suppression du train d'atterrissage (toujours assez faible dans les anciens appareils) en faveur d'une robuste paire de flotteurs ou d'une vaste coque; grande capacité de charge en fret et en carburant et, naturellement, possibilité de flotter si l'appareil était obligé d'amerrir à la suite d'une panne de moteur.

La France, qui possédait un vaste empire colonial s'étendant de l'Extrême-Orient à l'Afrique centrale, et qui avait posé les premiers jalons des lignes de l'aéropostale en direction de l'Amérique du Sud, utilisait un grand nombre d'hydravions pour desservir ses lignes aériennes. Vers la fin des années vingt, les différents modèles en service, comme les hydravions à coque CAMS, Breguet, Lioré et Olivier, étaient encore de conception relativement avancée et obtinrent, jusqu'au début des années trente, de beaux succès en vols de raid. Mais, dès cette époque, l'industrie aéronautique française commença de décliner et, faute de nouvelles machines pour les remplacer, les anciens appareils, alors démodés, durent rester en service. La controverse s'était d'ailleurs engagée sur les types d'appareils à produire en priorité : avions terrestres ou hydravions. La catastrophe du Latécoère 300 « Croix du Sud », qui entraîna la mort du pilote Jean Mermoz, inspecteur général d'Air France, en décembre 1936, avait jeté le discrédit sur ce genre d'appareil. Cependant, après la nationalisation des industries aéronautiques, de nouveaux modèles plus évolués furent mis à l'étude; le déclenchement de la Seconde Guerre mondiale mit cependant brutalement fin à de nombreux et intéressants projets. Le dernier voyage d'études, qui allait ouvrir la voie à un service régulier pour la traversée de l'Atlantique Nord avec des hydravions géants Latécoère 521, eut lieu le 28 août 1939, exactement cinq jours avant le début de la guerre.

La Grande-Bretagne dépendait également de l'hydravion pour desservir ses colonies et ses dominions. Construit en 1928, sur les spécifications des Imperial Airways, le Short Calcutta était destiné aux routes d'Afrique et des Indes. Transportant quinze passagers, cet hydravion à coque trimoteur volait à une vitesse relativement basse (145 km/h); c'était cependant un appareil très sûr qui resta en service la décennie suivante et fut un exemple de confort et de ponctualité. En 1931, le Short Kent quadrimoteur, qui pouvait transporter seize passagers, fut mis à son tour en service.

L'une des plus piquantes expériences entreprises à cette époque fut celle de l'avion composite « Mayo » qui apparut comme la solution au problème du vol à grande distance. Elle avait été suggérée par le fait qu'un avion est capable de transporter un poids plus élevé que celui qu'il peut soulever au décollage. Le composite « Mayo » était constitué de l'hydravion-porteur à coque quadrimoteur « Maia » qui devait transporter, au-dessus de sa voilure, le quadrimoteur à flotteurs « Mercury » jusqu'au moment de son largage. Bien que les essais fussent satisfaisants, ce projet révolutionnaire n'eut pas de suite.

En Allemagne, on s'intéressait également aux hydravions, et le grand succès remporté par le Dornier Wal à coque avait beaucoup impressionné les milieux aéronautiques des années vingt. Mais Dornier avait d'autres projets; en 1929, il sortit le monstrueux Dornier Do X, un hydravion à coque géant de 48 m d'envergure, propulsé par douze moteurs Curtiss de 600 ch, entraînant des hélices tractices et propulsives qui étaient montées par paires au-dessus de la voilure. Mais cet appareil, beaucoup trop gros et trop lourd pour ses moteurs, n'eut pas un grand succès. Il fit malgré tout, entre le 5 novembre 1930 et le 24 mai 1932, un long périple de prestige au cours duquel il franchit deux fois l'Atlantique et fut magnifiquement reçu à New York. Intéressés comme les Anglais à la distribution rapide du courrier postal, les Allemands avaient généralisé un système original d'« accélération postale » expérimenté auparavant sur l'Atlantique Nord par un hydravion français Léo H 198, lancé à partir du paquebot *Ile-de-France* (1928), et par un Heinkel He 12, à partir du *Bremen* (1929). Le système consistait à catapulter un hydravion chargé du courrier à partir d'un navire de surface lorsque celui-ci était au milieu de l'Océan. L'hydravion choisi pour ce service fut le quadrimoteur Blohm et Voss Ha 139.

Ce genre de liaison postale durera jusqu'en 1939, époque où le Dornier Do 26 entra en service.

Cet appareil, le plus bel hydravion à coque jamais construit, était de ligne très aérodynamique, et ses quatre moteurs — deux tracteurs et deux propulseurs — étaient montés au-dessus de la voilure; ses flotteurs de bout d'aile étaient rétractables afin d'améliorer les performances qui atteignaient une vitesse de 320 km/h et un rayon d'action de 800 km, ce qui lui aurait sans doute permis de mettre en route un service régulier au-dessus de l'Atlantique Nord, si la guerre n'en avait stoppé le projet. Les États-Unis, que la Grande-Bretagne avait précédés sur les lignes transocéaniques, avaient concentré leur activité sur les routes des Antilles, de l'Amérique du Sud et de l'Extrême-Orient. Trois hydravions américains firent leur apparition au cours des années trente : le Sikorsky S-42, le Martin 130 en 1934 puis le Boeing 314 en 1938.

Le Sikorsky à coque était un quadrimoteur capable d'une vitesse de 300 km/h, où les passagers étaient très confortablement installés dans de petites cabines. Le Martin 130, connu également sous le nom de Martin Ocean Transport, était un bel appareil muni de stabilisateurs de flottaison de chaque côté du fuselage, selon le système Dornier. Le Boeing 314, assez semblable au Martin, était dépourvu de stabilisateurs.

Tous ces appareils, qui pouvaient rivaliser en luxe et en confort avec les hydravions de ligne britanniques, étaient utilisés sur les routes aériennes du Pacifique, vers l'Australie, la Nouvelle-Zélande, les Philippines et la Chine, via les îles du Pacifique.

Vers la fin des années trente, l'aviation commerciale avait fait de considérables progrès, surtout avec la réduction du bruit des moteurs et l'atténuation des vibrations.

Les fuselages à section circulaire des nouveaux appareils permettaient de transporter un plus grand nombre de

Ci-dessous : un Heinkel He 12, hydravion postal à flotteurs, est catapulté à partir du paquebot Bremen *à 400 km de New York le 22 juillet 1929; en bas : à gauche, le grand hydravion à coque Boeing modèle 314 Clipper utilisé sur les routes aériennes du Pacifique; à droite, un hydravion postal à flotteurs Short Mercury décolle à partir de son « avion porteur », le Short « Maia » à coque. L'hydravion à flotteurs était destiné à transporter le courrier au-dessus de l'Atlantique.*

passagers, sans réduire pour autant l'espace dévolu à chacun. Quant à la sécurité des voyages aériens, elle fut clairement prouvée par la diminution des tarifs des assurances. Ainsi, en mars 1933, l'assurance pour un voyage sur les lignes britanniques passait de 12 shillings à 1 shilling pour 1 000 livres sterling.

La guerre arrêta l'expansion de l'aviation civile européenne juste au moment où les Américains entraient dans la course. A cette époque, les États-Unis avaient pris la tête dans la compétition de l'aviation commerciale, mais celle-ci restait encore, dans son ensemble, dans une période transitoire. Bien qu'ayant une grosse supériorité technique sur leurs prédécesseurs, les appareils entièrement métalliques des années trente n'étaient pas encore parfaits : l'absence de cabine pressurisée ne leur permettait pas de voler à une altitude où ils auraient été à l'abri des turbulences et du mauvais temps. Leurs dimensions étaient encore insuffisantes, aussi bien pour le transport des passagers que pour le fret, et ce n'est qu'à partir du Boeing 307 Stratoliner, appareil quadrimoteur et pressurisé, que l'aviation commerciale pouvait prendre un nouvel essor.

La traversée de l'océan Pacifique, constellé d'îles où pouvaient se ravitailler les hydravions, était désormais possible, mais il n'en était pas de même pour l'océan Atlantique, où n'existait aucun point d'escale et qui ne fut desservi qu'en 1939 par la Pan American, avec un vol régulier par hydravion Boeing 314 entre New York et Southampton, via les Bermudes et Lisbonne.

En dépit, donc, d'énormes progrès dont les principaux avaient été faits aux États-Unis, le développement de l'aviation civile commerciale était encore limité par la faible longueur des étapes et le prix élevé du passage. Ce n'est qu'après la fin de la Seconde Guerre mondiale que l'aviation de ligne devint une industrie importante avec les vols long-courriers et la diminution des tarifs.

Ci-dessus : un cliché classique du principal avion de chasse allemand, le Messerschmitt Bf 109, qui fut maintenu en service jusqu'en 1945. Le modèle représenté ici est le Bf 109B-1, qui équipa les escadrilles de la Luftwaffe à partir de 1938. L'un de ses plus importants défauts était son train d'atterrissage à voie étroite fixé au fuselage et s'escamotant dans la voilure;
ci-contre : la renaissance de la force aérienne allemande vers la fin des années trente est démontrée de façon évidente par ce vol groupé des Dornier Do 17 de la nouvelle Luftwaffe au cours d'une cérémonie à la gloire du parti national-socialiste.

LA PRÉPARATION A LA GUERRE

Les forces aériennes mondiales avaient, durant les vingt années qui séparent les deux guerres mondiales, subi un fort déclin. La raison en était les réductions généralisées des budgets financiers et, tout au moins pour les nations sorties vainqueurs du conflit, une répugnance générale à tous les aspects du « militarisme ». Les forces aériennes souffrirent spécialement de cet état d'esprit car l'armée de terre et la marine étaient des armes de tradition, dont la valeur et l'utilité étaient reconnues depuis des siècles, tandis que l'aviation avait encore à peine fait ses preuves. Elle fut donc la première sacrifiée.

Bien qu'un bâtiment de guerre coûte fort cher, il reste en service de nombreuses années, sans grand risque d'accident. Il en va de même pour le matériel utilisé par l'armée de terre : artillerie, mitrailleuses, fusils et armes de poing, à durée d'utilisation fort longue. En revanche, l'avion, très coûteux lui aussi, a un temps de service relativement court. Cela représentait un problème difficile à résoudre au niveau des états-majors aériens : avec des crédits limités et des gouvernements nullement disposés à faire un effort financier pour un matériel rapidement démodé, le nombre des appareils utilisables en service actif était presque toujours inférieur à ce que les états-majors considéraient comme un minimum. La seule solution était d'utiliser des appareils dont la rentabilité, par rapport à leur prix de revient, pût satisfaire aux exigences des gouvernements.

Cette politique ne fut jamais plus apparente qu'en Grande-Bretagne où, à part quelques rares modèles de chasseurs et de bombardiers spécialisés, la plupart des appareils en service étaient du type « usage général » et pouvaient, avec plus ou moins de bonheur, être utilisés à toutes fins.

La situation de la France n'était guère meilleure : craignant à la fois la renaissance du militarisme allemand, confiante dans la neutralité des pays limitrophes et gardant le « complexe du vainqueur », la France avait dépensé le plus gros de son budget militaire dans la construction de la ligne Maginot, prétendument imprenable... Le pacifisme des divers gouvernements, qui refusaient de souscrire aux demandes des militaires, avait eu pour conséquence de faire petit à petit décliner la qualité du matériel et des pilotes. Aux restrictions de crédits s'ajoutèrent un manque de détermination et un laisser-aller qui affaiblirent rapidement ce qui avait été la deuxième, sinon la première force aérienne mondiale. On continua donc à utiliser les appareils issus de la Première Guerre mondiale, et les quelques modèles plus évolués qui furent alors produits étaient réservés pour les courses et les raids de prestige. Vers 1930, les industries aériennes françaises avaient perdu le contact avec les progrès de l'aviation militaire.

Pourtant, les états-majors avaient pu se rendre compte de l'utilité d'une aviation militaire efficace, même durant des périodes de paix. Vers la fin des années vingt, la révolte du Rif, au Maroc français et espagnol, avait causé de sérieux problèmes de logistique; l'aviation avait rendu de grands services, aussi bien comme mode de transport que comme soutien des troupes au sol. Les appareils employés étaient des anciens Breguet 14 et des Salmson 2, déjà démodés à l'époque. Mais les avions destinés au rééquipement partiel des forces françaises étaient de conception bâtarde et devaient tenir, pour des raisons d'économie, le triple rôle de chasseur, d'appareil de reconnaissance et d'avion de bombardement. Le type de cet engin à tout faire était l'Amiot 143, l'un des bimoteurs les plus inesthétiques jamais construits. Ses contemporains, les Farman 221 et 222 et le Potez 540, n'étaient guère plus réussis.

Les Britanniques avaient les mêmes problèmes et la Royal Air Force avait également subi un dangereux déclin.

Il était impossible, sans matériel adéquat, d'étudier de nouvelles théories militaires, et l'état-major devait se contenter de conserver les tactiques éprouvées au cours du dernier conflit. Le manque de crédit empêcha même la R.A.F. de participer, sur le plan technique, à l'élaboration des appareils de compétition qui triomphèrent dans les courses des années trente, tel l'hydravion Supermarine, vainqueur de la Coupe Schneider.

Vers 1930, la R.A.F. était réduite à tenir un rôle de « policier » dans les divers pays de l'Empire britannique, à Chypre, en Irak et surtout aux Indes et en Afghanistan durant la révolte du « Mad Mullah » en 1928-1929. Dans ces contrées hostiles, où les colonnes d'infanterie étaient toujours menacées par les embuscades des rebelles, la R.A.F. joua le même rôle que l'aviation française durant la révolte du Rif. Comme pour cette dernière, les appareils engagés dans l'action étaient des survivants de la Première Guerre mondiale, tels le Bristol F2B et le de Havilland DH 9, parfaitement démodés. Un peu plus tard apparurent quelques appareils de remplacement comme le Westland Wapiti et le Hawker Audax, qui, eux aussi, étaient des appareils d'usage général, sans doute efficaces dans des guerres coloniales, mais sans intérêt dans un conflit généralisé.

D'anciens appareils, tels le Vickers Vernon, le Victoria et le Vickers Valentia, furent aussi employés comme avions de transport de troupes et permirent même d'évacuer, en 1929, un demi-millier de civils menacés par les insurgés afghans. Comme les autres avions polyvalents, ces appareils n'étaient pas opérationnels.

Le nombre d'appareils militaires de technique avancée construits au cours de cette décennie était encore limité par l'idée généralement admise des « dix années d'avance », c'est-à-dire qu'une guerre européenne avait toutes les chances d'éclater dans les dix années à venir et que l'on avait tout le loisir de fabriquer des nouveaux modèles. On pensait donc, entre 1920 et 1930, qu'il suffirait de produire quelques appareils très spécialisés, chasseurs et bombardiers, selon des techniques avancées, que ceux-ci pourraient plus tard être fabriqués en série et qu'ils serviraient de test pour les vols de grande performance.

Cette tendance, combinée avec les réductions financières et une certaine répugnance à prendre les risques de l'étude de modèles techniquement supérieurs, amena peu à peu les appareils civils à surclasser en tous points les appareils

Ci-dessous : la cabine du Caproni CA-161 bis avec lequel le colonel Mario Pezzi, en 1938, battit le record mondial d'altitude à 17 038 mètres; en bas : l'U.S.A.A.C. Martin B-10 faisait partie de la toute nouvelle génération des bombardiers américains. Il était équipé d'un train d'atterrissage rétractable et sa vitesse était supérieure à celle des appareils de chasse contemporains. Page ci-contre : trois bombardiers S-81 en vol sur Amba en Éthiopie durant la guerre de conquête menée par Mussolini en 1935.

militaires. Par exemple, les chasseurs français, destinés à escorter les hydravions transatlantiques du général Balbo en visite en France, n'avaient pu accomplir leur mission faute de la vitesse nécessaire pour accompagner leurs hôtes (1933).

Le développement du marché commercial, notamment aux États-Unis, et les progrès faits au point de vue des structures et de l'aérodynamisme avaient surtout profité aux avions de ligne de raid et de record. Les appareils militaires de l'époque progressaient à tout petits pas, bien souvent uniquement grâce à l'augmentation de la puissance du moteur, tandis que les avions commerciaux progressaient par larges bonds.

On a souvent avancé que les gouvernements français, britannique, italien et américain étaient tout à fait prêts, vers le début de 1930, pour refaire la guerre de 1914-1918, tout au moins au niveau des batailles aériennes. Leurs appareils de combat et leurs avions de première ligne n'étaient que de simples améliorations des biplans de la Première Guerre mondiale, avec leur silhouette anguleuse et leur train d'atterrissage fixe. Les théories n'avaient pas progressé davantage : la maniabilité était encore considérée comme plus importante que la vitesse ascensionnelle ou l'accélération, et la vitesse était souvent sacrifiée à des concepts dépassés ou des problèmes déjà résolus dans l'aviation civile, comme les risques de décrochement à l'atterrissage.

Quant à l'armement, il était encore bien souvent limité à deux mitrailleuses datant de la Grande Guerre, alors que d'autres pays utilisaient déjà ou expérimentaient des canons de bord et des batteries de mitrailleuses de fort calibre. Mais, faute peut-être d'une force aérienne véritablement moderne qui aurait pu servir de référence, cet état de choses n'était pas, vers le milieu des années trente, particulièrement apparent, même aux yeux des spécialistes. Au lieu de fournir aux escadrilles de combat des appareils modernes en nombre suffisant, ils préféraient continuer à travailler sur de très petites séries d'appareils expérimentaux ou destinés à battre des records.

Pourtant, certains théoriciens de l'aviation militaire avaient une vue bien différente et beaucoup plus rationnelle de ce que pouvait être le rôle de l'aviation dans un conflit d'importance européenne, sinon mondiale. Parmi ceux-ci on peut citer un Italien et deux Américains : le général Giulio Douhet, le général Billy Mitchell et l'amiral William Moffet, auxquels on peut joindre le général Trenchard, « patron » de la R.A.F. Ceux-ci avaient compris que les avions de bom-

bardement pouvaient prendre, durant une guerre, une importance considérable. Volant en formation serrée et armés d'un grand nombre d'armes automatiques défensives, les bombardiers devaient être capables d'atteindre des cibles au cœur des territoires ennemis. Ainsi pourraient-ils affaiblir sa capacité de production, en détruisant ses usines de guerre, en attaquant ses lignes de communication intérieures et démoraliser les populations civiles en écrasant sous les bombes de vastes zones résidentielles.

Cette conception stratégique de la guerre aérienne avait été très largement répandue dans le public, et la menace d'attaques massives par des « armadas » de bombardiers était ressentie avec beaucoup d'acuité au cours des années qui précédèrent immédiatement la Seconde Guerre mondiale.

L'expérience pratique faisant presque totalement défaut, les prophètes de cette stratégie d'apocalypse étaient en général entendus sans réserve, et leurs idées firent même l'objet de films où l'on représentait des bombardements massifs. Les effets des charges explosives, encore très limitées en poids et en quantité, que pouvaient transporter les bombardiers de l'époque y étaient exagérés, tandis qu'était minimisée la capacité de résistance passive des populations civiles à tel point que ce genre de bombardement était considéré comme une menace contre la survie de l'espèce humaine.

Trenchard, le principal avocat britannique de la cause des bombardements stratégiques, était bien placé pour imposer ses idées à la R.A.F. qui commença à construire, vers 1920, des bombardiers relativement lourds. Les États-Unis rejetèrent l'idée et finirent par faire passer Mitchell en cours martiale en raison de ses perpétuelles attaques contre les théories admises par les « pontes » de l'armée et de la marine des États-Unis. Il est admis, aujourd'hui, qu'il fut l'un des premiers militaires à avoir compris que, devant la menace de l'aviation, les navires de ligne avaient désormais perdu la maîtrise de la mer.

En 1921, et cela à l'étonnement de la marine des États-Unis, Mitchell avait, avec un avion qu'il pilotait, réussi à couler un cuirassé allemand, prise de guerre, l'*Ostfriesland*, servant de bateau cible, mais réputé pour être incoulable.

L'expérience s'était déroulée dans les meilleures conditions, les bombes explosant dans l'eau le long de la coque du navire. Naturellement, les sceptiques avaient objecté que l'*Ostfriesland* était au mouillage et qu'il n'avait aucune possibilité de se défendre, ignorant que l'avenir allait permettre la construction d'appareils suffisamment évolués techniquement pour arriver au même résultat contre des navires armés et capables d'évoluer librement.

Une fois Mitchell limogé pour avoir trop bruyamment proclamé ses convictions, l'amiral Moffett œuvra dans le même sens, mais avec beaucoup plus de discrétion; ce fut lui qui transforma l'U.S. Navy en une redoutable force d'attaque aérienne aéronavale. Vers la fin des années vingt, les militaires avaient admis le concept de l'offensive aérienne par bombardiers lourds et l'idée prendra corps durant la décennie suivante.

Pour les théoriciens du bombardement stratégique, le facteur le plus important était la charge de projectiles qui pourraient être largués sur les cibles ennemies. La notion de vitesse tenait une part réduite dans leurs projets car ils conservaient la ferme conviction que le « bombardier pouvait toujours passer partout ». Les appareils disponibles à l'époque étaient du genre des Vickers Virginia, des Boulton Paul Sidestrand britanniques, des Farman 221 français, tous des biplans extrêmement lents, ou du Witteman Lewis NBL 1, qui était un triplan. Il fallut attendre encore quelques années avant que fût admise la notion qu'une bonne capacité en charge n'était pas incompatible avec des performances élevées. Selon cette idée, les premiers véritables bombardiers lourds américains furent mis en service : le Boeing B-9 et le Martin B-10, tous deux des monoplans de construction entièrement métallique, dont les performances étaient égales ou supérieures à celles des chasseurs biplans contemporains.

En dépit d'une politique aérienne hasardeuse et d'une industrie mal préparée, la France avait rapidement adopté le principe des bombardiers lourds et avait mis en service un certain nombre de modèles vers la fin des années vingt. La plupart n'avaient guère de qualités aérodynamiques, tels les Amiot 143 à revêtement travaillant et les Bloch 200, tous deux des bimoteurs. Pourtant, ces appareils étaient relativement modernes en comparaison avec l'avion anglais Heyford, par exemple, un énorme biplan avec le fuselage suspendu sous l'aile supérieure, et les bombes disposées loin du système de visée, dans la partie centrale de l'aile inférieure.

Les appareils de chasse, toutefois, étaient quand même supérieurs à ceux utilisés au cours de la Grande Guerre. Les Français avaient été souvent critiqués pour le retard qu'ils avaient pris dans le domaine de l'aviation; pourtant,

Le porte-avions

La fin de la maîtrise des mers par les navires de ligne cuirassés ne date que des années 1942-1943, mais elle était à prévoir depuis la fin de la Première Guerre mondiale lorsque des avions de combat avaient pu décoller du pont d'un navire en marche, quoique les officiers de marine fussent restés sceptiques. Les premiers porte-avions et les premières techniques d'appontage furent mis au point en Grande-Bretagne, où plusieurs navires militaires de la Première Guerre mondiale furent transformés pour transporter des hydravions. Ces bateaux étaient équipés de façon à pouvoir mettre leurs appareils à l'eau et les recueillir après le vol. Cette technique ne s'avéra pas satisfaisante, pas plus que celle consistant à faire décoller des avions terrestres depuis des plates-formes disposées au-dessus des tubes de l'artillerie principale. Les avions lâchés de cette manière devaient se poser sur l'eau en fin de vol. Un navire, pourvu d'un large pont dégagé où les avions pouvaient décoller et atterrir, s'avéra nécessaire; une technique de vol fut essayée par le commandant d'escadrille Dunning en 1917. On comprit très vite que le pont d'envol devait être démuni de superstructures et que des systèmes auxiliaires d'envol, telle la catapulte à vapeur, étaient nécessaires pour permettre aux appareils d'acquérir une vitesse de décollage suffisante. Les premiers porte-avions furent construits par les États-Unis.

En haut : à gauche et ci-dessus, *le commandant Dunning atterrit avec un Sopwith Pup sur le pont du* H.M.S. Furious. *Il trouva la mort dans cette aventure ;*
ci-contre : *un Sopwith 1 1/2 Strutter accélère sur une plate-forme disposée au-dessus de l'artillerie principale d'un cuirassé ;*
en bas : *le premier porte-avions de l'U.S. Navy, le* Langley. *Il disposait d'un pont entièrement dégagé ;*
ci-dessous : *le porte-avions britannique* Indefatigable *sous sa forme définitive.*

ils étaient au moins à l'avant-garde dans un domaine bien défini : celui des avions de chasse.

Les appareils issus du programme de 1923 étaient des monoplans relativement avancés techniquement, en général à voilure parasol qui ne créait pas, avec une structure résistante, une trop grande traînée aérodynamique. Contrairement à la Grande-Bretagne où beaucoup de constructeurs avaient dû fermer leurs portes pendant la crise économique qui avait suivi la guerre, la France avait conservé des firmes anciennes, comme Morane-Saulnier, Nieuport et SPAD, auxquelles s'étaient ajoutées des sociétés plus récentes : Dewoitine, Loire et Wibault. La France possédait donc un grand nombre d'appareils de reconnaissance et de bombardiers légers, qui étaient également proposés à l'exportation.

A la fin de la décennie, les forces aériennes françaises étaient équipées de monoplans parasol Nieuport-Delage 62 à fuselage monocoque en bois, de Loire-Gourdon-Leseurre 32 et de Wibault 72 dont la vitesse avoisinait, pour chaque modèle, les 260 km/h. En 1930, cependant, la direction technique de l'état-major, qui estima que tous ces chasseurs commençaient à devenir démodés, présenta aux divers constructeurs une série de spécifications destinées à l'établissement d'un nouveau standard d'appareils de chasse. La meilleure réponse vint de la société Dewoitine, déjà responsable du chasseur D-27 qui avait connu un certain succès vers la fin du programme précédent et dont soixante-cinq exemplaires avaient été construits sous licence afin d'équiper l'aviation helvétique. Cette fois, Dewoitine avait adopté un nouveau type de modèle : un monoplan à ailes basses, propulsé par un moteur Hispano-Suiza de douze cylindres en ligne refroidis par liquide (ce fut le plus puissant moteur français de la décennie) et équipé d'un train d'atterrissage fixe à voie extra-large. Ce nouveau chasseur atteignait des vitesses d'environ 360 à 400 km/h, ce qui dépassait de loin les performances des appareils précédents.

C'est à cette époque, pourtant, que les mauvaises conditions dans lesquelles opérait l'industrie aéronautique française apparurent. Il existait trop de petites sociétés, dont aucune, vu l'augmentation des coûts — aussi bien pour les études préliminaires que pour la construction par elle-même —, ne possédait un capital suffisant pour assurer à elle seule les frais que nécessitait la mise en chantier d'un nouveau modèle. Les nationalisations, qui eurent lieu en 1936, avaient paru être la solution de ce problème de par les regroupements qui en étaient résultés, mais l'agitation politique, qui troublait alors la France, paralysait la plupart des secteurs de l'économie. En outre, un grave manque de coordination au sommet freina considérablement les efforts destinés à incorporer un nouveau matériel au sein des forces aériennes. Au lieu de s'arrêter à un petit nombre de modèles qui auraient pu être construits et essayés rapidement, les autorités encouragèrent la création d'une multitude de prototypes dont la plupart ne purent être sérieusement étudiés. Cela causa un grand retard dans la mise en route des chaînes pour la construction en grande série.

Du côté britannique, les avions de chasse n'avaient guère fait de progrès depuis la fin de la Première Guerre mondiale. Les premiers modèles qui furent mis en service après la fin de la guerre furent l'Armstrong Whitworth Siskin et Gloster Grebe de 1924. Plusieurs sociétés avaient étudié, durant cette décennie, des chasseurs monoplans, mais la R.A.F. s'en tenait toujours, quinze ans après la Grande Guerre, à la traditionnelle formule du biplan propulsé par un moteur en étoile. Les derniers modèles, comme le Bristol Bulldog, le Gloster Gauntlet et le Gloster Gladiator, continuèrent cette tradition, à l'exception du Hawker Fury. Celui-ci, équipé d'un moteur Rolls-Royce Kestrel en ligne, fut le premier chasseur britannique à dépasser les 300 km/h.

Les bombardiers légers britanniques, construits selon la même formule de base, étaient de solides biplans, d'une excellente maniabilité, avec un poste de mitrailleur derrière le pilote et une petite charge de bombes sous l'aile inférieure; leur construction était métallique, mais la conception initiale n'avait pas changé. En fait c'étaient des « avions en bois » fabriqués en métal.

Les États-Unis, en revanche, malgré les mêmes difficultés financières et le même désintérêt de la population, étaient résolument sortis de la routine, et cela dès le milieu de la décennie. Les progrès réalisés dans les avions de raid et de ligne, ainsi que le regroupement des petites entreprises en de vastes sociétés capables d'assurer les frais d'études et de prototypes étaient responsables de cet état de fait. Ils disposaient également de deux remarquables compagnies productrices d'excellents moteurs en étoile : Wright et Pratt et Whitney. Ainsi les programmes à long terme des Américains s'étaient avérés « payants », et

cela dans tous les domaines : motorisation, structures et aérodynamisme.

Deux autorités différentes régissaient la Force aérienne américaine : les U.S. Army Air Forces (Forces aériennes de l'armée) et les U.S. Navy Air Forces (Forces aériennes de la marine), qui contrôlaient également les U.S. Marines (corps des Marines). Chacune de ces autorités possédait ses propres appareils et développait ses propres programmes.

Intéressée très tôt par les théories sur le bombardement stratégique, l'U.S. Army avait mis en service de remarquables bombardiers : le Boeing B-9 et le Martin B-10, mais les chasseurs n'étaient pas à la hauteur de ces deux appareils.

L'U.S. Navy, de son côté, avait été l'une des rares marines à réaliser qu'un des facteurs capitaux d'un prochain conflit pourrait être la combinaison du navire porte-avions et des appareils à hautes performances. En 1927, la Navy fut dotée des premiers porte-avions modernes le *Saratoga* et le *Lexington*, qui pouvaient transporter un grand nombre d'appareils.

Les principaux chasseurs embarqués de l'U.S. Navy étaient alors le Curtiss Hawk et le Boeing F2B, tous deux volant à 250 km/h; ce dernier fut bientôt remplacé par le Boeing F4B qui, lui, volait à plus de 300 km/h. Pour ne pas être en reste, l'U.S. Army mit en service vers cette époque le Boeing PW 9 (250 km/h),

Ci-contre : le Bristol Bulldog était l'un des chasseurs biplans classiques utilisés par la R.A.F. durant la période de l'entre-deux-guerres. C'était une version simplement améliorée des chasseurs de la Première Guerre mondiale : moteur en étoile refroidi par air, train fixe, deux mitrailleuses de petit calibre; ci-dessous : une affiche de propagande de la R.A.F. datant de 1920 et incitant les jeunes gens à s'engager pour « voir du pays ».

le Curtiss P-6 (318 km/h), puis, en 1933, le Boeing P-26 « Peashooter », le premier monoplan américain qui était capable d'atteindre les 380 km/h. Les P-26, qui représentaient pourtant un sérieux progrès sur leurs prédécesseurs, étaient seulement les homologues des chasseurs français ou britanniques.

Les pays plus pauvres et moins développés sacrifiaient également une partie de leur budget national à la création d'appareils de chasse. La Pologne, par exemple, avait mis en service, en 1932, le P.Z.L. P-7. C'était un monoplan parasol très inspiré des avions français. Propulsé par un moteur en étoile Bristol Jupiter construit sous licence, il atteignait 320 km/h. Vinrent ensuite les P-11 et les P-24, qui furent utilisés contre les Allemands en 1939 par les Polonais et en 1941 par les Grecs.

En Italie, malgré les beaux succès de la Coupe Schneider et des grands raids transocéaniques, l'aviation de chasse ne démarra réellement qu'en 1933 avec l'apparition du Fiat CR-32. Conçu par le célèbre Celestino Rosatelli, le CR-32 était un biplan extrêmement robuste et très maniable, bien en avance pour son époque puisqu'il volait à 380 km/h. Malheureusement pour les Italiens, cette avance leur fut préjudiciable, car ils n'étudièrent pas assez tôt un appareil destiné à lui succéder. En 1933, donc, et bien que certains pays s'en tinssent encore à la notion du biplan à train fixe, l'appareil de chasse de base était désormais un monoplan de construction métallique à train d'atterrissage rétractable. Cette tendance allait encore s'accentuer avec la réapparition de l'Allemagne sur la scène militaire.

Comme chacun le sait aujourd'hui, la renaissance aérienne allemande remontait effectivement aux années qui suivirent immédiatement la Première Guerre mondiale. Contrevenant aux clauses draconiennes du traité de Versailles, qui leur interdisaient la fabrication d'avions de combat et la modification militaire d'appareils civils, les ingénieurs allemands avaient, avec l'aide de la Suède et de la Russie soviétique, poursuivi clandestinement l'étude d'appareils d'une technologie avancée. Pour ce faire, des ingénieurs s'étaient fait engager dans de grosses usines d'armement de ces deux pays et ils y avaient librement travaillé sur plusieurs modèles d'appareils militaires — et également sur plusieurs types de blindés.

Lorsque, en 1926, les Alliés permirent aux Allemands la reconstitution d'une aviation commerciale, la Lufthansa participa largement à la création d'une force aérienne secrète. Elle assura notamment l'entraînement des équipages engagés comme pilotes civils tandis qu'une multitude d'aéro-clubs et d'associations de vol à voile assuraient la formation des pilotes débutants tout en maintenant, dans la population, le goût des activités aériennes. Les gouvernements alliés se rendaient parfaitement compte de la situation, mais ils étaient alors trop divisés pour songer à intervenir. Ainsi cette préparation clandestine était-elle déjà bien avancée lorsque le chancelier Hitler arriva au pouvoir en janvier 1933. Il chargea alors l'un des as de la dernière guerre, Hermann Göring, qui était aussi l'un de ses premiers compagnons de lutte, d'accélérer le développement de l'aviation militaire, ce qui se traduisit par la mise en place de toute l'infrastructure au sol : aérodromes, casernes, ateliers, etc. Quand, en 1935, Adolf Hitler dénonça les clauses militaires du traité de Versailles et annonça au monde la naissance de la Luftwaffe, celle-ci était déjà une force importante et parfaitement organisée. Cette nouvelle arme possédait un grand nombre d'appareils et d'équipages entraînés; elle était soutenue par une puissante industrie et disposait d'une importante maintenance au sol, répartie sur tout le territoire du IIIe Reich.

Mais, au départ, la Luftwaffe n'était pas équipée d'appareils spécialement évolués : le chasseur standard était un biplan, le Heinkel He 51 (en 1936, le peuple allemand fera cadeau, à son Führer, pour son anniversaire, d'une escadrille de chasse, la « Horst Wessel », composée de ces appareils), et le bombardier de base, le Junkers Ju-52. Mais le Haut-Commandement de la Luftwaffe, jugeant que le temps des opérations militaires n'était pas encore venu, s'estimait satisfait de ces appareils, qu'il considérait comme d'excellents avions d'entraînement, pouvant à la rigueur, et en attendant la mise en service d'appareils plus évolués, être utilisés comme avions de « première ligne ». Cette théorie était bonne, car ces appareils furent employés, comme aviation tactique, au cours des premiers mois de la Seconde Guerre mondiale.

En un certain sens, la Luftwaffe fut la première véritable force aérienne du monde. Elle fut la première à équiper ses unités au front avec des monoplans cantilever à train d'atterrissage rétractable; elle n'était pas surchargée de modèles périmés ni freinée par le respect d'une tradition désuète. Mais bien qu'elle fût une force particulièrement redoutable, elle avait malgré tout un certain nombre de lacunes, dont les principales concernaient les bombardiers lourds, les appareils d'attaque au sol et les avions d'entraînement modernes. Et bien que le Haut-Commandement ait commencé, à partir de 1936, d'envisager la possibilité d'une deuxième et d'une troisième génération d'avions de combat, il dut se contenter, jusqu'en 1940, de conserver les appareils de la première génération. Il était alors un peu tard pour mettre sur pied et développer des programmes plus avancés dont les résultats auraient pu avoir une influence importante sur le déroulement du conflit.

Les progrès de la Luftwaffe firent oublier l'avance qu'avait prise l'U.R.S.S. dans le domaine du chasseur à ailes basses au tout début des années trente. Les Soviétiques s'étaient d'abord intéressés aux bombardiers lourds qui correspondaient à leurs propres conceptions de l'aviation stratégique, avec l'énorme Tupolev ANT-6; mais, à partir de la fin des années trente, ils abandonnèrent cette idée pour se tourner délibérément vers l'aviation tactique. Ils mirent ainsi en chantier quelques appareils fondés sur les plus récentes théories en matière de techniques aéronautiques, et parfaitement adaptés aux conditions d'une fabrication rapide par une main-d'œuvre peu spécialisée.

L'un des premiers résultats du programme soviétique fut un appareil remarquable en son temps : le Polikarpov I-16. C'était un monoplan à ailes basses

La guerre d'Espagne

Ce fut au cours de la guerre civile espagnole (1936-1939) que les futurs adversaires de la Seconde Guerre mondiale testèrent leur nouveau matériel et les nouvelles tactiques de la guerre aérienne. Les Allemands et les Italiens apportèrent leur aide aux troupes nationalistes du général Franco, tandis que les Soviétiques — et quelques éléments isolés français — soutinrent les Républicains.
Si les formations d'appareils soviétiques surclassèrent tout d'abord les He 51 et les CR 32, cet avantage fut de courte durée et la situation se renversa lors de l'arrivée sur le front des Bf 109 de la fameuse « Légion Condor ».

De gauche à droite et de haut en bas : *chasseurs nationalistes Fiat CR 32 poursuivant un Martin B-10 républicain; le Ju 87 « Stuka » fut d'abord utilisé par les nationalistes; biplan Polikarpov I-15 républicain; bombardement de Guernica par les Allemands; Messerschmitt Bf 109; bombardier italien Savoia-Marchetti SM 79.*

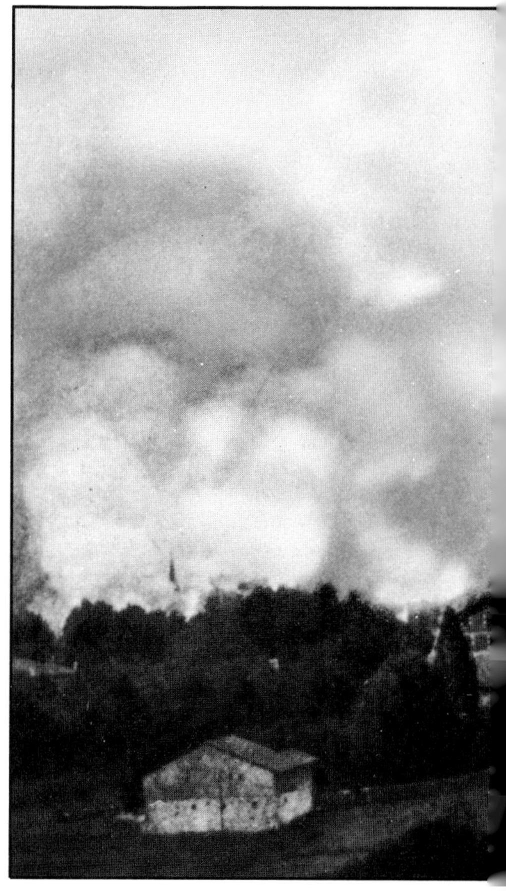

6 109

et à train rétractable, dont les premiers modèles étaient dotés d'un poste de pilotage fermé (n'étant pas du goût des pilotes, il fut éliminé pour les séries suivantes). Il avait une silhouette courtaude due en partie à l'utilisation d'un moteur en étoile de 700 ch qui, malgré une traînée aérodynamique importante, assurait au I-16 une vitesse de 450 km/h, très remarquable en comparaison des chasseurs britanniques, américains et même français de l'époque. Mais, comme les Italiens, les Soviétiques en restèrent là et, lors de l'attaque allemande, six années plus tard, la majeure partie de la chasse soviétique était encore équipée de I-16, lorsque ce n'était pas des biplans I-15 *bis*, ou I-153, encore plus anciens.

Il était temps pour l'Allemagne, si elle voulait garder la tête du développement de l'appareil de combat, de mettre en service un avion de chasse réellement supérieur. Celui-ci fut le Messerschmitt Bf (pour Bayerische Flugzeugwerke, en faillite depuis 1932 et acquise par Willy Messerschmitt) qui, dès sa présentation, concrétisa la nouvelle génération de chasseurs monoplaces. Cet appareil remarquable était soutenu par le Dornier Do-17 et le Heinkel He-111, en tant que bombardiers légers, et par le bombardier en piqué Junkers Ju-87 « Stuka », en tant qu'avion de support tactique.

Ce genre d'appareil avait été pressenti par les aviateurs français de la Grande Guerre, mais les techniques de l'époque n'avaient pas permis sa réalisation. L'idée, tombée dans l'oubli, fut reprise plus tard par le général italien Mecozzi qui, sous le nom d'*aviazone d'assalto*, lui donna ses premières doctrines.

En Allemagne, la notion d'aviation en piqué fut répandue par Ernst Udet, l'as aux soixante-deux victoires — il venait en deuxième après Manfred von Richthofen —, qui en avait ramené l'idée d'un voyage d'études aux États-Unis. Il avait en effet assisté, le 27 décembre 1933, à des démonstrations faites à Cleveland par des

Ci-dessus : la « défense passive » était, en 1938, considérée comme très importante, comme en témoigne cette affiche finlandaise ; ci-contre : un bombardier lourd ANT-6 soviétique capable de transporter sur sa voilure ses chasseurs d'escorte. Page ci-contre : en haut à gauche, chasseur de l'aéronavale japonaise, le Mitsubishi A5M2, en 1930 ; en haut à droite, l'un des meilleurs chasseurs italiens, le Fiat G 50 ; au centre, les chasseurs Heinkel He 51 furent les prédécesseurs immédiats du fameux Messerschmitt Bf 109.

avions biplans Curtiss Hawk. Très impressionné par les résultats obtenus, Udet avait fait l'acquisition d'un appareil afin de le faire examiner en Allemagne et demanda à quatre compagnies de présenter des projets d'avions d'assaut en piqué. Le modèle retenu fut celui conçu par l'ingénieur Hermann Pohlmann pour le compte de Junkers. L'appareil définitif fut mis en chantier en 1936 et livré au printemps de 1937.

Le dernier avion de combat qui apparut avant le début des hostilités fut le Junkers Ju-88, un bombardier à moyen rayon d'action, qui entra en service en 1939. Conçu au départ comme un bombardier classique, il fut employé par la Luftwaffe en tant que bombardier en piqué, avion de reconnaissance et de soutien au sol, avion torpilleur et poseur de mines et même chasseur de jour et de nuit. Ce fut l'appareil allemand le plus universel et l'équivalent germanique du Mosquito anglais.

Les Allemands eurent l'occasion, au cours de la guerre civile espagnole, qui éclata en 1936, de tester non seulement leurs propres modèles d'avions de combat, mais aussi ceux de la plupart des pays d'Europe. Les appareils allemands furent engagés dès le début du conflit, lorsque les Ju-52 participèrent au transport des troupes nationalistes du général Franco entre le Maroc espagnol et le sud de la Péninsule. En revanche, en tant que bombardiers, les Ju-52 n'avaient pas fait leurs preuves, pas plus que les chasseurs Heinkel 51 face aux Polikarpov soviétiques.

La situation changea lorsque la nouvelle génération d'avions de combat allemands, tout juste sortis des chaînes de production, furent envoyés sur le front espagnol afin d'y être expérimentés. Les appareils et les équipages purent faire aussi l'expérience des combats et, au commencement de la Seconde Guerre mondiale, l'aviation allemande était devenue une force confiante en son matériel et sûre d'elle-même.

Mais la Luftwaffe, qui était entrée dans la guerre d'Espagne avec l'intention d'utiliser ses appareils d'une manière « stratégique », avait découvert que les bombardiers, s'ils n'étaient pas protégés par des chasseurs à grand rayon d'action, étaient fort vulnérables. Elle avait alors tourné ses efforts vers le développement d'une force aérienne tactique capable d'appuyer l'armée de terre allemande nouvellement motorisée et équipée de divisions blindées.

En outre, le général Walther Wever, le premier commandant de la Luftwaffe et « supporter » zélé de l'aviation stratégique, se tua au cours d'un accident en 1936; la mise au point d'un bombardier lourd quadrimoteur perdit sa priorité. La Luftwaffe restait donc, de par ses conceptions, son matériel et son expérience pratique, une force essentiellement tactique, mais bien entraînée.

A cette époque, les « nation de l'Axe », Allemagne, Italie et Japon, avaient chacune une certaine expérience des techniques modernes de combat. L'Italie, comme l'Allemagne, avait participé à la guerre d'Espagne en soutenant les forces nationalistes, mais avait encore pu tester ses forces lors de la conquête de l'Éthiopie (1935). Les bombardiers italiens, tels les Savoia-Marchetti SM 79 trimoteurs, se montrèrent efficaces comme ils le furent en Espagne, mais les chasseurs CR-32 et 42 parurent meilleurs qu'ils n'étaient, car leur extraordinaire maniabilité leur permettait d'échapper à presque tous les ennuis.

Par conséquent la « Regia Aeronautica » sortit de ces deux conflits en surestimant la capacité de combat de son aviation de chasse. Trois modèles extrêmement prometteurs de chasseurs monoplans, le Fiat G-50, le Reggiane R 2000 et le Macchi C 200, furent étudiés juste avant le début de la guerre, mais les Italiens étaient bloqués dans leur développement par des retards dans la mise au point d'un puissant moteur à cylindres en ligne. Tous trois étaient, potentiellement, de bons appareils, mais ils furent équipés de moteurs en étoile insuffisamment puissants; par ailleurs, les pilotes se fiaient davantage à la maniabilité de leurs appareils ainsi qu'à leur expérience de la voltige plutôt qu'aux qualités de vitesse propre et de vitesse ascensionnelle. Leur armement était insuffisant, surtout en comparaison avec les chasseurs allemands, équipés de canons de 20 mm, tirant des obus explosifs.

Le Japon, comme l'Allemagne, était entré tardivement dans le domaine de l'aviation moderne, mais il avait cependant consciencieusement et scrupuleusement assimilé les techniques occidentales; après avoir construit de nombreux moteurs et appareils sous licence, il mit sur pied, au cours des années trente, sa propre industrie aéronautique et créa alors ses propres modèles.

Cependant, les nations occidentales continuèrent à s'imaginer que les Japonais ne pouvaient être que d'habiles imitateurs des productions étrangères. En fait ils produisirent quelques excellents appareils de leur cru, caractérisés par la légèreté de leurs structures, leur armement, leur maniabilité et leur grand rayon d'action. Presque tous les avions japonais furent, jusqu'à la fin des hostilités, capables de surclasser les appareils alliés, tout au moins sur le plan de la maniabilité et, parfois, de la vitesse.

Certains observateurs se rendirent compte des capacités de combat des appareils japonais au cours des opérations contre la Chine, qui se développèrent à partir de 1937, mais les Services de renseignements occidentaux ne voulurent pas admettre la supériorité de « simples Asiatiques ». Pourtant la nouvelle génération de chasseurs, tels l'A6M (Zéro), le Mitsubishi G3M et le bombardier G4M, étaient déjà d'excellents appareils. Les Alliés s'en aperçurent rapidement en 1941.

A partir de 1936, la France et la Grande-Bretagne commencèrent à s'inquiéter de la nature et de la rapidité du réarmement allemand et décidèrent de mettre sur pied un vaste programme militaire dans lequel l'aviation tenait la plus grande place. La France avait, en 1933, créé une « armée de l'air » indépendante, mais la nouvelle force aérienne possédait encore peu d'appareils modernes.

Ces mesures et la nationalisation de l'industrie aéronautique avaient fait naître toute une génération d'appareils de premier plan, mais beaucoup ne furent pas prêts à temps pour pouvoir participer à la Campagne de France de 1940. Pourtant, à la déclaration de la guerre, le nombre des avions en service, ou tout près de l'être, était assez important, à savoir l'élégant Dewoitine D 520, le Morane-Saulnier MS 406,

déjà légèrement surclassé, le Bloch MB 151 à moteur en étoile; s'y ajoutaient des chasseurs Curtiss P-36 de fabrication américaine. Les bombardiers étaient tous, sauf le Farman 221 quadrimoteur, des avions bimoteurs à ailes hautes, rustiques mais peu aérodynamiques et d'une esthétique discutable, tel le Bloch 200 doté de moteurs Gnome et Rhône de 870 ch et capable de transporter 2 500 kg de bombes, mais à 230 km/h seulement et sur une distance de 1 000 km. Les performances du Potez 540 étaient nettement supérieures, puisque l'appareil dépassait les 300 km/h, une bonne vitesse pour l'époque, avec deux moteurs Hispano-Suiza de 780 ch pour un rayon d'action de 1 250 km, ce qui était également les capacités du Bloch 210. Pourtant, les seuls appareils réellement modernes étaient les bombardiers moyens Amiot 340 et le remarquable Lioré et Olivier LeO 451, très racé et atteignant la vitesse de 500 km/h. Il existait aussi quelques appareils polyvalents, très en vogue durant les années trente; le Breguet bimoteur B-690 et le Potez 63 triplace d'accompagnement pouvaient être affectés à la chasse ou à la reconnaissance.

Page ci-contre : l'un des meilleurs chasseurs français du début de la guerre était le Bloch MB 151. En haut : à gauche, le prototype du Supermarine Spitfire de 1936; à droite, le Dornier Do 17; en bas, le Bristol Blenheim, avion léger de bombardement.

La R.A.F. britannique disposait de deux appareils nouveaux conçus pour remplacer les biplans du type «Gladiator » : les chasseurs Hawker Hurricane et les Supermarine Spitfire armés de huit mitrailleuses. Ces deux chasseurs avaient une vitesse de pointe de plus de 500 km/h; délicats à piloter, ils devinrent pourtant bientôt l'ossature de la défense aérienne britannique.

Les avions de bombardement étaient également de modèle récent : tous monoplans à ailes basses et à train rétractable, tels l'Armstrong-Whitworth Whitley, Handley Page Hampden et le Vickers Wellington. En tant que bombardiers légers, la R.A.F. comprenait le Fairey Battle monomoteur et le bimoteur Bristol Blenheim, dérivé du Bristol 142 civil.

Cependant, l'aviation britannique était encore loin d'être à la hauteur de la force aérienne allemande, mais elle allait bientôt recevoir le soutien d'une invention toute nouvelle (et que les Allemands possédaient d'ailleurs déjà, bien que moins perfectionné) : le radar.

Depuis quelque temps déjà, des techniciens travaillaient sur un autre projet révolutionnaire : la propulsion par réaction. Le 11 juin 1928, l'ingénieur-pilote allemand Fritz Sander volait sur un planeur du type « canard » équipé de fusées propulsives et, le 30 septembre 1929, Fritz von Opel essayait son « planeur » à réaction qui volait sur 3 km en ligne droite. En 1937, le britannique Frank Whittle, qui avait pris un premier brevet en 1930, présenta le prototype d'un moteur turboréacteur et, deux ans plus tard, l'Allemand Hans von Ohain, ingénieur chez Heinkel, fit voler le premier avion à réaction opérationnel du monde, le Heinkel He 178 (27 août 1939), quelques jours avant le début de la Seconde Guerre mondiale.

LOU IV

LA SECONDE GUERRE MONDIALE

Au cours de la Première Guerre mondiale, la force aérienne n'était plus un rêve de visionnaires, mais était devenue une réalité dans le domaine tactique. Après la guerre civile espagnole et le conflit sino-japonais, elle s'érigea en ultime arbitre des combats. Le bombardement allemand de la petite ville de Guernica et les raids japonais contre les villes chinoises contribuèrent à ancrer dans l'esprit du public l'idée qu'elle représentait une terrible menace pour son existence même. Ces craintes n'étaient pas exagérées, mais on ne s'en rendit pas compte au début du conflit.

Tandis que la Première Guerre mondiale avait été un champ d'expériences pour les possibilités de l'arme aérienne, la Seconde Guerre mondiale profita de cette expérience dont les résultats furent exploités à grande échelle. La force aérienne tactique joua un rôle décisif dans les opérations terrestres et la force stratégique — qui n'avait été qu'entrevue au cours du conflit précédent — devint une arme puissante par elle-même en entraînant les populations civiles dans la guerre et en décidant du destin des nations.

Seuls de tous les combattants de la Seconde Guerre mondiale, les Allemands avaient étudié une méthode rationnelle de support tactique par voie aérienne. Une saine évaluation des capacités des nouveaux appareils, tant sur le plan du combat que sur celui de l'emploi, permit aux Allemands d'accumuler des renseignements qui leur furent profitables dès les premiers mois du conflit. Ils avaient pu ainsi fonder leur concept militaire sur deux éléments principaux, se complétant l'un l'autre : une armée blindée et mobile, et une force aérienne d'appui tactique au sol.

La coordination entre les forces terrestres et aériennes dépendait essentiellement des liaisons radio qui étaient assurées grâce à des véhicules spéciaux dont étaient dotées toutes les unités importantes et bien entendu les groupes de commandement.

Si un bataillon blindé se trouvait bloqué par une résistance trop forte, il pouvait immédiatement réclamer l'intervention de l'aviation en évitant les longs délais de transmission jusqu'à l'échelon du commandement.

La valeur des équipages de ces véhicules et leur entraînement pesa d'un grand poids dans les succès allemands de 1939 et de 1940.

Le support aérien tactique d'une armée pouvait paraître complexe en raison du grand nombre d'appareils différents engagés dans l'action. En fait, c'était beaucoup plus simple qu'il n'y paraissait, chaque type d'avion ayant une mission précise. Par exemple, les appareils de reconnaissance stratégiques, en général des bombardiers transformés et équipés de caméras, s'assuraient si l'activité sur les arrières de l'ennemi pouvait avoir, à long terme, une influence sur la ligne de combats. Sur le champ de bataille lui-même, les appareils de reconnaissance tactique ou rapprochée, tel le Fiseler Fi 156 « Storch », observaient les évolutions à court terme de l'adversaire.

Le North American P-51 Mustang était, une fois équipé du moteur Merlin, le meilleur chasseur d'escorte à long rayon d'action de la Seconde Guerre mondiale. Les Mustang photographiés ici appartiennent à la 375e escadre de chasse de la 8e U.S. Army Air Force.

Les chasseurs Messerschmitt Bf 109 servaient de couverture et d'escorte rapprochée à ces appareils tout en appuyant, si besoin était, les forces engagées au sol, avec le feu de leurs canons et de leurs mitrailleuses. Était également disponible pour cette tâche le Messerschmitt Bf 110 Zerstörer (destroyer), chasseur- intercepteur bimoteur, créé au départ pour l'attaque des bombardiers adverses, mais qui fut, entre autres usages, employé comme avion d'appui au sol. Au cours des toutes premières campagnes de la guerre, la Luftwaffe utilisa également, mais durant un très court laps de temps, un avion d'assaut déjà dépassé quoique encore redoutable contre l'infanterie : le biplan Henschel Hs 126.

Mais l'appareil le plus redouté par les troupes au sol était le bombardier en piqué Junkers Ju 87 « Stuka », utilisé comme soutien rapproché et comme support de feu par les unités blindées, remplaçant ainsi l'artillerie conventionnelle, motorisée ou hippomobile. Les Stuka étaient armés de bombes de 500 kg, capables de détruire les positions défensives et les chars. Finalement, le support de feu d'usage général était assuré par les bombardiers moyens Heinkel He 111, Dornier Do 17 et Junkers Ju 88 pouvant opérer à basse altitude, et donc avec une grande précision, dans les zones où les Bf 109 avaient éliminé la couverture de chasse ennemie.

L'appui tactique au sol était l'une des principales tâches de la Luftwaffe, mais il dépendait en premier lieu de la destruction de la force aérienne de l'ennemi par le moyen de raids sur ses arrières et sur ses aérodromes, exécutés dès l'ouverture des hostilités. Cela était du ressort des bombardiers moyens tandis que les chasseurs attaquaient, dans les premiers jours de la campagne, les avions ennemis où qu'ils les rencontrassent.

Le Junkers Ju 87 « Stuka » était le pivot de la doctrine allemande du support tactique aérien. C'était un appareil extrêmement robuste, à train d'atterrissage fixe, qui pouvait opérer d'aérodromes improvisés, très proches de la ligne de front, ce qui lui permettait des

L'appareil qui fut le plus redouté des troupes au sol durant la première année de la guerre fut le Junkers Ju 87 Stuka, un bombardier en piqué à silhouette anguleuse et à « ailes de mouette ». Son apparence assez lourde était encore accentuée par son train d'atterrissage large et court; en cartouche : un Ju 87 vient de larguer une bombe à la fin de son piqué.

sorties fréquentes. Il avait de bonnes performances, pour l'époque tout au moins, et sa charge de bombes était suffisante pour en faire un appareil hautement opérationnel.

Les succès du Stuka étaient dus, pour une bonne part, à des facteurs psychologiques. Non seulement sa silhouette, assez différente de celle des appareils classiques, était agressive, mais encore il était équipé, sur chaque jambe de train, d'une sirène, dont la stridulation lors des piqués, surprenait et paralysait les troupes au sol. La conjonction de son aspect, du bruit et de sa précision avait un effet démoralisateur qui fut très efficace en 1939 et en 1940.

La campagne de Pologne, qui ouvrit les hostilités le 1er septembre 1939, devait prouver ses qualités. La Force aérienne polonaise, composée principalement de chasseurs P-11 à voilure en « aile de mouette », de bombardiers légers P-23 « Karas » et de P-37 Los, bombardiers bimoteurs construits par la société nationale P.L.Z., combattit avec beaucoup de courage et infligea, dans la mesure de ses moyens, des pertes sévères aux agresseurs. Mais la combativité et l'expérience de la Luftwaffe eurent le dernier mot.

Au bout de quelques jours de combats, l'aviation polonaise n'offrait plus qu'une résistance sporadique, et tout le poids de l'aviation allemande fut utilisé pour soutenir les divisions blindées qui prenaient en tenaille les forces polonaises. Les pertes causées par le feu de la D.C.A. étaient faibles et la Luftwaffe put continuer d'appuyer les panzers. La défaite de la Pologne fut sans doute hâtée par le bombardement de Varsovie, le 25 septembre 1939, au cours duquel les bombes incendiaires et explosives détruisirent une grande partie de la ville.

La campagne de Pologne avait été courte et conforta encore davantage les Allemands dans leur idée de la coopération entre les forces aériennes et les forces au sol. La « guerre éclair » avait fait ses preuves et les Alliés avaient été très impressionnés par la démonstration de force qu'avait fait la machine de guerre allemande. La rapidité de l'action avait été capitale et, pour la première fois, c'était une population tout entière qui s'était trouvée engagée dans la guerre.

En termes militaires, Varsovie n'était pas un objectif important, mais sa destruction montra à quel point l'Allemagne avait assimilé les conceptions anglo-américaines du bombardement massif et quelles étaient sa résolution et son aptitude à les appliquer. Cependant, les pertes avaient été relativement lourdes et la Luftwaffe avait dû réduire, les derniers jours du conflit, la violence et l'intensité de ses opérations. La trop grande rapidité avec laquelle l'Allemagne avait reconstruit sa puissance militaire ne lui avait pas permis de prévoir une réserve de matériel suffisante pour une longue guerre. Cela était particulièrement vrai pour l'aviation ce combat.

S'il existait encore quelques doutes sur la capacité militaire de l'Allemagne, ils furent dissipés par l'occupation du Danemark et des principaux points stratégiques de la Norvège par les troupes aéroportées et les forces maritimes de débarquement (9 avril 1940). La Luftwaffe suivit, dans ces secteurs, exactement le même schéma d'action qui avait fait ses preuves en Pologne. La Force aérienne norvégienne était inexistante et le seul support aérien possédé par les Alliés était quelques appareils anglais démodés qui ne pouvaient en aucun cas soutenir la comparaison avec les avions allemands. Pourtant les biplans Gladiator obtinrent quelques succès contre des bombardiers allemands, mais c'étaient là des exploits individuels incapables de modifier en rien le cours de la campagne.

Tandis que les Allemands réduisaient une à une les dernières poches de résistance alliées dans le centre de la Norvège, le Haut-Commandement de la Wehrmacht lançait, le 10 mai 1940, une opération de tout autre envergure contre les Pays-Bas, la Belgique, la France et la Grande-Bretagne. La technique

En haut : à gauche, le Messerschmitt Bf 110 avait été conçu en tant que bombardier-destroyer lourd, mais fut d'abord utilisé comme escorteur, rôle dans lequel sa taille et son manque relatif de maniabilité l'handicapaient sévèrement. Équipé de radar, il se révéla, vers la fin de la guerre, un remarquable chasseur de nuit;
à droite, bombardiers Heinkel He 111.

d'attaque allemande était à présent parfaitement au point et laissait la plus large place aux *Panzerdivisionen*. Le plan de campagne, qui consistait à franchir les Ardennes — réputées infranchissables aux blindés — afin de couper en deux les armées alliées, réussit parfaitement. Les forces françaises, néerlandaises et belges, au nord de la percée des panzers furent détruites et ce qui restait du petit corps expéditionnaire britannique dut battre précipitamment en retraite et se rembarquer à Dunkerque, couvert par les derniers éléments de l'armée française, qui, à la fin du mois de juin, étaient définitivement submergés.

Encore une fois, la coopération de l'aviation et des blindés, clé de voûte du *Blitzkrieg* allemand, avait démontré son efficacité. Mais les pertes avaient été plus importantes qu'au cours des campagnes de Pologne et de Norvège. Les Allemands avaient utilisé contre les places fortes belges et néerlandaises une importante force aéroportée — c'était la première fois dans l'histoire militaire — comprenant quatre cent trente Ju 52 pour le bombardement et le transport des troupes — terrestres et parachutées — et des planeurs remorqués pour les forces d'assaut. Cette tactique remarquable permit aux Allemands de faire sauter en quelques jours des positions aussi fortes que le fort belge d'Eben-Emael, mais coûta très cher, surtout en matériel, car les deux tiers des Ju 52 engagés furent détruits. Cela pesa très lourd sur la suite des opérations, car l'Allemagne dut reconstituer sa flotte aérienne de transport en utilisant des standards de constructions presque déjà dépassés et ne put rattraper ce retard tout au long de la guerre.

Le secteur nord du front connut un épisode qui rappelait la destruction de Varsovie. La victime en fut cette fois la ville de Rotterdam, enjeu de la lutte entre les forces néerlandaises et les troupes aéroportées allemandes, dont la tête de pont était soumise à de violentes attaques de la part des Pays-Bas. Cette situation amena la Luftwaffe à envisager un bombardement aérien de Rotterdam afin d'obliger les forces hollandaises de ce secteur à capituler; malheureusement, cette capitulation advint alors que la vague des Heinkel 111 du *Kampfgeschwader* 54 était déjà en route. Contrairement à ce qui a parfois été dit, les Allemands envoyèrent un contre-ordre afin d'annuler l'opération mais une erreur de transmission empêcha le message de parvenir aux bombardiers. La vieille ville de Rotterdam fut entièrement rasée et cette regrettable erreur permit à la propagande alliée de stigmatiser une fois de plus la « barbarie allemande ».

En Belgique et aux Pays-Bas, les quelques Hurricane et Fokker D XXI combattirent héroïquement et « pour l'honneur », mais le courage et la détermination ne suffisaient pas pour arrêter la Luftwaffe dont la supériorité était alors écrasante. Comme en Pologne, les exploits personnels ne pouvaient remplacer l'absence de matériel.

La guerre aérienne, au cours de la campagne de France, présenta à peu près le même aspect, quoique à une échelle beaucoup plus importante. La Luftwaffe se trouvait affrontée à l'armée de l'air française et à quelques éléments de la R.A.F. (On peut également compter, pour mémoire, quelques petites escadrilles formées par des pilotes tchèques et polonais réfugiés qui luttèrent avec courage sous les couleurs tricolores.) Dès les premiers jours de la campagne, les Français eurent à subir tout le poids de l'attaque de la Luftwaffe et le choc fut considérable. Malgré leur expérience, la supériorité de leurs appareils et de leur tactique, les Allemands eurent un certain mal à conquérir la maîtrise de l'air indispensable aux opérations des blindés. Le 10 mai, par exemple, la Luftwaffe perdit 304 appareils et 51 furent endommagés (il faut, dans ce total, compter quelques avions détruits en Norvège où des combats sporadiques se poursuivaient toujours).

Les avions de chasse français Morane 406, Dewoitine 520, Bloch 151 et Curtiss Hawk fournissaient la plus grande partie de la couverture aérienne alliée, car les Anglais n'avaient envoyé sur le continent guère plus d'une cinquantaine d'appareils modernes. En dépit du mélange des bons et médiocres avions qu'ils pouvaient mettre en ligne, les Français intervinrent violemment contre les Allemands et, durant les tout premiers jours de l'offensive, conservèrent un certain

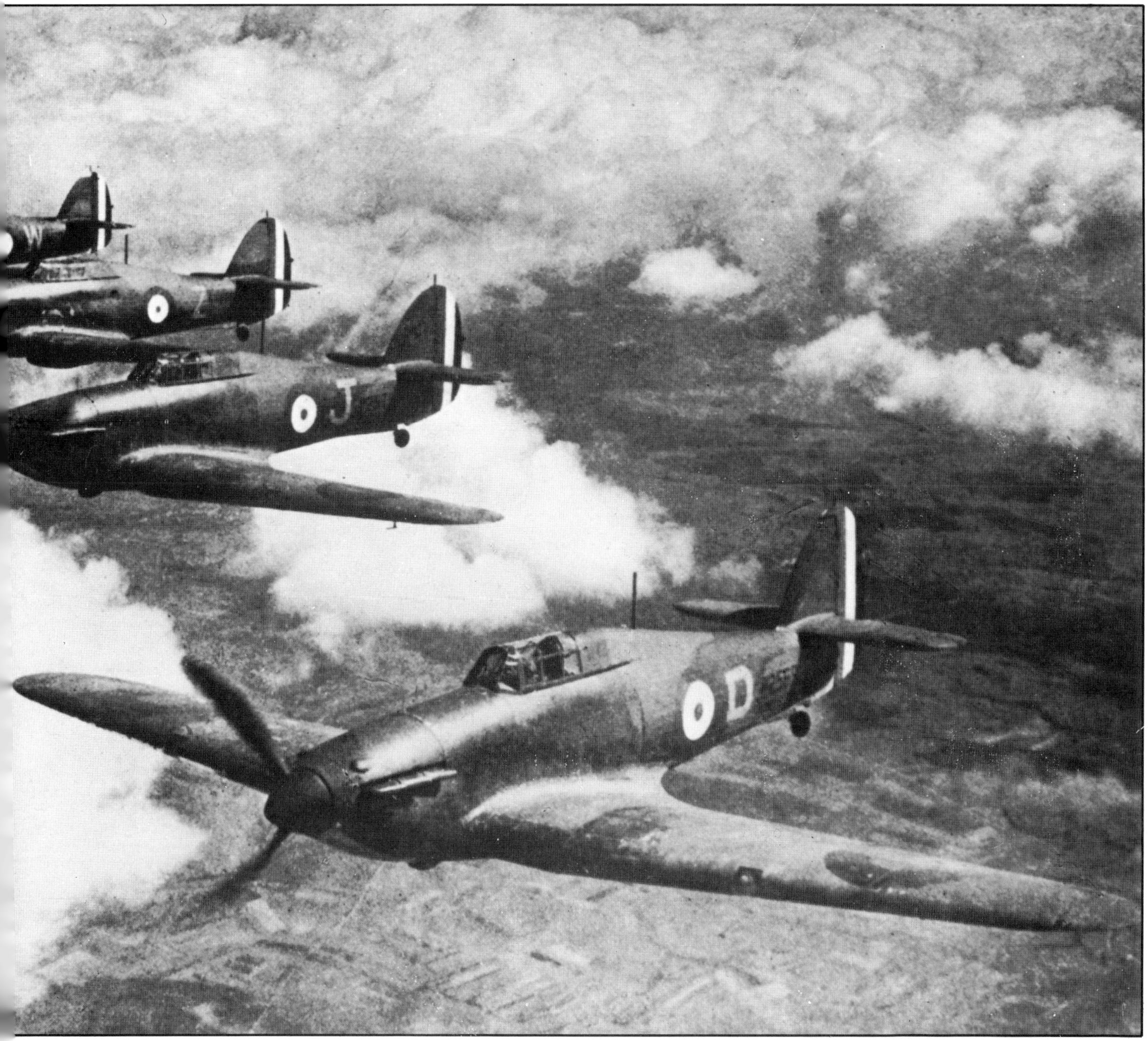

Ci-dessus : Hawker Hurricane I en patrouille au-dessus de la France. D'une conception un peu plus ancienne que le Spitfire, le Hurricane était déjà presque périmé et ses performances étaient plus faibles que celles de son équipier de la R.A.F. Il fut malgré tout engagé avec succès contre les bombardiers allemands mais ne pouvait que difficilement se mesurer avec le redoutable Messerschmitt 109.
Page ci-contre : le meilleur des chasseurs français en mai 1940 était le fameux, mais trop rare, Dewoitine D 520, armé d'un canon de 20 mm et de quatre mitrailleuses.

avantage. Mais l'effort français, surtout fourni par le courage des pilotes, ne pouvait se soutenir longtemps. Le manque de commandement cohérent, le chaos des communications et le manque de rigueur de la stratégie empêchèrent l'organisation d'une véritable défense aérienne. De plus, l'industrie aéronautique française avait été trop récemment réorganisée et n'était pas encore capable de produire massivement des appareils modernes. Quoique les escadrilles de premières lignes fussent équipées d'une bonne proportion d'avions de classe, il n'existait pratiquement aucune réserve, ni matériel de remplacement ni stocks de pièces détachées. Plus les jours passaient, plus les équipements se détérioraient et plus les équipages éprouvaient la constante et déprimante impression qu'il n'était plus possible de songer à une victoire.

Au sol, l'attaque allemande avait merveilleusement exploité ses succès initiaux et forçait partout les Alliés à la retraite. Peu à peu, les aérodromes, les dépôts et les usines tombèrent entre les mains des Allemands, et l'armée de l'air française ne disposait plus des bases nécessaires à une action efficace, même pour protéger la retraite des troupes ou des réfugiés qui subirent alors le choc de guerre.

Si la chasse française avait montré une certaine agressivité, il n'en avait pas été de même dans le domaine du bombardement, où les appareils récents, tels les Amiot 350 ou les LeO 451, venaient à peine d'être mis en service. Quant aux Anglais, ils n'avaient, là non plus, pas fait un réel effort et n'avaient fourni que quelques escadrilles composées de Fairey Battle, très vulnérables à la « Flak », et d'excellents Bristol Blenheim dont la plupart furent détruits au sol sans avoir pu combattre. Lorsque la France dut cesser le combat, la plupart des pilotes français conduisirent les appareils dans la zone sud de la France ou en Afrique du Nord. Un certain nombre de pilotes servirent alors dans la Force aérienne de l'État français et luttèrent contre les Britanniques lorsqu'ils attaquèrent les possessions françaises de la Syrie et du Liban. D'autres se réfugièrent en Angleterre et s'engagèrent dans les Forces françaises libres du général de Gaulle et volèrent sous les couleurs britanniques.

La participation de l'aviation anglaise à la bataille de France fut, nous l'avons vu, presque symbolique : un petit nombre de chasseurs et de bombardiers légers opérant sur le territoire français et quelques escadrilles de bombardiers lourds opérant à partir de bases situées en territoire britannique.

Incertaines du sort de la lutte et plus préoccupées de leur propre défense que de celle du territoire français, les autorités anglaises n'avaient plus fourni que des appareils déjà quelque peu dépassés, comme le chasseur Hawker Hurricane, bien inférieur au Spitfire, ou mal adapté au genre du combat, comme le Blenheim. Les unités basées en Grande-Bretagne avaient soigneusement conservé à l'abri les appareils réellement opérationnels et les équipages entraînés.

Il n'empêche que les quelques pilotes britanniques engagés dans la lutte combattirent vaillamment et payèrent leur tribut à la cause alliée, surtout ceux des bombardiers qui attaquèrent les objectifs

Ci-dessus : bombardiers moyens Dornier Do 17 en route pour un raid au cours de la bataille d'Angleterre. Déjà presque démodés au milieu de 1940, le Do 17 et son dérivé, le Do 215, étaient une cible facile pour les chasseurs britanniques. L'équipage était groupé à l'extrême avant dans une cabine entièrement vitrée, et un seul obus bien placé pouvait faire plusieurs victimes. Page ci-contre : un Supermarine Spitfire V de la 303e escadrille de la R.A.F. piloté par Jo Zumbach. Cette unité était la seconde escadrille de chasse polonaise servant dans l'aviation anglaise. Issu des Spitfire I et II, qui avaient joué un grand rôle au cours de la bataille d'Angleterre, le Spitfire V était prévu pour être un modèle intermédiaire, mais il fut fabriqué en très grand nombre bien qu'il fût surclassé par le nouveau chasseur allemand de 1941, le remarquable Focke-Wulf Fw 190 A, qui ne put être inquiété avant l'apparition du chasseur Spitfire IX de 1942.

tenus par les Allemands le long du canal Albert, en Belgique, et très bien défendus par la Flak.

La supériorité technique des Allemands et l'expérience qu'ils avaient acquise en Espagne avaient une fois de plus fait leurs preuves : la tactique de leurs escadrilles de chasse était supérieure à celle des Français comme à celle des Britanniques. Les Alliés avaient adopté le principe de l'attaque de masse avec six et surtout douze appareils en vols groupés. En théorie, ces avions devaient être capables de faire chacun une « passe » sur leur objectif, avec la quasi-certitude de l'atteindre avant de passer à l'attaque de l'objectif suivant. Mais ce principe, séduisant à l'École de guerre, s'avéra désastreux sur le terrain. Il obligeait les pilotes à passer de la formation de vol patrouille — en « canard » ou « en V » — à la formation d'attaque — en ligne de tête ou en ligne de front — ce qui faisait perdre un maximum de temps et d'efficacité.

Cette tactique lourde et lente convenait merveilleusement aux nouvelles méthodes de combat des chasseurs allemands, fondées sur des petites unités de deux appareils : un « leader » et son « ailier » qui se faufilaient aisément au travers des formations alliées; une fois isolés, les pilotes alliés étaient tactiquement désavantagés par rapport à la section (*Rotte*) de deux avions allemands, dont le « leader » était l'élément offensif et l'« ailier » l'élément de protection. Deux *Rotten* formaient une *Kette* (littéralement « chaîne ») de quatre appareils à partir de laquelle s'articulaient les escadrilles (*Staffeln*), les groupes (*Gruppen*) et l'échelon (*Geschwader*), une formation comprenant cent six appareils. La clé de la tactique allemande était la souplesse, mais il fallut attendre la fin de la bataille de France pour que les Alliés réalisent la faillite de leurs conceptions rigides et commencent à copier le système allemand. A partir de 1941, les britanniques développèrent leur propre type de formation souple avec des patrouilles de chasse de quatre appareils volant « écartés comme les doigts de la main ». Cette disposition leur donnait un bon champ de vision et leur permettait de se diviser très rapidement en sections de deux chasseurs, formation idéale pour le combat. Lorsque les Français se rendirent compte de la violence de l'attaque allemande, ils demandèrent aux Anglais d'engager davantage d'appareils. Quoique cette requête ait été appuyée par le ministère britannique de l'Air, le commandant en chef de la chasse anglaise, Hugh Dowding, refusa tout net d'envoyer d'autres chasseurs sur le continent ainsi que d'autoriser l'engagement au combat des Spitfire basés en Grande-Bretagne. Il n'est d'ailleurs pas exclu que cette décision n'ait pas hâté l'issue fatale de la campagne de France.

Mais il faut reconnaître que Dowding avait su prévoir la défaite de la France et envisager les conséquences et les répercussions qu'elle pouvait avoir pour son

pays. Il avait également pressenti qu'une dure bataille pourrait avoir lieu dans le ciel de l'Angleterre, précédant sans doute une tentative d'invasion aéroportée. Dowding réussit à rallier à ses idées Winston Churchill, qui venait de succéder à Neuville Chamberlain en tant que Premier ministre (10 mai 1940), et, à partir de la fin du mois, les escadrilles britanniques ne furent plus engagées en France que pour protéger le réembarquement des contingents anglais à Dunkerque. Vers la fin du mois de juin, la Grande-Bretagne se retrouva seule contre l'Allemagne à laquelle venait de se joindre l'Italie (10 juin 1940). La Luftwaffe avait désormais d'excellentes bases stratégiques d'attaque, face à la côte est et sud de l'Angleterre.

Cependant, l'une des plus étranges campagnes de la guerre s'était déroulée à l'est de la Baltique. Après s'être emparée de la partie est de la Pologne, avec l'assentiment de l'Allemagne et à la suite du Traité germano-soviétique, l'U.R.S.S. décida de s'attribuer une partie de la Finlande, particulièrement l'isthme de Carélie et la partie ouest du golfe de Finlande. Les Finlandais ayant refusé l'ultimatum russe, Staline lança une attaque massive contre les Finlandais. La « guerre d'hiver » commença en novembre 1939 jusqu'au printemps 1940, où, malgré une résistance plus qu'héroïque, les Finlandais durent accepter une capitulation devant les forces communistes, mais seulement sous le poids du nombre, car les forces russes comptaient quelque 600 000 hommes et les forces finlandaises 68 000.

La lutte se déroula également dans les airs. En dépit de l'utilisation des excellents chasseurs Polikarpov I-16, des bombardiers bimoteurs Tupolev SB-2 et Ilyouchine DB-3 et d'autres appareils modernes, les pilotes russes furent sévèrement accrochés par la petite force aérienne finlandaise, fort bien entraînée et ne possédant qu'une série de chasseurs partiellement démodés. Pourtant, les Fokker D XXI et les Gladiator, dont certains étaient pilotés par des volontaires suédois, obtindrent de beaux succès. Les Soviétiques n'avaient aucune conception tactique de la guerre aérienne, et les pilotes finlandais firent de véritables ravages parmi les formations de bombardiers ennemis.

Ce ne fut que durant le dernier mois de la campagne que les Soviétiques, après une dure expérience, améliorèrent quelque peu leurs techniques de combat.

Mais, ainsi que l'avait prévu Dowding, une attaque allemande contre l'Angleterre se préparait. Adolf Hitler avait été surpris par l'entrée en guerre de la Grande-Bretagne et avait, d'une certaine manière, cherché à la ménager. La France vaincue, il offrit aux Britanniques une paix honorable sur les bases du *statu quo ante bellum*. Cette offre repoussée, Hitler n'avait plus d'autre choix que d'attaquer l'Angleterre. Il s'écoula pourtant un mois entier avant que celui-ci signe l'ordonnance n° 16 « Lion de mer » (juillet 1940) qui exigeait l'invasion de l'Angle-

Page ci-contre : un Messerschmitt Bf 109 E qui fut, pendant les trois premières années de la guerre, le meilleur appareil de chasse allemand. Son successeur, le Bf 109 F, avait un nouveau capot-moteur et était le mieux profilé aérodynamiquement de tous les appareils de la série. Son armement, cependant, était relativement plus faible.
Ci-dessous : les pilotes des Forces aériennes françaises libres rejoignent en courant leurs chasseurs Supermarine Spitfire, le plus célèbre des chasseurs britanniques qui furent produits sans interruption de 1939 à 1945.

terre. La marine allemande avait subi de fortes pertes durant la campagne de Norvège et ne put réunir une flotte d'invasion; mais le maréchal Göring assura que la Luftwaffe était capable, à elle seule, de briser la résistance anglaise. Ce fut le point de départ de la première vraie confrontation aérienne de la guerre : la bataille d'Angleterre.

Celle-ci comporta trois phases principales : attaques des convois et des installations côtières, assaut contre les bases de chasse et les centres de production aéronautiques, et la campagne contre les centres urbains. La première phase commença, dès la défaite de la France, par des raids de quelques bombardiers escortés de chasseurs, avec pour but de détruire les stations radar, d'interdire la circulation dans la Manche et d'attaquer la zone portuaire de Londres. Les premiers raids n'ayant pas donné de résultats appréciables, les Allemands décidèrent de les élargir, au commencement du mois d'août, aux usines d'aviation et aux bases de chasseurs, en espérant empêcher ceux-ci de prendre l'air et les détruire au sol.

La deuxième phase de la bataille fit apparaître de sérieuses failles dans la force aérienne allemande. La précédente avait prouvé que le Stuka devenait un « cercueil volant » lorsque l'ennemi possédait la maîtrise de l'air : il était très vulnérable aux chasseurs à la fin de son piqué. Maintenant, les combats révélaient les faiblesses du Bf 110. Les pertes étaient sévères des deux côtés, mais, avec les Hurricane, capables d'engager les bombardiers et les Bf 110 et les Spitfire qui pouvaient tenir tête aux Bf 109, la R.A.F. commençait à surclasser la Luftwaffe, notamment les *Luftflotten* 2 et 3, sur les côtes de la Manche. Le Bf 110, quoique excellent en tant que bombardier-destroyer, était incapable de résister aux chasseurs monomoteurs, plus maniables. Pour le début de la troisième phase, au cours de la dernière semaine d'août, la Luftwaffe étendit ses attaques aux bases de chasseurs du Kent, du Sussex et du Surrey ainsi qu'aux usines d'armement. Le *Fighter Command* eut alors plus de problèmes avec l'épuisement des équipages qu'avec les appareils, et frisa le désastre. Les pertes étaient très fortes et continuèrent à augmenter. Début septembre, la Luftwaffe avait la victoire à portée de la main, car l'aviation britannique ne possédait plus de réserves.

En fait, la roue avait déjà tourné, car le 7 septembre l'aviation allemande avait interrompu ses attaques sur le *Fighter Command* pour entamer ses raids sur Londres, en représailles des raids britan-

La puissance de feu

Les mitrailleuses continuaient d'être, au cours des années trente, l'armement principal de la plupart des forces aériennes, à l'exclusion des aviations française, allemande et soviétique, qui avaient compris la supériorité de cette arme en tant que puissance destructrice. Les Anglais et les Américains continuaient de s'imaginer que des batteries de mitrailleuses pouvaient, en raison de leur volume de feu, être plus efficaces et ils équipèrent ainsi leurs avions de combat. Les Anglais utilisaient des séries de huit mitrailleuses légères et les Américains avaient opté pour six mitrailleuses lourdes. Les Français, les Allemands et les Soviétiques avaient adopté le principe du canon soutenu par une batterie de mitrailleuses.

Au cours de la Seconde Guerre mondiale, cependant, on se rendit compte que le canon, tirant des projectiles explosifs, était une arme supérieure; la plupart des appareils en furent donc pourvus. Dans le schéma *page ci-contre,* qui représente un certain nombre de chasseurs connus, les canons sont indiqués en rouge et les mitrailleuses en bleu.

La puissance destructrice des mitrailleuses n'était pas négligeable, comme le montrent les photographies *ci-dessous,* représentant l'attaque d'un Ju 88 par des chasseurs américains. Les roquettes, que l'on installe sous la voilure d'un Hawker Typhoon *(en bas)* utilisé comme appareil d'attaque au sol, étaient également très efficaces.

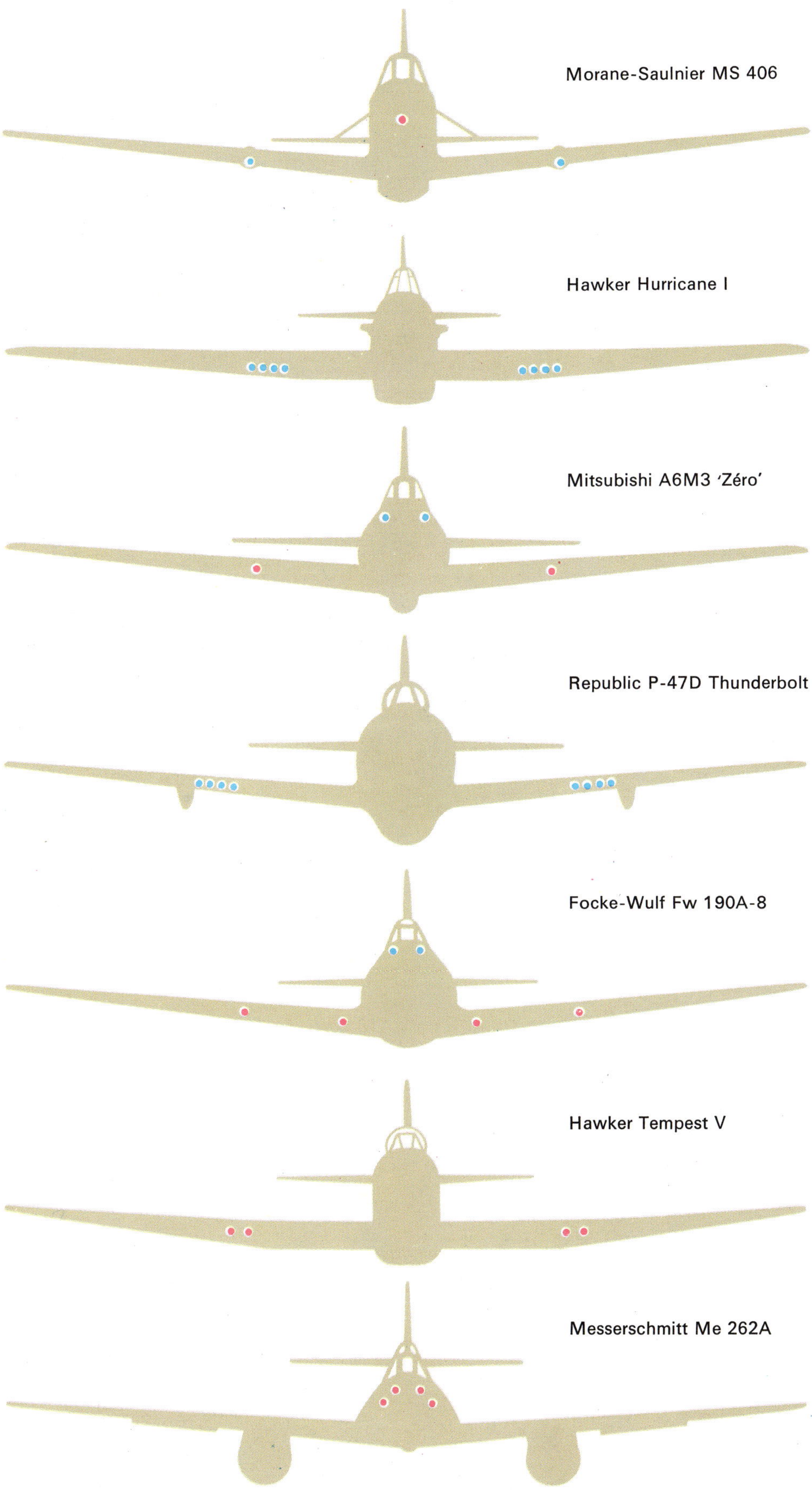

niques sur Berlin. Les chasseurs allemands durent escorter les bombardiers, mais ils ne possédaient pas une autonomie de vol suffisante et devaient abandonner les bombardiers après dix minutes de combat au-dessus de Londres. Les chasseurs anglais avaient donc la possibilité de disloquer les formations allemandes qui subirent d'énormes pertes les 14 et 15 septembre. Les erreurs de la tactique allemande étaient évidentes : les bombardements de Londres et des objectifs industriels relevaient de l'aviation stratégique, et la Luftwaffe n'était qu'une force tactique. Sans bombardiers lourds, la campagne devait échouer.

A la fin septembre, les raids sur Londres, trop coûteux en hommes et en matériel, furent interrompus. Ils furent remplacés par des raids de chasseurs-bombardiers qui tinrent en haleine les Britanniques tandis que se préparait pour novembre une nouvelle campagne de bombardements nocturnes. Mais les Anglais avaient déjà gagné la bataille d'Angleterre. Entre le 10 juillet et le 31 octobre, la Luftwaffe avait perdu 1 733 appareils, le *Fighter Command* 1 379. Mais les pertes allemandes étaient surtout composées d'appareils multiplaces, plus coûteux à remplacer, et d'équipages hautement entraînés. A la fin du mois de juillet 1940, Hitler avait déjà décidé d'attaquer la Russie, et la campagne contre l'Angleterre était devenue pour lui un objectif secondaire.

La bataille avait démontré la faiblesse des appareils, et cela d'un côté comme de l'autre, particulièrement au niveau des performances et de l'armement. Les avions allemands avaient souvent pu surclasser les appareils britanniques, car leur moteur à injection leur permettait des piqués que le moteurs Rolls-Royce, à carburateur à flotteur, n'autorisait pas aux avions anglais. De plus, ceux-ci étaient dépourvus de canon; mais, à partir du printemps 1941, un très gros effort fut réalisé pour moderniser les modèles existants. Les Anglais adoptèrent les canons de bord, et les Spitfire aussi bien que les Messerschmitt furent équipés de moteurs plus puissants, avec des compresseurs plus efficaces qui leur permirent des vitesses de l'ordre de 565 à 650 km/h.

La Luftwaffe avait poursuivi ses attaques de nuit sur les villes anglaises jusqu'à la fin du printemps 1941 et la R.A.F. avait aussi attaqué des villes allemandes. Mais, tandis que Londres était relativement proche des bases du nord de la France et des pays occupés, les bombardiers britanniques avaient beaucoup plus de mal pour atteindre les villes alle-

mandes. Les rapports d'opérations démontraient qu'à la fin 1940 un très faible pourcentage de projectiles anglais avaient atteints leurs objectifs. C'était pourtant le seul moyen qu'avaient les Anglais d'attaquer l'Allemagne et les bombardements de nuit se poursuivirent et s'accrurent même en nombre, sinon en précision.

Le « Blitz » se termina finalement en mai et cela pour deux raisons : premièrement, le chasseur de nuit Bristol Beaufighter avait été équipé d'un nouveau radar d'interception, qui le rendait beaucoup plus efficace contre les bombardiers; deuxièmement, les forces aériennes allemandes avaient été transférées à l'est en vue de l'invasion de la Russie. En juin 1941, il ne restait plus, face à l'Angleterre, que deux *Geschwader* (escadrilles) allemandes dont la mission était de contrer les raids anglais au-dessus du nord de l'Europe grâce au nouveau chasseur Focke-Wulf Fw 190. Celui-ci était propulsé par un moteur en étoile de 1 776 ch au décollage qui lui assurait une vitesse de 580 à 680 km/h, surclassant celle des chasseurs britanniques. En outre, il était très fortement armé et représentait un adversaire redoutable.

Ci-dessus : un bombardier italien typique fut le trimoteur Cant Z-1007 « Alcione », dans sa version « bis ». On l'employa sur divers fronts depuis la Grèce jusqu'à l'Afrique et la Russie ; ci-dessous : le Siai. 79 « Sparviero » était le bombardier le plus célèbre de la Regia Aeronautica. Pendant la guerre, il s'affirma surtout comme un excellent avion lance-torpilles.

Ci-contre : deux chasseurs italiens de la Seconde Guerre mondiale, le Macchi MC 200 « Saetta » (en haut) et le MC 202 « Folgore » (au centre). Le MC 200 fut le premier d'une série d'avions de chasse conçus par l'ingénieur Castoldi. Avant d'entrer en service à l'automne 1940, il subit diverses modifications qui lui permirent de tenir tête bien souvent à des Hurricane : il avait une vitesse maximale de 503 km/h. Sur le MC 202, dérivé du 200, le moteur radial Fiat fut remplacé par le plus puissant Daimler-Benz. Il entra en service en Cyrénaïque le 25 novembre 1941.

Les plans d'invasion de la Russie de Hitler furent retardés, pour un temps assez court, mais fatal, par les campagnes contre la Yougoslavie et la Grèce, au mois d'avril. Belgrade subit, le 6 avril 1941, le bombardement « de terreur », désormais habituel, le jour où les troupes allemandes passèrent la frontière. Les quelques chasseurs anglais engagés sur ce front ne purent inquiéter la Luftwaffe et, grâce à la combinaison blindés/aviation du *Blitzkrieg*, la Yougoslavie et la Grèce capitulèrent au bout de quelques jours.

En mai, les Allemands lancèrent sur la Crète une vaste opération aéroportée. L'île fut occupée après de très durs combats qui marquèrent à la fois l'apogée et la finale du corps des parachutistes allemands, tout au moins dans ce rôle. La Luftwaffe subit elle aussi des pertes extrêmement lourdes, surtout dans sa flotte d'avions de transport Ju 52, dont les appareils servaient également pour les parachutages et les bombardements.

Vers le milieu de juin 1941, la plus grande partie des forces offensives allemandes étaient massées le long de la frontière soviétique. Hitler pensait avoir raison de la Russie en quatre mois et, comme d'habitude, la Luftwaffe allait jouer un important rôle tactique dans les combats. L'invasion commença le 22 juin 1941; la supériorité allemande fut totale sur tous les fronts. La plus grande partie de l'aviation russe fut détruite au sol dans les premiers jours du conflit.

Cette première victoire favorisa paradoxalement les Soviétiques, du moins à long terme. Les purges staliniennes de 1937 et de 1938 avaient décimé l'armée et l'aviation de l'U.R.S.S. qui ne disposait alors que des appareils survivant de la guerre contre la Finlande. En outre, les Soviétiques possédaient un grand nombre d'avions tout à fait démodés que le gouvernement hésitait à envoyer à la ferraille. Ce fut la Luftwaffe qui fit ainsi le travail et força les chefs soviétiques à envisager la création et la construction de nouveaux types d'appareils.

L'U.R.S.S. disposait, dès l'avant-guerre, d'un appareil d'attaque au sol intéressant : l'Ilyouchine Il-2 « Stormovik », d'un bombardier moyen, Petlyakov Pe-2, et de deux types de chasseurs dus à Lavochkine et à Yakovlev. Avec ces quatre modèles seulement sur les chaînes de production, les Soviétiques purent construire un grand nombre d'appareils, peut-être assez frustes mais bien adaptés aux rudesses du climat, à des équipages peu entraînés et à une tactique d'emploi assez simple. En bien des cas, ils furent capables de performances — surtout en plein hiver russe — que les appareils plus sophistiqués de la Luftwaffe ne pouvaient égaler.

La doctrine militaire de l'aviation soviétique était simple : la guerre devait être gagnée grâce à l'Armée Rouge et la fonction de l'Aviation Rouge était d'aider l'armée. Le seul bombardier lourd produit à l'époque, le Petlyakov Pe-8, fut employé pour quelques raids au-dessus de l'Allemagne, à des opérations de ravitaillement de partisans opérant derrière les lignes et au transport des hauts personnages de l'État. L'avion avait de bonnes performances à haute altitude (au-dessus de 5 000 m), mais la plupart des appareils soviétiques étaient destinés à évoluer à basse ou à moyenne altitude.

A tout prendre, les Russes préféraient ce type d'appareil, mieux adapté au style de leurs opérations; bien que le Lavochkine La 5 fût moins rapide que le Messerschmitt Bf 109, ses performances étaient meilleures au-dessous de 3 000 m.

De construction souvent médiocre, les appareils soviétiques accomplirent cependant parfaitement leurs tâches. La tactique soviétique allait de pair avec le côté rudimentaire des avions. Le Haut-Commandement soviétique avait mis ses espoirs dans la supériorité numérique et la grande puissance de feu, sans se préoccuper le moins du monde du pourcentage des pertes. Graduellement, malgré tout, la médiocrité des équipages, qui avait été si souvent remarquée par les pilotes allemands la première année de la guerre, devint moins évidente. Cela venait du fait que les plus mauvais pilotes avaient été tués et que ceux qui

*Ci-contre : l'apparence menaçante du Beaufighter dans sa version « avion d'assaut »;
ci-dessous : le Bristol Beaufighter était un chasseur lourd capable d'une vitesse maximale de 490 km/h avec une autonomie de vol de 2 400 km. Il fut équipé par la suite d'un radar et de roquettes et utilisé à la fois comme avion d'assaut, comme chasseur de nuit et comme avion torpilleur.*

1. Mitrailleuse orientable en tourelle
2. Dérive à extension dorsale
3. Compensateur
4. Roulette de queue escamotable
5. Soutes à munitions de 20 mm
6. Canon de 20 mm (2 de chaque côté)
7. Volet
8. Réservoir de carburant
9. Roquettes HE (4 sous chaque aile)
10. Structures de voilure bipoutre
11. Train escamotable
12. Moteur Bristol Hercules XVII en étoile
13. Siège du pilote
14. Torpille
15. Dôme du radar
16. Pare-brise blindé
17. Prise d'air du carburateur

restaient avaient enseigné aux novices le meilleur de ce qu'ils avaient appris.

Hors les attaques surprises en rase-mottes des avions d'assaut « Stormovik », qui occasionnèrent souvent des pertes sévères aux troupes allemandes au sol, la tactique soviétique était inexistante. Les Allemands eurent d'ailleurs la totale et constante maîtrise de l'espace aérien au-dessus du front de l'Est, depuis le commencement des hostilités jusqu'à la bataille de Koursk, en juillet 1943. Mais dès cette époque, l'Aviation Rouge rattrapa peu à peu son retard et se montra même supérieure en basse et moyenne altitudes. Vers la fin de la guerre, la Luftwaffe était toujours capable d'obtenir la maîtrise de l'air dans un secteur déterminé, mais avec la vaste étendue des offensives soviétiques qui se succédèrent du mois de juillet 1943 au mois de mai 1945 ces coups d'arrêt limités n'étaient plus que des piqûres d'épingle pour l'Armée Rouge et n'avaient plus aucune chance de pouvoir même espérer retarder son avance.

Réalisant l'importance de l'aviation tactique dans la campagne sur le front de l'Est, les Allemands utilisèrent, sur ce théâtre d'opérations, deux types spéciaux d'appareils : le Henschel Hs 129, chasseur de chars, et l'avion de reconnaissance tactique Focke-Wulf Fw 189. Potentiellement, le Henschel était une excellente machine, mais un moteur adéquat ne fut jamais développé pour ce genre d'appareil. Ce fut néanmoins une arme antiblindés extrêmement efficace, surtout lorsqu'il fut équipé d'un canon antichar de 7,5 cm dans une nacelle sous le fuselage; un seul obus suffisait pour mettre hors de combat n'importe quel char soviétique. Le Hs 129 se révéla très efficace au cours de la bataille de Koursk, à tel point qu'un certain nombre de Stuka furent équipés d'une paire de canons antichars de 3,7 cm. Malheureusement, les mauvaises performances des Stuka ainsi équipés en firent une proie idéale pour les chasseurs soviétiques. Malgré cela, ce fut avec ce genre d'appareil que l'as allemand Hans Rudel détruisit à lui seul, dans les derniers mois du conflit, presque un millier de chars et de véhicules soviétiques. Le Fw 189 n'était pas un appareil d'assaut, mais il était parfait pour la reconnaissance et la coopération avec les forces au sol, rôles pour lesquels sa nacelle centrale entièrement vitrée s'était révélée idéale.

Bien que les Allemands aient fait de nombreux efforts pour trouver l'arme antichar type et expérimenté plusieurs modèles différents, ils adoptèrent finalement un canon de fort calibre, qui était, selon eux, la meilleure solution. Les Soviétiques, de leur côté, trouvaient plus efficaces les canons à projectile à grande vitesse initiale, de 20 ou 23 mm de calibre. Ils utilisèrent aussi des fusées qui, bien que n'étant pas guidées, étaient parfois efficaces. Les Soviétiques avaient fait, avant la guerre, des études sur les fusées et plusieurs de leurs chasseurs furent équipés pour pouvoir transporter un certain nombre de modèles de 82 et de 132 mm.

Les bombardiers lourds firent grandement défaut aux Allemands durant la guerre à l'Est. Comme leur avance se développait à travers toute la Russie d'Europe au cours de l'année 1941, Staline ordonna que les principales industries lourdes fussent, quoi qu'il en coûtât en main-d'œuvre, transportées et réinstallées à l'est des monts Oural, où elles seraient hors de la portée des Allemands. Staline avait compris que l'U.R.S.S., sans cette mesure draconienne, ne pourrait pas résister très longtemps. Ce fut du reste une tâche difficile, les contraintes du transport par voie ferrée et la continuelle avance des troupes du Reich.

Cette décision eut également pour effet de priver les Allemands d'un potenciel industriel considérable sur lequel ils avaient compté. Privés de bombardiers lourds à grand rayon d'action, ils ne pouvaient songer à attaquer les principaux centres de production de matériel de guerre soviétiques. la vieille idée des bombardements stratégiques revint au jour dans un projet pour un « bombardier de l'Oural », mais il était déjà trop tard pour étudier et construire à une vaste échelle un nouveau type d'appareil.

Le Heinkel He 177 « Greif » (griffon) fut le modèle le plus ambitieux de tous les bombardiers lourds conçus alors. Il comportait — caractéristique assez inhabituelle — des moteurs couplés deux à deux, mais n'actionnant qu'une seule hélice. L'idée offrait des possibilités intéressantes, mais son développement se révéla irréalisable. Comme durant la campagne d'Angleterre, l'Allemagne dut se rendre à l'évidence : elle s'était engagée dans cette guerre avec une conception trop limitée de l'aviation militaire, tout au moins en regard de l'ampleur prise par le conflit.

Bien que, à partir du mois de juin 1941, l'intérêt principal des Allemands se trouvât reporté vers l'est, le départ de la plupart de leurs forces aériennes sur ce front n'avait pas totalement stoppé la guerre à l'ouest. Tout le long de l'année 1941, les chasseurs-bombardiers continuèrent leurs raids sur les objectifs du sud de l'Angleterre, mais, dans le même temps, la R.A.F. était devenue une force offensive avec laquelle il fallait désormais compter et qui prit une grande importance sur le front de la Méditerranée.

Ce fut à ce moment qu'entra en service dans la R.A.F. un appareil de grande réputation : le de Havilland Mosquito. Comme le Ju 88, il fut l'un des meilleurs avions polyvalents et l'un des appareils de combat les plus efficaces de toute la guerre, si l'on considère le nombre de ses victoires par rapport au petit nombre de ses pertes. Conçu grâce à une initiative privée en tant que bombardier à grande vitesse, il fut construit en bois — de Havilland avait une grande expérience de ce matériau — et se révéla si rapide qu'il ne nécessitait pas d'armement pure-

Ci-dessus : Focke-Wulf Fw 190 A-5, armé de deux canons de 20 mm et de deux mitrailleuses; à droite : le Lavochkin La-5FN fut le seul chasseur soviétique capable de s'opposer, à partir de 1943, au Fw 190. Comme la plupart des chasseurs russes, ses performances étaient meilleures à basse altitude; ci-contre : en plein hiver russe des mécaniciens s'affairent autour d'un Petlyakov Pe-2 de bombardement. Page ci-contre : patrouille de chasseurs Yakovlev Yak-9D du régiment d'élite de la Garde au-dessus de Sébastopol en 1944. Le second insigne sur le nez est celui de l'ordre du Drapeau rouge.

ment défensif. Dans un premier temps, le ministère de l'Air britannique se montra assez réticent, mais, lorsque le prototype fut présenté, en novembre 1940, il manifesta un certain intérêt pour cet appareil aux lignes élégantes et bien profilées.

Les essais démontrèrent que l'appareil était opérationnel et que ses performances, une fois équipé de deux moteurs Rolls-Royce Merlin 25 à douze cylindres en V, lui permettaient de rivaliser avec les chasseurs allemands alors en service. Sa maniabilité lui permettait d'être affecté aux tâches les plus diverses, et, bien que les premiers Mosquito aient été utilisés comme appareils de reconnaissance photographique non armés au-dessus de l'Europe occupée, on les vit successivement, au fur et à mesure du développement du conflit, remplir les rôles de bombardiers, chasseurs-bombardiers, avions de reconnaissance maritime, avions d'assaut, appareils de transport à grande vitesse, avions d'entraînement et même avions cibles.

Durant tout le reste de la guerre, des Mosquito, en patrouille libre au-dessus de l'Allemagne, remplirent leurs missions et atteignirent leurs objectifs avec une extraordinaire précision. Un des raids effectués par les Mosquito est resté célèbre : c'est celui au cours duquel les appareils réussirent à détruire les murs de la prison d'Amiens, permettant ainsi aux Français résistants qui y étaient détenus prisonniers de s'échapper.

Bien que les Anglais aient depuis longtemps accepté la notion de bombardement stratégique, ils étaient entrés en guerre sans posséder de véritables bombardiers lourds. Ceux qu'ils utilisaient au-dessus du conflit étaient des bimoteurs dont l'autonomie ne dépassait guère 2 000 km. Le Whitworth Whitney, par exemple, transportait 3 000 kg de bombes, mais avec un rayon d'action de seulement 750 km. Le Handley Page Hampden portait 1 750 kg de bombes sur 1 900 km; seul le Vickers Wellington III avait une autonomie de près de 2 500 km avec plus de 2 000 kg de bombes. En automne 1941, le *Bomber Command* mit en service le Short Stirling et le Handley Page Halifax quadrimoteur, respectivement dotés d'une capacité de 6 500 et 2 600 kg de bombes pour des distances de 950 et 3 000 km de rayon d'action. Le bombardier lourd anglais standard apparut en 1942 : l'Avro Lancaster, un quadrimoteur fortement armé, comprenant sept hommes d'équipage et capable de transporter 5 500 kg de bombes sur une distance de 2 700 km et cela à une vitesse de croisière de 320 km/h.

Au cours de l'année 1941, les raids stratégiques de nuit au-dessus de l'Allemagne n'avaient obtenu que peu de résultats : les équipages rataient souvent leurs objectifs et les tentatives pour neutraliser le potentiel industriel de régions telles que la Ruhr avaient complètement échoué. En revanche, les pertes étaient lourdes, car la chasse de nuit allemande était désormais équipée du radar. Contrairement aux Américains qui soutenaient que des « boxes » composés de cinquante à soixante bombardiers pouvaient se défendre seuls contre la chasse et attaquer les objectifs durant le jour, les Anglais persistèrent à croire dans l'efficacité des bombardements de nuit et à leur capacité de démoralisation sur la population civile.

Ainsi, cette théorie des bombardements psychologiques amena le *Bomber Command* à faire attaquer, dans la nuit du 30 au 31 mai 1942, la ville allemande de Cologne par une armada d'un millier d'appareils (la totalité des forces disponibles, y compris le *Coastal Command* et même quelque quatre cents avions d'entraînement). Le raid fit presque cinq cents morts et plus de quarante-cinq mille sans-abri, mais n'eut aucun résultat militaire : il avait renforcé, au contraire, la détermination de la population allemande à poursuivre la lutte et n'avait pas davantage neutralisé les bases de la chasse allemande. Bien que les pertes se montassent à presque 4 % de l'effectif engagé, la propagande anglaise présenta ce raid comme un succès.

Les spécialistes avaient pourtant compris que les techniques classiques ne pouvaient résoudre les problèmes de navigation en temps de guerre ni ceux de la précision du bombardement. Trois innovations de la technologie apportèrent un certain nombre de solutions qui améliorèrent largement le « travail » des équipages : ce fut d'abord le radar H2S (la version américaine fut connue H2X), qui établissait une carte représentant le terrain survolé par l'appareil. Ce système resta en service dans les escadrilles de bombardiers britanniques jusqu'à la fin de la guerre. Deux autres « aides à la navigation apparurent presque en même temps : le système « Oboe » qui guidait le pilote par radio et radar, ce qui le déchargeait en grande partie de la recherche de sa route; le système GEE, dans lequel une couverture radio permettait à l'équipage de localiser son objectif. Le GEE, qui fut la première « aide de navigation radio », supplanta rapidement le système « Oboe ».

L'aviation de bombardement britannique mit également une grande confiance dans des équipages spécialement entraînés : la *Pathfinder Force* (traceur de piste). L'idée était que des équipages Pathfinder, utilisant le système Oboe, pourraient marquer précisément les cibles à atteindre avec des fusées lumineuses spéciales, les bombardiers suivants n'ayant plus qu'à lâcher leurs charges sur ces feux. Il existait un système complexe de couleurs suivant les vagues successives de bombardiers, mais les conditions atmosphériques et la chasse allemande troublèrent cette belle théorie; les erreurs des Pathfinder, se répercutant sur l'ensemble du raid, firent que dans certains cas une cité fut détruite à la place d'une autre. Ce genre de raids, qui ne nuisaient en rien ou presque au potentiel industriel allemand, n'avaient aucun impact sur le déroulement du conflit. Mais l'Air Marshal Harris, qui avait pris le commandement du *Bomber Command*, était toujours persuadé que les bombardements d'usines n'étaient pas efficaces et que seules les attaques contre la population civile réduiraient la capacité de résistance allemande. Et les raids continuèrent, malgré les très lourdes pertes en appareils et en équipages. Cinq cents appareils et une vingtaine de milliers d'hommes, rassemblés dans l'est de l'Angleterre, se consacraient ainsi à ces bombardements.

Au cours de l'été 1943, les bombardiers lourds de la 8e Armée aérienne vinrent épauler les bombardiers anglais. Après leur entrée en guerre, à la suite de l'attaque japonaise sur Pearl Harbor le 7 décembre 1941, les Américains avaient reporté les opérations offensives contre le Japon victorieux et entrepris d'attaquer l'Allemagne. A partir de 1942, les forces aériennes américaines installèrent sur des bases britanniques des escadrilles de bombardiers lourds à grand rayon d'action, tels les Consolidated B-24 Liberator et les Boeing B-17 « Forteresses volantes », qui possédaient un énorme armement défensif comprenant, dans les derniers modèles, treize mitrailleuses lourdes de 12,7 mm. Les Américains, selon leurs propres conceptions, se réservèrent les bombardements stratégiques et psychologiques diurnes, opérant avec des « boxes » d'une soixantaine d'appareils qui représentaient une puissance de feu encore jamais rencontrée dans la guerre aérienne.

Ils obtinrent ainsi quelques premiers succès limités. Aussi, le 17 août 1943, la 8e Air Force entreprit-elle ses premiers raids massifs au-dessus de l'Allemagne. Avertis par leur couverture radar que les appareils américains franchissaient la Manche, les chasseurs allemands se lancèrent à l'attaque des formations de bombardiers qui, volant à haute altitude, laissaient derrière eux des sillages de vapeur. Au cours de cette attaque, qui visait les usines de roulements à billes de Ratisbonne et de Schweinfurt, les Américains perdirent cent soixante quadrimoteurs abattus ou définitivement endommagés sur les trois cent soixante-trois appareils qu'ils avaient engagés. Ces pertes n'empêchèrent pas le renouvellement de ce genre de raids, les 8 et 14 octobre. Cette fois les pertes s'élevèrent à cent quarante-huit appareils B-17 avec leurs équipages. C'était un désastre qui frappa fortement l'opinion publique américaine, et les bombardiers de ce style furent momentanément arrêtés.

La preuve avait été dramatiquement faite que les boxes de bombardiers, même puissamment armés étaient incapables de se défendre seuls contre des chasseurs déterminés. Il leur fallait une forte escorte de chasse à long rayon d'action afin de les protéger, et celle-ci n'existera réellement qu'à la fin de la guerre. A cette époque, la couverture de chasse de la 8e U.S. Air Force était uniquement équipée des Republic P-47 Thunderbolt, chasseurs lourds, et des Lockheed P-38 Lightning, bimoteurs « double queue », qui étaient incapables de lutter contre les monomoteurs allemands en « combat tournoyant ». Il existait également un petit nombre de nouveaux North American P-51 Mustang, mais ceux-ci n'étaient efficaces qu'à basse altitude. Aucun de ces appareils ne possédait un rayon d'action suffisant pour escorter les bombardiers lourds au-dessus du cœur de l'Europe; la mission de protection était confiée à des Martin B-26 Marauder et à des North American B-25 Mitchell dont ce n'était pas le véritable rôle.

Les Spitfire et les nouveaux Hawker Typhoon n'étaient pas non plus capables d'opérer dans les zones contrôlées par la

Page ci-contre : le de Havilland Mosquito fut un appareil polyvalent très utilisé par la R.A.F. au cours de la guerre. Ici, une patrouille de B IV dans leur première version en tant que bombardiers.
Ci-dessous : le chasseur américain Lockheed P-38 Lightning à fuselage bipoutre fut très discuté. Ici, un P-38 H; en bas : le bombardier Boeing B-17 Forteresse volante fut l'ossature de la 8e Army Air Force dans le ciel de l'Europe occupée.

Les armes secrètes

Vers la fin du conflit, le génie inventif allemand développa une série d'armes totalement nouvelles, telles que les bombes volantes et surtout les fusées guidées. Elles étaient particulièrement destinées à pallier l'insuffisance de la Luftwaffe.
Le premier engin mis en service fut le Fiseler Fi 103 «V1 » *(ci-contre),* sorte de petit avion sans pilote chargé de 850 kg d'explosif, propulsé par un

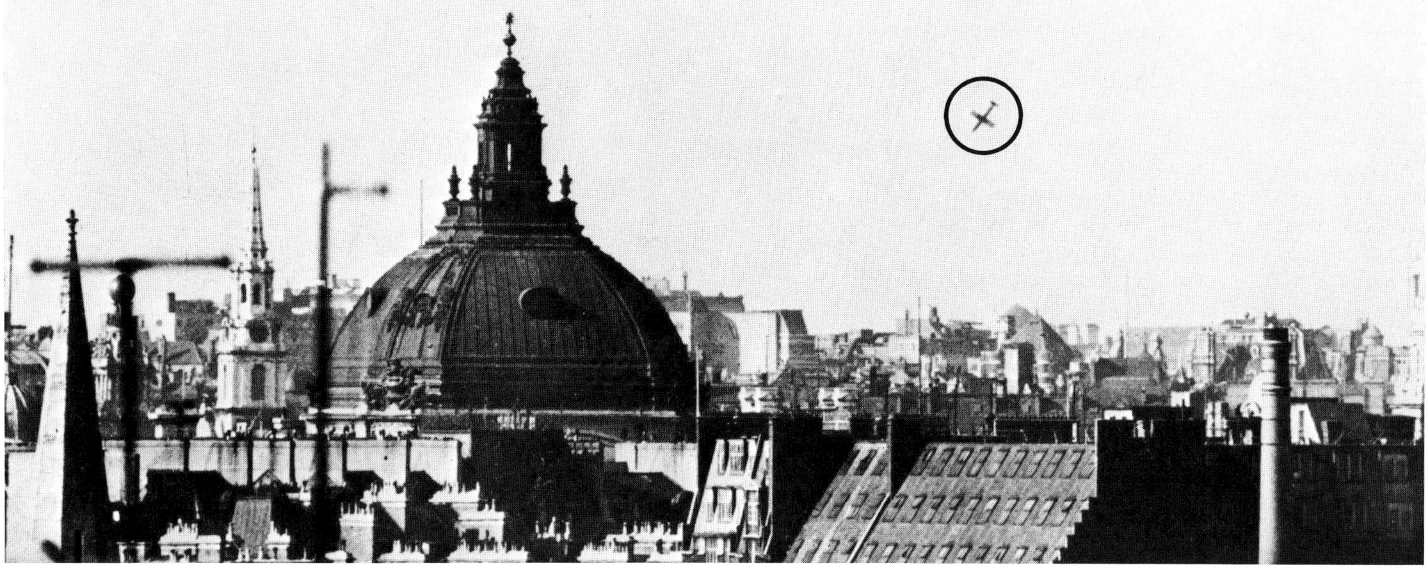

chasse allemande. Depuis le début de l'offensive combinée des bombardiers anglo-américains, les Allemands avaient installé leurs bases de chasseurs en Europe de l'Ouest, d'où ils pouvaient attaquer les bombardiers dès qu'ils avaient passé la Manche.

Bien qu'il fît une entrée assez peu remarquable, ce fut pourtant le Mustang qui allait apporter une solution convenable au problème posé par la protection des bombardiers américains. C'était en 1940 que les Britanniques avaient demandé à la firme North American d'étudier un appareil répondant à leurs spécifications dans un laps de temps de cent vingt jours, défi que la firme avait accepté. Le prototype, qui fut prêt trois jours avant la date prévue, avait des caractéristiques exceptionnelles : faible traînée aérodynamique, ailes à écoulement laminaire et grande pureté de ligne, mais son moteur Allison ne lui permettait que des performances moyennes. Grâce au montage du moteur Merlin, l'appareil put donner toute sa puissance, surtout à haute altitude, et fut l'un des meilleurs chasseurs de la Seconde Guerre mondiale. Armé de six mitrailleuses de 12,7 mm ou de dix roquettes, et équipé de réservoirs auxiliaires largables, le Mustang avait une autonomie de 3 400 km à 390 km/h de vitesse moyenne. Les Américains possédaient désormais un chasseur d'escorte capable de faire le trajet jusqu'à Berlin et de revenir à sa base. Il fut engagé massivement à partir de décembre 1943 et obtint tout de suite de nombreux succès.

Au début de 1944, la 15ᵉ U.S. Army Air Force, basée en Italie, collabora à l'offensive aérienne combinée qui devint encore plus intense : les Américains opérant le jour et les Britanniques la nuit. Les résultats étaient pourtant médiocres, même lorsque les Alliés décidèrent de s'attaquer à l'industrie aéronautique allemande, car celle-ci avait été décentralisée et avait tendance à augmenter sa production plutôt que de la réduire. Mais les pertes en hommes, accrues encore par la situation aérienne sur le front de l'Est, étaient plus durement ressenties que les pertes en matériel et allaient rapidement devenir catastrophiques. Il en était de même pour les stocks de carburant, qui commençaient d'arriver à leur point de rupture.

En mai et en juin 1944, l'offensive stratégique alliée eut pour but principal de préparer le débarquement prévu sur la côte normande et d'isoler cette partie du territoire français du reste de l'Europe. Les canaux et les ponts furent détruits, les voies ferrées et les gares de triage systématiquement bombardées, les convois en direction du nord de la France régulièrement attaqués. Les troupes allemandes au sol se trouvèrent ainsi virtuellement paralysées et les bombardements massifs des bases aériennes entraînèrent le déménagement de celles-ci vers l'Allemagne ou le sud de la France.

Lorsque les opérations des bombardements sur l'Allemagne reprirent en juillet 1944, les Anglo-Américains s'attaquèrent de nouveau aux villes importantes, mais aussi aux voies de commu-

pulsoréacteur à clapet et guidé par gyroscope. Il fut utilisé en tant que projectile stratégique sur l'Angleterre à partir du 11 juin 1944. Le second fut la fusée stratosphérique téléguidée A-4 ou « V2 » transportant 1 tonne d'explosif à une vitesse supersonique *(ci-contre)*.
Si le V1, dont la vitesse ne dépassait pas 500 km/h, était vulnérable à la D.C.A. et aux chasseurs, qui pouvaient le déséquilibrer en glissant une aile sous son plan de vol *(ci-dessus)*, la fusée V2, volant à une vitesse supersonique, était absolument indétectable et ininterceptable. Les dégâts causés par son explosion étaient considérables. Un V1 va s'abattre sur le centre de Londres *(page ci-contre)*.
Ce centre urbain dut subir un tel bombardement pendant plus de neuf mois : jusqu'au 27 mars 1945.

nication, aux centrales électriques et aux autres sources d'énergie, comme les usines de carburants synthétiques. L'Allemagne commençait à être sérieusement paralysée et ses forces armées étaient désormais désespérément à court de carburant. La Luftwaffe avait virtuellement arrêté ses vols d'entraînement et les escadrilles combattantes étaient ravitaillées « au compte-gouttes ».

L'avance alliée continuait inexorablement, ainsi que les bombardements stratégiques et psychologiques. Ceux-ci trouvèrent leur conclusion dramatique dans le pilonnage systématique, les 13 et 14 février 1945, de la ville de Dresde, un objectif sans aucune utilité militaire. Ce raid, qui fut le plus meurtrier de la guerre en Europe, fit quelque 135 000 morts, tous des civils et des réfugiés des provinces de l'Est, chassés par l'Armée Rouge.

Entre-temps, les Alliés avaient mis au point une aviation tactique supérieure, à maints égards, à celle des Allemands, même à leur « grande époque » (1939-1940-1941). Le terrain d'expériences avait été, pour les Alliés, la campagne d'Afrique du Nord, où les troupes adverses avaient mené une guerre en dents

En bas : bombardiers B-17 en formation serrée, accompagnés par leurs chasseurs d'escorte volant à haute altitude. Cette disposition rendait la tâche des intercepteurs allemands extrêmement difficile.

de scie de la Libye à l'Égypte, et de l'Égypte à la Tunisie. Les Britanniques avaient fini par développer une technique appropriée au style des combats avec des observateurs au sol, le long de la ligne du front, qui maintenaient une liaison constante avec les chasseurs-bombardiers ou les bombardiers légers, leur permettant d'intervenir avec un maximum d'intensité. Vers la fin 1942, les Alliés avaient conquis la maîtrise de l'air au-dessus de l'Afrique du Nord et leur aviation tactique eut une part décisive dans la victoire des troupes au sol.

Le concept du chasseur-bombardier — envisagé très tôt par les Allemands qui s'étaient aperçus que n'importe quel appareil était susceptible de porter des bombes — fut surtout développé par les Alliés. Ce fut d'abord à partir d'appareils périmés, tel le Hurricane, qui furent équipés de porte-bombes et d'appareils de visée. On passa ensuite à des appareils conçus plus spécialement pour transporter des bombes ou des roquettes et capables d'engager les troupes au sol.

La plupart des appareils alliés furent, à l'occasion, équipés pour cet usage, dont principalement le Hawker Typhoon dont le moteur puissant assurait de bonnes performances à basse altitude et qui était très fortement armé : quatre canons de 20 mm, plus 900 kg de bombes ou huit roquettes. Un peu plus tard, le Tempest prit la relève avec une capacité plus grande à la chasse proprement dite et à l'interception à haute altitude. Le Curtiss P-40, qui fut le chasseur le plus construit de toute la guerre, fut aussi utilisé en tant que chasseur-bombardier.

Au cours du conflit, l'aviation côtière et maritime prit également une énorme importance. De profondes rivalités au niveau des états-majors empêchèrent les Allemands d'adopter une politique cohérente de coopération aérienne et navale; cette erreur d'appréciation devait leur

En haut : un trimoteur de transport et bombardement Siai SM.82 « Marsupiale » en mission de ravitaillement aérien sur les Balkans. Le prototype vola en 1938 et les derniers exemplaires en 1960 ; ci-contre : un bombardier Handley Page Halifax survolant une usine de carburant synthétique à Eickel, dans la Ruhr. Le Halifax était également utilisé comme appareil de reconnaissance maritime. Page ci-contre : bombardiers lourds Avro Lancaster. Ils étaient capables de transporter plus de 8 tonnes de bombes avec une autonomie de vol de 2 000 km. Ils furent engagés au-dessus de l'Allemagne jusqu'à la fin de la guerre.

coûter fort cher. Ils possédaient pourtant des appareils nécessaires, aussi bien pour la reconnaissance maritime à longue distance, avec le Dornier 24 et l'amphibie Blohm et Voss 138, tandis que le Stuka et le Ju 88 se montraient capables d'attaquer des navires en piqué. Mais il manquait toujours un bombardier lourd à grand rayon d'action, bien que la Luftwaffe ait utilisé dans ce rôle un appareil de transport civil transformé, le quadrimoteur Focke Wulf Fw 200 Condor. C'était un avion remarquable pouvant transporter 1 250 kg de bombes sur une distance de 5 000 km; mais le service de guerre révéla quelques faiblesses de structure, dans la cellule et la voilure, qui ne furent jamais tout à fait résolues. Il fut pourtant utilisé avec bonheur aussi bien en tant que bombardier que comme appareil de reconnaissance lointaine.

Du côté des Alliés, les bombardiers torpilleurs biplans Fairey Swordfish, bien que d'une conception dépassée, obtinrent, au début du conflit, quelques beaux succès contre les navires italiens et allemands. Plus tard, l'action des Beaufighter et des Mosquito armés de roquettes gêna considérablement les communications de l'Axe entre l'Europe et l'Afrique du Nord. Mais les principaux appareils qui furent engagés aussi bien contre les sous-marins que contre les navires de surface et en tant qu'avions de reconnaissance furent les amphibies Short Sunderland britanniques, ayant une autonomie de quinze heures de vol, et le Consolidated PBY Catalina américain, dont le rayon d'action était de 5 500 km. Tous deux servirent avec succès sur tous les théâtres d'opérations.

Vers la fin de la guerre apparut un nouveau type d'appareil révolutionnaire qui allait complètement transformer la physionomie de l'aviation : le chasseur à réaction. Dès avant le début du conflit, les Allemands et les Britanniques avaient fait des expériences sur des moteurs à propulsion par réaction, et le Heinkel 178 avait volé dès 1939. A cette époque, la société Messerschmitt fut commissionnée pour étudier un chasseur propulsé par deux moteurs à turbine. En 1942, l'appareil fit ses premiers essais, mais les moteurs furent défaillants et il fallut les remplacer par des Jumo 004, qui furent

Les kamikazes

Pendant l'automne 1944, l'écrasante supériorité des Américains en matériel ne laissait plus guère d'espoir de victoire aux forces japonaises qui développèrent alors une méthode de combat particulière, qui fut, et est encore, incomprise par les Occidentaux : les kamikazes. Le mot, qui signifie « Vent divin », rappelle les deux ouragans miraculeux qui, au XIIIe siècle, sauvèrent le Japon de l'invasion des Mongols. Une attaque kamikaze ne nécessitait qu'un avion chargé de bombes et un pilote qui l'écrasait sur sa cible, de préférence un porte-avions ennemi. Les pilotes kamikazes n'étaient ni des insensés ni des fanatiques *(ci-contre)*, mais des héros, qui, pour être dignes des anciens samouraïs, avaient fait le sacrifice de leur existence pour la défense de leur patrie. Le premier vol de kamikaze enregistré semble avoir été celui de ce pilote japonais qui, au cours de la bataille de Leyte, écrasa son Zéro sur le porte-avions *Saint-Lô* et l'envoya par le fond. Au cours du même engagement, le croiseur *Columbia* fut aussi endommagé, et de la même manière *(ci-dessous)*. Bien que très peu d'appareils kamikazes atteignissent leur but, ils coulèrent malgré tout trente-cinq navires américains et en endommagèrent deux cent deux, comme le porte-avions *Saratoga (en bas, à droite)*. Appareil destiné aux kamikazes, le Yokosuka MXY-7 fut mis en service dans les derniers mois de la guerre. C'est en fait une bombe volante pilotée, propulsée par fusée et guidée jusqu'aux environs de son objectif par un avion porteur. *Au centre*, des soldats américains examinent un « Baka » capturé en état de fonctionnement.

aussi très longs à mettre au point. Ce fut cette raison, beaucoup plus que les hésitations d'Adolf Hitler, qui retarda jusqu'en juillet 1944 l'apparition sur le front de l'appareil définitif, le Me 262, qui volait à plus de 850 km/h. A l'automne de la même année apparut le premier avion de bombardement à réaction, l'Arado 234, dont la vitesse atteignait 740 km/h.

Beaucoup plus avancés techniquement que les appareils britanniques, tel le Meteor (en fait un avion classique muni de moteurs à turbine), les appareils allemands souffraient non seulement de « maladies de jeunesse », mais encore d'un mauvais emploi tactique et d'un trop court rayon d'action pour que leur apparition eût une influence quelconque sur l'issue du conflit. Cependant, ils furent une très désagréable surprise pour les aviateurs alliés et un ennemi plus que redoutable pour les bombardiers qui survolaient le Reich.

A la même époque, les Allemands produisirent un certain nombre d'appareils-fusées expérimentaux, dont l'extraordianire Messerschmitt 163, un intercepteur dérivé de l'« avion sans queue » du Dr Alexander Lippisch, doté de la vitesse, incroyable alors, de 960 km/h.

La guerre contre le Japon démontra elle aussi toute l'importance qu'avait prise l'aviation dans le domaine militaire. Les tactiques utilisées sur ce théâtre d'opérations, quoiqu'elles fussent fondamentalement les mêmes qu'en Europe, durent être sensiblement modifiées en considération des conditions géographiques très différentes. Ce conflit fit également la preuve que l'aéronavale avait atteint son âge adulte et était capable de livrer des batailles dont l'issue reposait uniquement sur des appareils basés sur des porte-avions, à l'exclusion de l'intervention des navires de surface.

Au niveau individuel, les avions japonais étaient en général capables de meilleures performances que les appareils alliés et pouvaient les surclasser dans bien des cas, surtout au cours de la première année du conflit. Peu à peu, cependant, les Américains mirent en service des chasseurs capables, grâce à une plus grande puissance de feu, à des performances améliorées et à un blindage partiel, de tenir tête aux appareils japonais. Le nombre important des porte-avions des États-Unis, qui fournissaient des « aérodromes » flottant dans tout le Pacifique, permit petit à petit aux Américains de reconquérir la maîtrise de l'air, à une époque où il n'était plus possible pour les Japonais de construire en série les appareils de grande classe dont ils poursuivaient les essais.

Les appareils japonais était souvent plus légers et donc plus vulnérables que les avions américains, mais, jusqu'à la fin 1943, le chasseur embarqué Mitsubishi A6M « Zéro », le bombardier bimoteur Mitsubishi G4M « Betty », le bombardier torpilleur Nakajima B5N et le bombardier en piqué Aichi D3A « Val » dominaient le ciel de l'Asie du Sud-Est et du Pacifique. Il en était de même pour leurs homologues terrestres Nakajima Ki-43 « Oscar », Kawasaki Ki-48 « Lily » et Mitsubishi Ki-21 « Sally ». Tous ces appareils furent une énorme et désagréable surprise pour les pilotes américains, et il fallut attendre la mise en ser-

Les avions japonais étaient capables de rivaliser et de surclasser les appareils alliés engagés en Extrême-Orient. Ils pouvaient concilier une très grande maniabilité avec un grand rayon d'action et une vitesse appréciable. Ils manquaient cependant d'une protection adéquate.
En haut : Mitsubishi G3M « Nell ». Un bombardier moyen qui avait été utilisé dans la campagne contre la Chine et qui fut remplacé, dans les rangs de la marine impériale japonaise, par le Mitsubishi G4M « Betty » à partir de 1942;
ci-dessus : le Mitsubishi A6M Zéro, chasseur embarqué qui fut sans doute l'avion japonais le plus célèbre de toute la guerre. Ici, un Zéro A6M3.

A partir de 1943, les appareils américains furent enfin capables de rivaliser avec leurs homologues japonais et la capacité de production de l'industrie aéronautique des États-Unis permit à l'armée et à la marine d'écraser sous le nombre une aviation japonaise incapable de remplacer ses pertes.
Ci-contre : escorteurs Republic P-47 N en patrouille. Ce fut la dernière extrapolation du célèbre « Thunderbolt » ; ci-dessous : le Vought F4U Corsair fut un des meilleurs chasseurs embarqués des États-Unis bien qu'il ait été, au départ, interdit de vol sur les porte-avions à cause de sa trop grande vitesse à l'appontage. Ses ailes « en mouette » lui permettaient d'avoir un train d'atterrissage de peu de hauteur et le repliement de l'aile au niveau du dièdre réduisait son encombrement.
Page ci-contre : en haut, Grumman TBF Avenger en mission de bombardement ; en bas, chasseurs embarqués Grumman F6F Hellcat sur le pont d'un porte-avions britannique.

vice du chasseur embarqué Grumman F4F Wildcat pour pouvoir songer, non pas encore à tenir tête aux chasseurs japonais, mais à pouvoir simplement attaquer les bombardiers avec une chance de succès. Le Grumman F6F Hellcat, apparu en 1944, fut beaucoup plus efficace contre les chasseurs japonais et prit une bonne part des victoires remportées par les chasseurs américains sur ce théâtre d'opérations.

Vers la fin du conflit, un nouveau chasseur, le remarquable Vought F4U Corsair, fut mis en service. Appareil polyvalent, le Corsair fut utilisé comme chasseur-bombardier, chasseur de nuit et comme appareil de reconnaissance photographique. Sa vitesse de 650 km/h faisait de lui l'un des plus rapides et des meilleurs chasseurs embarqués de son temps. En tant qu'avions d'assaut, les Forces aériennes américaines possédaient aussi le bombardier en piqué Douglas Dautnless et le Grumman TBM Avenger en tant qu'avion torpilleur et de lutte anti-sous-marine.

La 5e U.S. Army Air Force, sous les ordres du général George Kenney, était la principale force de frappe dans la zone du sud-ouest du Pacifique. Les appareils et les tactiques utilisés contre les Japonais étaient les mêmes que ceux utilisés en Europe : couverture de débarquement et harcèlement des troupes à terre, et cela aux îles Salomon, Papouasie-Nouvelle-Guinée et dans les Philippines. L'espace aérien du Pacifique lui-même était dominé par les appareils de l'U.S.Navy, basés sur la flotte de porte-avions de l'amiral Chester Nimitz. Ceux-ci assuraient le rôle de support tactique pour les forces d'invasion engagées dans la conquête ou la reconquête des îles du Pacifique.

Quant aux premiers raids stratégiques des « Superforteresses », ils furent effectués à partir des bases aménagées en Chine, où le conflit se poursuivait depuis 1937.

Dans cette région du monde, la guerre était du domaine de l'U.S. Army, après que les mercenaires américains du général Claire Lee Chennault eurent ouvert la voie avec la fameuse escadrille des Tigres volants. Dès 1944, cependant, les bombardiers lourds Boeing B-29 volant à partir des îles Mariannes — principalement à Saïpan, Tinian et Guam — entamèrent une campagne aérienne contre le territoire japonais. Les B-29, qui portaient 9 tonnes de bombes avec un rayon d'action de plus de 5 000 km, firent des ravages sur les agglomérations

japonaises, généralement construites en bois, en larguant à basse altitude des milliers de bombes incendiaires. Les Japonais, qui n'avaient pas imaginé que leur propre territoire national puisse être à la portée d'attaques aériennes massives, n'avaient prévu aucune couverture aérienne et les bombardiers américains pouvaient agir en toute impunité. Aussi, les villes importantes, ainsi que les usines — et principalement les usines d'aviation —, subirent-elles des destructions qui bloquèrent à peu près toute la production industrielle du pays.

La guerre du Pacifique prouva aussi l'efficacité des bombardements stratégiques et psychologiques. Après les raids classiques et les bombardements à l'explosif et aux matières incendiaires, les B-29 Superforteresses larguèrent deux bombes atomiques sur Hiroshima et Nagasaki les 6 et 9 août 1945, ce qui entraîna la capitulation du Japon. Un simple avion pourvu d'une arme dévastatrice pouvait détruire un pays. Pour le meilleur ou pour le pire, la force aérienne s'était montrée supérieure à toute autre.

Ci-dessous : les servants des pièces légères de défense contre avions du porte-avions américain Sangamon *tentent d'intercepter un appareil « kamikaze » japonais. Les appareils parqués sur le pont avec leur voilure repliée sont des Grumman F6F Hellcat, extrapolation de l'ancien F4F Wildcat, mais dotés d'un armement plus puissant ; ci-contre : une patrouille de Grumman TBF Avenger au-dessus d'une plage de débarquement à Tacloban, dans les Philippines, en octobre 1944.*

L'AGE DE LA RÉACTION

Les grandes puissances avaient, au cours de la Seconde Guerre mondiale, acquis déjà une certaine expérience de la propulsion par réaction pour en avoir compris ses avantages, mais aussi pour en découvrir certains des problèmes qui en découlaient directement. Dès le départ, il y eut deux types distincts de turboréacteurs : la turbine à compresseur coaxial et celle à compresseur centrifuge. Dans le premier type, l'air est compressé dans le sens rectiligne à travers des séries d'ailettes de plus en plus petites, calées sur un même tambour (ou rotor) jusqu'à la chambre de combustion. Dans le second type, l'air est entraîné vers un compresseur centrifuge, analogue aux compresseurs des moteurs à piston, qui le refoule radialement, sur sa périphérie, vers une chambre de combustion annulaire.

Les Britanniques et les Américains étaient partisans du type centrifuge, tandis que les Allemands avaient développé le modèle axial. Le modèle à compresseur centrifuge, tel celui utilisé par de Havilland pour son Vampire, biréacteur de chasse, était facile à fabriquer, léger, relativement économique et fonctionnait sans problème de pompage, mais son taux de compression se révéla vite insuffisant et les Anglo-Américains ne tardèrent pas à se rendre compte du mauvais rendement de leur système. De plus, le compresseur centrifuge exigeait un rouet de grande dimension, d'où une très grande surface frontale du moteur, incompatible avec un bon aérodynamisme. Ce genre d'appareil fut donc abandonné au profit du système à compresseur axial.

Mais le problème le plus urgent qu'il fallait résoudre était celui de la consommation de carburant. En effet, si les premiers turboréacteurs utilisaient un carburant aussi usuel que le kérosène, ou « pétrole lampant », ils en consommaient d'énormes quantités, ce qui limitait considérablement le rayon d'action des appareils.

A l'époque où les grandes nations cherchaient à s'équiper en appareils à réaction, cette tendance à la surconsommation de carburant aboutit à des réalisations pour le moins curieuses, sinon totalement bâtardes. Ainsi, l'U.S. Navy, qui réclamait un chasseur embarqué de hautes performances et à grand rayon d'action, n'avait rien trouvé de mieux que de préconiser la combinaison bizarre d'un moteur à piston et d'un moteur à réaction sur le même appareil, le Ryan FR Fireball. Le moteur à piston à l'avant de l'appareil servait au vol de croisière et le moteur à réaction installé à l'arrière servait uniquement au combat.

Des idées similaires furent essayées au cours des années suivantes, avec, entre autres, le Saunders-Roe SR 53 des années cinquante. A cette époque, les techniques du moteur à réaction avaient été dominées ainsi que les problèmes de rayon d'action, mais il restait les questions de vitesse ascensionnelle et d'accé-

Sur cette photo en vol des prototypes nos 01 et 02 de l'avion Dassault Mirage G 8, on peut remarquer la différence de flèche de la voilure à géométrie variable. La série des avions Mirage français est l'une des plus prolifiques depuis la fin de la Seconde Guerre mondiale. Un système très élaboré, à partir d'une cellule de base et de parties interchangeables, en fait un des avions de technique avancée le moins coûteux du moment.

lération, que les ingénieurs pensèrent résoudre grâce à une fusée propulsive auxiliaire. Cette idée fut mise à l'essai au cours des années cinquante et soixante, mais ce genre d'appareil ne fut jamais construit en série. La seule exception notable fut le célèbre Mirage III français, construit par Marcel Dassault, l'un des premiers modèles fiables à posséder une fusée d'appoint fournissant 1 500 kg de poussée supplémentaire qui lui permettait d'atteindre l'altitude de 18 000 m en moins de quatre minutes. Ce fut également le premier avion « Mach 2 » européen à être véritablement opérationnel.

L'accroissement de puissance avait, dès le départ, causé bien des difficultés aux ingénieurs, même à une époque où le moteur à réaction n'était pas encore répandu. La dernière génération des moteurs à piston — que ce soit les Rolls-Royce en ligne ou les Pratt et Whitney en étoile — pouvaient produire plus de 2 500 ch. Pour absorber cette formidable puissance, les ingénieurs utilisaient des hélices à quatre ou cinq pales, et parfois même une paire d'hélices tripales contrarotatives pour équilibrer le couple lorsque celui-ci s'avérait trop important. Cela avait également pour effet de faire disparaître le souffle hélicoïdal qui affectait les appareils munis d'une hélice unique.

En outre, à grande vitesse, la masse d'air en contact avec la voilure et le fuselage de l'appareil se trouve compressé contre le bord d'attaque et les autres surfaces de l'avion. Cette compression est cause de remous importants et de turbulences, lesquels produisent un supplément de traînée aérodynamique en même temps qu'ils font subir à la structure interne des efforts excessifs pouvant occasionner des ruptures de pièces. La première solution en vue de résoudre ce problème fut appliqué au North American P-51 Mustang et à quelques autres chasseurs à moteur à piston. Ce fut la voilure à profil laminaire, calculée pour supporter des vitesses de 750 km/h. Elle possédait un bord d'attaque plus mince et incurvé et son épaisseur maximale se situait au moins à 50 % de la corde, ce qui réduisait considérablement les turbulences et la traînée. Mais la solution n'était pas encore trouvée pour remédier à l'onde de choc causée par le nez de l'appareil.

Malgré le manque de coordination de leurs recherches, ce furent les Allemands qui découvrirent la solution : une voilure en flèche en dehors de la zone d'onde de choc. Avec ce genre de voilure et quelques autres améliorations aérodynamiques de structure, le Messerschmitt Me 262 à réaction était capable d'atteindre une vitesse de 870 km/h sans être affecté par le phénomène des ondes de choc. Cette aile en flèche à profil mince et les résultats des recherches des Allemands sur le plan aérodynamique permirent plus tard aux Américains et aux Soviétiques de comprendre comment résoudre le problème de la compression de l'air.

Les Allemands avaient accompli d'énormes progrès dans le domaine de la recherche pure, sur la technique du vol à très grande vitesse, aussi bien pour les avions que pour les fusées, et les Américains et les Soviétiques firent leur possible, à la fin de la guerre, pour s'approprier les résultats de ces travaux. La Grande-Bretagne et la France furent écartées de cette course, mais les deux nouveaux « Super grands » recrutèrent — ou enlevèrent — le plus grand nombre de savants ou de techniciens allemands afin de les faire travailler à leur profit. Mais il s'en fallait encore de beaucoup avant qu'un avion soit capable d'approcher le « mur du son ».

Quoiqu'il y eût, après la guerre, une période de pénurie monétaire quasi générale, les leçons des années vingt n'avaient pas été oubliées et les militaires poursuivirent leurs recherches théoriques et pratiques, d'autant plus qu'aucun des « Supergrands » ne voulait se laisser dépasser par l'autre sur le plan technologique. Aussi, les États-Unis et l'U.R.S.S. prirent-ils une avance rapide dans le domaine du vol à très grande vitesse et créèrent-ils de formidables avions de combat et de nombreux modèles expérimentaux. Mais si ces nations exploitaient au maximum les techniques allemandes appliquées à la réaction, beaucoup d'autres pays s'intéressaient aux moteurs de conception anglaise, soit d'importation, soit construits sous licence. La Grande-Bretagne, comme la France, avait compris l'importance du moteur à réaction et ces deux nations donnaient la plus grande priorité aux études sur ce genre d'engin.

Le Gloster Meteor avait été le seul avion à réaction allié à voler au cours

Page ci-contre : le Gloster Meteor fut le second avion à réaction opérationnel des derniers jours de la Seconde Guerre mondiale. Il fut utilisé par la R.A.F. jusqu'à la fin des années cinquante.

Ci-contre : le Messerschmitt 262 à réaction qui fut capturé en 1945 et essayé à la base de Brétigny ; au centre : inséparable compagnon du Meteor, le petit de Havilland Vampire fut sans doute le moins sophistiqué des appareils de combat à réaction ; en bas : à gauche, la dernière version du fameux North American « Sabre » fut le F-86 D, chasseur-intercepteur tous temps, doté d'un radar au-dessus de la prise d'air du réacteur ; à droite, le chasseur-bombardier F-84 F Thunderstreak, une variante du F-84 Thunderjet, était doté d'une voilure en flèche.

de la Seconde Guerre mondiale. Après la guerre, il fut rapidement rejoint par le de Havilland Vampire, petit chasseur à réaction qui entra en service en 1946. C'était un appareil monoplace à ailes médianes dont le réacteur était positionné derrière le pilote, dans la nacelle centrale.

L'empennage était supporté par une structure bi-poutre permettant d'utiliser une tuyère courte réduisant les pertes de puissance. Le Vampire était capable d'une vitesse de 870 km/h et fut utilisé dans la R.A.F. et vendu également en Allemagne et au Moyen-Orient.

Le moteur à réaction

A la fin de la Seconde Guerre mondiale, le moteur à piston et l'hélice avaient atteint leurs limites pratiques et il était nécessaire d'étudier un autre moyen de propulsion : la turbine à gaz ou moteur à réaction. Le turboréacteur présentait la meilleure combinaison d'efficacité, de souplesse et de sécurité. Le statoréacteur avait l'avantage d'être plus léger, plus simple et plus puissant, mais il ne fonctionnait pas à vitesse nulle et exigeait un moyen de lancement auxiliaire.

Vers 1944, le turboréacteur se révéla capable des meilleurs développements : il est relativement compact, léger et capable d'atteindre de très hautes vitesses, car sa combustion est continue et toutes ses pièces sont tournantes. Après l'essai de plusieurs modèles, le moteur à compresseur axial fut communément adopté. Son cycle de fonctionnement comprend l'entrée de l'air dans la manche d'alimentation, la compression par des turbines à aubes, l'injection et l'allumage du carburant dans la « chambre de combustion » et l'échappement des gaz qui, « par réaction », propulse l'avion vers l'avant. Les gaz entraient également dans une turbine qui actionnait le compresseur d'air. Le turbocompresseur est un moteur identique, mais qui entraîne également une hélice.

Le turbofan *(page ci-contre)* fonctionne sur le même principe, mais comporte des moulinets (ou fans) de très grand diamètre qui débitent une masse d'air extrêmement importante. Il s'est avéré le meilleur propulseur pour des vitesses allant de 600 à 1 000 km/h. Le statoréacteur utilise la propre vitesse de l'avion comme système de compression d'air et ne comporte aucune pièce en mouvement.

Turbopropulseur

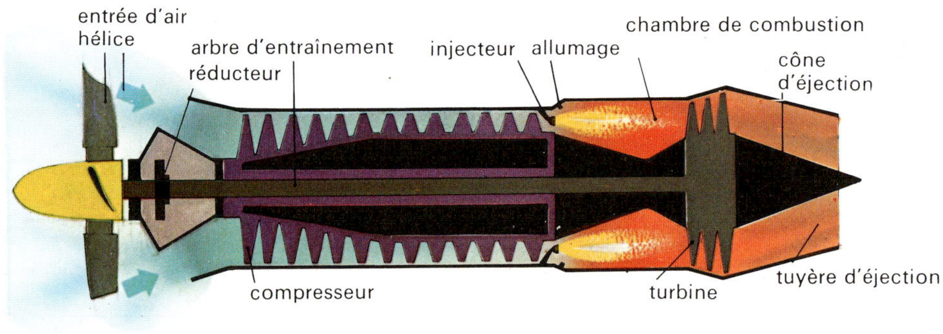

Turboréacteur

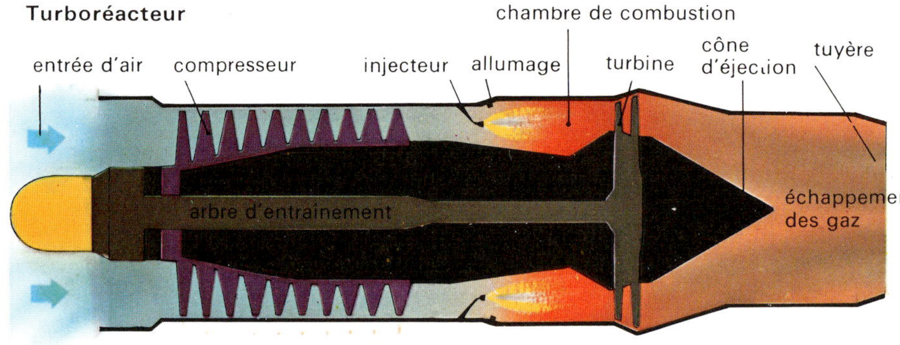

Statoréacteur

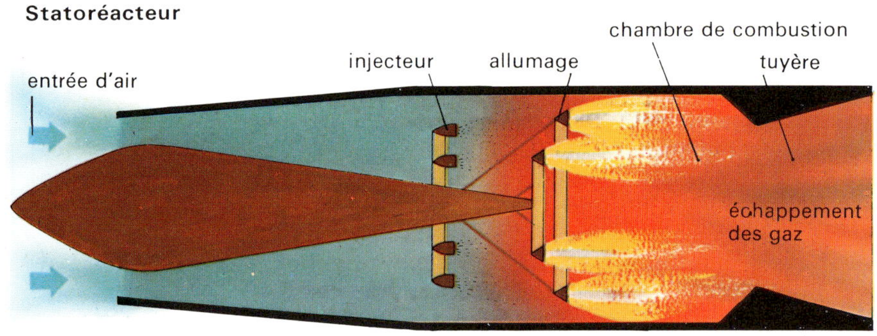

Le principal chasseur à réaction américain de la guerre fut le Bell P-59 Airacomet étudié depuis 1942, mais cet appareil n'atteignit jamais la vitesse prévue et ne dépassa pas les 670 km/h. Il ne fut ni fabriqué en série ni utilisé en service actif.

L'appareil conçu par les bureaux d'études de Lockheed n'eut pas le même destin, car le Shotting Star P-80 fut le premier chasseur de première ligne de l'U.S. Air Force durant de nombreuses années. Il fut d'abord équipé d'un réacteur de Havilland, mais la version de série fut pourvue d'un réacteur General Electric lui assurant une vitesse de 900 km/h. Bien qu'il ne possédât pas de voilure en flèche, le Shotting Star fut un excellent appareil, bien supérieur au Meteor qui, en 1946, battit le record du monde de vitesse avec 975 km/h.

En 1947, la firme North American, qui avait été assez longue avant de se lancer dans la course à la réaction à cause de ses programmes Mustang et Twin-Mustang, produisit un chasseur à réaction classique qui utilisait les conceptions allemandes. Ce fut le premier chasseur américain à ailes en flèche, le F-86 Sabre. De ligne remarquablement aérodynamique et bien qu'il manquât d'un moteur suffisamment puissant, le Sabre 86 fut le premier appareil américain qui approcha ou atteignit la vitesse du son. Cet appareil fut mis en service dans l'U.S. Air Force et exporté dans de nombreux pays. D'une technique plus avancée qu'aucun autre appareil en service, les différents modèles de Sabre furent construits à plus de dix mille exemplaires.

Pendant ce temps, l'industrie aéronautique française, qui avait pris un considérable retard du fait de l'occupation du territoire national, produisait son premier prototype d'avion à réaction, le SO 6000 Triton, dont les études

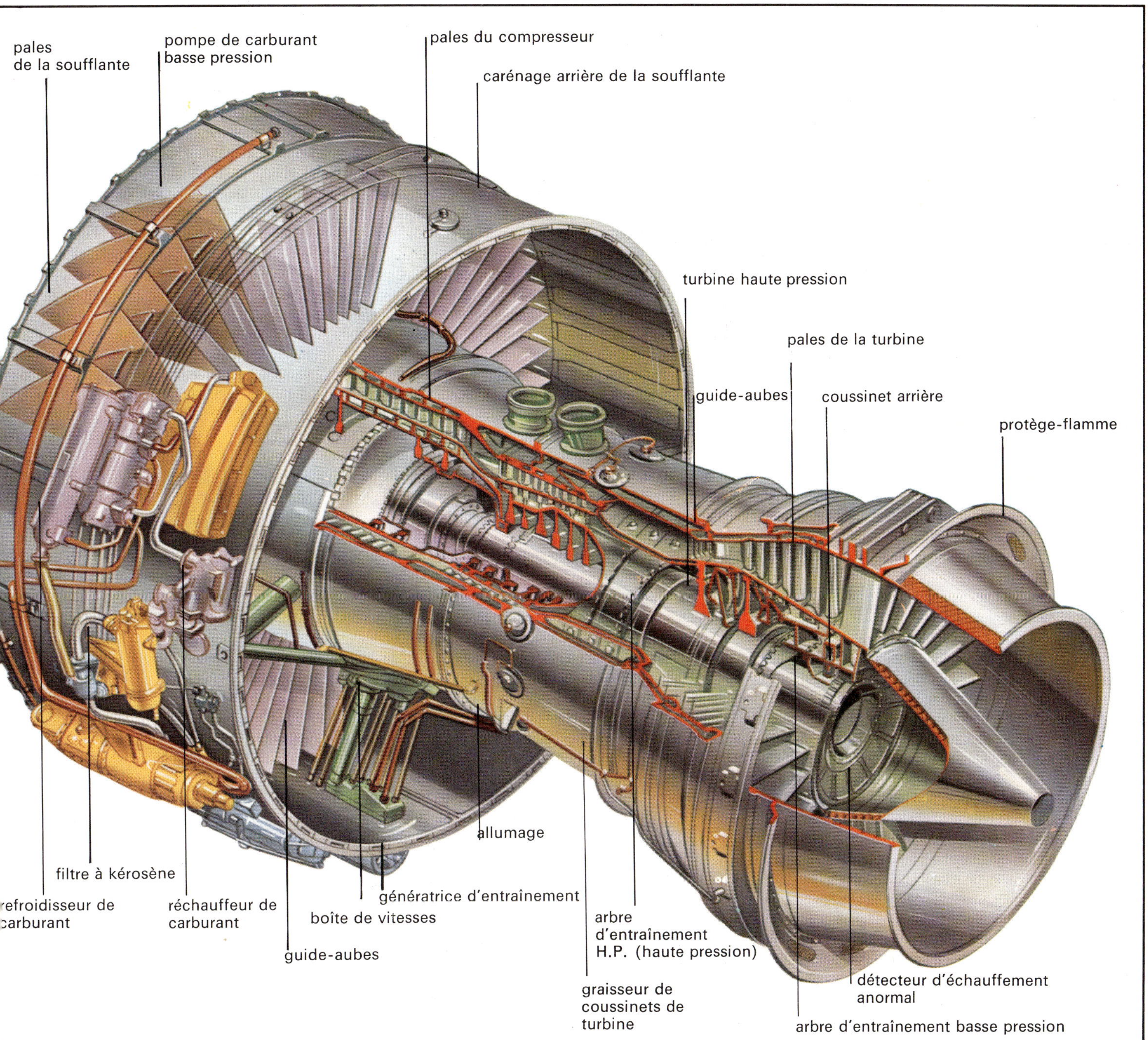

avaient été préparées dans la clandestinité. L'appareil était équipé d'un réacteur Rolls-Royce « Neue », mais ne pouvait rivaliser avec les avions déjà en service.

Du côté soviétique, où l'on avait énormément profité des travaux accomplis par l'Allemagne, les constructeurs Mikoyan et Gurevich réalisèrent un premier appareil à réaction, le MiG-9, bientôt suivi par le célèbre MiG-15 dont le prototype vola le 30 décembre 1947, un peu après le Sabre américain. Il était propulsé par un réacteur Klimov, dérivé du Rolls-Royce « Neue » dont le gouvernement britannique avait fourni la licence. Comme la plupart des appareils soviétiques des années 1930-1940, le MiG-15 pouvait sembler fruste, aussi bien du côté finition que dans le domaine de l'équipement, mais il possédait des performances excellentes.

Premier chasseur à réaction soviétique à être construit en très grande série, le MiG-15 fut mis en service actif au cours de l'année 1948 dans le plus grand secret, et son apparition, durant la guerre de Corée (1950-1953), surprit énormément les pilotes américains qui n'étaient pas encore pourvus des appareils Sabre. Même celui-ci était légèrement inférieur en performances au MiG-15, mais le meilleur entraînement des pilotes américains permettait de surmonter ce handicap. Ce fut au cours du conflit coréen que les Américains découvrirent l'inadaptation des mitrailleuses lourdes pour les chasseurs à très grande vitesse et les désavantages d'un équipement trop sophistiqué dans certaines conditions de combat.

Aussi, les meilleurs parmi les pilotes américains engagés contre les MiG-15 démontaient-ils leur radar de tir afin de gagner du poids et d'améliorer les performances de l'appareil. Ils collaient, pour le remplacer, une boulette de chewing-gum sur le pare-brise, ce qui leur donnait une vague idée de leur ligne de tir! Bien que les services de l'intendance et les constructeurs aéronautiques portassent beaucoup d'attention aux réactions des pilotes, les avions de combat américains avaient toujours tendance à être plus sophistiqués qu'il n'était nécessaire. Mais, d'autre part, beaucoup de pilotes également habiles utilisaient leur radar de tir et s'en servaient d'une manière très avantageuse, ouvrant ainsi la voie aux modernes ordinateurs-viseurs de tir dont sont munis les appareils de combat à grande vitesse actuels.

Au début des années cinquante, le coût des nouveaux appareils était devenu si élevé que les gouvernements comme les constructeurs occidentaux prirent la décision d'adapter à la même cellule de base et souvent aux mêmes moteurs des équipements électroniques conçus plus spécialement pour les tâches distinctes réservées aux différents types d'appareils.

Le F-86D Sabre fut le premier appareil construit selon ce principe à être équipé d'un ensemble électronique avancé. Celui-ci lui permettait le vol tout-temps et lui donnait la possibilité d'attaquer automatiquement une cible après que le pilote eut sélectionné son objectif. Une fois braqués sur la cible, le radar et l'ordinateur miniature du F-86D Sabre étaient capables de calculer la vitesse et la trajectoire de celle-ci jusqu'au moment où elle était à portée. Alors le complexe ordinateur/radar choisissait une roquette dans le stock d'armes, la tirait contre la cible et rétractait l'ensemble de tir sous le nez de l'appareil.

Bien que quelques appareils de chasse américains fussent encore, de l'époque de la guerre de Corée aux années soixante, équipés de canons, les constructeurs américains préférèrent armer leurs appareils de missiles et de roquettes de la première génération. Les toutes premières roquettes n'étaient pas téléguidées et étaient tirées par salves, mais les missiles guidés par infra-rouges (à tête chercheuse) ainsi que ceux guidés par radar passif ou actif étaient déjà communément utilisés vers la fin des années cinquante. Le système de guidage radar actif consiste à « illuminer » la cible avec un faisceau d'ondes qui est transmi et reçu par le missile lui-même, tandis que le système passif guide l'engin selon un faisceau radar braqué sur l'objectif à partir d'une source différente.

Une autre amélioration apportée sur le F-86D fut la postcombustion, ou réchauffe, ainsi qu'on nomme désormais le système. Celui-ci consiste à obtenir une poussée supplémentaire par la combustion d'un supplément de carburant injecté entre la turbine et la tuyère, grâce

Jamais la rivalité entre les États-Unis et l'Union soviétique, qui s'est développée depuis la fin de la Seconde Guerre mondiale, ne fut plus évidente que dans la course aux avions de combat à hautes performances. Alors que les États-Unis portaient leurs efforts sur la technologie avancée, l'Union soviétique réalisait des appareils moins élaborés mais pourvus de moteurs très puissants. Ci-dessous et page ci-contre en bas : le Lockheed F-104 Starfighter représente une des bonnes solutions aux problèmes supersoniques de compressibilité de par sa finesse et la minceur de sa voilure. Page ci-contre : en haut, le MiG-17, chasseur et chasseur-bombardier, extrapolation du MiG-15, est l'appareil type de la seconde génération des avions à réaction soviétiques ; au centre, le MiG-15, qui fut utilisé pendant la guerre de Corée.

à l'oxygène résiduel contenu dans les gaz issus de la turbine du réacteur. Ce système a l'avantage d'être assez léger et assez peu compliqué; il est en général utilisé sur les réacteurs purs ou les réacteurs double flux et trouva communément sa place sur les appareils supersoniques des années soixante-dix.

Même équipé d'un moteur très développé et d'un système de rechauffe, le Sabre restait cantonné dans les vitesses transsoniques pour des raisons purement aérodynamiques. Mais la North American reconsidéra le problème et conçut un appareil dérivé du Sabre capable de dépasser la vitesse du son en vol horizontal. Cet appareil, appelé Super Sabre F-100, était, en dépit de son nom, un avion d'une conception presque complètement nouvelle, avec une voilure en flèche et une ligne très affinée. Il établit un record de vitesse en tant que prototype — en 1953 avec 1 210 km/h. Le premier modèle de série, le F-100A, connut des problèmes d'instabilité et fut remplacé par le F-100C doté d'une dérive plus importante et d'une plus grande surface alaire, permettant des charges d'intrados plus élevées. Mise en service en 1954, la série des F-100 était encore utilisée en 1977 en tant que chasseurs, intercepteurs et chasseurs-bombardiers.

Page ci-contre : une saisissante photographie du Republic F-105 Thunderchief, surnommé « Thud ». Conçu comme chasseur-bombardier supersonique, le F-105 commençait à passer pour démodé vers la fin des années soixante, lorsque la guerre du Vietnam prouva sa capacité à assurer la plupart des tâches offensives réclamées par les combats. Ci-dessus : deux F-100 Super Sabre vus tels que les voit un pilote.

Loockheed, dont les P-80 et P-94 avaient reçu une rude correction de la part des MiG-15 en Corée, produisit également un chasseur supersonique, mais d'une conception complètement différente. Plutôt que d'employer le principe de la voilure en flèche pour résoudre ou réduire les problèmes de compression, les bureaux d'études de Lockheed optèrent pour un extraordinaire appareil qui ressemblait davantage à un missile qu'à un avion.

L'appareil possédait un fuselage très long et des embryons d'ailes dont le rendement aérodynamique était assuré par le soufflage de volets hypersustentateurs. Ce fut la fameuse série des F-104 Starfighter, dont le F-104G qui était équipé d'un réacteur de 7 200 kg de poussée avec rechauffe lui permettant d'atteindre la vitesse de Mach 2,2. Mis en service à partir de 1954, le F-104 fut produit à plus de mille exemplaires et exporté ou construit sous licence dans de nombreux pays.

Une conversion du F-104 en appareil polyvalent pour le compte de l'aviation fédérale allemande eut moins de succès. Abrité dans des hangars et utilisé pour de courtes missions d'interception, le délicat F-104 faisait merveille. Employé aux rudes tâches de l'appui de feu au sol et « couchant dehors » la plupart du temps, le F-104 était sujet à des défaillances techniques graves et plus de 110 appareils s'écrasèrent au sol ou explosèrent en vol. Malgré ce défaut, qui venait d'une utilisation défectueuse, le F-104 fut l'un des appareils de combat le plus efficace de tous ceux des pays de l'O.T.A.N.

En Union soviétique, où l'on était moins avancé dans le domaine de l'électronique, on se consacrait plutôt à l'exploitation maximale des types courants. Aussi existait-il de grandes similitudes entre le MiG-15 et le MiG-17 qui vola en 1952. Il avait surmonté les problèmes de déficience de structure qui avaient causé la perte de beaucoup de MiG-15 et était équipé d'un moteur plus puissant qui augmentait ses performances. Plus rustique que ses contemporains, le MiG-17 ne fut jamais engagé en combat contre des appareils occidentaux.

Seules les conditions réelles du combat sont capables, à long terme, de prouver le bien-fondé de la conception et de la réalisation d'un appareil militaire. Depuis la fin de la Seconde Guerre mondiale, de nombreux appareils furent utilisés en combat.
Ci-dessus : quoique datant du dernier conflit, le Douglas AD-1 Skyraider prouva au Vietnam qu'il était encore parfaitement opérationnel comme chasseur-bombardier ;
ci-contre : le McDonnell Douglas F-4 Phantom II au cours d'une attaque au sol à basse altitude.

Page ci-contre : un MiG-17 nord-vietnamien succombe sous les coups d'un avion de la 469 e escadrille tactique de chasse au mois de juin 1967.

Le MiG-19 apparut exactement un an après le MiG-17. Ce fut le premier chasseur soviétique à dépasser la vitesse du son et était un concurrent certain du F-100 américain. Deux turboréacteurs à débit axial de conception soviétique remplaçaient le réacteur unique, à débit centrifuge du type britannique, équipant les MiG-15 et 17, et sa ligne aérodynamique avait été considérablement affinée par rapport à celle de ses aînés. L'U.R.S.S. commençait également à rattraper son retard dans le domaine de l'électronique et le MiG-19 était muni de divers ensembles lui permettant de tenir plusieurs rôles différents.

Comme le F-100, le MiG-19 était encore en service en 1977, mais plutôt en tant qu'avion d'assaut qu'en tant qu'intercepteur. Mais leur vitesse de Mach 1,3 était déjà dépassée dans une course au progrès qui semble ne devoir jamais vraiment cesser.

Au cours des années cinquante, la firme américaine Republic avait également produit plusieurs avions à réaction, tels le Thunderstreak F-84F et le F-84 Thunderjet. Pour leur premier modèle supersonique, l'équipe de Republic opta pour une voilure en flèche prononcée, un fuselage allongé et un moteur à rechauffe. Le résultat de ces études fut le F-105 Thunderchief, l'un des chasseurs classiques de l'U.S. Air Force de la période de l'après-guerre. Puissant et solide, ce chasseur bombardier, surnommé familièrement « Thund », fut à nouveau utilisé au cours de la guerre du Vietnam, bien qu'il fût alors déjà démodé. Son électronique était excellente et il était capable d' « encaisser » beaucoup mieux que d'autres modèles et pouvait, même endommagé, accomplir sa mission et revenir à sa base.

Vers le milieu des années cinquante, les appareils de combat à réaction, équipés de moteurs puissants et d'une électronique de haute qualité, étaient devenus parfaitement opérationnels. Ils étaient capables de transporter un armement composite de bombes, de roquettes et de fusées guidées ou non, de bombes au napalm ou chimiques aussi bien que des réservoirs largables de carburant. Un système évolué d'ordinateurs de bord renseignait le pilote sur la distribution du carburant et surveillait le fonctionnement de tous les circuits internes ainsi que des commandes de vol.

Cependant, en Europe, dévastée au cours de la Seconde Guerre mondiale, les progrès étaient beaucoup plus lents qu'en Amérique ou en Russie soviétique. La France et la Grande-Bretagne étaient les seules nations parmi toutes celles qui avaient, avant la guerre, possédé une force aérienne à être capables de concevoir et de construire un appareil de combat selon des technologies avancées. En France, malgré tout, le travail de reconstruction du pays était prioritaire. Il fut pourtant construit un certain nombre d'appareils expérimentaux intéressants, tels le SO 6020 Espadon qui atteignit Mach 1 en vol horizontal en 1953, le SE 2410 Grognard, biréacteur d'attaque au sol et surtout l'étonnant Leduc O21 à tuyère thermopropulsive sans aucune pièce en mouvement, mais qui ne pouvait décoller avec son seul statoréacteur et devait être équipé d'un réacteur d'appoint ou utiliser un avion porteur. Mais ce n'était encore que des appareils d'essais

Bien que l'industrie aéronautique européenne ait été surclassée par les Américains et les Soviétiques, elle a cependant produit un certain nombre d'appareils intéressants.
En haut : le chasseur English Electric Lightning;
au centre : le chasseur britannique Hawker Hunter, photographié ici dans sa version Mark 9 d'attaque au sol;
en bas : un Mirage III à voilure delta et l'un de ses tout derniers développements, le chasseur Mirage F-1.
Page ci-contre : une formation de chasseurs légers Fiat G-91.

Le mur du son

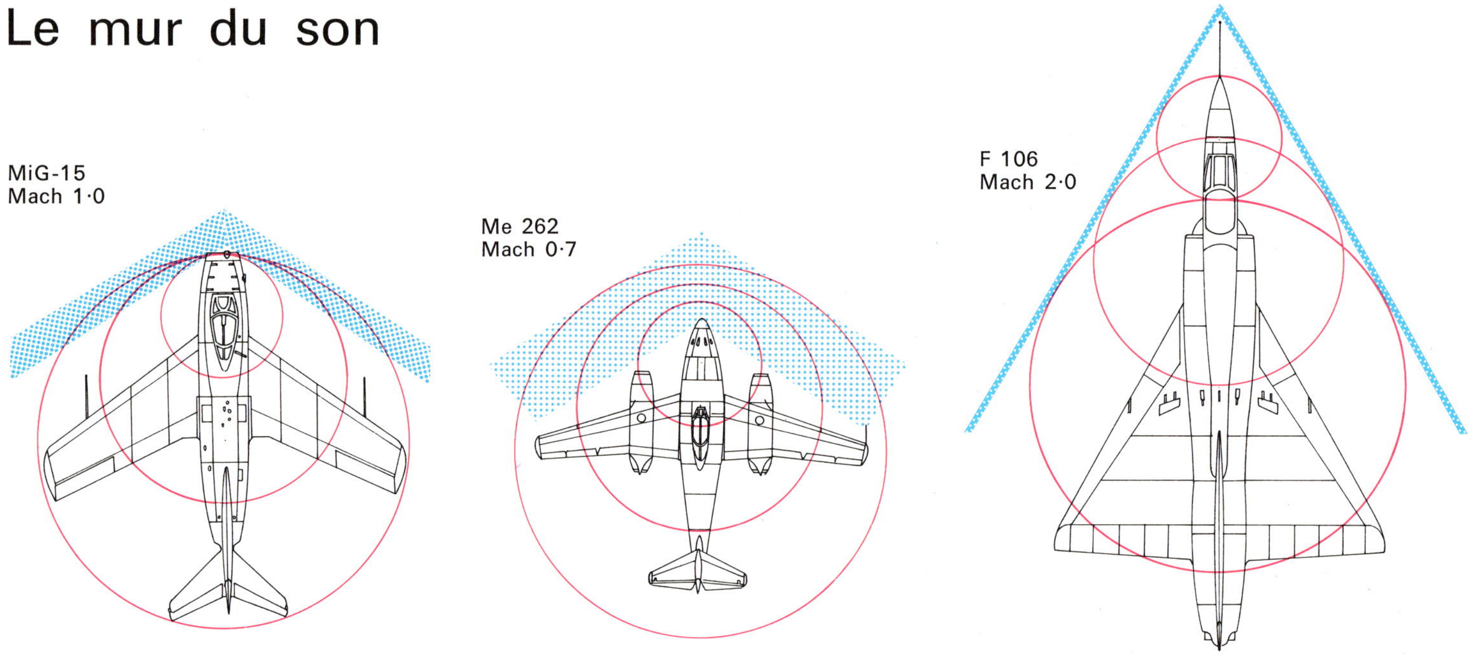

Vers le milieu de la Seconde Guerre mondiale, l'un des problèmes principaux auquel se heurtèrent les pilotes et les ingénieurs était les incidences de l'onde de choc sur la structure des appareils volant à grande vitesse, au cours des piqués, par exemple. Ces ondes de choc, qui entraînaient des ruptures de cellules ou de la voilure, étaient causées par l'air fortement comprimé devant l'avion volant à une vitesse approchant celle du son. Les constructeurs réussirent à pallier, dans une certaine mesure, les inconvénients de ces ondes de choc en donnant un profil laminaire à la voilure des avions et en l'affinant aérodynamiquement, mais ce furent les Allemands qui découvrirent la solution de l'avenir : la voilure en flèche.

qui, malgré d'excellentes performances, ne possédaient pas la robustesse exigée par les véritables avions modernes.

En Grande-Bretagne, le manque de crédits entravait la conception de nouveaux appareils, bien que la guerre de Corée ait amplement démontré les limites des Meteor et des Vampire en tant qu'avions de première ligne.

En 1952, la Grande-Bretagne dut acquérir 430 Sabre construits par Canadair, au Canada, mais deux ans plus tard, alors que l'Union soviétique et les États-Unis étaient entrés dans l'ère de l'avion supersonique, l'Angleterre produisit deux chasseurs à ailes en flèche qui entrèrent finalement en service après une assez longue période de tâtonnements.

Le premier fut le Supermarine Swift, qui souffrit toujours de problèmes d'aérodynamisme; le second était le Hawker Hunter, chasseur transsonique et avion de support au sol. Bien profilé et capable d'une bonne capacité en charge, le Hunter fut construit en plus grand nombre que les autres avions britanniques de l'après-guerre et était encore en service dans plusieurs petits pays en 1977.

A partir du milieu des années cinquante, l'aviation de chasse française fut presque exclusivement l'affaire de la firme créée en 1945 par Marcel Bloch, dont la compagnie de construction aéronautique avait été nationalisée en 1937 sous le nom de S.N.C.A.S.O. Dès son retour d'Allemagne, où il avait été déporté, Marcel Bloch adopta son pseudonyme de Dassault et reconstitua une société sous le vocable de « Générale Aéronautique Marcel Dassault », qui devint par la suite la plus importante firme d'aéronautique militaire française.

Le premier chasseur à réaction étudié par la nouvelle compagnie fut l'Ouragan, construit en petite série et vendu en Inde et en Israël en même temps qu'il équipa les forces aériennes françaises avant d'être remplacé par le Mystère II, version à ailes en flèche de l'Ouragan. Le Mystère fut fabriqué en un nombre assez important d'exemplaires, aussi bien pour le marché intérieur que pour l'exportation. Ce fut le premier avion français à dépasser la vitesse du son. Comme le F 100 américain avait été développé à partir du concept du F 86, le Dassault Super Mystère, dont le prototype vola en 1955, était l'extrapolation du Mystère, chasseur supersonique en palier. Avec sa ligne d'une extrême finesse

La clé du problème de la compression de l'air est liée à la nature des filets d'air entourant l'appareil lorsqu'il approche ou dépasse Mach 1 (le nombre Mach fait référence au Dr Ernst Mach qui fit des recherches, vers 1870, sur la relation entre la vitesse des flux gazeux et celle des ondes sonores).
Bien que la compression des flux d'air entourant l'avion soit un phénomène complexe, nous ne considérerons ici que celui intéressant le « nez » de l'appareil (diagrammes *page ci-contre, en haut*).
Lorsque l'avion commence à se mouvoir, le centre de chaque onde qui rayonne à partir du nez se déplace le long de l'axe médian de l'appareil. Lorsque celui-ci approche la vitesse du son, les ondes se percutent les unes aux autres et il se crée des chocs d'ondes, ou ondes de choc. Celles-ci, formant une barrière presque « solide » face au nez de l'appareil (mais aussi à tous les points de la cellule ou de la voilure), créent des turbulences qui martèlent la structure jusqu'à ce qu'elle cède. La solution de la voilure en flèche permet au flux d'air et aux ondes soniques de rester à l'intérieur du cône d'onde de choc qui se déplace à partir du nez. Introduite avec le Me 262 *(page ci-contre, au centre)*, l'aile en flèche trouva son aboutissement avec l'aile delta du Convair F-106 *(ci-dessus)*.
L'avion transsonique MiG-15 est une solution intermédiaire qui paraît satisfaire les Soviétiques.

aérodynamique et son réacteur à rechauffe Rolls-Royce Avon à débit axial, il prouva rapidement sa classe internationale et servit dans l'armée de l'air israélienne où son comportement au combat dut être extrêmement remarqué.

A la même époque, plusieurs armées aériennes des forces de l'O.T.A.N. commencèrent à s'intéresser aux avions de chasse légers. Ceux-ci avaient l'avantage d'être moins coûteux que la plupart des appareils de leur génération et avaient des performances presque identiques à celles des chasseurs lourds américains avec des moteurs plus petits et moins puissants. Ce genre d'appareil pouvait tenir sa place en tant que support tactique, rôle essentiel dans un conflit moderne. Il fut produit ainsi un certain nombre d'appareils intéressants, dont le petit « Gnat » construit par la société anglaise Folland.

Dans ce style, Dassault produisit deux modèles : l'Étendard, un type conventionnel destiné à la marine, et le fameux Mirage à ailes delta, qui fut le premier avion français opérationnel à voler à plus de Mach 2. Ces deux appareils avaient d'abord été conçus comme chasseurs légers avec une paire de turboréacteurs d'assez faible puissance, mais il apparut bien vite qu'ils ne pourraient tenir toutes leurs promesses que s'ils étaient agrandis et munis d'un seul turboréacteur de grande puissance. Il en résulta l'Étendard IV, le premier chasseur supersonique européen embarqué, et le Mirage III, en service depuis 1961, qui fut vendu à des centaines d'exemplaires et utilisé dans plusieurs pays.

Le Mirage III était un monoplan à ailes delta basses, monoplace monoréacteur pouvant éventuellement recevoir un moteur fusée en appoint. Il était doté d'un train tricycle escamotable. C'était un appareil polyvalent, prévu au départ en deux versions : le IIIC « défensif » et le IIID « offensif » et de reconnaissance. Chacune de ces versions pouvait se subdiviser en plusieurs variantes selon les missions envisagées. En type « offensif », le Mirage IIID était muni d'un radar Doppler de navigation dans le cône avant et le « conteneur-canon » était remplacé par un « conteneur-carburant ». Cet appareil était susceptible de transporter, sous la voilure, une bombe atomique tactique de 450 kg. Le type « défensif-intercepteur » comprenait un cône avant doté d'un radar de recherche CSF et pouvait être armé soit de différents modèles de fusées guidées, soit d'un ensemble canon en conteneur comprenant deux armes de 30 mm alimentées de 150 coups chacune. Il existait également une version biplace d'entraînement, comprenant deux sièges en tandem.

En 1960 était entré en service en Grande-Bretagne le Lightning produit par la British Aircraft Corporation. Dérivé de l'English Electric, il se montra un excellent intercepteur supersonique. Il ne s'était écoulé pas moins de treize ans depuis la conception de cet appareil et sa mise en service. Le Mirage de Dassault avait également eu une période de gestation assez longue — six ans — ce qui, à côté de l'extrême rapidité avec laquelle Soviétiques et Américains mettaient en service leurs nouveaux modèles, montre assez quel était le retard pris par l'industrie aéronautique européenne par rapport à celle des Supergrands.
Le Mirage fut indubitablement le meilleur de tous les appareils européens fabriqués depuis la fin de la Seconde Guerre mondiale et fut le modèle de base à partir duquel furent construits un grand nombre d'appareils de technologie avancée et de hautes performances. Dérivé directement du Mirage III, le Mirage IV A est un bombardier volant au-dessus de Mach 2 qui fut le premier vecteur de la bombe atomique française. Le Mirage V est un chasseur de jour, une version simplifiée du Mirage III « tous temps » destiné aux attaques au sol. Le Mirage F I est un chasseur lourd polyvalent qui peut être utilisé comme avion d'appui au sol; il possède la cellule de base du Mirage III, mais avec une nouvelle voilure en flèche et un nouvel empennage. Le Mirage G est un chasseur à géométrie variable toujours dérivé de la cellule du Mirage III. Quant au Super

Mystère, chasseur polyvalent, d'une conception très avancée, prévu pour l'armée de l'air française, sa construction fut finalement abandonnée, mais la société aéronautique israélienne construisit le Kfir, version améliorée et surpuissante du Mirage III, qui fut utilisée au cours des deux conflits israélo-arabes de 1967 et de 1973, où il obtint de très remarquables succès.

Le concept de base de cet extraordinaire appareil a prouvé son énorme possibilité d'adaptation : avec différents moteurs, surfaces de voilures, systèmes électroniques et système d'armement, il est capable d'assumer une grande variété de rôles en tant qu'appareil de combat. Du chasseur intercepteur au bombardier stratégique, il peut assurer la chasse « tous temps », l'entraînement, la chasse de jour, l'appui au sol et la reconnaissance. La famille des Mirage a été utilisée par un grand nombre d'armées de l'air dans différents pays; il peut être considéré comme l'un des appareils de combat les plus valables dans les forces occidentales et il est en mesure de le rester encore pendant quelque temps encore.

Depuis les années cinquante, l'un des facteurs les plus importants dans la conception du chasseur est sa capacité à accomplir le plus grand nombre de tâches possibles et il n'est pas de petit avion de combat qui ne soit capable de tenir plusieurs rôles, au gré des besoins de ses acheteurs. Autrefois, et jusqu'au milieu de la Seconde Guerre mondiale, il était possible de construire un appareil spécialement adapté à un usage spécifique, mais aujourd'hui, où les coûts des études et des fabrications ont terriblement augmenté, cela est devenu par trop prohibitif. La tendance aux appareils polyvalents commença du reste à se faire jour dans la dernière période de la guerre, avec des appareils tous usages du style du de Havilland « Mosquito » et du Junkers Ju 88.

A la fin de la Seconde Guerre mondiale, l'armée aéronavale américaine était l'une des plus puissantes forces stratégiques du moment et sa puissance fut maintenue et même accrue au cours des années qui suivirent. De nouveaux porte-avions furent construits, dont certains à propulsion nucléaire, et toute une série d'avions embarqués d'une technicité avancée ont été conçus pour être utilisés à partir d'eux.
Ci-dessus : le second plus important des avions embarqués après le Douglas A-3 Skywarrior, le North American A-5 Vigilante; il est doté d'une vitesse de Mach 2 et peut servir de vecteur aux armes nucléaires. Ici, une version RA-5C de reconnaissance.
Page ci-contre : en haut, le chasseur supersonique Vought F-8 Crusader; au centre, bombardier d'assaut subsonique Douglas A-4 Skyhawk; en bas, le chasseur Grumman F-14 Tomcat.

A
601
NAVY

NJ

202
NAVY

Chaque usage réclame son propre système électronique et son armement spécialisé, mais ce problème a été aisément résolu par les ingénieurs. Comme les différents systèmes d'électronique pour les intercepteurs « tous temps », les appareils de reconnaissance et les avions d'attaque au sol peuvent tous être créés avec la même cellule de base, l'avion pouvant être employé dans chacun de ces rôles.

En termes plus simples, la tâche de l'ingénieur d'aujourd'hui consiste à produire un appareil susceptible de réaliser de hautes performances à toutes les altitudes et dans toutes les conditions météorologiques, avec un espace intérieur suffisant pour contenir les systèmes électroniques et capable de transporter une lourde charge offensive sous le fuselage et sous la voilure. Simples dans leurs conceptions, ces exigences sont en réalité extrêmement complexes dans la pratique et le sont encore devenues davantage depuis que les fusées ont montré qu'elles n'étaient peut-être pas la panacée, en combat, que l'on avait imaginé. Actuellement, la tendance revient aux canons, qu'il faut pouvoir loger à l'intérieur des cellules ainsi que leurs réserves encombrantes de munitions.

Les avions à réaction de technologie avancée sont tellement coûteux que les économies de pays comme la France et la Grande-Bretagne sont gravement obérées par le développement et la production d'appareils tels le Lightning et le Mirage. Les autres pays européens, à part peut-être la Suède, ne sont pas capables de suivre cette voie et doivent acheter leurs appareils à l'un des pays producteurs ou se contenter de modèles moins sophistiqués, dont les capacités sont évidemment limitées. L'Italie, par exemple, construit un appareil léger d'appui au sol, le Fiat G 91, et produit un certain nombre d'avions à réaction pour l'entraînement des pilotes, mais peu d'avions de combat. C'est d'ailleurs la politique adoptée, depuis les années

Depuis la fin de la Seconde Guerre mondiale, les aéronavales des divers pays européens n'ont jamais pu rattraper l'avance prise par les États-Unis, quoique la France et la Grande-Bretagne aient produit plusieurs excellents appareils.
Ci-dessous : le Hawker Siddeley Buccaneer, conçu par l'ancienne société Blackburn, est un avion d'attaque subsonique embarqué.
Page ci-contre : en haut, le prototype du Super-Étendard au cours d'un vol d'essai.
Cet appareil est destiné à remplacer l'Étendard IV à bord des porte-avions de la Marine nationale. Il emporte 2 100 kg de bombes et des missiles air-air Magic et air-surface Exocet ;
en bas, le Hawker Siddeley (de Havilland) Sea Vixen est le chasseur-intercepteur standard de l'aéronavale britannique et peut être équipé de divers systèmes d'armes. A noter : le fuselage bipoutre typique des appareils à réaction de Havilland.

soixante, par la Grande-Bretagne, l'Espagne, la Roumanie et la Yougoslavie. Ces appareils sont vendus aux pays du Tiers Monde comme avions de combat de première ligne et sont conservés dans les aviations nationales comme appareils d'attaque de seconde ligne. Virtuellement, tous les appareils d'entraînement conçus depuis les années soixante-dix, même aux États-Unis et en Union soviétique, étaient capables de jouer ce rôle.

L'inventaire des appareils de combat modernes de l'U.S. Air Force, en partant du premier Sabre conçu à la fin des années quarante jusqu'aux intercepteurs Convair F-102 Delta Dagger et F-106 Delta Dart de la fin des années cinquante et du début des années soixante, était impressionnant. Tous ces avions étaient pourtant concurrencés par un seul type d'appareil polyvalent, conçu et développé par l'U.S. Navy, mais adopté par l'U.S. Air Force : le McDonnell Douglas F-4 Phantom II. Le prototype vola en 1958 et en 1960 il était reconnu comme l'un des avions de combat les plus avancés de notre époque. Il était susceptible d'une vitesse de Mach 2 en vol horizontal avec une autonomie de 1 600 km. Capable d'emporter une grande variété de charges militaires, il était en mesure de jouer le rôle d'intercepteur, d'avion d'assaut et de reconnaissance électronique. Il est utilisé dans de

Le missile

Avec les perfectionnements des fusées guidées air/air, qui apparaissaient, vers les années cinquante, comme un système d'arme efficace, les jours des armes classiques, tels les mitrailleuses et les canons de bord, semblaient comptés.
La confiance dans la fusée air/air paraissait fondée, car celle-ci était puissante, rapide et capable d'atteindre un grand rayon d'action.
L'expérience de la guerre israélo-arabe en 1967 et de celle du Vietnam prouvèrent que cette confiance n'était pas entièrement méritée.
Des systèmes de brouillage électroniques pouvaient tromper les fusées, la maniabilité des avions permettant de leur échapper. A courte distance, la fusée air/air présente également des inconvénients, car elle n'a pas toujours le temps de « voir » sa cible et de l'atteindre.
Au cours des années soixante-dix, le canon fit sa réapparition. Il semble aujourd'hui qu'un armement mixte représente la meilleure solution, aussi bien pour le combat aérien que pour l'attaque au sol, et les avions modernes sont prévus pour ces deux armements.
Il existe trois types de fusées air/air : le missile actif (qui contient son propre radar), le missile passif (qui utilise une tête infra-rouge) et le missile semi-passif (guidé jusqu'à proximité de la cible et libre ensuite).
Le Saab 37 Viggen suédois *(ci-contre)* est un chasseur multirôles et nombreuses armées de l'air occidentales et sert également d'appareil de voltige aux États-Unis.

Les leçons de la guerre du Vietnam entre 1960 et 1970 permirent la création de nouveaux modèles armés d'un canon fixe : le redoutable Vulcan 20 mm à six tubes, fondé sur l'ancien principe de la mitrailleuse Gatling et capable de tirer quelque 6 000 coups à la minute. Ces armes assuraient l'une des plus grandes concentrations de feu réalisées par un seul appareil.

L'expérience convainquit de nombreux pays de la nécessité de construire ou d'acquérir des avions armés de canons à grande cadence de tir. La guerre israélo-arabe de « Six Jours » en 1967 justifia cette conception et prouva que le canon à tir rapide se révéla au moins aussi efficace que les fusées guidées, notamment au cours des attaques au sol en rase-mottes et des combats aériens.

Tout de suite après la fin de la Seconde Guerre mondiale, la force principale de l'U.S. Navy était constituée par des avions à moteurs à piston, tels le chasseur Grumman F-8F Bearcat, le chasseur bombardier Vought F-4U Corsair et l'avion d'assaut Douglas AD Skyraider qui fut encore utilisé au Vietnam au début des années soixante-dix. Les nouveaux appareils à réaction étaient cependant en préparation et, dès la fin des années cinquante, la Navy et l'U.S. Marine Corps mirent en service le Grumman F-9F, les McDonnel F-2H et F-3H ainsi que le chasseur tous temps Douglas F3D.

Le bombardier d'assaut Douglas A-3D et l'avion d'attaque au sol A-4 apparurent à la fin des années cinquante et l'U.S. Navy entra dans l'ère supersonique avec le chasseur Vought F-8. En 1960, le plus gros appareil embarqué, le bombardier d'assaut North American A-5 Vigilante, capable d'atteindre Mach 2, fut mis à son tour en service. Tous ces appareils étaient des avions polyvalents susceptibles d'être munis d'une grande variété de charges militaires, ce qui en faisait l'un des types d'armes les plus souples.

Au cours des années soixante-dix, les seuls autres pays qui développèrent des appareils embarqués furent la France et la Grande-Bretagne. Reconstituée après la Seconde Guerre mondiale, l'Aéronavale française utilisa d'abord des appareils américains, puis en 1957 la firme Dassault sortit l'avion embarqué d'appui tactique Étendard IV qui s'avérait être un excellent appareil polyvalent et le Breguet 1050 Alizé, triplace embarqué destiné à la lutte anti-sous-marine.

L'armée de l'air de la Royal Navy britannique utilisa également, au début des années cinquante, des appareils américains, puis fut équipée à son tour d'avions à réaction nationaux, tels le Supermarine Attacker et le Hawker Sea Hawk ainsi que le Fairey Gannet, un avion de lutte anti-sous-marine doté d'un turbo-propulseur, comme l'était son contemporain le Breguet Alizé. Le turbo-propulseur est en fait une turbine à réac-

peut transporter diverses charges militaires : fusées air/sol, missiles guidés air/air, bombes et canons. Le Hughes AIM 54A Phoenix *(ci-dessus)* est typique des derniers engins air/air tandis que le Hawker Siddeley Dynamics, missile air/air de courte portée *(ci-contre)*, est un exemple de fusée destinée spécialement au combat aérien rapproché.
Ici, l'arme est vue dans le tube de droite du « pod » placé sous l'aile d'un appareil britannique.
Les fusées, d'une efficacité et d'un pouvoir de destruction insoupçonnés jusqu'alors, ont cependant l'inconvénient de présenter un coût de fabrication extrêmement élevé.

Ci-contre : le bombardier stratégique Convair B-36 était un appareil énorme et extrêmement controversé. Ici, la version B-36 D avec quatre moteurs à réaction supplémentaires installés en « pod » en plus des six moteurs à piston disposés sur le bord de fuite de la voilure.

tion entraînant une hélice au moyen d'un long arbre de transmission. Étant donné les vitesses de rotation du turboréacteur (6 000 ou 8 000 tours/mn) un réducteur d'hélice est indispensable. Le turbopropulseur, dont la consommation de carburant est relativement faible, allie un bon rendement thermique à un excellent rendement d'hélice. Mais, à partir de 750 km/h environ, les têtes de pales de l'hélice passent en vitesse supersonique et le rendement du propulseur s'effondre.

Vers la fin des années cinquante, la Fleet Air Arm britannique adopta trois appareils à ailes delta : ce furent le Supermarine Scimitar, intercepteur et

Depuis la fin de la Seconde Guerre mondiale, les États-Unis ont toujours tenu à posséder plusieurs sortes de vecteurs pour leurs armes nucléaires : bombardiers stratégiques, fusées balistiques à longue portée, terrestres et sous-marines, et les missiles de croisière guidés.
Page ci-contre : le principal appareil de la force de bombardement américaine durant les années soixante et soixante-dix était le Boeing Stratofortress. Ces bombardiers lourds furent utilisés pendant la guerre du Vietnam pour des missions d'appui tactique. Ici, l'attaque de la base aérienne de Bien-Hoa en décembre 1966.
En haut : le Boeing B-47 Stratojet fut le premier bombardier à réaction du Strategic Air Command américain; ci-dessus : le Convair B-58 Hustler.

chasseur d'armée, l'intercepteur Hawker Siddeley Sea Vixen et le Buccaneer. Ce dernier était un excellent appareil subsonique en tant qu'avion d'attaque et est devenu l'avion standard de la Royal Navy.

A très basse altitude, les vitesses transsoniques sont particulièrement dangereuses. car les remous peuvent précipiter l'appareil au sol avant que le pilote n'ait eu le temps de réagir. Divers systèmes ont été conçus par les Américains pour remédier à cet inconvénient.

L'armée de l'air soviétique entra dans l'époque du Mach 2 avec le chasseur Mikoyan-Gurevitch MiG-21, construit d'après l'excellent MiG-19. Petit et compact pour un appareil volant à Mach 2, le MiG-19 possède une voilure delta et un empennage en flèche. Moins gros, moins lourd et d'un emploi moins général que le Phantom II américain, le MiG-21 est essentiellement un intercepteur pour temps dégagé, quoique plusieurs modèles fussent dotés de systèmes électroniques leur permettant d'être employés à des tâches spécialisées.

A tout prendre, le chasseur soviétique est souvent plus maniable que les avions américains contemporains et il permit de démontrer que l'art du « combat tournoyant » n'était pas complètement oublié. Le MiG-21 a également l'avantage d'être relativement peu coûteux, son prix de revient étant le tiers ou le quart de celui du Phantom II; il fut construit en très grande quantité pour l'armée de l'air soviétique, pour les pays du pacte de Varsovie pour l'exportation, et également en Inde, sous licence.

L'avion d'assaut standard des forces soviétiques et des pays satellites est fondé sur le Pavel Sukhoi Su 7, mais ne peut concurrencer le F 105 sur le plan des charges offensives transportées. Le Su 15, un grand chasseur-intercepteur tous temps à ailes delta, est probablement destiné à remplacer le Yak-28P.

La Seconde Guerre mondiale et principalement les raids de terreur sur Hiroshima et Nagasaki ont prouvé l'effroyable efficacité des bombardiers stratégiques. Chargés de bombes atomiques, ceux-ci peuvent détruire, avec moins d'une douzaine d'hommes d'équipage, des cités entières. Bien que les missiles balistiques guidés soient également des vecteurs atomiques redoutables, les appareils de bombardement à grand rayon d'action font encore aujourd'hui partie des arsenaux des principales puissances nucléaires.

Dès la fin de la guerre, les deux Supergrands donnèrent la priorité aux programmes d'études de bombardiers stratégiques capables de transporter des bombes thermonucléaires sur de très grandes distances. Les États-Unis étaient convaincus de la nécessité de créer une nouvelle génération de bombardiers et le Boeing B-50, sorti juste après le conflit, était encore un appareil de transition. Il en fut tout autrement avec l'un des avions les plus curieux et les plus controversés de tous les temps : le Convair B-36. Il avait été conçu au cours de l'année 1943, mais était déjà presque démodé lorsque le prototype fit son premier vol en 1946. C'était un énorme appareil de 70 m d'envergure, équipé de six moteurs Pratt et Whitney R.4360-4 de 3 500 ch chacun, noyés dans la voilure et entraînant des hélices propulsives tournant derrière le bord de fuite. Malgré cela, sa vitesse n'était pas très élevée et le modèle suivant, le B-36D, fut doté de quatre réacteurs General Electric J-47 accrochés par paire à des pylônes sous les ailes. Ainsi équipé, il atteignait la vitesse de 700 km/h avec une autonomie de 16 000 km. La longueur du fuselage était tellement énorme qu'une petite navette avait été installée à l'intérieur pour véhiculer rapidement l'équipage d'un bout à l'autre de l'appareil. Il servit, à titre expérimental, d'avion porteur pour des chasseurs-bombardiers, lesquels pouvaient être largués en vol, accomplir leur mission et être récupérés par le B-36. Ce système, malgré des essais concluants, ne fut pas retenu opérationnellement.

Quoique le B-36 eût une prodigieuse autonomie, l'U.S. Air Force prit conscience que la dimension de l'appareil le rendait impropre au combat. Mais un appareil plus petit étant incapable de transporter le carburant nécessaire aux vols à longue distance, il fallait envisager des systèmes de ravitaillement en vol. En fait, ceux-ci étaient connus depuis les années vingt et avaient été expérimentés dès avant la Seconde Guerre mondiale par les Américains et les Britanniques.

Les deux systèmes diffèrent dans leur conception. Chez les Américains on utilise la technique Boeing, par perche rigide. Celle-ci consiste en une perche télescopique manœuvrée depuis l'avion-citerne de façon à s'accoupler avec le réservoir de l'avion receveur. C'est donc le pilote de l'avion ravitaillé qui conduit l'opération.

Dans la méthode britannique, dite du « tuyau souple », l'avion-citerne utilise un tuyau terminé par un cône d'accouplement et l'avion receveur une sonde d'ajutage montée, en général, à l'avant du fuselage. Le pilote de l'avion receveur doit introduire sa sonde dans le cône d'accouplement et régler sa vitesse pour se tenir au niveau de l'avion-citerne. L'équipement est automatique et la méthode plus simple que celle de l'U.S. Air

1. Fuselage semi-monocoque
2. Aérofrein
3. Turboréacteur Bristol Olympus
4. Volets
5. Longeron de bord de fuite
6. Ailerons
7. Voilure modifiée pour réduire l'onde de choc
8. Longeron de bord d'attaque
9. Trappe de soute à bombes
10. Déflecteur d'entrée d'air
11. Caisson du système de visée
12. Poste de pilotage pressurisé (5 hommes)
13. Dôme de radar

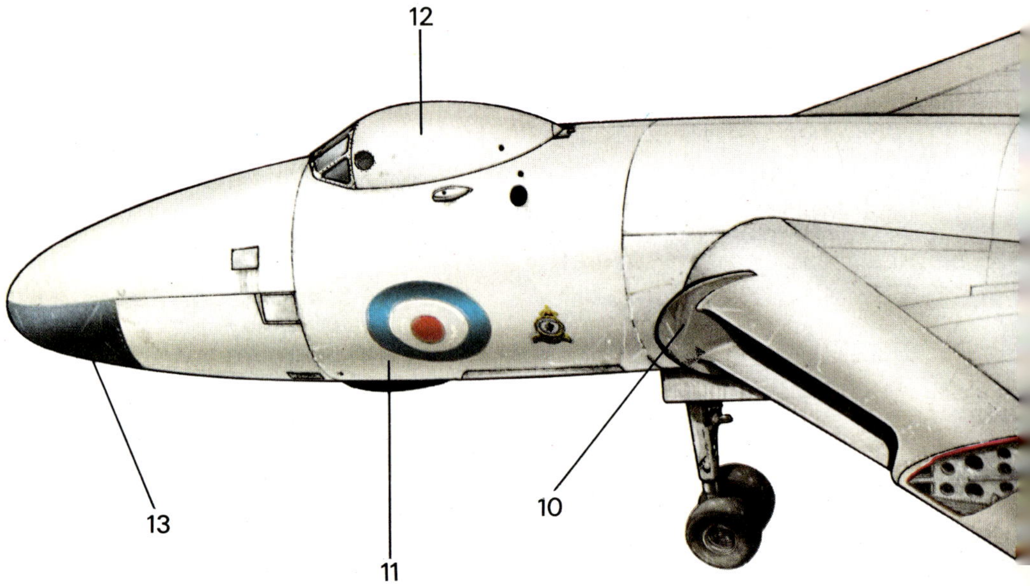

Prévu comme vecteur de bombes nucléaires, l'Avro Vulcan était, à l'époque de sa conception, le plus grand appareil à voilure delta. Les premiers modèles avaient des bords de fuite rectilignes, mais ceux-ci furent remplacés par des bords de fuite bicoudés, ce qui réduisait l'onde de choc aux grandes vitesses. Le Vulcan est encore actuellement en service en tant qu'avion d'assaut à basse altitude. Ci-contre : un Avro Vulcan B2 faisant un virage sur l'aile en passant au-dessus de la caméra.

1
2
3
4
5
6
7
8
9

Force. Elle est d'ailleurs utilisée dans la plupart des pays, y compris l'U.R.S.S.

Les avions-citernes doivent avoir une grande capacité interne et beaucoup d'avions à vocation civile ont été transformés à cet usage, par exemple le KC-97, américain, dérivé du Boeing Stratocruiser. Ces appareils ne sont pas, à proprement parler, des avions de combat mais, sans eux, des chasseurs seraient incapables d'accomplir des missions à longue distance au-dessus des territoires ennemis, nécessaires dans les conditions du combat moderne.

Le B-36, appareil de transition dans les faits sinon en théorie, fut remplacé au début des années cinquante par le Boeing B-47 Stratojet, bombardier à hautes performances. Il était doté d'ailes en flèche à 35°, minces et étroites, ainsi que de réacteurs montés en « pods » sous la voilure. Le train d'atterrissage était du type monotrace en tandem, avec des balancines rétractables en bout d'aile pour éviter à la voilure de toucher le sol. Le Stratojet comprenait seulement trois hommes d'équipage et, bien qu'il fût considéré comme un bombardier moyen, il atteignait une vitesse de 965 km/h avec une autonomie de 6 500 km. Il pouvait être transformé en avion de reconnaissance à haute altitude.

Bien qu'assez semblable de silhouette, le Boeing B-52 Stratofortress qui suivit le B-47 était un appareil très différent, un bombardier lourd doté d'une vitesse de 1 000 km/h avec une autonomie de 16 000 km et une charge de bombes de 34 000 kg. Propulsé par huit réacteurs Pratt et Whitney J 57 montés par paires dans des nacelles supportées par des « pods » en porte à faux, il était équipé de huit roues, en quatre diabolos alignés selon l'axe du fuselage, et d'une paire de balancines en bout d'aile. Le B-52, dont la production cessa en 1962, est encore le plus formidable appareil de la panoplie du Strategic Air Command américain.

Prévu au départ pour transporter des charges nucléaires, le B-52 peut être équipé de nombreux systèmes d'armes, dont les engins air-sol Hound Dog. Il fut également employé comme lanceur de l'avion expérimental X-15.

La Grande-Bretagne mit également en service une série de bombardiers stratégiques, dont le Valiant, qui fut retiré du service en 1964, par suite de défaillances dans la structure de voilure. Le second bombardier de la force de dissuasion britannique, dit « bombardier V », fut le Hawker Siddeley « Vulcan » dont le premier vol remonte à 1952. C'est un appareil à ailes delta comportant quatre réacteurs Bristol Olympus noyés dans la voilure. Le Vulcan, conçu pour les missions à haute altitude, a été modifié pour être utilisé à des altitudes moindres de façon à échapper au repérage radar. Le Handley Page « Victor » est le troisième appareil de la série. Introduit en 1957, il fut amélioré en 1959 puis en 1962 sous la désignation B-MK 2. Équipé cette fois de quatre réacteurs Conway, il peut transporter l'engin Blue Steel à une vitesse moyenne de Mach 0,92.

A la fin de la Seconde Guerre mondiale, plusieurs pays entreprirent de s'équiper de missiles en tant qu'armes tactiques et stratégiques et, au milieu des années cinquante, il existait un certain nombre d'engins guidés capables de servir de vecteurs pour l'arme nucléaire ainsi qu'un nombre encore plus important d'engins air/air ou air/sol, pouvant être utilisés à partir de chasseurs. Bien que la plupart des spécialistes aient alors pensé que les jours du bombardier piloté étaient désormais comptés, les deux Super-grands se cantonnèrent dans une position moyenne : l'engin guidé était réservé pour les attaques inopinées avec le maximum d'effet dévastateur et le bombardier piloté conservé en vue d'attaques sur des objectifs limités.

Il est finalement admis aujourd'hui qu'il est possible d'échapper à l'interception ennemie en évoluant à très haute altitude et à une vitesse très rapide. C'est sur cette option que fut conçu le Convair B-58 A Hustler, premier bombardier stratégique supersonique de l'U.S. Air Force. Doté d'une voilure delta et propulsé par quatre réacteurs à entrée d'air à géométrie variable montés sur des « pods » sous la voilure, le Hustler est capable d'une vitesse de 2 200 km/h, à une altitude de plus de 18 000 m.

Le Hustler, qui servit à résoudre de nombreux problèmes associés au vol supersonique, tel l'échauffement cinétique, ne fut pas entièrement réussi et fut suivi par le General Dynamics F 111. Celui-ci fut le premier appareil opérationnel à géométrie variable (voilure à flèche variable) et résulta d'un programme commun entre l'armée et la marine américaines. Sa mise en service fut différée à cause de nombreux problèmes de mise au point qui, pourtant, ne mettaient pas en cause le principe de l'aile à géométrie variable. Celle-ci consiste en une structure aérodynamique capable de changer de configuration en cours de vol. Au décollage et aux faibles vitesses, l'aile doit avoir le plus grand allongement possible et donc être presque droite. Lorsque la vitesse augmente, on doit réduire l'allongement et augmenter la flèche de façon à obtenir une forme effilée. Dans le F 111, la flèche de l'aile pouvait passer de 16° au décollage et à

Page ci-contre : le premier bombardier à réaction britannique fut l'Electric Canberra, un appareil d'une conception qui n'était pas particulièrement avancée techniquement; il eut malgré tout une assez longue carrière.
En haut : un avion de grande reconnaissance maritime soviétique Tupolev Tu-95 « Bear » est ici intercepté « en vol de routine » par un Phantom II de la R.A.F.;
ci-dessus : le General Dynamics F-111 à géométrie variable est un appareil extrêmement coûteux mais très efficace.

l'atterrissage à 72° pour le vol supersonique (l'appareil pouvait atteindre une vitesse maximale de Mach 2,5 en altitude et de Mach 1,2 à basse altitude). Bien que le F 111 fût un échec, le concept de la flèche variable n'était pas en cause, car il fut employé avec succès par l'appareil français Dassault Mirage G dont les excellentes qualités à tous les échelons sont universellement reconnues. Ce principe offre de grands avantages tant au point de vue de l'économie de carburant que du point de vue des performances et est actuellement généralement accepté.

Comme les États-Unis, l'Union soviétique se dota, dès la fin des années quarante, d'une série de bombardiers stratégiques. Sans rien dire du Tupolev Tu-4 qui n'était qu'une copie conforme du B-29 américain, les Soviétiques sortirent dès 1947 un biréacteur de bombardement moyen, le Tu-12. Mais le premier véritable bombardier stratégique fut le Tu-16, mis en service en 1954. C'est un appareil du style B-47, mais plus simple, avec des ailes minces en flèche très prononcée, propulsé par deux réacteurs Mikulin AM-3 M de 9 500 kg de poussée chacun; il est capable d'un rayon d'action de 7 250 km sans ravitaillement en vol. Son poids en charge est de 68 tonnes. Il peut être utilisé comme bombardier stratégique moyen, comme avion de reconnaissance radar et photographique et surtout comme appareil de surveillance maritime. A cet usage, il est pourvu d'un équipement électronique extrêmement complet et sophistiqué.

En 1955, Tupolev créa une surprise dans le monde de l'aviation avec le monstrueux bombardier Tu-20. Équipé de quatre turbopropulseurs Kuznetsov de 15 000 ch entraînant des hélices contrarotatives de grande dimension, il est très profilé et doté d'une voilure en flèche. Il dispose d'une confortable autonomie de 12 000 km avec 11 tonnes de charge et d'une vitesse atteignant les

900 km/h. En 1957, une version civile du Tu-20, le Tupolev Tu-114, fut mise en service avec quatre turbopropulseurs lui assurant la puissance totale de 60 000 ch. Capable de transporter 220 passagers, l'appareil s'octroya plusieurs records d'autonomie et de capacité.

Un autre bombardier soviétique intéressant, développé au cours des années 1950, fut le Myasischev Mya-4, qui entra en service en 1958. Comme les bombardiers Boeing, il était équipé d'un train d'atterrissage en tandem. Propulsé par quatre réacteurs noyés dans les ailes, il était cependant inférieur au B-52 américain aussi bien sur le plan de la charge utile (10 000 kg) que sur celui de l'autonomie (5 650 km), et même sur celui de la vitesse pure. Peu prisé en tant que bombardier purement stratégique, il excella et excelle encore dans le rôle d'appareil de reconnaissance et de surveillance maritime. Il fut alors doté de nouveaux réacteurs Soloviev D-15 de 13 tonnes de poussée unitaire lui donnant une autonomie de 8 000 km avec une moindre consommation de carburant.

En 1961, les Soviétiques révélèrent l'existence du Tu-22, bombardier stratégique supersonique, destiné à rivaliser avec le B-58 américain. Il est propulsé par deux moteurs situés, d'une manière habituelle, de chaque côté de la dérive, au-dessus du gouvernail de profondeur. Le Tu-22 est donné comme volant à Mach 1,5 avec un assez grand rayon d'action.

Ces appareils furent conservés au tout premier rang de la flotte aérienne soviétique aussi longtemps qu'il fut possible grâce au perfectionnement des systèmes électroniques et à l'amélioration de leurs propulseurs. Ils furent adaptés pour transporter les systèmes d'armes les plus évolués, y compris les divers types d'engins guidés, mais ils commencèrent cependant à être démodés dans le courant des années soixante et furent, comme nous l'avons vu, reconvertis en appareils de patrouille maritime à grande distance, rôle dans lequel leur vitesse de croisière économique est un atout important. Il n'est pas rare de rencontrer des Tu-20 (dits « Bear » dans le code de l'O.T.A.N.),

En haut : le Hawker Siddeley Nimrod est l'appareil de reconnaissance maritime standard de l'aviation britannique. Il est également conçu pour la lutte anti-sous-marine;
ci-dessus : la Suède est le seul pays « neutre » à posséder des appareils militaires à hautes performances. Ici, deux intercepteurs Saab 35 Draken.
Page ci-contre : les pays européens sont souvent obligés de mettre en commun leurs ressources pour construire des appareils de haute technicité, comme le S.E.P.E.C.A.T. Jaguar franco-britannique.

des Mya-4 (« Bison ») ou même des Tu-16 (« Badger ») croisant au nord de la Grande-Bretagne ou au-dessus de l'Atlantique Nord afin de surveiller les évolutions des navires de guerre occidentaux. Ils se ravitaillent alors en carburant à Cuba afin de retourner à leur base.

Le dernier bombardier stratégique de l'Union soviétique est un appareil extraordinaire. Il s'agit du « Backfire » à géométrie variable. Capable de voler à Mach 2,3 à très haute altitude, le Backfire peut transporter les plus récentes armes nucléaires ou deux fusées guidées longue distance. Les Soviétiques assurent cependant que cet appareil n'est pas vraiment un bombardier stratégique, car il ne serait pas capable d'attaquer les États-Unis et de revenir à sa base sans une escale de ravitaillement. Si les Américains acceptent cet argument, le Backfire ne tomberait pas sous le coup du traité de limitation des armes stratégiques et pourrait être fabriqué en un nombre illimité d'exemplaires.

L'équivalent américain du Backfire, le Rockwell B-1, est reconnu pour être un bombardier stratégique, mais son prix de revient est tellement élevé que les Américains ont décidé de ne pas le fabriquer, même à un très petit nombre d'unités. Une alternative possible est le missile balistique intercontinental, lancé de terre ou de silos sous-marins, ou encore une nouvelle génération d'engins « de croisière ». Les petits avions à réaction sans pilote peuvent être munis de tête nucléaire et tromper les défenses ennemies en volant en rase-mottes.

Les bombardiers moyens ont perdu beaucoup de la faveur des états-majors depuis la fin de la Seconde Guerre mondiale, notamment parce que les chasseurs bombardiers modernes sont capables de faire presque le même travail pour un coût beaucoup moins élevé. On peut cependant citer deux exceptions : le Camberra britannnique, dont le prototype vola en 1949, et le biréacteur de bombardement tactique Ilyouchine Il-28, construit en grande série et qui reste encore en service dans plusieurs pays du bloc soviétique.

Mais l'un des appareils stratégiques à grand rayon d'action qui fut sans doute cité le plus grand nombre de fois dans la presse mondiale est probablement le fameux avion de reconnaissance-espion Lockheed U-2. Le prototype vola en 1955 et il en fut construit une première tranche de 50 exemplaires pour le compte du Strategic Air Command, de la N.A.S.A. et de la C.I.A. (Services secrets américains). L'appareil, doté d'une voilure à grand allongement (24 m d'envergure) indispensable pour le vol à très haute altitude, avait une silhouette très particulière de planeur de compétition. Il était équipé, dans sa version initiale, d'un turboréacteur Pratt et Whitney J-57 qui lui assurait une vitesse de 740 km/h et une autonomie de 3 600 km avec ses seuls réservoirs internes. Il volait à une altitude de 22 000 m qui passa à 27 000 m grâce aux nouveaux réacteurs J-75 P-13 développant une poussée de 7 700 kg. Avec des réservoirs intégraux d'une capacité de plus de 5 000 l, l'U-2 B avait un rayon d'action de 6 500 km porté à 7 500 avec l'U-2 C dont la vitesse dépasse 850 km/h. Ces caractéristiques rendaient l'interception de l'U-2 extrêmement difficile et l'appareil fut fréquemment utilisé par la C.I.A. pour des missions de reconnaissances photographiques au-dessus des pays de l'Est. C'est ainsi que l'U-2B, piloté par l'Américain Francis Powers, fut abattu le 1er mai 1960 par une gerbe de fusées sol/air SA-2 alors qu'il volait à 20 000 m au-dessus du territoire soviétique afin d'y détecter des bases de lancement de fusées intercontinentales. Malgré les nombreux démentis, il semblerait que la carrière des U-2 — dont plusieurs ont été abattus au-dessus de la Chine et de Cuba — ait duré au moins jusqu'en 1976.

Le seul autre pays producteur d'avions de combat d'une technologie avancée est la Suède, qui, malgré — et pour protéger — sa stricte neutralité, a conçu et développé des appareils polyvalents d'un grand intérêt, tels le Saab 35 Draken double delta et le Saab 37 Viggen.

Le prix de revient très élevé des appareils à réaction modernes rend cette charge beaucoup trop lourde pour bien des pays et ceux-ci ne peuvent, au maximum, que produire des appareils de performances limitées. Même les « pays riches » européens ne peuvent pas toujours supporter à eux seuls les frais d'études et de développement de nouveaux modèles. C'est ainsi que naquit, entre les années soixante et soixante-dix, toute une série de programmes multinationaux. L'un des principaux de ceux-ci aboutit à la réalisation du S.E.P.E.C.A.T. « Jaguar » franco-britannique, un appareil de combat biréacteur qui peut atteindre la vitesse de Mach 1,7 et être construit en version monoplace ou biplace. Une version embarquée a été prévue pour l'Aéronavale française. On peut également citer l'appareil polyvalent à géométrie variable Panavia Tornado, fruit de la collaboration de l'Allemagne, de la Grande-Bretagne et de l'Italie, et les hélicoptères Puma et Gazelle franco-britanniques. Ce genre de coopération risque de devenir d'usage courant dans les années qui viennent. La cellule, les moteurs et une partie des systèmes électroniques basiques étant standards, chaque partie prenante a tout le loisir d'en adapter les éléments nécessaires à ses besoins particuliers.

Même l'appareil à décollage vertical britannique Hawker Siddeley Harrier fut largement financé par les États-Unis qui poursuivent actuellement le développement de modèles nouveaux fondés sur le type initial.

L'HÉLICOPTÈRE

La plus ancienne notion de machine volante qui soit parvenue jusqu'à nous est la représentation d'un hélicoptère miniature. Il ressemble à un petit moulin à vent horizontal, à quatre pales, dont le mouvement est obtenu au moyen d'un écheveau de fil tordu autour d'un axe. Le dessin de cet appareil date de 1352 et démontre parfaitement que la notion de l'hélicoptère avait fasciné les tout premiers pionniers de l'aviation dès avant cette date.

Vers 1500, Léonard de Vinci s'intéressa aux hélicoptères quoiqu'il n'ait eu aucune idée de ce que pouvait être la portance aérodynamique. Son dessin d'hélicoptère prouva cependant tout le génie inné de l'inventeur et cette machine aurait peut-être pu s'élever dans l'air si elle avait été construite. L'idée de Léonard de Vinci était fondamentalement celle d'une hélice, dans le sens propre du terme : une aile hélicoïdale qui devait, en tournant, se « visser » littéralement dans l'air.

L'ennui avec toutes ces conceptions était que, si elles pouvaient éventuellement fonctionner en tant que modèles, elles étaient tout à fait incapables de le faire en vraie grandeur, car leurs inventeurs ignoraient les effets de réaction de couple et n'avaient à leur disposition aucun moyen mécanique suffisant pour actionner leurs appareils. L'hélicoptère, comme l'avion, est fondé sur la notion de portance aérodynamique. Mais s'il faut, pour assurer la portance de la voilure d'un avion classique, que celui-ci se déplace dans l'air, il faut, pour procurer la sustentation d'un hélicoptère, que les pales de son rotor, et elles seules, soient mises en mouvement.

Le concept de l'hélicoptère, avec la possibilité de décollage vertical et de vol stationnaire, continue, dans les siècles qui suivirent celui de Léonard de Vinci, d'exciter l'imagination des hommes, mais, bien que plusieurs modèles en fussent construits, les premiers inventeurs ignoraient tout des principes de la portance. George Cayley dressa les plans d'un hélicoptère et W.H. Phillips, en 1842, fabriqua un modèle étonnant, propulsé par un moteur à vapeur. La caractéristique la plus intéressante de l'hélicoptère de Phillips était les jets de vapeur s'échappant de l'extrémité des pales du rotor pour produire l'effet sustentateur.

Ce fut seulement avec l'invention du moteur à explosion, à la fin du XIXe siècle, que l'on put fabriquer des appareils en vraie grandeur... Et l'on se trouva tout aussitôt confronté avec le principal problème de base de l'hélicoptère : comment réussir à contrôler la réaction de couple produite par la rotation du rotor? En effet, lorsque celui-ci est en mouvement, le fuselage tend, par réaction, à tourner en sens inverse. Les précurseurs trouvèrent plusieurs façons de résoudre ce problème : deux rotors contrarotatifs, soit coaxiaux, soit montés sur des arbres différents, ou une petite hélice montée verticalement à l'extrémité arrière du fuselage. Ils surent également trouver le moyen de faire mouvoir l'appareil en avant, en arrière ou sur les côtés. L'axe du rotor pouvait être incliné pour pro-

Une démonstration de l'usage ordinaire de l'hélicoptère de combat; un groupe de fantassins américains sautent au sol à partir de la portière latérale d'un Bell UH-1 Iroquois au cours d'une opération au Vietnam.

Ci-contre : le premier hélicoptère qui vola 1 kilomètre en circuit fermé, le 4 mai 1924, fut l'Œhmichen n° 2;
au centre : le gyroplane Breguet-Richet II fit un certain nombre de sauts d'essai en 1908 et 1909 avant d'être détruit par un orage;
en bas : le premier hélicoptère qui effectua un véritable vol libre fut la machine à double rotor construite par Paul Cornu. Elle était propulsée par un moteur Antoinette et vola le 13 novembre 1907.

curer la portance dans la direction désirée par le pilote.

Le problème qui causa le plus de difficultés et retarda la réalisation de l'hélicoptère pratique fut la maîtrise du contrôle cyclique de l'assiette, qui fut développée par G.A. Crocco en 1906. En vol stationnaire en air calme, la vitesse du flux d'air autour des pales du rotor est égale. Mais, lorsque l'appareil se déplace en avant, son écoulement est égal, sur la pale avançante, à la vitesse de rotation plus la vitesse d'avancement de l'hélicoptère. Au contraire, la pale reculante a un écoulement égal à la vitesse de rotation moins la vitesse d'avancement. Comme la portance est fonction de la vitesse d'écoulement du flux d'air, la pale avançante est donc plus porteuse que la pale reculante, ce qui engendre un déséquilibre de l'appareil. Le problème est donc d'ajuster les

pales du rotor de telle façon que la portance soit égale pendant la rotation du rotor.

La solution (modifier l'angle d'incidence des pales en mouvement) dépendait de plusieurs problèmes techniques que les ingénieurs réussirent peu à peu à maîtriser. Il semble que l'inventeur danois J.C. Ellehammer, qui prit une part importante dans le développement des appareils à voilure fixe, fut l'un des premiers à construire un hélicoptère comportant un système de modification d'incidence utilisable, mais l'appareil ne fonctionnait pas et l'« originalité » de l'inventeur ainsi que la solitude dans laquelle il poursuivait ses recherches interdisaient la propagation de ses découvertes.

Vers 1912, deux hélicoptères de fabrication française quittèrent le sol par leurs propres moyens, mais ce n'étaient encore que des machines primitives dépourvues de système de variation de pas cyclique et de tout procédé capable d'assurer leur direction en vol. Le premier fut construit en 1907 par les frères Breguet. Propulsé par un moteur Antoinette de 50 ch, le Breguet-Richet I se propulsa dans les airs, à Douai, le 20 septembre. Quatre hommes, un à chaque angle de la machine, stabilisaient l'appareil à l'aide de longues perches.

Mais c'est à un autre précurseur français, Paul Cornu, que revient l'honneur d'avoir fait décoller verticalement, en vol libre, la première machine plus lourde que l'air capable de transporter un homme. Le 13 novembre 1907, Paul Cornu, aux commandes de son hélicoptère à double rotor propulsé par un moteur Antoinette de 25 ch, s'éleva dans l'air pour la première fois, mais avec une certaine difficulté. Entre-temps, les frères Breguet continuaient leurs expériences et en 1906 ils sortirent une extrapolation de leur première machine : le Breguet-Richet II. Les 22 juillet et 18 septembre, l'appareil quitta le sol à Douai puis fut encore une fois modifié en tant que Breguet-Richet II-*bis*, avant d'être présenté à Paris dans les derniers mois de l'année. Le II-*bis* fit plusieurs essais en vol au cours du mois d'avril 1909, mais l'appareil fut détruit par un orage dans son hangar durant le mois suivant. Le développement de l'hélicoptère s'arrêta alors et ne fut repris qu'après la Première Guerre mondiale.

A partir de 1918, les visionnaires et les inventeurs se remirent fermement au travail et produisirent de nombreux modèles expérimentaux capables de se maintenir en l'air, mais incapables de s'y diriger. Il fallut attendre 1924 pour que le Français Œhmichen réalisât le premier hélicoptère susceptible de voler en circuit fermé sur une distance de 1 km. La machine portait le n° 2 et vola à Arlonans le 4 mai. C'était un énorme résultat, mais il n'en demeurait pas moins que le problème du contrôle en vol restait en grande partie entier.

Il avait pourtant été partiellement défriché grâce aux travaux du marquis de Pescara, un ingénieur argentin qui, entre 1919 et 1929, avait réalisé une série d'hélicoptères en France et en Espagne. C'était un homme clairvoyant qui avait compris l'importance des problèmes de l'inégalité de la portance, mais il n'avait pas réalisé celle du contrôle de l'effet de couple. Les hélicoptères de Pescara étaient malgré tout de bonnes machines susceptibles d'être améliorées.

Au cours des années vingt, divers inventeurs s'intéressèrent aux gyroplanes et aux hélicoptères : l'Américain Henry Berliner, qui travaillait depuis 1905 et réussit ses premiers vols en 1922; Louis Brennan, un Britannique, directeur d'une usine de torpilles durant la guerre. Comme Étienne Œhmichen, ces hommes se préoccupaient du contrôle de pas cyclique.

Pourtant, le principal personnage de l'histoire de l'hélicoptère fut l'ingénieur espagnol Juan de La Cierva. L'appareil qu'il réalisa — et qu'il nomma « Autogire » — n'était pas véritablement un hélicoptère, mais plutôt un appareil à voilure tournante. En effet, La Cierva avait remarqué qu'un rotor libre, dont les pales étaient calées selon un angle légèrement négatif, procurait une por-

tance tout en étant entraîné naturellement par l'avancement de l'appareil, lequel était assuré par un moteur et une hélice propulsive traditionnelle. Le gyroplane ne peut donc se soutenir en vol stationnaire; moteur arrêté, un gyroplane se met en descente presque verticale, soutenu, comme par un parachute, par le mouvement de son rotor qui reste entraîné tout à fait librement par le vent relatif.

Le 19 janvier 1923, Juan de la Cierva fit voler son Autogire C-4, qui fut le premier gyroplane viable. La Cierva avait, dès 1922, compris la nature réelle du problème de la portance inégale et il expliqua dans son brevet la totalité du phénomène dû à la variation de la vitesse relative des pales par rapport à l'air au cours de leur mouvement de rotation.

Le procédé utilisé par l'ingénieur espagnol pour résoudre cette difficulté avait la simplicité des solutions inspirées par le génie. Les pales du rotor étaient articulées sur l'arbre central selon deux directions : sur le plan vertical (articulation de battement) et sur le plan de rotation (articulation de traînée). Ces dispositifs ne nécessitaient pas de systèmes mécaniques : ils permettaient aux pales de se lever et de s'abaisser automatiquement ainsi que de se déplacer légèrement d'avant en arrière, ce qui avait pour effet d'équilibrer la portance inégale engendrée par la différence des vitesses relatives en vol, des pales avançantes et reculantes.

Les autogires furent essayés en opérations et prouvèrent leur fiabilité, ce qui les fit utiliser au cours de la Seconde Guerre mondiale. Après un certain temps de désaffection, l'autogire réapparut au cours des années soixante, durant lesquelles plusieurs modèles de petites tailles — dont certains livrés en pièces détachées — furent mis à la disposition des amateurs sportifs. Durant la Seconde Guerre mondiale, les Britanniques utilisèrent les autogires La Cierva du *Squadron* 529 pour le calibrage des stations radar, en volant presque sur place à des hauteurs prédéterminées, tâche qui s'avérait impossible pour les appareils conventionnels.

Les Allemands étudièrent un planeur autogire expérimental, le Focke-Achgelis Fa 330 (dont plusieurs exemplaires existent encore aujourd'hui). C'était une machine entièrement démontable dont le rotor comportait une articulation permettant d'osciller aussi bien sur un plan vertical que d'osciller angulairement en azimut, l'ensemble étant commandé par un manche à balai traditionnel. Ces machines furent utilisées avec succès en tant qu'appareils de surveillance en mer, remorquées par un sous-marin naviguant en surface. En cas d'incident, un système permettait d'éjecter le rotor et détachait automatiquement le Fa 330 de son câble de remorquage. Un parachute était alors utilisé pour l'amerrissage de la structure restante et du pilote.

La mise au point du gyroplane par La Cierva permit finalement le développement de l'hélicoptère proprement dit dans lequel le rotor, entraîné par un moteur, fournissait à la fois la portance et le vol horizontal. Les deux personnages les plus importants dans ce dernier stade du développement de l'hélicoptère furent le Pr Henrich Focke (de la compagnie Focke-Wulf) et Igor Sikorsky, un Russe naturalisé américain, qui était connu depuis le début du siècle en tant que constructeur d'avions géants, puis d'hydravions et d'appareils amphibies.

Ce fut Focke qui obtint les premiers résultats positifs avec son Fw 61, précurseur des hélicoptères dignes de ce nom, qui évolua pour la première fois à l'intérieur d'un bâtiment à Berlin et vola véritablement en 1936, une année après que Breguet eut expérimenté son hélicoptère à double rotor coaxial destiné à annuler les effets de couple. Mais le système de Focke était considérablement meilleur. Gerd Achgelis, ancien employé de Focke-Wulf et remarquable pilote

L'Espagnol Juan de la Cierva fit voler le premier gyroplane véritablement opérationnel, l'Autogire, durant les années vingt et trente. Plusieurs forces armées furent intéressées par ce modèle, mais il ne fut jamais aussi souple d'utilisation que l'hélicoptère et ne fut utilisé que peu de temps.

Le rotor efficace

Le problème de base de tous les rotors destinés à dispenser une puissance sustentatrice est que — sauf dans le cas du vol stationnaire en air calme — les pales engendrent une portance inégale selon qu'elles avancent ou qu'elles reculent durant le cycle de leur rotation.

Lorsque l'appareil est en mouvement vers l'avant, il est clair que sa vitesse propre s'ajoute à la vitesse de rotation de la pale avançante tandis que cette vitesse se déduit de celle de la pale reculante.

La pale avançante est donc plus porteuse que la pale reculante et c'est cette différence de portance qui tend à déséquilibrer l'appareil sur lequel le rotor est monté.

La meilleure solution de ce problème est exposée dans le diagramme *(page ci-contre, au centre)* qui explique les différentes articulations des pales sur la tête du rotor.

Une articulation verticale *(A)* permet à la pale un mouvement d'arrière en avant *(flèche C)*, tandis qu'une articulation horizontale *(B)* autorise à la pale un mouvement de haut en bas *(selon la flèche D)*. Le mouvement *C (articulation de traînée)* permet de décélérer la pale avançante et d'accélérer la pale reculante afin de compenser les vitesses différentielles de ces pales.

Le mouvement *D (articulation de battement)* est encore beaucoup plus important.

Lorsque la vitesse relative du flux d'air augmente sur la pale avançante et produit davantage de portance, l'articulation permet à la pale de se relever; cela réduit l'angle apparent d'incidence

de la pale et réduit donc la portance. A l'opposé du risque engendré par la rotation du rotor, la portance de la pale reculante diminue et la pale s'abaisse, ce qui accroît l'angle d'incidence et accroît la portance. L'aspect magistral de ce concept d'ensemble est son entière automaticité et sa capacité à équilibrer parfaitement le rotor en mouvement.
Le premier hélicoptère classique qui utilisa le système monorotor fut le célèbre Sikorsky VS-300 *(en haut, à droite)*. A noter la petite hélice de queue qui annulait l'effet de couple lorsque le rotor tournait et empêchait le fuselage de tourner lui-même en sens inverse du rotor.
Ci-dessus : l'hélicoptère allemand Focke-Achgelis qui offrait une autre solution originale, celle du système birotor contrarotatif, qui annulait également l'effet de couple.
Malgré toutes ses qualités, l'hélicoptère a cependant un défaut : tirant à la fois sa sustention et sa pulsion d'un rotor il lui est impossible d'atteindre des vitesses comparables à celles des avions classiques.

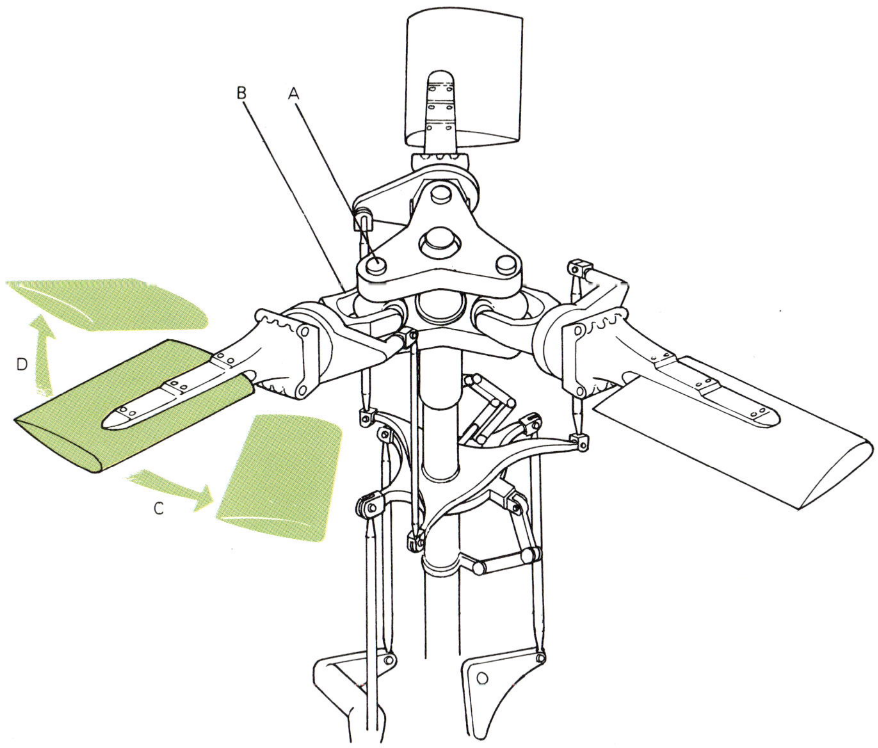

d'acrobatie, était exactement l'homme qu'il fallait pour expérimenter un nouveau type d'appareil.

Le premier vol du prototype fut effectué le 26 juin 1936. Propulsé par un moteur en étoile de 160 ch, le Fw 61 était soutenu dans l'air et mû par une paire de rotors contrarotatifs montée sur des bâtis tubulaires installés de chaque côté du fuselage. Comme dans l'appareil de Breguet, mais d'une façon beaucoup plus rationnelle, les effets des couples des deux rotors s'annulaient et la machine restait stable directionnellement. Au mois de juin 1937, le Fw 61 battit cinq records du monde : celui de la distance (11 km), de la vitesse (122 km/h), de la durée (1 h 20 mn 49 s) et de l'altitude (3 427 m). Au mois de juin 1938 l'aviatrice Anna Reitsch (qui sera le dernier pilote à quitter Berlin en 1944) porta le record de distance à 230 km.

Cependant, le Fw 61 était trop lourd pour pouvoir transporter une charge utile et les ingénieurs décidèrent de redessiner leur appareil avant de passer à la production en série. Le nouveau Focke-Achgelis Fa 223 fut prêt quatre ans plus tard, en 1940, et pouvait transporter une charge de 800 kg, mais l'appareil ne trouva pas d'acheteur du fait de la guerre.

Sikorsky avait réfléchi aux possibilités de l'hélicoptère et du gyroplane dès avant son départ de Russie, après la Révolution, mais ne commença effectivement ses travaux qu'au cours des années trente. En 1938, il produisit son Vought-Sikorsky VS-300. D'apparence la plus fruste — l'appareil n'était qu'un assemblage de poutrelles et de tubes métalliques —, c'était pourtant l'ancêtre de tous les hélicoptères actuels. Équipé d'un système de contrôle de pas cyclique, il était monorotor, l'effet de couple étant annulé par un petit rotor vertical de queue.

Le VS-300 effectua son premier vol le 14 septembre 1939, mais l'appareil était encore retenu par des élingues qui le maintenaient à quelque distance du sol. En 1940, Sikorsky supprima le contrôle de pas cyclique et disposa deux petits rotors horizontaux à l'arrière du fuselage. Ainsi modifié, l'appareil vola le 13 mai 1940 et battit, l'année suivante, le record du monde d'endurance en volant 1 h 32 mn 26 s.

Le principal aspect du développement final du VS-300 fut le retour au contrôle de pas cyclique, perfectionné par Landgraf et réalisé en décembre 1941. Ce dispositif était le cœur même de l'hélicoptère et de nombreux modèles l'utilisant furent essayés au cours des années quarante. En 1942, le VS-300 de Sikorsky était le seul et le premier appareil à décollage et atterrissage vertical, monorotor, parfaitement réussi et propre à une utilisation pratique.

Doblhoff, un Autrichien, est connu pour avoir réalisé le premier hélicoptère propulsé par réaction, le Doblhoff 1. Celui-ci utilisait le principe inhabituel d'un mélange d'air comprimé et de carburant dans des chambres de combustion à l'extrémité du rotor, d'où le mélange de gaz était éjecté afin d'engendrer le mouvement. Comme la puissance était produite à partir de l'extrémité des pales plutôt que par le fuselage, le problème de couple ne se posait pas et le rotor stabilisateur de queue était inutile. Depuis, des essais furent pratiqués avec des modèles utilisant ce type de propulsion, mais, malgré leurs avantages apparents, ces systèmes n'eurent jamais de réalisations pratiques.

Lorsque tous les problèmes découlant du contrôle de pas cyclique eurent été résolus en 1942, Sikorsky entreprit de développer sa production à partir de son modèle de base. Le prototype XR-4 était propulsé par un moteur refroidi par air de 175 ch, le meilleur type de moteur, à cette époque, car il ne comportait pas de système de refroidissement lourd et encombrant. Vers la fin de la guerre, le XR-4 était mis en production et entra en service dans l'armée de la marine américaine servant, surtout en Birmanie et dans le Pacifique, comme appareil d'observation. Son succès fut immédiat, surtout lorsqu'il fut employé comme appareil de réglage de tir et transporté par les navires de combat.

En 1946, le R-5 succéda au R-4 et fut le premier hélicoptère à vocation proprement militaire. Nommé S-51 dans les forces armées, le nouvel appareil de Sikorsky pouvait transporter trois passagers en plus du pilote, et avait un rayon d'action de 400 km et une vitesse de croisière de 135 km/h. Outre les missions, le réglage d'artillerie et l'observation, le S-51 devint célèbre comme appareil de sauvetage durant la guerre de Corée où il servit à récupérer les pilotes abattus à l'intérieur des lignes ennemies ou dans la mer. L'hélicoptère, grâce à sa capacité de décollage et d'atterrissage vertical, fut également utilisé pour le transport des blessés, ramassés directement sur le champ de bataille et conduits immédiatement dans les hôpitaux de l'arrière, ce qui augmentait considérablement leurs chances de survie.

Le 8 mars 1946, la société Bell reçut licence de produire des hélicoptères destinés à l'usage commercial et construisit le Bell 47 spécialement adapté aux liaisons intervilles et aux vols à courtes distances. Très vite, on s'aperçut de tous les services que l'hélicoptère, grâce à ses qualités propres, pouvait rendre dans différentes formes d'activités, entre autres dans le domaine de la construction des immeubles élevés ainsi que dans celui des opérations policières où la capacité de ces appareils pour le vol très lent se révéla idéale pour la surveillance de la circulation routière. Pourtant, l'hélicoptère avait, surtout dans l'environnement urbain, un défaut capital : il était excessivement bruyant. Dans les premiers temps, aux environs des années cinquante, cela n'était pas encore trop sensible, car les moteurs utilisés étaient d'assez faible puissance et le public moins sensibilisé aux problèmes de l'environnement qu'il ne l'est aujourd'hui. Mais l'accroissement de la taille des appareils, nécessitant des moteurs plus importants, le niveau de bruit augmenta d'autant. A la même époque, l'introduction des moteurs à turbine permit d'accroître encore les capacités de cette extraordinaire machine.

Les États-Unis furent les pionniers de l'hélicoptère et plusieurs sociétés, telles que Sikorsky, Bell, Hughes, Hillet, etc., se distinguèrent dans la production d'appareils de plus en plus fiables et résistants. Cependant, durant les années cinquante, les compagnies européennes se mirent également sur les rangs. En Grande-Bretagne, Short, Bristol et surtout Westland qui, à partir de 1960, disposa des brevets Sikorsky, prirent les premières places, tandis que l'Aérospatiale domina le marché français. La production des hélicoptères se développa également au Japon et en Amérique latine. En Union soviétique, le bureau d'études Mil obtint le monopole virtuel de la fabrication et produisit plusieurs modèles moyens monorotors et lourds birotors. Kamov, en revanche, se spécialisa dans les hélicoptères à usage maritime.

La qualité principale de l'hélicoptère est sa polyvalence. Si quelques modèles sont spécialement construits pour des rôles spécifiques, la plupart sont capables d'accomplir n'importe quelles tâches, notamment depuis l'introduction du moteur à turbine dont le rapport puissance/poids est remarquable. Et, contrairement aux avions fabriqués depuis la fin de la Seconde Guerre mondiale, la majorité des hélicoptères civils ou militaires sont fondés sur la même cellule et le même moteur. Ainsi, le même appareil de base peut servir à transporter des passagers pour une ligne commerciale civile, mais aussi être adapté comme engin de lutte anti-sous-marine, d'évacuation sanitaire, ou comme appareil de levage pour la manipulation de charges lourdes. La guerre du Vietnam a prouvé l'étonnante souplesse d'emploi de l'hélicoptère.

Après les États-Unis, l'Union soviétique est le principal pays constructeur d'hélicoptères. Le Mi-1 de Mil entra en fabrication en 1948 et vola en 1950. Ce

Vers 1960, les hélicoptères militaires subirent des transformations : jusqu'alors, les cellules des différents types présentaient des silhouettes identiques, mais la nécessité d'y adapter un armement conduisit à leur adjoindre divers conteneurs d'armement qui modifièrent leur apparence extérieure. Ci-dessous : l'hélicoptère expérimental américain Lockheed Cheyenne. Page ci-contre : à gauche, au cours de la guerre du Vietnam, les Américains comprirent l'utilité au combat de l'hélicoptère ; à droite, l'hélicoptère standard de l'armée soviétique est le Mil Mi-24 « Hind ».

petit hélicoptère de transport fut construit en un grand nombre d'exemplaires et suivi par le Mi-4, appareil plus grand qui fut également construit a une grande échelle en U.R.S.S. ainsi que dans les pays satellites (le Mi-2 fut, quant à lui, uniquement produit par l'industrie polonaise). Construit à partir de 1952, le Mi-4 — une version adaptée d'après le Sikorsky S-55 de 1949 — était une excellente machine à usage polyvalent qui fut utilisée aussi bien militairement que commercialement.

Dans le même temps, l'Américain Stanley Hiller, qui fabriquait des hélicoptères depuis 1944, introduisit son Hiller 12, qui donna naissance à toute une série d'hélicoptères utilitaires légers à trois places dont quelque deux mille exemplaires furent construits avec différentes variantes. Il fut utilisé dans les forces aériennes de nombreux pays et fut aussi bien employé en tant qu'appareil d'observation, d'entraînement au pilotage que pour des travaux d'épandage au service de l'agriculture.

Les succès remportés par les hélicoptères au cours de la guerre de Corée contribuèrent énormément à leur popularité, et ce dans de nombreux pays. En France, la Société nationale du Sud-Est construisit un premier modèle en 1951, un hélicoptère utilitaire qui servit de base pour les modèles Alouette qui seront produits par la suite. La même année apparut le Yakovlev Yak 24, un hélicoptère à rotors en tandem qui était le plus grand appareil de l'époque. Il fut utilisé en tant qu'engin de transport militaire. En 1955, la firme Sikorsky mit en service le S-56 qui fut le premier hélicoptère bimoteur du monde. Il avait été conçu selon les spécifications de l'U.S. Marine Corps en tant qu'engin d'assaut. L'année suivante apparut le S-58, appareil d'usage général, qui fut rapidement suivi d'une version spécialisée dans la lutte anti-sous-marine. Le S-58 était une

machine exceptionnelle et fut commandé en grand nombre par les forces armées des États-Unis. Le modèle fut également construit sous licence en Grande-Bretagne sous le nom de Westland Essex. A cette époque, les principaux hélicoptères étaient capables de voler à 160 km/h en vitesse de croisière avec un rayon d'action de 400 km environ. La principale différence entre les différents modèles était le poids de la charge transportée.

En 1955 apparut en France le premier hélicoptère animé par un turbomoteur qui remplaçait le classique moteur à piston. Le turbomoteur est en fait un turboréacteur doté d'un ou de deux étages de turbines supplémentaires ou d'une turbine libre entraînant un arbre de sortie mécaniquement indépendant actionnant le rotor. Le succès fut foudroyant et les Alouette, munies d'une turbine Artouste, furent vendues à plus de 1 400 exemplaires dans 47 pays. La vitesse obtenue grâce à ce nouveau moyen de propulsion atteignait 185 km/h et le rayon d'action passait à 650 km.

Aux États-Unis, le Bell 204, sortit en 1956 à l'usage des forces armées, était une énorme machine utilitaire capable de transporter dix passagers et fut connu au Vietnam sous le nom de « Huey ». Il fut transformé en appareil de combat et devint le Bell 209 Huey Cobra dont la vitesse atteignait 205 km/h et le rayon d'action 515 km.

Succédant au Kaman H-43 Huskie, caractérisé par deux rotors engrenants inclinés l'un par rapport à l'autre, le Kaman K-600 fut le premier hélicoptère américain pourvu de deux turbines. Il est utilisé comme engin de sauvetage et de liaison standard de l'U.S. Air Force.

En France, la série des « Alouette » se compléta par l'Alouette III sorti en 1959 et dont la capacité passait à six passagers. En 1961, le turbomoteur Artouste fut remplacé par un nouveau modèle, l'Astazou, à la fois plus puissant (530 ch) et moins vorace en carburant (moins 25 %), ce qui permettait d'augmenter soit le poids de la charge transportée, soit l'autonomie. Dérivé des Alouette, l'hélicoptère Lama, développé par l'Aérospatiale, est un engin de transport lourd capable de supporter une charge sous élingue jusqu'à une altitude de 6 500 m.

C'est également en 1961 que Sikorsky mit en service un appareil particulièrement bien étudié, le S-61, utilisé par l'U.S. Navy en tant que chasseur de sous-marins et patrouilleur tous temps. Il est également employé par les Gardes-Côtes comme engin de surveillance et de sauvetage en mer. L'U.S. Army utilise le même appareil pour des tâches identiques. En opération, le S-61 est soutenu par le Boeing Vertol CH-47, également en service dans les forces armées canadiennes, japonaises et suédoises.

C'est un engin de transport biturbine équipé de deux rotors en tandem, d'une capacité de 25 passagers dont l'utilité se fit particulièrement sentir au Vietnam où il servit pour transporter des véhicules et des pièces d'artillerie jusqu'aux zones de combat. Autre appareil employé au Vietnam, le Sikorsky S-64 est un hélicoptère de transport lourd d'emploi général capable de mouiller des mines et de transporter des embarcations légères.

Civils ou militaires, les hélicoptères sont adaptés à leurs différentes missions : le transport et la manipulation de lourdes charges réclamant des appareils toujours plus lourds et plus puissants. Page ci-contre : en haut, le modèle des hélicoptères lourds fut l'appareil soviétique Mi-10 « Harke », lequel était une extrapolation du Mi-6, la « Grue volante ». Il pouvait supporter une charge de 15 tonnes; en bas : l'appareil italien Agusta 101. Ci-contre : l'Agusta A-109 d'une jolie ligne profilée est un hélicoptère italien de transport polyvalent; en bas : à gauche, le Boeing CH-47 Chinnok, un hélicoptère birotor de transport, fut l'un des appareils les plus appréciés par les Américains au Vietnam; à droite, un Sikorsky S-58 repêche une capsule spatiale américaine.

En 1962, l'Aérospatiale française sortit un engin lourd, le Super Frelon, qui fut vendu à de très nombreux pays. L'armée israélienne utilise cet appareil comme transport de troupes, mais le Super Frelon est un engin polyvalent et peut également être employé comme arme anti-sous-marine.

Le Bell 209 Huey Cobra de 1965 fut le premier hélicoptère d'appui de feu et introduisit la notion de l'engin spécialisé, destiné à des tâches particulières. Bien qu'il ait subi de lourdes pertes au Vietnam, il reste une arme valable. Il est armé d'un canon Minigun à tubes multiples et peut également recevoir un conteneur-canon et différentes fusées guidées ou non dans le cas où il est utilisé en tant que chasseur-bombardier. Bien que d'autres hélicoptères puissent également être dotés d'un armement afin de servir à l'appui de feu, principalement de mitrailleuses tirant à partir des portes latérales et de plusieurs types de fusées, ce fut avec le Huey Cobra que le concept de l'hélicoptère d'assaut fut entièrement réalisé.

Bien que son premier vol remonte à 1968, le Mil Mi-12 soviétique reste en 1976 le plus gros hélicoptère du monde. C'est une énorme machine à deux rotors équipée de quatre turbines Soloviev D-25 VF de 6 500 ch chacune. Elles sont montées par paire à l'extrémité d'un embryon de voilure et les rotors qu'elles entraînent ont 35 m de diamètre. Le Mi-12, de construction très complexe, peut emporter une charge utile de près de 40 tonnes, ce qui fait de lui l'un des soutiens le plus important des forces armées soviétiques. Malgré tout, son principal emploi est celui de transporteur lourd civil, surtout destiné à l'équipement des usines et au ravitaillement des régions dépourvues de routes ou de chemins de fer.

Les deux grandes orientations dans le concept de l'hélicoptère moderne dérivent de l'expérience de la guerre du Vietnam. Premièrement, l'hélicoptère, qui n'était, à l'origine, qu'un engin anti-sous-marin opérant d'une base à terre ou à partir d'un navire de combat, est devenu un véritable engin de guerre,

équipé de canons lourds et de missiles guidés ou non. Deuxièmement, l'emploi de l'hélicoptère dans les zones de combat mit en évidence que sa vitesse et sa maniabilité devaient être améliorées.

Le besoin d'armement lourd avait nécessité de doter les hélicoptères de plusieurs équipements supplémentaires situés dans des protubérances extérieures ou sur des moignons d'ailes. Ces additions réduisaient encore les performances et, aujourd'hui, les moignons d'ailes sont mieux étudiés afin de réduire leur traînée aérodynamique à tel point que les hélicoptères modernes ressemblent davantage à des avions conventionnels qu'aux anciens gyroplanes.

Le Lockheed AH-56 A Cheyenne est un exemple notable de cette orientation. C'est un hélicoptère biplace à train escamotable actionné par un turbomoteur T-64 de 3 925 ch qui entraîne un rotor principal, un rotor anticouple à l'arrière du fuselage et un rotor propulsif. Il est équipé d'une tourelle orientable avant qui peut être munie soit d'un Minigun de 7,62 tirant 100 coups par seconde, soit d'une tourelle centrale armée d'un canon de 30 mm. En outre, il peut transporter une lourde charge de bombes et de fusées téléguidées. Sa vitesse dépasse 400 km/h et son rayon d'action atteint 1 400 km, ce qui est considérable pour un hélicoptère.

Construit en coopération par l'Aérospatiale et Westland, le Lynx franco-britannique est un hélicoptère polyvalent à dix places, extrêmement maniable mais d'autres machines, comme le Sikorsky S-67 Blackhawk, possèdent des caractéristiques encore meilleures. Les Américains ont pris la tête dans la production des hélicoptères de la nouvelle génération, mais sont talonnés par les Soviétiques avec leur engin d'assaut Mi-24.

En parallèle avec le développement des engins militaires, les hélicoptères civils continuent leur conquête des marchés commerciaux, principalement aux États-Unis et en Union soviétique, où ils constituent l'un des meilleurs moyens de transport dans des régions jusque-là réputées inaccessibles.

Malgré toutes ses qualités, l'hélicoptère a toutefois un important défaut : tirant à la fois sa sustentation et sa propulsion d'un rotor classique, il lui est impossible d'obtenir des vitesses de vol comparables à celles des avions classiques, et, si certains appareils peuvent atteindre plus de 400 km/h, la plupart ne dépassent pas 200 km/h. Ce sont des appareils à rayon d'action court surtout spécialisés dans des tâches où l'on requiert la possibilité de vol stationnaire ou de vols prolongés à très faible vitesse.

Mais l'hélicoptère et l'autogire ne sont pas les seuls appareils capables de décollage ou d'atterrissage vertical et les ingénieurs ont, depuis les années cinquante, étudié plusieurs machines capables de combiner les possibilités de l'hélicoptère avec les performances de l'avion classique. Ainsi, le Hiller-Ryan VC-142 américain, qui était un appareil muni de quatre turbopropulseurs dans la voilure, était capable de pivoter à 100° de l'horizontale. Pour décoller, les moteurs tournaient horizontalement et fournissaient la poussée sur le plan vertical et, à partir d'une certaine vitesse, basculaient de 90° puis, tournant verticalement, entraînaient l'appareil vers l'avant. Il était aussi capable d'atteindre plus de 600 km à l'heure.

La première machine qui se sustenta en vol libre par la portance d'un jet de gaz fut le fameux « Lit-cage volant » de Rolls-Royce, qui effectua ses essais en 1954. C'était en fait un « bâti de mesure » mis en mouvement par deux turboréacteurs dont la poussée s'exerçait directement vers le bas. Il en était de même pour l'engin expérimental français ATAR (1955) qui devait donner naissance à un avion à décollage et atterrissage vertical (ADAV), le « Coléoptère », qui ne fut jamais réalisé pour des raisons financières. Rolls-Royce, pour son compte, construisit le Short SCI, un appareil à ailes delta équipé de cinq réacteurs dont quatre de portance et un de propulsion horizontale, mais l'inconvénient de cette formule est que les réacteurs de portance, utilisés seulement au décollage et à l'atterrissage, sont un poids mort en vol normal. Il est malgré tout possible qu'une telle solution puisse avoir un certain avenir.

Cependant, les deux systèmes les plus efficients à l'heure actuelle sont la poussée vectorielle employée sur le Hawker Siddeley « Harrier » britannique, un chasseur d'attaque au sol, et la poussée directe utilisée dans des appareils tels que le Dornier Do 31 et le EWR-Süd VJ 101 ouest-allemand. Dans le système britannique, les buses d'éjection du moteur central, situées sous la voilure, peuvent être orientées vers le bas pour engendrer une poussée vectorielle et replacées graduellement à l'horizontale de façon à assurer la propulsion de l'appareil comme avec une turbosoufflante classique. Dans l'appareil réalisé en Allemagne de l'Ouest par Dornier, le système est à double forme et combine à la fois la poussée vectorielle orientable (le flux gazeux pouvant être dirigé vers le bas pour la sustentation et vers l'arrière pour la propulsion) et la portance directe. En effet, deux réacteurs Pegasus sont prévus pour réaliser la poussée de sustentation et la poussée de propulsion tandis que quatre réacteurs, disposés dans des nacelles en bout d'aile, fournissent une poussée de sustentation supplémentaire.

Il existe bien entendu des arguments pour ou contre chacun des schémas de base utilisés pour la réalisation des appareils ADAV (à décollage vertical) ou ADAC (à décollage court), mais le système de la poussée vectorielle paraît être le plus adapté aux appareils militaires. En revanche il est difficile de présager de l'avenir commercial des appareils à décollage et atterrissage vertical, dont le rendement médiocre, le prix de revient et la complexité technique ne paraissent pas, actuellement du moins, permettre la rentabilité.

Aussi les recherches se portent-elles aujourd'hui sur des appareils ADAC, tels ceux qui sont étudiés actuellement aux États-Unis : le Boeing YC-14 et le McDonnell Douglas YC-15.

Les hélicoptères ne sont pas capables des mêmes performances et de la même capacité en charge que les avions conventionnels. Aussi, l'idée d'un appareil à décollage et atterrissage verticaux ou courts (ADAV et ADAC) fit son chemin.

Page ci-contre : le premier véritable appareil d'assaut ADAC fut le Hawker Siddeley Harrier, que l'on voit ici survoler une gare de Londres. Au centre : le Boeing YC-14 est un ADAC de transport tout à fait remarquable ; ci-contre : le chasseur allemand EWR-Süd VJ 101 avec ses moteurs à poussée verticale.

LE « BOOM » DE L'AVIATION CIVILE

La Seconde Guerre mondiale marqua un tournant dans l'histoire de l'aviation civile, car l'industrie européenne avait été virtuellement détruite, tandis que l'industrie américaine s'accroissait démesurément. Les Européens, surtout les Français et les Britanniques, restaient convaincus, comme ils l'étaient déjà avant la guerre, qu'aucune industrie aéronautique ne pouvait survivre sans l'appui financier du gouvernement. Le sentiment que l'aviation commerciale n'était pas rentable paralysa tous les constructeurs et les compagnies aériennes européens.

Ceux-ci avaient, dans une certaine mesure, de bonnes raisons pour étayer leurs appréhensions, car l'Europe disposait d'un excellent réseau ferré et d'un réseau routier au moins équivalent fort capables de concurrencer les lignes aériennes moyen-courriers, tout au moins aussi longtemps que les Européens utilisaient des appareils périmés de l'avant-guerre ou des avions militaires sommairement transformés. Ni les uns ni les autres ne pouvaient concurrencer le rail pour les courtes distances, et ce d'autant que le confort des trains surpassait nettement celui des appareils de l'après-guerre.

La plupart des compagnies aériennes européennes se trouvaient dans une position similaire à celle des compagnies américaines en 1939 : elles avaient à leur disposition un marché important et les compétences techniques nécessaires, mais n'étaient pas à même d'en saisir toute l'opportunité. L'idée était là, mais la volonté et la détermination pour l'appliquer faisaient défaut : la plupart des compagnies aériennes se contentaient de suivre les instructions de gouvernements qui les subventionnaient si elles se trouvaient dans l'incapacité de réaliser des bénéfices. Les compagnies nationalisées comme Air France ou les British Airways continuaient à assurer les liaisons long et moyen-courriers sans même se rendre compte que l'aviation commerciale venait d'entrer dans une ère nouvelle.

Avec des gouvernements qui « tenaient les cordons de la bourse », il était difficile pour les compagnies aériennes de se procurer l'appareil convenable au moment opportun. Avant tout, les responsables gouvernementaux exigeaient des économies et restreignaient les crédits de manière telle qu'il n'était pas possible d'envisager des investissements à long ou même à moyen terme. A cette économie restrictive s'ajoutait un manque fondamental d'esprit de décision qui entravait toute initiative et empêchait la création d'une aviation nouvelle. Au lieu d'investir les sommes nécessaires à l'étude et à la construction de quelques modèles parmi ceux qui semblaient les plus viables, les hommes d'État avaient tendance à dilapider leurs maigres ressources en une infinité de petites sommes destinées à soutenir les projets les plus nébuleux, qui la plupart du temps se révélaient techniquement impossibles et devaient être abandonnés.

La plupart de ces problèmes étaient inévitables. A la fin de la guerre, la

Bien que les avions de ligne à réaction puissent assurer des liaisons rapides entre les grandes capitales, l'avantage des vols à grande vitesse est souvent annulé par les longues attentes au sol ou au-dessus des aéroports, car le grand nombre des appareils qui doivent décoller ou atterrir entrave considérablement la rotation du trafic.

presque totalité des industries allemandes avait été détruite; l'Italie se trouvait à court de ressources et la France, occupée pendant quatre années, devait faire face à de difficiles problèmes de reconstruction, à cause des bombardements anglo-américains et des combats qui s'étaient livrés sur son sol et ne pouvait encore envisager la remise en service de son aviation civile. La Grande-Bretagne, bien que très éprouvée économiquement, et sur le point d'abandonner son empire, tenta malgré tout de mettre en chantier des projets à long terme nécessitant d'importants investissements. Juste avant l'ouverture des hostilités, un certain nombre d'études avaient été faites au sujet d'appareils quadrimoteurs long-courriers qui englobaient les derniers progrès de la technique de l'époque. Mais la guerre était arrivée et tous ces beaux projets avaient sombré corps et biens. Ainsi, les programmes Short et Fairey, fondés pourtant sur des moteurs et des cellules techniquement très avancés, furent délibérément ignorés par le comité Brabazon, créé en 1943 pour examiner les besoins de l'aviation civile lorsque les hostilités auraient pris fin.

Le Comité, de l'aveu de tous, avait une tâche extrêmement difficile. En effet, la Grande-Bretagne, qui avait une avance considérable sur tous les autres pays — sauf l'Allemagne, mais celle-ci ne jouait plus alors aucun rôle — sur le plan des nouveaux moyens de propulsion par effet de réaction, était loin d'avoir une position identique dans le domaine de la construction des avions de ligne. La cause en était un accord signé au cours des hostilités qui abandonnait aux États-Unis la fabrication et la fourniture des avions de transport dont avaient besoin les Alliés, laissant ainsi les Britanniques libres d'orienter leur industrie aéronautique vers la production d'avions

En haut : le Boeing Stratocruiser possédait un fuselage bilobe pressurisé et plusieurs éléments en commun avec le bombardier B-29 Superfortress;
ci-dessus : le quadrimoteur DC-6, successeur du DC-3.
Page ci-contre : au centre, le quadrimoteur italien Breda-Zappata 308 complété après la guerre et resté au stade de prototype ;
en bas, le Bristol Brabazon, le coûteux « canard boiteux » de l'aviation anglaise.

de combat. Lorsque la guerre prit fin, la Grande-Bretagne ne possédait pas d'avions de transport et devait utiliser des bombardiers transformés, alors que les chaînes d'outre-Atlantique sortaient les DC-4, les Constellation et les Convair Liner à un rythme de production accéléré. En fait, il est assez difficile de comprendre de quelle manière le comité Brabazon arriva à ses conclusions. L'appareil qu'il préconisait était technologiquement avancé, mais le Comité ne tenait aucun compte des leçons des années trente concernant le taux d'accroissement du marché potentiel. Il continuait d'être persuadé que ce taux d'accroissement était linéaire et recommandait la production d'avions de ligne de faible ou de moyenne capacité en croyant aller au-devant des besoins de la clientèle. En réalité le taux d'accroissement était une progression géométrique et allait le rester jusqu'après la guerre. En outre, le comité Brabazon ne prévoyait qu'avec peine le développement d'un marché pour le fret aérien qui pourtant commençait dès lors à devenir un débouché important.

Les Américains avaient en revanche une vue beaucoup plus lucide et beaucoup plus réaliste du problème et planifiaient déjà tout un programme fondé sur des vols à longue distance et à grande densité d'occupation, comme par exemple l'augmentation spectaculaire des échanges commerciaux entre l'Inde et la Chine au-dessus de l'Himalaya, et prévoyaient même quel serait le coût exact de l'opération. Ils avaient également envisagé la dimension que prendrait le marché des transports aériens pour les cinq années à venir et cela avec une extraordinaire précision. Des compagnies comme la Pan-American, les Trans-World Airlines, les National et American Airlines, qui comptaient sur une progression foudroyante du volume des affaires et donc des bénéfices, connaissaient exactement les goûts de la clientèle et commandaient aux industriels les types d'appareils dont ils allaient avoir besoin.

Tandis que les Britanniques démarraient lentement un programme, tel que celui du Bristol-Brabazon (un avion géant destiné au transport transatlantique, qui, après huit années de recherches et de tâtonnements, fut purement et simplement annulé) ou celui de l'hydravion Short Sandringham (pour lequel il n'existait aucun débouché) ou encore celui du Saunders-Roe Princess (un hydravion qui fut également annulé avant que l'appareil ne fût prêt à entrer en service), les Américains, quant à eux, produisaient des appareils confortables, performants et capables d'assurer aussi bien les laisisons continentales qu'intercontinentales. Les nouveaux types d'appareils eurent un succès tel, rien qu'aux États-Unis, que les chemins de fer perdirent une grande partie de leur clientèle sur les longs trajets et virent également baisser leur marché de fret. Aujourd'hui, toujours aux États-Unis, les chemins de fer ne transportent plus que les marchandises non périssables et trop lourdes pour être expédiées par voie aérienne.

Les compagnies américaines avaient rapidement saisi ce que les Britanniques avaient refusé de voir, c'est-à-dire que l'époque des avions de ligne volant à basse altitude sur de courtes distances, en restant tributaires des conditions atmosphériques, était révolue. Depuis la fin de la guerre l'aviation était entrée dans l'ère des vols à très haute altitude, sur de très longues distances avec des appareils capables de transporter un fret important ou un grand nombre de passagers.

L'époque n'était plus où, pour un vol au-dessus des États-Unis, les appareils devaient faire escale tous les 800 km et débarquer leurs passagers pour une heure tandis qu'ils remplissaient leurs réservoirs. A présent, la traversée — de côte à côte — se faisait d'un seul coup d'ailes et les vols réguliers, accomplis en toute sécurité, étaient devenus possibles même au-dessus de l'Atlantique, car les routes aériennes avaient été testées durant la guerre, par toutes sortes de catégories d'appareils. Quant aux vols à très haute altitude non seulement ils satisfaisaient les passagers qui n'étaient plus soumis aux cahotements dus aux turbulences des altitudes moyennes, mais encore ils étaient plus économiques, ce qui permettait aux compagnies d'accroître leurs bénéfices.

Parce qu'elles manquaient d'appareils réellement adaptés, les compagnies aériennes européennes étaient obligées d'utiliser ceux qu'elles avaient sous la main. Naturellement, le DC-3 était énormément employé car on en connaissait parfaitement les possibilités et que de nombreux modèles étaient disponibles. On utilisait également des appareils démodés. En France, par exemple, les quadrimoteurs SE-161 Languedoc, qui avaient fait leur premier vol en 1939, allaient équiper les lignes européennes d'Air France pendant près de dix années. Ils étaient également utilisés par la compagnie espagnole Aviaco. En Grande-Bretagne, on tentait de transformer les avions militaires en avions de transport civils avec tous les aléas que comportait une semblable opération. On vit aussi

Ci-contre : le Lockheed Electra ne fut pas un très gros succès dans le domaine des appareils de transport équipés de turbopropulseurs ;
ci-dessous : le Bristol Britannia fut un appareil à turbopropulseurs suffisamment réussi pour être utilisé sur les routes de prestige transatlantiques par les compagnies d'aviation britanniques.
Page ci-contre : le premier appareil de ligne long-courrier à réaction fut le de Havilland Comet, d'une technique réellement très avancée pour son époque. Ici, un exemple du dernier modèle du type, le Comet 4, au fuselage allongé et renforcé.

apparaître l'Avro-York, adapté tant bien que mal à partir du bombardier Lancaster. Des Warwick et des Halifax furent également reconvertis tandis que des hydravions Short ou Boeing reprenaient du service « civil » après avoir brillamment servi pendant quatre ans dans la R.A.F.

En France, le quadrimoteur SE-2010 Armagnac, prévu pour transporter 80 passagers sur les lignes d'Extrême-Orient, fit son premier vol en 1949 ainsi qu'un autre quadrimoteur, le Breguet type 76, dit « Breguet Deux Ponts », qui sera utilisé conjointement par l'armée de l'air et Air France à partir de 1953. Vers la même époque, les British Airways utilisaient des bimoteurs Vickers Viking, mis en service en 1946, qui, bien que loin de pouvoir rivaliser avec la production américaine, n'en obtinrent pas moins un certain succès sur les lignes européennes. Conjointement, la B.E.A. faisait voler des Junkers Ju-52, les vieux trimoteurs de transport de l'avant-guerre, récupérés en Allemagne, tandis que la B.O.A.C. recevait, vers la fin des années quarante, l'Avro Tudor, commandé par le comité Brabazon, qui était presque aussi coûteux que les appareils américains même s'ils étaient loin d'atteindre toutes leurs performances.

Il existait à présent, à travers le monde, près de mille aéroports importants et quelque deux cents compagnies aériennes pour les desservir. Mais, dès 1944, une réunion de 54 pays avait eu lieu à Chicago pour réglementer le trafic aérien et, le 7 décembre 1944, était créée l'O.A.C.I. (Organisation de l'aviation civile internationale) dont la principale mission, en tant qu'organisme consultatif, était de coordonner l'exploitation des lignes aériennes par les diverses compagnies, qu'elles fussent privées, comme aux États-Unis, ou gouvernementales, comme en Europe. Quant à l'International Air Transport Association (I.A.T.A.), elle adopta en 1945 de nouveaux statuts concernant la coopération des compagnies aériennes entre elles. Cependant, il existait encore de petites compagnies indépendantes qui utilisaient des DC-3 pour desservir des contrées inaccessibles ou hostiles, dans les parties les plus reculées et les moins fréquentées du monde.

La suprématie américaine fut immédiatement reconnue partout. Bien qu'employant quelques bombardiers convertis pour le transport du fret ou des DC-3 sur de courts trajets intérieurs, les compagnies américaines avaient à leur disposition deux excellents appareils de ligne quadrimoteurs et attendaient la livraison d'un moyen-courrier pour remplacer le DC-3. Les long-courriers quadrimoteurs étaient le désormais classique Lockheed Constellation, une machine de ligne fort élégante, et le Douglas DC-4, d'une silhouette moins épurée, mais néanmoins très largement utilisé sur les routes transatlantiques.

En fait, le Constellation avait été conçu dès 1939, à la demande de la compagnie T.W.A., mais l'appareil avait été, dès le début des hostilités, transformé en appareil de transport militaire sous le nom de C-69. La première version commerciale issue du C-69 avait une capacité variant entre 50 et 64 passagers et était équipée

de quatre moteurs Wright de 2 500 ch chacun qui lui assuraient une vitesse de 530 km/h avec un rayon d'action de 3 800 km. (A la même époque, l'Avro-York volait à 480 km/h avec une capacité de 24 passagers, mais son rayon d'action était légèrement plus élevé.) A partir de 1950, le Constellation fut transformé en Super Constellation (modèle 1949) par un allongement du fuselage qui lui assurait de la sorte une plus grande capacité en charge.

Quant au Douglas DC-4, c'était un avion de transport lourd capable de voler à 400 km/h sur 3 300 km en transportant 58 passagers. Il fut suivi du DC-6, long-courrier aux moteurs bien plus puissants et dont la cabine était pressurisée. Il avait une vitesse de croisière de 500 km/h et une autonomie de vol de 5 700 km.

Ces appareils, qui étaient extrêmement robustes et d'une utilisation très pratique, continuent encore d'être exploités aussi bien en tant qu'avions civils que militaires dans certaines parties lointaines et mal desservies du monde.

Le Convair CV-240 fut proposé aux compagnies américaines pour remplacer le DC-3 et sortit en 1947. L'appareil comportait les derniers perfectionnements techniques de la période d'après-guerre. C'était un bimoteur capable de transporter 40 passagers avec une vitesse de croisière de 440 km/h et une autonomie de 1 500 km. D'une silhouette un peu lourde, le CV-240 n'en eut pas moins un succès considérable et fut produit en grande série pour la plupart des compagnies américaines desservant les lignes intérieures et certaines compagnies d'Europe, de l'Inde, de Chine, d'Afrique du Sud et d'Australie. Il était équipé d'un train d'atterrissage tricycle qui lui assurait des décollages et des atterrissages sûrs et sans à-coups, et sa cabine pressurisée était une garantie de confort pour les passagers. Il était propulsé par deux moteurs en étoile R 2 800 de 2 400 ch chacun et donna naissance au modèle 340, plus grand et d'une capacité supérieure. Ce dernier fut suivi du modèle 440, qui se heurta à la concurrence des premiers avions commerciaux à réaction.

Le Douglas DC-6 fut remplacé par un appareil plus grand, le DC-6B, suivi lui-même par le DC-7 qui entra en service en 1953. C'était la dernière extrapolation du type, qui pouvait transporter 95 passagers à 580 km/h sur une distance de plus de 6 000 km. Le DC-7C avait une envergure de 39 m et son autonomie atteignait 8 000 km. Cette version fut mise en service en 1956, mais se trouva démodée dès 1958 avec l'apparition de la réaction. Douglas, durant la première moitié de la décennie, avait sorti les meilleurs appareils du moment, qui avaient été longtemps utilisés par la plupart des grandes compagnies aériennes mondiales.

Ces appareils, tout comme la famille des CV-240 ou le Constellation, confirmaient la supériorité totale des constructeurs américains et justifiaient la confiance qu'avaient mis en eux les grandes compagnies des États-Unis; en outre, ils répondaient aux vœux du public pour lequel l' « époque romantique » était terminée et qui réclamait à présent de la vitesse, du confort et de la sécurité.

Les industries européennes étaient loin de pouvoir rivaliser avec le volume du trafic américain et, surtout, avec la capacité de production des constructeurs d'outre-Atlantique. Toutefois, au début des années cinquante, quelques appareils britanniques commençaient à être dotés de capacités qui leur permettaient d'approcher les performances des avions américains. C'étaient les quadrimoteurs Handley Page Hermes, les Vickers Viscount et le quadrimoteur Comet.

Le Vickers Viscount, dont le prototype vola en 1948, fut mis en service en 1953 sur les lignes britanniques et françaises. C'était le premier avion long-courrier à être équipé de turbopropulseurs qui lui assuraient un excellent rapport vitesse, autonomie et consommation de carburant. Il était également beaucoup moins bruyant que les appareils à pistons, volait dans les couches supérieures de l'atmosphère, au-dessus des turbulences, et ses moteurs, plus légers et plus petits que les moteurs classiques, simplifiaient les problèmes d'aérodynamisme inhérents au profil de la voilure.

Cependant, l'appareil le plus important de l'année 1949 fut incontestablement le Comet de Havilland, le premier quadriréacteur à vocation civile du monde. Conçu par le comité Brabazon dès avant la fin de la Seconde Guerre mondiale, le Comet fut mis en service par la B.O.A.C. en 1952 et démontra immédiatement l'excellence de ses performances, prouvant ainsi que les appareils à réaction offraient au public non seulement des vols plus rapides, mais aussi plus confortables. En revanche, et cela à cause de la mauvaise analyse qu'avait faite le comité Brabazon, le fuselage de l'appareil était trop court pour que celui-ci accueille un nombre important de passagers, qui n'excédait pas 44 dans le meilleur des cas. L'avion était propulsé par quatre réacteurs Ghost noyés dans l'épaisseur de la voilure, mais ceux-ci furent remplacés plus tard par des moteurs Rolls-Royce plus puissants. Comme tous les appareils modernes, le Comet était doté d'un train d'atterrissage tricycle. Les constructeurs britanniques croyaient alors avoir produit le meilleur avion de ligne que l'on puisse trouver au monde. Dans un temps où la plupart des longs-courriers américains transportaient presque 100 passagers à des vitesses ne dépassant pas 480 km/h, le Comet volait à quelque 800 km/h, ce qui était un sérieux atout pour les longs trajets en dépit du petit nombre de passagers transportés.

Mais les Américains répliquèrent par une campagne publicitaire auprès des compagnies aériennes pour les persuader d'attendre avant de se décider : ils allaient bientôt sortir, eux aussi, un long-courrier à réaction, disposant d'une vitesse égale à celle du Comet, mais capable en outre de transporter beaucoup plus de passagers. Cette assurance combinée à la prudence bien connue des compagnies firent que le Comet ne fut commandé qu'en nombre limité.

Un nouveau modèle, appelé Comet 4, entra en service en 1958 sur la route de l'Atlantique Nord, où il aurait pu concurrencer les Américains si ceux-ci n'avaient pas sorti le Boeing 707 à réaction qui sonna le glas du Comet et enterra les espoirs britanniques de devenir le premier fournisseur d'avions commerciaux du monde. Le Boeing 707, qui était beaucoup plus résistant, plus spacieux et doté d'un plus long rayon d'action que le Comet, eut très vite un énorme succès et fut commandé par toutes les grandes compagnies aériennes. Il était d'une conception entièrement nouvelle, qui avait profité de l'expérience tirée des bombardiers B-47 et B-52, et était susceptible de développements potentiels qui lui permirent d'assurer les vols transocéaniques durant une longue période.

Un autre appareil américain d'une classe exceptionnelle fit son premier vol en mai 1958 et fut mis en service l'année qui suivit. Ce fut le Douglas DC-8, quadrimoteur de transport propulsé par des réacteurs Pratt et Whitney qui lui assuraient une vitesse de croisière approchant les 900 km/h avec une autonomie de vol de 10 000 km. Suivant ses aménagements intérieurs, il pouvait transporter de 115 à 175 passagers, préfigurant ainsi la génération suivante des airbus et des « Jumbo Jets ». Fabriqués à une grande échelle (ce qui en réduisait le coût unitaire) dans les vastes unités de production américaines, les DC-8 et les Boeing 707 avaient fait complètement oublier les Comet. Ceux-ci, incapables de soutenir la comparaison et la concurrence sur les itinéraires intercontinentaux, terminèrent leur carrière dans de petites compagnies ou bien dans des sociétés d'affrètement « charter » dont le principe même assurait un taux d'occupation suffisant et excluait la notion de confort et de vitesse.

La taille et le poids des nouveaux appareils à réaction américains représentaient malgré tout un certain inconvénient : ils exigeaient des pistes d'envol et d'atterrissage plus longues et plus solides.

Page ci-contre : l'appareil qui fit la plus remarquable carrière fut certainement l'excellent Boeing 707. La photographie représente le « Air Force One », un appareil spécialement équipé pour servir de « bureau volant » au président des États-Unis.
Ci-contre : dès la fin de la guerre, les sociétés Boeing et Douglas se firent une concurrence acharnée et sans merci dans le domaine de l'aviation commerciale. Douglas tenta de supplanter le Boeing 707 avec le Douglas DC-8, photographié ici près du Fuji-Yama ;
ci-dessous : la Grande-Bretagne entra en lice avec Vickers VC-10, mais, à la suite d'une mauvaise évaluation des conditions du marché, le VC-10 fut moins économique en service que les appareils américains et fut rapidement exclu des grandes routes internationales.

АЭРОФЛОТ
СССР-676

La plupart des modèles soviétiques dérivaient le plus souvent des types occidentaux. Les ingénieurs russes firent un très large usage du moteur turbopropulseur et des hélices contrarotatives.
En haut, à gauche : l'énorme Antonov An-22 Antei;
ci-dessus, l'Ilyouchine Il-62, long-courrier de transport équipé de quatre turboréacteurs;
ci-contre : le Tupolev Tu-114 Rossiya.

Leur capacité de 150 passagers et plus exigeait également des installations d'aérodromes plus importantes et mieux desservies. Mais, très rapidement, les principaux aérodromes internationaux furent en mesure de recevoir les nouveaux appareils et de canaliser le flot toujours croissant des passagers. Bientôt, les anciens avions à hélice se trouvèrent démodés et disparurent des grands itinéraires de prestige, où leur manque de vitesse et leur faible capacité de charge ne pouvaient leur assurer une rentabilité commerciale suffisante.

Convaincus pour leur part qu'un appareils moyen-courrier rapide et moderne pouvait avoir un grand avenir commercial, la compagnie Air France et la société nationale Sud-Aviation avaient étudié un avion révolutionnaire dont le prototype fit son premier vol le 27 mai 1955. C'était la fameuse Caravelle, le premier appareil à réaction au monde qui ait été équipé de réacteurs montés en « pod » à l'arrière et de chaque côté du fuselage. Cette solution originale avait de nombreux avantages : elle rendait l'avion extrêmement silencieux pour les passagers, réduisait les risques en cas d'atterrissage sur le ventre, les moteurs étant éloignés des réservoirs de carburant, et permettait un dessin de voilure très aérodynamique, s'approchant de celle d'un planeur, où se logeaient facilement des volets de grande envergure. En revanche, l'installation des moteurs à l'arrière compliquait quelque peu les problèmes de centrage et les risques de décrochage à basse vitesse. Mais les avantages dépassaient de tellement loin les inconvénients que la Caravelle eut non seulement un énorme succès, mais encore fut-elle copiée par les principaux constructeurs étrangers, aussi bien pour les avions gros-porteurs que pour les avions d'affaires légers.

La Caravelle fut d'abord équipée de réacteurs Rolls-Royce Avon, puis de General Electric ou de Pratt et Whitney. Elle comportait un train d'atterrissage tricycle, le train avant étant du type Diabolo et le train principal comportant quatre roues. Les derniers modèles pouvaient transporter 80 passagers à la vitesse de croisière de 840 km/h avec un rayon d'action de 3 200 km. Ce fut l'appareil qui, durant le temps de son existence, connut le plus petit nombre d'accidents au monde, de par le fait de sa conception. Cependant, et assez curieusement, l'appareil, qui fut un succès sur tous les autres plans, n'eut qu'une réussite commerciale modérée, peut-être simplement à cause du manque de capacité de production des usines françaises à cette époque, ce qui allongeait considérablement les délais de livraison. En effet, il n'en fut construit que 280 exemplaires alors que ses « copies » étrangères furent fabriquées en très grande série, tel le DC-9 qui fut produit à près de 900 exemplaires.

Tandis que la France se spécialisait sur le moyen-courrier, les Britanniques révisaient peu à peu leurs conceptions et finissaient par admettre que l'avenir des vols à longue distance appartenait aux avions à réaction gros-porteurs. Ce changement de conception eut lieu en 1957, lorsque la Grande-Bretagne se trouva éliminée des routes de l'Atlantique Nord et donna lieu à un programme qui devait permettre de produire un avion capable de concurrencer les Boeing et les Douglas. Le résultat de cette opération fut le quadriréacteur long-courrier Vickers VC-10, un appareil assez réussi, mais qui souffrait encore d'une erreur d'appréciation de la part de la B.O.A.C. En effet, celle-ci avait exigé que l'avion pût décoller et atterrir sur des pistes plus courtes que celles nécessaires aux long-courriers américains, de façon à desservir de plus petits aéroports. Il en résulta un dessin de voilure plus portant, l'installation des quatre réacteurs en « pod » à

Après la guerre, le plus gros du trafic de l'aviation commerciale s'opérait sur les longues distances, mais rapidement la demande s'accrut pour les moyen et court-courriers. Ci-contre : une grande réussite de l'aviation britannique fut le court-courrier conçu par la B.A.C. : le One-Eleven, photographié ici en bout de piste alors qu'il s'apprête à décoller ; ci-dessous : une vue de la chaîne de production du Boeing 727 triréacteur, le seul appareil de transport qui fut vendu à plus de mille exemplaires. Page ci-contre : en haut, le Boeing 737 court-courrier ; au centre, le Hawker Siddeley Trident ; en bas, le McDonnell Douglas DC-9 au décollage.

l'arrière du fuselage (comme sur la Caravelle) et le montage d'un empennage en T sur la dérive.

Malheureusement, entre le moment de la conception et celui de la réalisation, la plupart des aéroports, qui ne voulaient ou ne pouvaient refuser l'atterrissage des long-courriers américains, avaient augmenté la surface de leurs pistes. Aussi, les spécifications de la B.O.A.C., prévues pour supplanter les long-courriers américains, se retournèrent-elles contre le VC-10 dont la voilure élargie entraînait une importante traînée aérodynamique, ce qui le rendait beaucoup plus coûteux à l'exploitation que ses rivaux américains.

Rien ne pouvait donc plus entraver le développement des Boeing 707 et des Douglas DC-8, construits en grande série et dont chaque nouveau modèle était encore meilleur que celui qu'il devait remplacer. Si les types originels pouvaient transporter quelque 150 passagers à 925 km/h sur plus de 4 000 km, les derniers modèles fabriqués étaient en mesure de transporter 250 passagers, à la même vitesse et sur des distances encore plus grandes, simplement par l'allongement du fuselage du modèle de base.

L'accroissement de la capacité en charge avait été rendu possible par les énormes progrès technologiques accomplis entre 1955 et 1970 dans la conception et la fabrication des moteurs.

Dans les années soixante, les ingénieurs pensaient que la turbosoufflante, ou *turbofan*, trouvait son meilleur emploi pour les moyen et long-courriers. Mais, avec l'accroissement de l'efficacité de cette sorte d'engin et la création de moteurs plus petits et plus légers, les turbofans seront en mesure d'équiper toute une nouvelle génération d'appareils de transport au cours des années quatre-vingts. D'autre part, une technologie avancée doit permettre de rendre rentables les moteurs turbopropulseurs, tout au moins pour les moyen-courriers et les « charters », où la notion de vitesse est moins importante que celle de rentabilité.

En Union soviétique, Ilyouchine et Yakovlev avaient construit quelques petits avions de ligne à réaction mais, au cours des années cinquante, les bureaux d'études de Tupolev prirent résolument la tête dans la course aux appareils de transport à grande capacité. Comme cela arriva fréquemment avec les nouveaux appareils soviétiques, la silhouette de leur premier avion de ligne moderne causa une réelle surprise dans les milieux aéronautiques occidentaux. Directement dérivé du bombardier Tu-16, l'avion de transport Tu-104 était tout à fait adapté aux dures conditions d'exploitation qui

Le rétrécissement du monde

Bien que le graphique des passagers/kilomètre (un passager/kilomètre représente le transport d'un passager sur une distance de 1 kilomètre) montre un accroissement régulier dans les années qui précédèrent la Seconde Guerre mondiale ; ce ne fut qu'après la guerre que l'aviation civile commença à se développer réellement. L'extraordinaire croissance des années cinquante-soixante est visible sur le graphique *(ci-contre)*. Un certain ralentissement est toutefois marqué au moment de la crise du pétrole en 1973, mais la progression reprend ensuite régulièrement. Un autre moyen de contrôler l'accroissement du trafic consiste à observer sur un planisphère les trajets des principales compagnies aériennes. Ici, par exemple, sont représentées les lignes Alitalia et de la B.O.A.C. en 1947 *(ci-contre, en haut)* et en 1977 *(page ci-contre)*. Les temps des voyages ont cessé de se compter en jours et il n'est guère de grande ville que l'on ne puisse atteindre en moins de vingt-quatre heures.

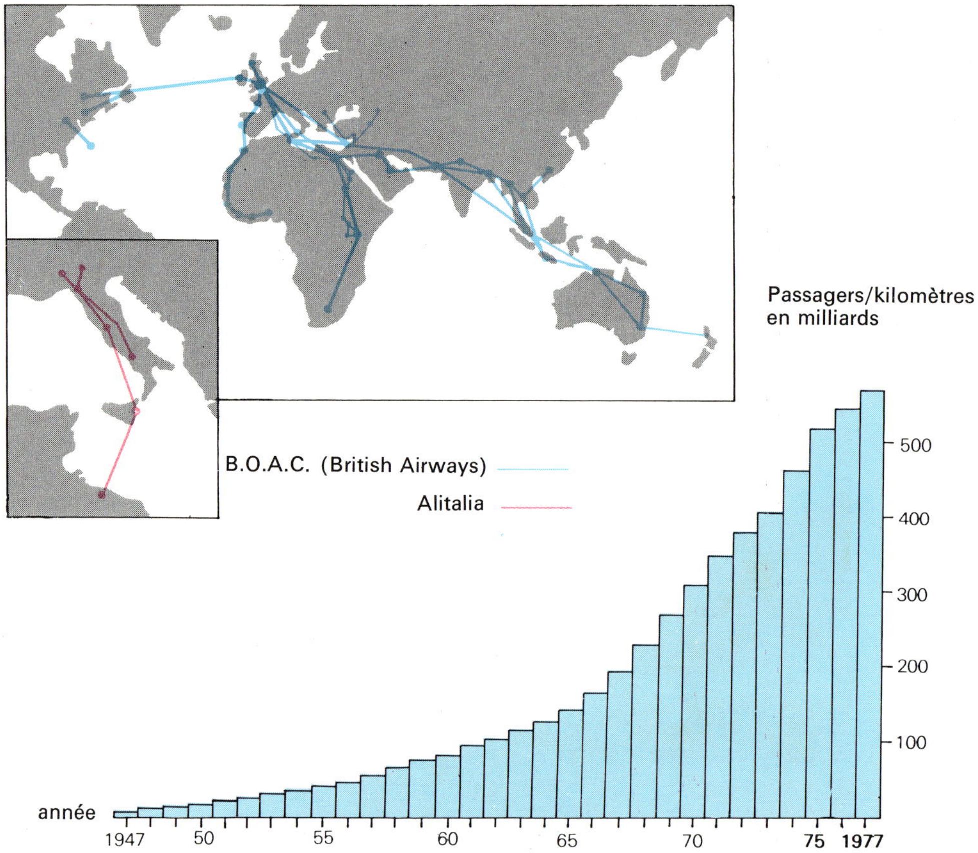

étaient celles de l'aviation de ligne soviétique et fut le premier de toute une lignée d'autres long-courriers adaptés d'avions de bombardement, comme le Tu-114, version civile du Tu-20. Depuis lors, cependant, les ingénieurs soviétiques suivirent le chemin tracé par les créateurs occidentaux plutôt que d'entreprendre des recherches personnelles, toujours longues et onéreuses.

Les derniers modèles de Tupolev comprenaient le Tu-110, un quadrimoteur dérivé du bimoteur Tu-204; le Tu-124, version agrandie du Tu-104, le Tu-124, fondé lui aussi sur le Tu-104, mais avec deux moteurs en nacelle installés à l'arrière du fuselage, selon le modèle de la Caravelle; le Tu-144, long-courrier supersonique à voilure originale, assez proche du Concorde franco-britannique, et le Tu-154, version agrandie du Tu-134, mais équipé de trois réacteurs au lieu de deux, de trois paires de roues sur les jambes du train d'atterrissage principal, de trois paires de volets, etc., bien que l'avion n'ait toujours seulement que deux ailes!

Le plus grand rival des Tupolev fut un long-courrier issu des bureaux d'études d'Ilyouchine, le Il-18, un appareil moyen-porteur quadriturbopropulseur mis en service par l'Aeroflot en 1959. Ce type d'appareil fut produit en un grand nombre d'exemplaires et utilisé par plus de douze compagnies étrangères à l'Union soviétique. Il offrait 110 places dans sa version standard et son rayon d'action était de 5 000 km pour une vitesse de croisière de 640 km/h.

Ilyouchine sortit également le Il-62 quadrimoteur, dont les moteurs étaient montés — comme dans le VC-10 britannique — en « pod » à l'arrière du fuselage. Il avait une capacité de 162 passagers et une vitesse de 885 km/h. Cet avion fut suivi par l'Il-62, conçu sur le modèle des Boeing et des Douglas, avec quatre réacteurs en nacelle sous la voilure. D'autres modèles, entre autres ceux dessinés par Antonov (An-12, An-22, An-24), sont également utilisés en U.R.S.S. aussi bien en tant qu'avions civils qu'appareils militaires.

L'Union soviétique, dont la totalité de l'immense territoire est encore loin d'être entièrement exploitée, avait un grand besoin d'avions-cargos lourds à grande capacité de fret et à long rayon d'action.

Les pays de l'Ouest, même pourvus en voies ferrées et en routes, réclamaient plutôt des appareils de transport d'une capacité de fret moyenne, tel le Canadair CL-144, une conversion du Britannia, dont l'arrière du fuselage pivotant permettait l'embarquement de charges marchandes importantes jusqu'à un poids atteignant les 28 tonnes.

Les forces armées réclamaient également des appareils de transport lourds qui, sans être des avions de combat au sens propre du terme — car ils n'étaient pas conçus pour être armés —, n'en étaient pas moins destinés à l'usage militaire.

Durant les dernières années, l'U.S. Air Force conçut plusieurs appareils de ce genre, dont le Lockheed C-141 Starlifter, un avion de transport à ailes hautes et à empennage en T équipé de quatre turboréacteurs double flux qui peut transporter 154 hommes avec leur équipement. Il existe aussi dans le même ordre d'idées l'énorme Lockheed C-5 Galaxy, actuellement le plus gros avion du monde, dont la capacité en charge est de 57 tonnes.

Page ci-contre, en bas : la Caravelle fut le premier avion de transport à réaction du monde à être équipé de moteurs en nacelle disposés de chaque côté et à l'arrière du fuselage. Cette disposition fut copiée dans le monde entier.

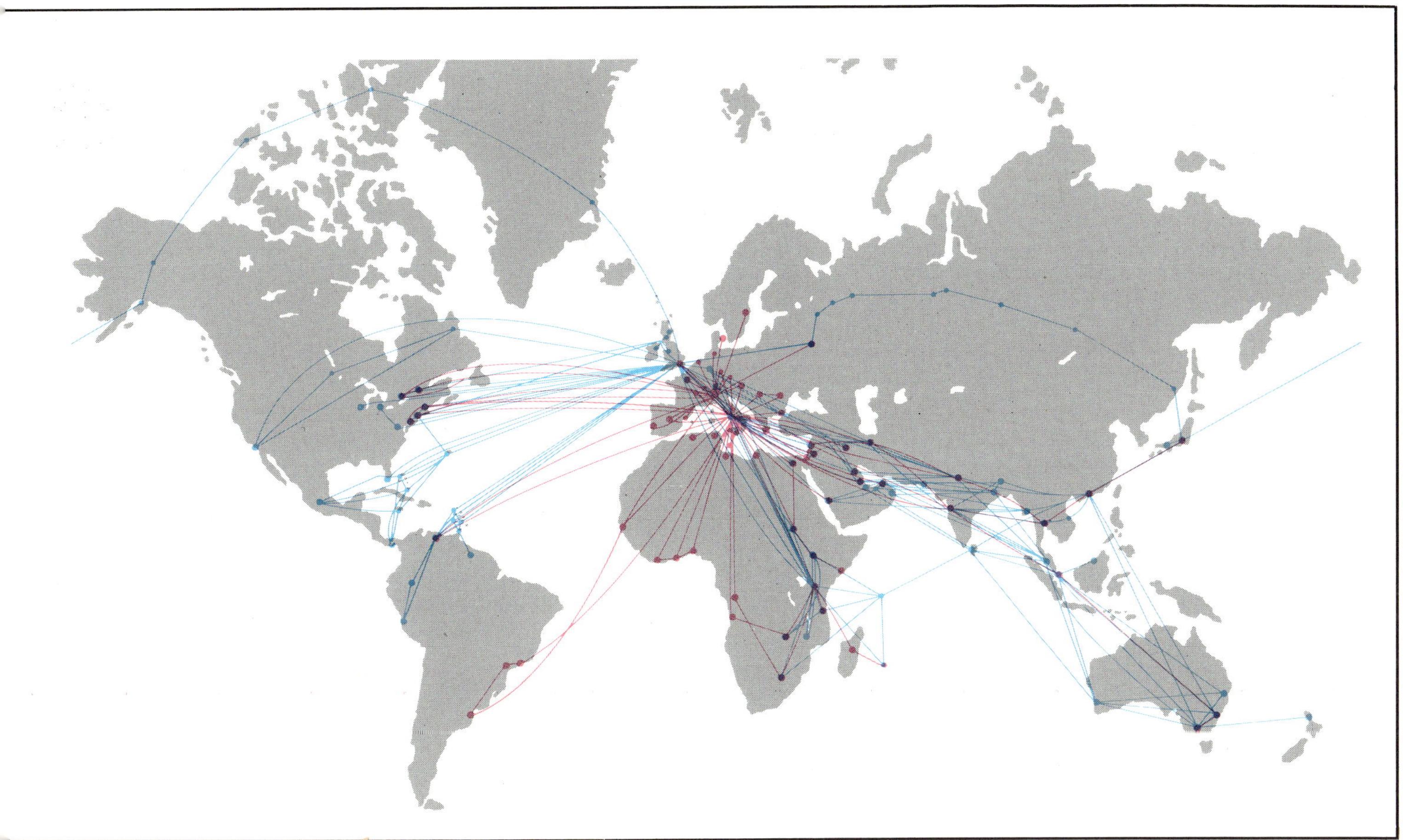

En Europe occidentale, la France et la Grande-Bretagne construisirent un certain nombre d'avions cargos, qui furent du reste rapidement surclassés. Le plus remarquable de ces appareils fut le Breguet Sahara, de conception française. On peut également citer le Short Belfast et le Blackburn Beverley, utilisés par la R.A.F. depuis 1956.

Il faut toutefois reconnaître que le plus remarquable avion-cargo à vocation militaire produit depuis la fin de la Seconde Guerre mondiale fut le Lockheed C-130 Hercules, un appareil polyvalent propulsé par quatre turbopropulseurs. Il fut adopté par un grand nombre de pays pour leurs forces aériennes, mais fut également utilisé en tant qu'avion de transport civil. L'Hercules était surtout exceptionnel par ses décollages et ses atterrissages courts et son habileté à opérer à partir de terrains peu ou mal préparés, caractéristique assez rare pour un avion de ce poids et de cette taille.

Les avions-cargos de conception moderne sont souvent caractérisés par un empennage disposé très au-dessus du fuselage, de façon à permettre à celui-ci d'être équipé de larges portes arrière. Ce montage permet de disposer de toute la largeur et de toute la hauteur de la soute et rend possible l'installation de rampes d'accès permettant un chargement rapide. Une autre solution consiste à faire pivoter toute la partie arrière du fuselage, empennage compris, ce qui

entraîne des problèmes de verrouillage assez complexes. Cependant, ces différents systèmes rendent possible le transport de charges de gros volume, telles que pièces d'artillerie, blindés légers, missiles ou camions. Ils permettent également le largage de très lourdes charges grâce à des parachutes appropriés. Les Hercules ou l'avion-cargo franco-allemand G 160 Transall, qui pouvaient opérer à partir de terrains difficiles, étaient capables de transporter une grosse charge de fret et dont le chargement était facilité par de larges ouvertures d'accès, furent très appréciés pour les opérations dans les zones d'accès malaisé.

Dans le cours des années soixante, le trafic passagers ne cessa d'augmenter et il fallut envisager une nouvelle génération d'appareils moyen-courriers et de capacité moyenne. L'Angleterre se lança dans la compétition avec le Hawker Siddeley Trident, un triréacteur dont les moteurs étaient groupés à l'arrière et qui était doté d'un empennage en T, disposition qui fut par la suite adoptée par Boeing pour son modèle 727 triréacteur qui sortit en 1961.

Grâce à sa formidable capacité de production, la société américaine ne fut pas longue à surclasser commercialement son rival européen.

Les Britanniques n'en poursuivirent pas moins dans la voie de l'avion à réaction moyen-courrier avec le Bac 1.11 « One-Eleven » qui vit le jour dans les bureaux d'études de la Hunting Aircraft Co avant qu'elle ne fusionne avec la B.A.C. en 1961 en même temps que Vickers, Bristol et English Electric. L'appareil fit son premier vol en 1963. Il était propulsé par deux réacteurs double flux Rolls-Royce Sopey et transportait quelques passagers dans sa version finale. Il fut d'abord en service dans une compagnie indépendante, puis vendu dans différentes versions dans le monde entier. Le One-Eleven assura dans bien des cas le remplacement de la Caravelle et fut très apprécié, aussi bien de ses utilisateurs que de ses équipages, car c'était un appareil confortable et économique. Il fut également en service dans les lignes commerciales américaines.

Les constructeurs américains furent assez long avant de sortir un appareil de la même classe, mais le Douglas DC-9, qui fit son premier vol en 1965, surclassa rapidement le One-Eleven sur les marchés internationaux. D'une conception très proche du Bac 1.11, le Douglas DC-9 est équipé de deux réacteurs Pratt et Whitney montés à l'arrière du fuselage et d'un empennage en T. Il a été construit en très grande série et équipe ou a équipé la plupart des grandes compagnies internationales. Boeing sortit à son tour un court-courrier à réaction, le Boeing 737, qui vola en 1967. L'appareil ne suivait pas la mode qui, depuis la sortie de la Caravelle, consistait à disposer les réacteurs à l'arrière du fuselage. En effet, les deux réacteurs Pratt et Whitney JT 8 D double flux sont disposés en nacelle sous les ailes en flèche. Il peut transporter entre 90 et 113 passagers à une vitesse de 920 km/h sur une distance de plus de 3 000 km.

Dans le même style d'appareil, il faut encore citer le Fokker F 28 et le Fokker 614, construits en Allemagne, et un appareil japonais à deux turbopropulseurs fabriqué par la N.A.M.C.

Vers la fin des années soixante, le marché s'ouvrit à un nouveau type d'appareil : l'avion d'affaires, qui avait les mêmes performances approximatives que les appareils commerciaux, mais ne pouvait transporter que 10 passagers au maximum.

Depuis quelques années, on note un énorme accroissement de la demande pour des appareils légers de tourisme ou les petits avions d'affaires. Les appareils de cette dernière catégorie se divisent en deux types : les court-courriers de capacité moyenne et les moyen-courriers de petite capacité. Page ci-contre, en cartouche : le Piaggio PD-808 italien, typique de l'avion léger de transport qui peut être utilisé à des fins civiles et militaires. A gauche : le Hawker Siddeley 125, un avion d'affaires rapide et sûr; ci-dessous : le Fokker VFW 614 allemand, avion d'affaires court-courrier; en bas, en cartouche : un Beechcraft Baron.

Ci-dessus : une vue assez surprenante de l'extraordinaire Guppy, dont la capacité en charge dépasse celle de tous les autres appareils. Il fut destiné au transport des éléments de l'Airbus A 300 et du Concorde.

L'appareil d'affaires type est le Dassault-Breguet Mystère 20, qui prit aux États-Unis le nom de Fan Jet Falcon 20. Équipé de deux réacteurs General Electric CF 700 2D2 de 1 960 kg de poussée, l'appareil, dans sa dernière version, transporte 8 passagers à une vitesse moyenne de 860 km/h, avec une autonomie de 3 500 km. L'appareil remporta un extraordinaire succès et conquit rapidement le marché américain. Dassault-Breguet produisit ensuite une version réduite, le Falcon 10, sorti en 1971, qui était doté de deux réacteurs Garrett TFE-731-2 double flux de 1 460 kg de poussée, dont le succès fut aussi important que celui de son aîné.

La Grande-Bretagne produisit également un excellent appareil d'affaires : le Hawker Siddeley (de Havilland) 125, qui fut lui aussi adopté par la R.A.F. comme appareil de liaison et d'entraînement. Il effectua son premier vol en 1962 et fit également l'objet de commandes aux États-Unis.

Il existe un grand nombre d'autres avions d'affaires sur le marché, mais leurs caractéristiques sont plus ou moins identiques à celles des deux types ci-dessus : 2 turbofans placés à l'arrière du fuselage et une capacité de 6 à 10 passagers. Il semble que le marché pour ce genre d'avion doive se développer considérablement dans les prochaines années, mais que les seules améliorations du type — à moins du développement d'appareils entièrement nouveaux — se limitent à un emploi de plus en plus généralisé des systèmes d'assistance de vol électroniques.

Dans le domaine de l'avion de transport civil, celui-ci a tendance à évoluer dans le sens d'un appareil à très haute capacité, capable de transporter le plus de passagers possible dans des conditions de confort qui deviennent de moins en moins grandes. Avec la technologie qu'elle avait inaugurée en produisant le C 5 Galaxy pour l'U.S. Air Force, la société Boeing était en mesure d'aller de l'avant, avec une nouvelle génération de long-courriers super-porteurs surnommés « Jumbo Jets ». En 1969, le premier Boeing 747 fut prêt à entrer en service et la société était tellement persuadée du succès qu'elle ne se contenta pas d'expérimenter un prototype, mais procéda aux essais sur des modèles déjà produits en série.

L'appareil, qui possède une envergure de 60 m, une longueur de 70 m et une hauteur de 19 m, est capable, selon ses aménagements intérieurs, de transporter 385 à 490 passagers. Sa vitesse maximale est de 980 km/h et son rayon d'action est de 10 000 km. Le 747 est propulsé par quatre turbosoufflantes — en nacelle — Pratt et Whitney JT 9 D capables d'une poussée de plus de 23 tonnes. Lorsqu'il est vu à une certaine distance, l'appareil peut paraître assez ordinaire, mais c'est seulement lorsque l'on s'en approche qu'on peut se faire une idée véritable de sa masse dont il se dégage une impression réellement majestueuse. Quoique le 747 soit un appareil coûteux, il est économique en service et la plupart des compagnies l'utilisent pour leurs grandes lignes de prestige. L'appareil est également construit en un certain nombre de versions différentes selon les usages prévus par les utilisateurs.

Le succès du 747 fit comprendre aux constructeurs et aux utilisateurs que plus il y aurait de passagers transportés par un seul appareil, plus grands seraient les bénéfices, et les compagnies du monde entier s'intéressèrent aux avions de grande capacité. Aux États-Unis, la société Lockheed développa en 1969 et 1970 le Tristar avec trois turbosoufflantes Rolls-Royce RB 211 de 19 tonnes de poussée unitaire. Deux des moteurs sont montés en nacelle sous les ailes et le troisième est installé dans l'empennage.

L'aéroport moderne

Si, dans le passé, les aérodromes pouvaient n'être constitués que de terrains quelconques et de hangars, les aéroports d'aujourd'hui doivent non seulement assurer le décollage et l'atterrissage des appareils et le transit des passagers, mais encore, dans bien des cas, assurer les fonctions de façades touristiques.
En effet, c'est dès l'aéroport que le touriste ou l'homme d'affaires se fera une impression, bonne ou mauvaise, du pays où il débarque pour la première fois.
Avant la guerre, certains pays comme l'Allemagne nazie avaient déjà compris cette double vocation des aéroports, mais ce n'est que depuis la fin du conflit que cette notion fut unanimement admise par tous les États.
Aujourd'hui, un grand aéroport mo-

derne est à la fois un véritable complexe industriel et technologique au service de l'aviation et l'expression la plus avancée d'un public de plus en plus nombreux et de plus en plus exigeant.
Tout doit donc être mis en œuvre pour assurer au mieux et dans la plus grande sécurité le mouvement incessant des appareils et celui des milliers de passagers.
L'aéroport Kennedy à New York *(ci-contre)* est un exemple classique et désormais bien connu de la conception modulaire qui fut celle des années soixante et soixante-dix et permet un gros volume de trafic aussi bien au sol que dans les airs.
L'aéroport Charles-de-Gaulle de Roissy, près de Paris *(en haut, à gauche)*, comprend un ensemble de bâtiments extrêmement modernes reliés par des escalators tubulaires qui sont également employés dans le terminal T.W.A. à Kennedy Airport *(en haut, à droite)*, tandis qu'une extrapolation de l'architecture locale est la marque distinctive du nouvel aéroport du Dubay, dans les riches contrées du pétrole *(ci-dessus)*.

Le Boeing 747 est le plus gros appareil de transport à réaction en service et en production des années soixante-dix, avec une capacité de presque 500 passagers dans son énorme fuselage (ci-contre). L'appareil reproduit ci-dessous est le modèle 136 de l'aviation britannique. A noter la cabine de première classe dans le nez de l'avion, avec le poste de pilotage et un salon de détente sur le pont supérieur.

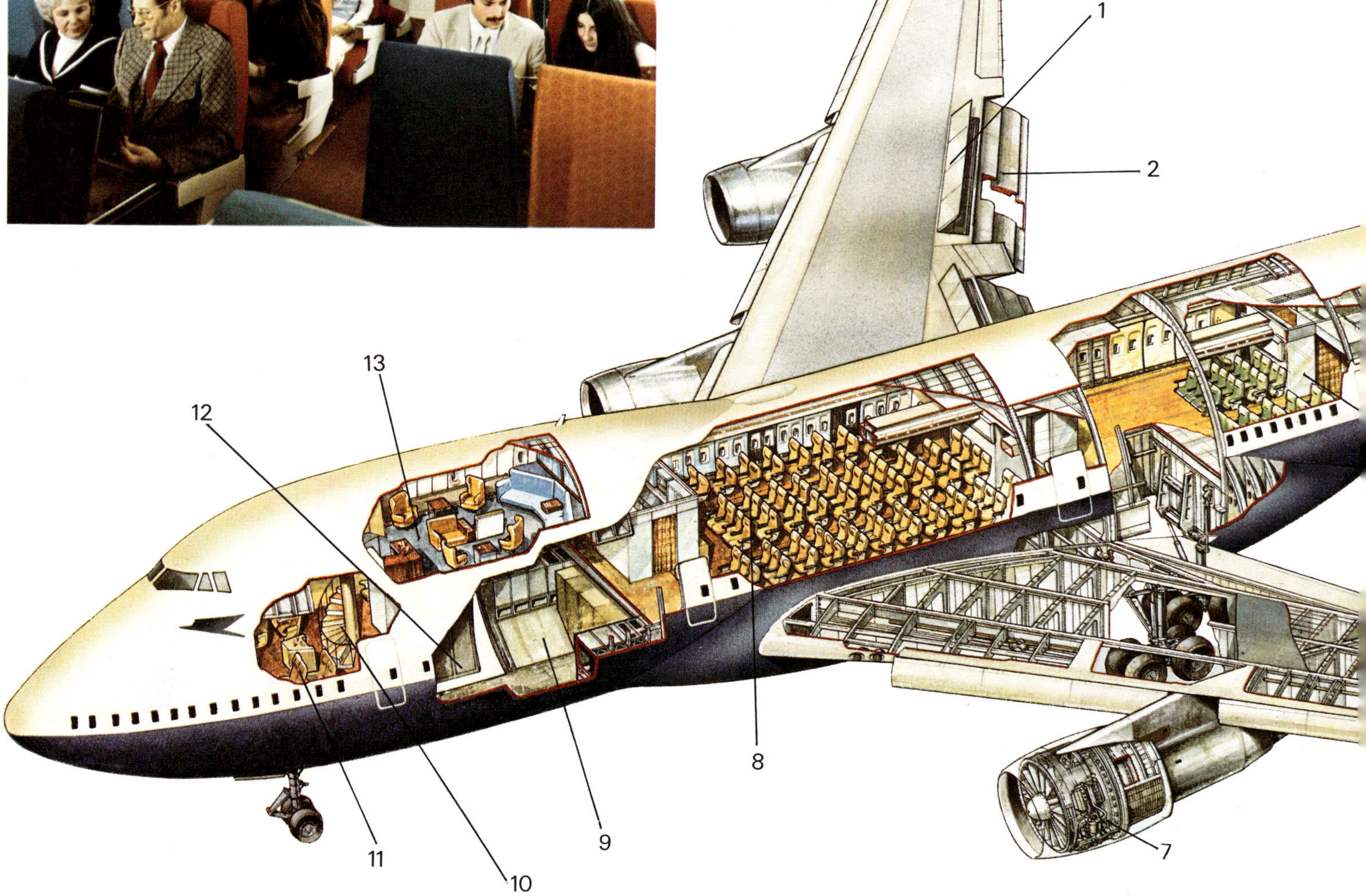

Les principaux concurrents de Boeing, Lockheed et McDonnell-Douglas ne produisirent pas un appareil long-courrier plus ou moins identique au Boeing 747, mais concentrèrent leur activité sur les types d'appareils à grande capacité.
Ci-contre : le Lockheed L-1011 TriStar, court et moyen-courrier propulsé par trois turbosoufflantes Rolls-Royce RB.211 et capable de transporter 400 passagers. Des problèmes de production causèrent la faillite de Rolls-Royce.
Page ci-contre : le McDonnell-Douglas DC-10 est un moyen et long-courrier à grande capacité.

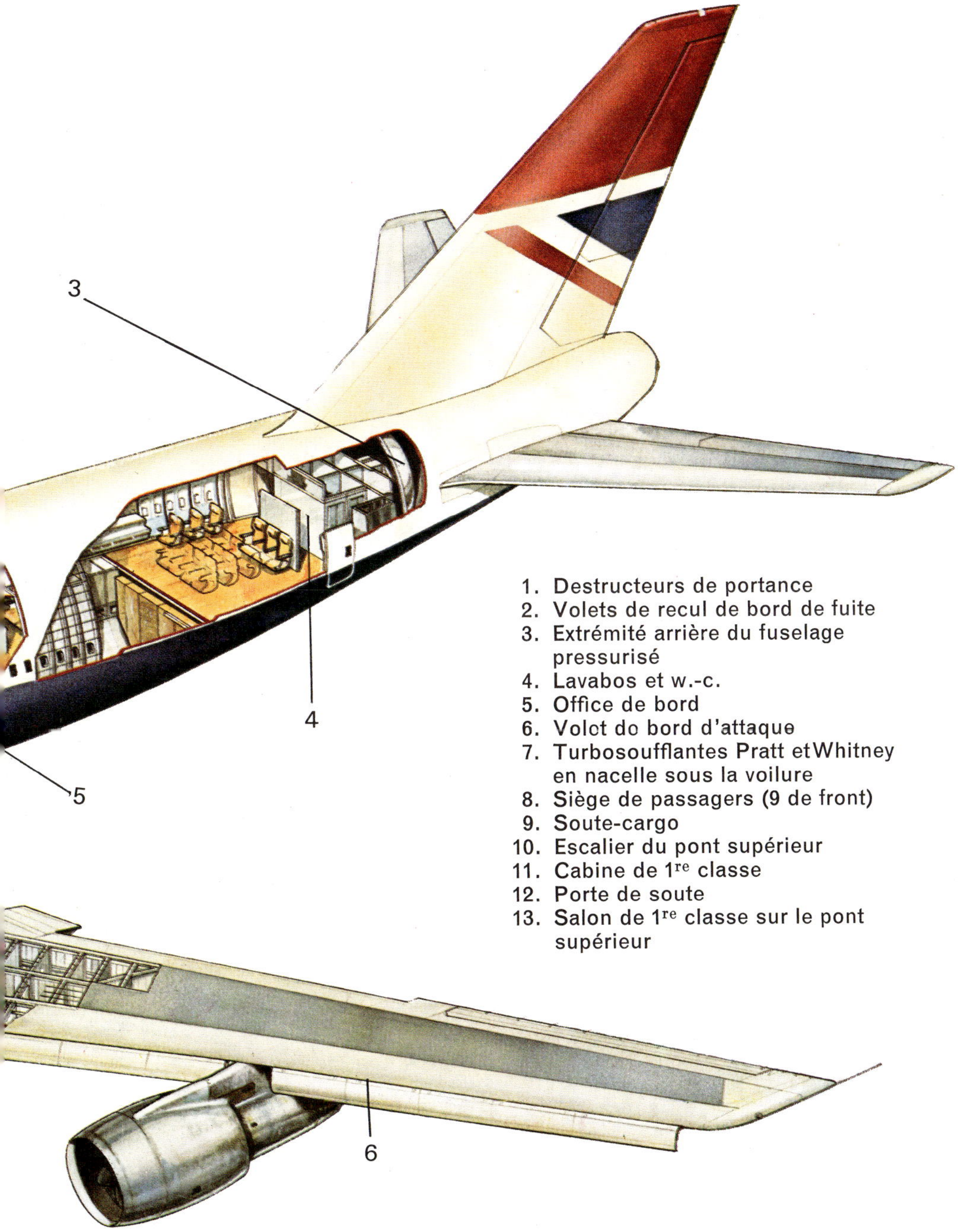

1. Destructeurs de portance
2. Volets de recul de bord de fuite
3. Extrémité arrière du fuselage pressurisé
4. Lavabos et w.-c.
5. Office de bord
6. Volet de bord d'attaque
7. Turbosoufflantes Pratt et Whitney en nacelle sous la voilure
8. Siège de passagers (9 de front)
9. Soute-cargo
10. Escalier du pont supérieur
11. Cabine de 1re classe
12. Porte de soute
13. Salon de 1re classe sur le pont supérieur

C'est une énorme machine capable d'accueillir 400 passagers sur une distance de plus de 7 000 km. En mai 1972, son prix de vente était évalué à 20 millions de dollars.

MacDonnell-Douglas — les deux sociétés fusionnèrent en 1967 — entra également dans la course avec son DC-10, triréacteur (dont les moteurs sont disposés de la même manière que ceux du Tristar) qui fit son premier vol en août 1970 et fut mis en service à la fin de l'année 1971. Suivant les versions, il est équipé de réacteurs double flux à haut taux de dilution General Electric CF 6 d'une puissance d'environ 22 tonnes de poussée ou de Pratt et Whitney JT 9D de 20 tonnes de poussée. Dans sa version de série, le DC-10 transporte 345 passagers avec une autonomie maximale de 6 000 km. Le DC-10, qui est un appareil remarquable, souffrit malgré tout d'un défaut de conception dans la portière de sa soute à bagages, ce qui fut la cause d'une tragique catastrophe, à Ermenonville, près de Paris, lorsqu'un appareil des lignes aériennes turques s'écrasa au sol, entraînant la mort de ses 375 passagers.

La concurrence américaine se faisant de plus en plus dure sur le plan des appareils à haute densité d'occupation desservant les itinéraires courts ou moyens, les Européens décidèrent de réagir. Comme le coût de l'étude et de la construction de tels avions était extrêmement élevé, les Français et les Allemands créèrent un consortium chargé de développer un appareil dont les caractéristiques correspondaient aux besoins des compagnies européennes. L'avion ainsi conçu, l'Airbus A-300 B, était prévu pour pouvoir transporter 250 à 300 passagers ou plus sur des distances allant de 500 à 3 000 km au maximum. La Grande-Bretagne participa aussi à ce programme, car ce fut la firme Hawker Siddeley qui fut chargée de la réalisation de la voilure. L'appareil faisait appel à de nouvelles techniques de construction et à une technologie aérodynamique avancée dite des « profils supercritiques » procurant une sensible économie de consommation contre une infime perte de vitesse (aux environs de 1 ou 2 %).

Quant aux réacteurs, ils étaient de conception américaine, soit des CF 6-50 de General Electric, soit des JT 9 D de Pratt et Whitney, mais montés directement en France.

Leur caractéristique de « haut niveau de dilution » les rend moins bruyants et très économiques, ce qui est un excellent argument de vente. L'appareil fit son premier vol au mois d'octobre 1972.

La marque distinctive principale de cet appareil gros-porteur est la grande largeur de son fuselage qui permet d'installer les passagers sur de longues rangées de sièges, avec deux couloirs séparant les groupes de fauteuils et permettant une circulation aisée vers les portes de sortie. Cet appareil, dont l'Aérospatiale française assure l'assemblage général et a procédé aux essais en vol, fut mis en service en 1974 et remporta aussitôt un grand succès, non seulement auprès des compagnies directement intéressées, mais encore sur le marché américain. Une nouvelle version, offrant une capacité plus grande grâce à l'allongement du fuselage, est actuellement prévue et a déjà fait l'objet de nombreuses commandes.

Vers le milieu des années cinquante, les ingénieurs français, britanniques et américains s'intéressèrent tous aux avions de transport supersoniques. En Europe, les concepteurs préconisaient une vitesse de Mach 2, d'une part parce qu'il faut dépasser Mach 1,8 pour obtenir un rendement favorable au moment du franchissement de la zone transsonique et, d'autre part, parce que la température à Mach 2 ne dépasse pas 120°, ce qui signifie que les effets de l'échauffement cinétique peuvent être absorbés par les alliages légers conventionnels et les techniques ordinaires de fabrication.

L'accord entre les gouvernements français et britannique fut signé en 1962 et un cahier des charges concernant un transport supersonique Mach 2 capable de transporter 130 passagers fut établi au cours de 1963. Ce fut le projet « Concorde ».

L'aérodynamique de ce premier appareil SST fut le résultat d'un compromis difficile entre la recherche d'une traînée minimale à la vitesse supersonique et une bonne manœuvrabilité aux basses vitesses.

Les ingénieurs s'arrêtèrent sur une voilure delta qui offre l'avantage d'être hyperporteuse aux vitesses d'atterrissage et de décollage grâce à un « effet de sol » (sorte de coussin d'air sous la voilure) et à une formation de tourbillons le long des bords d'attaque. Le fuselage est de section ovoïde presque constante et la voilure comporte plusieurs longerons en caissons capables de supporter les moteurs, les réservoirs de carburant et le train d'atterrissage principal dont le relevage est assuré par un vérin hydraulique. Un nez basculant est prévu pour faciliter la visibilité des pilotes lors des décollages et des atterrissages. Quant aux moteurs du Concorde, ils représentent l'ensemble de propulsion le plus important jamais prévu pour un avion de ligne. Ce sont quatre réacteurs Olympus 593 de 17 tonnes de poussée, construits en coopération par Rolls-Royce et la S.N.E.C.M.A. Ils sont montés par paire sous les ailes près du train d'atterrissage principal et leurs entrées d'air sont abritées par la voilure. Elles comportent des trappes à géométrie variable à leur partie supérieure et des trappes de décharge à leur partie inférieure afin de contrôler à la fois le train d'ondes de choc et le débit d'air de réacteur.

A la fin des années soixante-dix, il existe dans le monde deux types d'appareils commerciaux supersoniques, mais leur avenir n'est pas encore totalement assuré.
Ci-contre : le Concorde, produit conjointement par l'Aérospatiale et la B.A.C., est un appareil extrêmement sophistiqué, capable de voler à Mach 2,05, mais son prix de revient est prohibitif et son exploitation s'avère commercialement difficile ; ci-dessus : le Tupolev Tu-144 soviétique est presque similaire au Concorde, mais semble moins réussi.

La collaboration franco-britannique comprenait la construction d'un prototype par chacun des pays qui devait en assurer la production par deux chaînes, l'une installée à Toulouse et l'autre à Bristol, chaque firme produisant des éléments destinés à alimenter l'une et l'autre chaîne, ce qui devait réduire les frais de production. Le premier avion Concorde effectua son vol initial en mars 1969 à Toulouse et le prototype britannique vola quelques mois plus tard. La production démarra en 1972 après 10 000 heures d'essais en vol et l'appareil fut mis en service en janvier 1976.

Quoique techniquement au point, le Concorde se révéla d'une exploitation difficile : d'une part sa capacité n'est pas suffisamment importante pour que l'on puisse envisager un commencement de rentabilité et, d'autre part, il se heurta, surtout aux États-Unis, au mauvais vouloir des autorités portuaires et des associations d'écologistes qui lui reprochent son niveau de bruit relativement important.

De son côté, l'Union soviétique a également produit un appareil commercial supersonique d'une ligne étrangement semblable à celle du Concorde : le Tupolev Tu-144. Ce fut le premier avion civil à avoir dépassé Mach 2 (mai 1970). Le Tu-144 est propulsé par quatre réacteurs double flux Kuznetsov NK-144 de 17 000 kg de poussée et peut transporter de 98 à 140 passagers avec une autonomie de 6 500 km. Cependant, l'appareil a souffert de nombreuses maladies de jeunesse qui nécessitèrent d'importantes modifications de structure. Le début de sa carrière fut de plus endeuillé par un inexplicable accident lors de la présentation du prototype au Salon international du Bourget en 1973. Le Tu-144 fut pourtant mis en service ces toutes dernières années sur les lignes intérieures de l'Asie centrale soviétique pour relier Vladivostok à Alma Ata. L'appareil pouvait sans doute être un sérieux concurrent pour le Concorde franco-britannique, mais il devait se heurter à des problèmes politiques et d'environnement de la part des États-Unis.

Il semble pourtant indubitable pour tous les spécialistes de l'aéronautique qu'il naîtra bientôt une génération d'appareils supersoniques hautement fiables qui répondra à des besoins que l'avenir ne tardera pas à préciser.

RESCUE

LE FUTUR

La fin des années soixante-dix marque un tournant qui risque d'être l'un des plus importants dans l'histoire, assez courte mais déjà mouvementée, de l'aviation. Ce tournant est dû à un certain nombre de raisons : nouveaux développements technologiques ayant de profondes implications dans la conception et la construction des cellules et des moteurs, accroissement considérable de la complexité et donc du prix de revient des appareils, influence toujours croissante de l'opinion publique et des mass média et continuelles difficultés financières. De tout cela résulte un resserrement de l'éventail des modèles et du nombre des appareils qui devront être construits dans les années à venir.

Il est déjà clair que l'avion piloté a encore et toujours un grand avenir, aussi bien dans le domaine civil que militaire. Entre les années cinquante et le début des années soixante, les progrès continuels et les succès remportés par les aides électroniques avaient pu laisser croire à la faillite des avions pilotés, du moins pour les appareils à usage militaire. On imaginait alors pouvoir faire des avions avec des fuselages plus fins, des moteurs plus petits et réduire la consommation de carburant, tandis que la suppression des pilotes résolvait de la façon la plus radicale les problèmes posés par les accélérations brutales.

En l'occurrence, toutes ces perspectives se trouvèrent sans fondement. Dans

Le North American X-15A-2, propulsé par un moteur-fusée, fut l'appareil qui battit tous les records. Il décollait à partir d'un avion-porteur B-52. Il atteignit Mach 6,72 et 107 960 m d'altitude.

l'aviation civile, un équipage est absolument nécessaire, ne serait-ce que pour des raisons psychologiques, bien que certains passagers commencent à admettre l'éventualité d'être un jour « pilotés » par un ordinateur plutôt que par un commandant de bord. Dans le cas de l'aviation de combat, il a également été prouvé que seul un équipage humain pouvait utiliser au mieux toutes les qualités intrinsèques des appareils.

Il n'en reste pas moins vrai que les équipements électroniques étaient capables de compléter d'une manière extrêmement efficace l'action de l'équipage. Ainsi, en cas de mauvaises conditions atmosphériques, de vol en rase-mottes ou à très grande vitesse, les « aides électroniques » déchargent le pilote d'une partie de ses tâches « de routine » et lui permettent de concentrer ses facultés sur des occupations plus précises, les décisions réclamées par le combat, par exemple. D'autre part, la combinaison radar/ordinateur est absolument imbattable pour assurer la précision des armes avancées, car elle est en mesure d'effectuer des calculs très complexes avec une précision et une rapidité inaccessibles à l'homme le plus doué. En outre, un nombre toujours croissant d'avions d'attaque modernes sont aujourd'hui équipés de « télémètres laser » extraordinairement précis et les bombes et les fusées sont automatiquement guidées sur leur objectif par la réflexion d'un rayon laser dirigé vers lui par un poste à terre ou par l'avion lanceur. L'action peut également être contrôlée à l'aide d'une caméra et d'un récepteur de télévision.

Toutefois, l'extraordinaire complexité et l'énorme prix de revient des appareils modernes ont créé, pour les usagers aussi bien que pour les ingénieurs, de nouveaux problèmes de choix : doit-on préférer un appareil extrêmement sophistiqué, extrêmement coûteux, mais totalement polyvalent, à plusieurs appareils à simple ou double usage beaucoup moins coûteux ? Même les Supergrands, comme les États-Unis et l'Union soviétique, ont à présent des difficultés pour produire en grand nombre les différents appareils nécessaires à leurs forces aériennes.

La controverse aux États-Unis à propos du bombardier supersonique Rockwell B-1 est à cet égard très édifiante.

Page ci-contre : le Rockwell B-1 est le dernier en date des bombardiers construits par les Américains et dont la production fut interrompue en 1977.

Ci-contre : le Mikoyan-Gurevich MiG-25 « Foxbat », propulsé par deux réacteurs Tumansky, est capable d'atteindre la vitesse de Mach 3,2 à une altitude de 24 000 m. C'est le tout dernier des chasseurs soviétiques;

ci-dessous : General Dynamics F-16. Ce chasseur formera la base des forces aériennes américaines dans les années quatre-vingts. Il est capable de voler à Mach 2;

en bas : le nouvel appareil de reconnaissance stratégique américain Lockheed SR-71 Blackbird est un avion tout à fait remarquable volant à Mach 3.

A la suite d'études très poussées, l'U.S. Air Force avait défini, entre 1965 et 1969, un programme pour un « avion stratégique piloté avancé » (Advanced Manned Strategic Aircraft : A.M.S.A.), qui avait alors été proposé aux divers constructeurs.

La firme American Rockwell, forte des expériences faites avec l'X-15 et le XB-70, remporta le contrat, qui prévoyait la réalisation de cinq prototypes et de deux appareils d'essais statiques, tandis qu'une autre société, la General Electric, étudiait un nouveau turboréacteur spécialement conçu pour cet appareil.

Celui-ci, dénommé B-1, devait non seulement être capable de voler à très basse altitude à la vitesse de Mach 0,80, mais encore d'atteindre Mach 2 à 15 000 mètres, ce qui posait des problèmes techniques extrêmement complexes. Il en résulta un appareil quadriplace à géométrie variable, doté d'un énorme raccord Karman à la jonction voilure-fuselage qui donna au B-1 une silhouette aérodynamique révolutionnaire. La voilure proprement dite était pourvue de dispositifs hypersustentateurs extrêmement sophistiqués : bord d'attaque basculant, quatre aérofreins et un volet de bord de fuite de grande surface pouvant être bloqué en position neutre. Les moteurs étaient groupés dans deux nacelles de deux réacteurs (General Electric F-101 GE 100 à double flux et réchauffés) dont la technologie était particulièrement avancée.

L'équipement électronique était également remarquable et comprenait un système de contrôle de pilotage à basse altitude, un système de contrôle constant du centre de gravité et un système de contrôle d'induction d'air. La charge offensive était de l'ordre de 30 tonnes et comprenait 24 engins d'attaque S.R.A.M. ou leur équivalent en poids de projectiles nucléaires.

Le B-1 fut prêt en 1974, et les essais, qui se poursuivirent jusqu'en 1976, montrèrent que l'appareil pouvait atteindre les performances exigées. Pourtant, le coût de sa construction, particulièrement élevé, était la cible des parlementaires, et, le 30 juin 1977, le président Carter annonça, à la grande surprise des observateurs, l'abandon du projet Rockwell B-1 au profit du développement des missiles de croisière à long rayon d'action et d'un avion porteur, dont les spécifications n'ont même pas encore été déterminées. Cette décision peut être considérée comme paradoxale lorsqu'on connaît les délais indispensables à l'étude et la fabrication d'un bombardier stra-

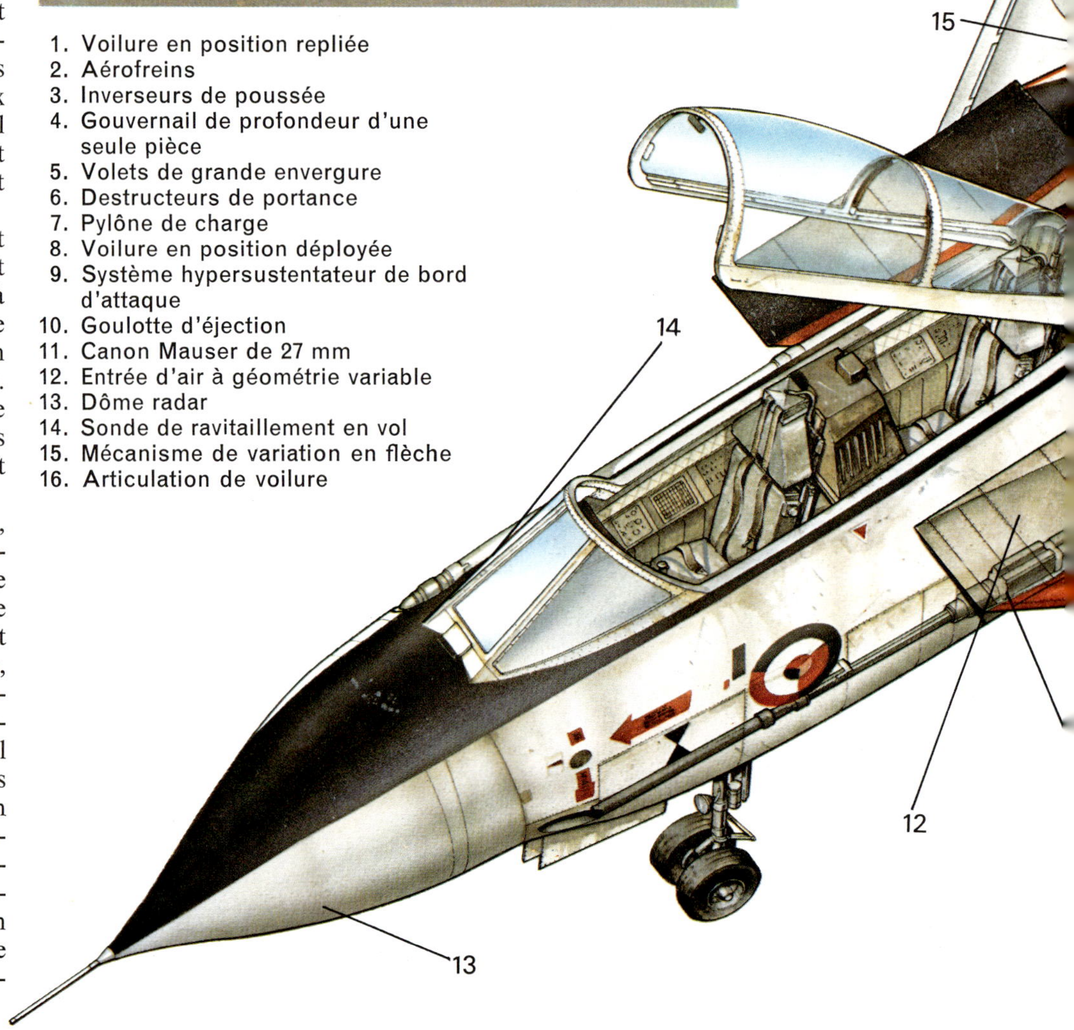

1. Voilure en position repliée
2. Aérofreins
3. Inverseurs de poussée
4. Gouvernail de profondeur d'une seule pièce
5. Volets de grande envergure
6. Destructeurs de portance
7. Pylône de charge
8. Voilure en position déployée
9. Système hypersustentateur de bord d'attaque
10. Goulotte d'éjection
11. Canon Mauser de 27 mm
12. Entrée d'air à géométrie variable
13. Dôme radar
14. Sonde de ravitaillement en vol
15. Mécanisme de variation en flèche
16. Articulation de voilure

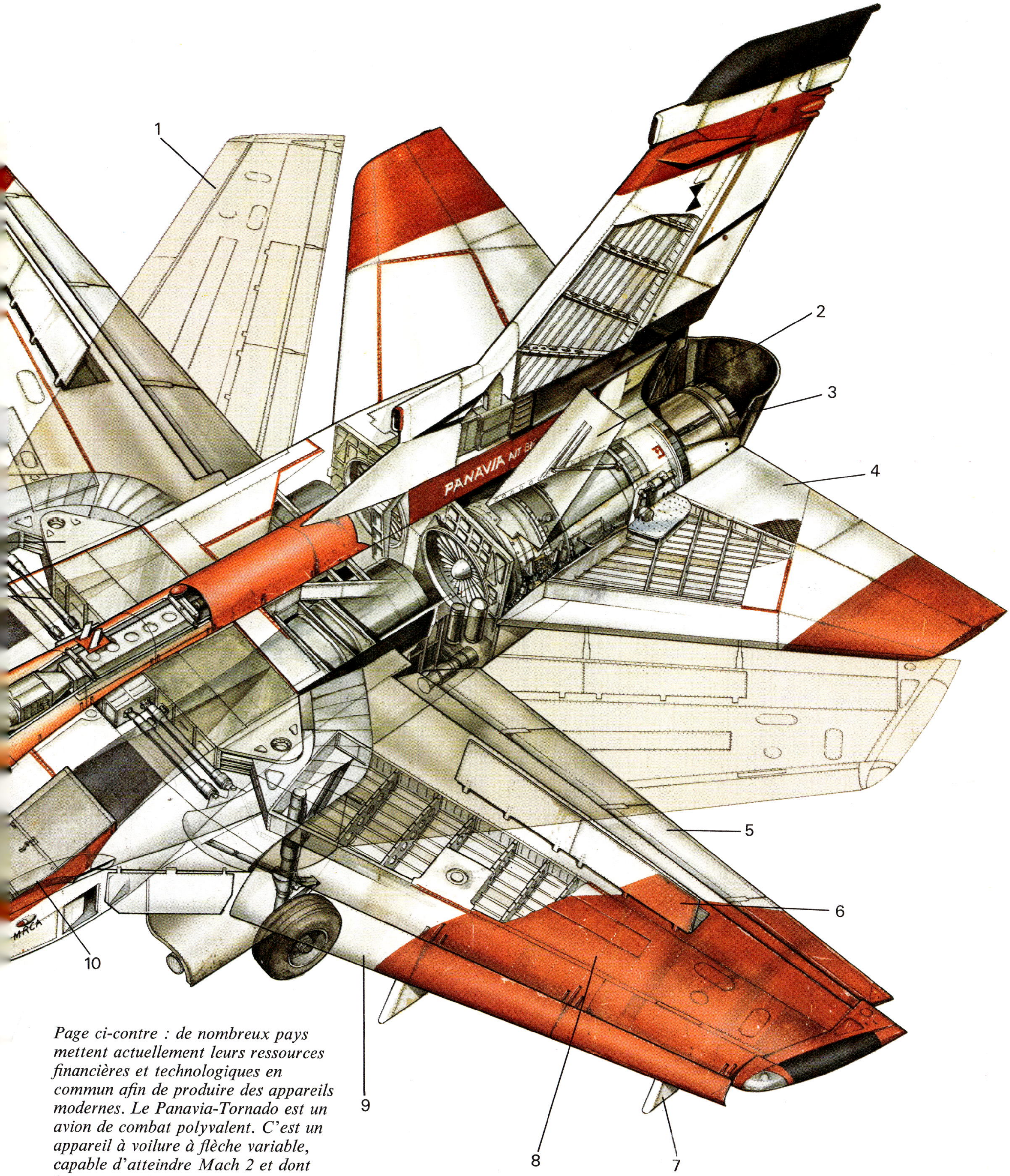

Page ci-contre : de nombreux pays mettent actuellement leurs ressources financières et technologiques en commun afin de produire des appareils modernes. Le Panavia-Tornado est un avion de combat polyvalent. C'est un appareil à voilure à flèche variable, capable d'atteindre Mach 2 et dont la structure de base peut recevoir de nombreux systèmes d'armes.

Ci-contre : le Boeing E-3A AWACS, version militaire du long-courrier 707. Cet appareil dispose d'un équipement radar ultra-moderne qui lui permet de détecter des avions volant au ras du sol, à des distances considérables. Il sert de poste de commandement volant.

Ci-dessous : une vision du futur... La navette spatiale Rockwell International destinée à assurer les communications entre la Terre, les satellites et les stations dans l'espace. L'engin est photographié ici lors de ses essais, transporté sur le dos d'un Boeing 747 spécial.

tégique, même s'il est « conventionnel ». Bien que Rockwell ait construit une merveille technique et que l'État américain ait dépensé plus de 4 milliards de dollars pour se doter du plus remarquable bombardier stratégique de tous les temps, un vote du Congrès, le 22 février 1978, entérina la décision du président Carter.

L'affaire du B-1 est exemplaire. car il s'agit d'un appareil monorôle, mais tous les gouvernements vont se trouver face à face avec le même dilemme lorsqu'ils devront rééquiper leurs forces aériennes au cours des années quatre-vingts et quatre-vingt-dix. La tendance générale paraît s'orienter vers un compromis : un petit nombre d'appareils très sophistiqués, mais fort coûteux, destinés à des rôles bien précis, tels que la reconnaissance stratégique ou la détection et le commandement (A.W.A.C.), et un nombre plus élevé d'appareils de combat proprement dit, d'un prix de revient beaucoup moindre. Les états-majors seraient donc en mesure d'exiger un maximum d'efficacité et de longévité pour l'appareil le plus cher, tandis que l'appareil de combat, qui risque le plus d'être détruit par fait de guerre, pourrait être rustique et bon marché dans la limite des tâches qu'il serait amené à remplir.

Le commencement de cette nouvelle tendance se remarque déjà aussi bien dans l'aviation américaine que soviétique et, bien que d'une façon moins évidente, dans les forces aériennes de l'Europe occidentale. Pour les missions de reconnaissance stratégiques, les États-Unis utilisent le Lockheed SR-71 Blackbird, grand appareil biréacteur à ailes delta d'une silhouette extrêmement particulière. Très cher de construction et de maintenance, le SR-71 n'est produit qu'en nombre limité en dépit de sa vitesse qui excède Mach 3 et de son grand rayon d'action.

En tant qu'avion de détection et de commandement, les États-Unis utilisent le Boeing E-3, une conversion de l'avion de ligne Boeing 707. La différence essentielle entre l'appareil civil et celui à usage militaire est le grand radôme de forme lenticulaire disposé au-dessus du fuselage. Volant à haute altitude durant de longues périodes de temps, les avions de ce type opèrent la coordination des observations par satellites — grâce à un équipement électronique particulièrement complexe — et des observations radar des territoires ennemis, cela permettant à un équipage hautement entraîné de diriger l'activité d'appareils de combat plus conventionnels avec le maximum d'efficacité possible.

L'avion AWAC est réellement un poste de commandement avancé pour la guerre aérienne, utilisant son électronique — la partie la plus coûteuse de l'ensemble du système — dans une sécurité relative et à peu de distance à l'arrière de la ligne de front.

L'U.S. Air Force examine également la possibilité d'utiliser un autre modèle de Boeing — l'E-4, une version militaire du long-courrier civil 747 — comme poste de commandement volant avancé, mais encore plus sophistiqué et d'un prix de revient encore plus grand, mais en nombre extrêmement limité d'exemplaires.

L'Union soviétique possède ses propres appareils pour rivaliser avec les modèles américains. Dans le rôle d'avions de reconnaissance stratégique, les Soviétiques utilisent le MiG-25, un appareil biréacteur Mach 3, qui peut être également utilisé comme intercepteur à grande vitesse. En 1976, un transfuge conduisit un de ces appareils de Sibérie jusqu'au Japon, où l'avion et ses systèmes électroniques furent examinés et analysés en détail par les experts et les officiers de renseignement japonais et américains, avant d'être rendu à ses légitimes propriétaires.

Les résultats de ces examens ne furent pas rendus publiques, mais il semblerait que l'appareil, quoique remarquable dans le domaine de l'aviation proprement dit, soit beaucoup moins avancé que ses homologues occidentaux sur le plan de l'équipement électronique. Plusieurs modèles d'avions américains seraient sans doute capables de rivaliser en combat avec le MiG-25, bien que leurs performances soient intrinsèquement plus faibles que celles de l'avion soviétique. Quoi qu'il en soit, le principal atout du MiG-25 dans le rôle d'appareil de reconnaissance stratégique serait sa vitesse — Mach 3,2 — et son plafond — 24 400 mètres.

En tant qu'AWAC, les Soviétiques emploient une version militaire du Tu-114 civil, le Tu-126. Comme son homologue américain, le Tu-126 possède un grand radôme tournant au-dessus du fuselage, permettant de détecter tous les appareils volant à des altitudes plus basses.

Ces dernières années, l'Union soviétique, les États-Unis et les pays de l'Europe occidentale ont respectivement mis en service un certain nombre de nouveaux avions de combat. Ceux-ci, qui seront sans doute encore opérationnels durant les années quatre-vingts et quatre-vingt-dix, sont, pour les pays adhérant au pacte de Varsovie, les chasseurs tactiques et les avions d'assaut à géométrie variable MiG-23 et Sukhoi Su-19; pour l'U.S. Air Force et l'U.S. Navy, le chasseur de combat General Dynamic F-16, le chasseur polyvalent Grumman F-14 Tomcat, lui aussi doté d'une voilure à géométrie variable, le chasseur haute altitude McDonnell Douglas F-15 Eagle et peut-être le chasseur embarqué McDonnell Douglas/Northrop F-18; pour la Grande-Bretagne, l'Allemagne et l'Italie, le Panavia Tornado, un chasseur polyvalent à voilure à géométrie variable.

Bien que les appareils américains F-16 et F-17 soient de grande taille, ce sont des avions légers, aptes au combat tournoyant, capables de rivaliser avec des appareils plus lourds et plus sophistiqués grâce à leur maniabilité propre. En Europe cette tendance a toujours été celle des chasseurs produits par la société Dassault et celle du chasseur d'appui Jaguar, de construction franco-britannique.

Un autre appareil a la faveur des militaires : c'est l'avion à décollage et atterrissage vertical ou court, qui peut être utilisé à partir de n'importe quel terrain juste derrière la ligne de front. Son seul défaut est d'être extrêmement cher à construire et seules des superpuissances, tels l'U.R.S.S. et les U.S.A., peuvent continuer à produire et à utiliser des appareils de cette nature. L'avenir s'ouvre, aux appareils capables d'évoluer dans l'atmosphère et dans l'espace.

L'origine de ces engins date, en fait, de la fin de la Seconde Guerre mondiale lorsque les Américains projetèrent de construire un appareil expérimental capable d'explorer les domaines encore inconnus du vol trans et supersonique. Ce fut la Bell Aircraft Corporation qui fut chargée de ces études et le premier appareil qu'elle réalisa reçut la dénomination de Bell XS-1. Le lancement était réalisé grâce à un avion-porteur, en l'occurrence un B-29, puis l'avion accélérait et prenait sa hauteur opérationnelle à plus de 20 000 mètres. En fin de parcours, il descendait en vol pané et atterrissait à l'aide d'un petit chariot. Le XS-1 était propulsé par un moteur-fusée XLR II-RM-5 comprenant quatre fusées qui pouvaient soit être utilisées séparément, soit ensemble. Le programme des essais consistait à faire voler l'appareil expérimental de façon à ce qu'il atteigne le Mach le plus proche possible de la vitesse transsonique, puis à dépasser celle-ci. L'avion atteignit sans encombre la vitesse de Mach 0,94 mais, celle-ci atteinte, l'appareil, soumis aux ondes de choc, se mit à vibrer furieusement; malgré tout, son pilote, le capitaine Yeager, donna toute la puissance de son moteur et la fameuse « barrière du son » fut finalement franchie sans autre incident. Ce premier vol historique eut lieu le 14 octobre 1946 et l'appareil atteignit ce jour-là la vitesse de Mach 1,015.

L'avion fut ensuite amélioré et devint le X-1A, qui dépassa la vitesse de Mach 2,5 à une altitude de 27 430 mètres.

Les avions de la série X continuèrent leurs essais d'altitude et de vitesse pure et le X-15 atteignit ce que l'on considère comme la limite du vol « atmosphérique » avec Mach 6,72 à une altitude de 106 700 m. Alors que le X-1 était largué à partir d'un B-29 à 9 000 m, le North American X-15 était lâché par un B-52 à plus de 10 000 m avant d'allumer son moteur-fusée et de monter jusqu'aux couches supérieures de l'atmosphère.

Des réacteurs à jets gazeux sont installés dans l'extrémité des ailes, le nez et la partie arrière de ces appareils pour en assurer la maniabilité en lacet et en roulis, mais ceux-ci sont parfaitement inutiles dans l'air raréfié de ces altitudes. Il fallait une énorme distance à ces appareils pour perdre leur vitesse.

Les avions de la série X étaient destinés aux recherches sur les vols à très grande vitesse et à très haute altitude, mais ils contribuèrent également à l'élaboration des appareils supersoniques à usage militaire. Pourtant, leur rôle le plus important fut sans aucun doute celui de pionniers dans le domaine des « navettes spatiales », engins destinés à opérer à la fois dans l'atmosphère terrestre et dans l'espace, qui entreront en service vers la fin des années soixante-dix ou le début des années quatre-vingts.

Ces machines « à corps portant», munies d'une voilure réduite et propulsées par des moteurs-fusées, peuvent descendre de l'espace en semi-vol plané jusqu'aux confins de la stratosphère, ralentissant d'elles-mêmes en rebondissant sur les couches supérieures de l'atmosphère avant de planer à nouveau jusqu'à la surface de la Terre, comme le ferait un avion traditionnel. Une navette comme celle réalisée par Rockwell International pour le compte de la N.A.S.A. est destinée au transport des hommes et du matériel vers les satellites et les stations spatiales. Elles sont réutilisables, ce qui les rend — relativement — économiques. Peut-être autoriseront-elles la réalisation d'un programme spatial commun entre l'Est et l'Ouest, qui permettra d'explorer notre système solaire et même, un jour, pourquoi pas? les galaxies les plus lointaines...

LES RECORDS DU MONDE HOMOLOGUÉS PAR LA F.A.I.

Pour permettre l'uniformité dans le classement des records aériens, la Fédération aéronautique internationale a adopté une méthode standard pour la classification des records absolus et des records par catégories, appelés records F.A.I.

Les records du monde absolus sont classés selon la performance sans tenir compte de la catégorie ou du type de l'appareil. Les différents records sont : distance en ligne droite et circuit fermé; altitude, soit à partir du sol, soit d'un avion-porteur; vitesse en ligne droite et en circuit fermé. Pour la commodité du classement, les vols de distance en ligne droite et en circuit fermé sont joints, ainsi que les vols de vitesse en ligne droite et en circuit fermé.

Chronologie des records du monde de vitesse absolue dans l'atmosphère terrestre.

Date		Avion	Pilote	miles/h	km/h
1909	20 mai	Wright biplan	Paul Tissandier	34,04	54,77
	23 août	Herring-Curtiss biplan	Glenn Curtiss	69,75	43,35
	24 août	Blériot monoplan	Louis Blériot	46,18	74,30
	28 août	Blériot monoplan	Louis Blériot	47,85	76,99
1910	23 avril	Antoinette monoplan	Hubert Latham	48,21	77,57
	10 juil.	Blériot monoplan	Léon Morane	66,19	106,50
	29 oct.	Blériot monoplan	Alfred Leblanc	68,20	109,73
1911	12 avril	Blériot monoplan	Alfred Leblanc	69,48	111,79
	11 mai	Nieuport biplan	Édouard Nieuport	74,42	119,74
	12 juin	Blériot monoplan	Alfred Leblanc	77,68	124,99
	16 juin	Nieuport biplan	Édouard Nieuport	80,82	130,04
	21 juin	Nieuport biplan	Édouard Nieuport	82,73	133,11
1912	13 janv.	Deperdussin monoplan	Jules Védrines	90,20	145,13
	22 fév.	Deperdussin monoplan	Jules Védrines	100,23	161,27
	29 fév.	Deperdussin monoplan	Jules Védrines	100,95	162,53
	1er mars	Deperdussin monoplan	Jules Védrines	103,66	166,79
	2 mars	Deperdussin monoplan	Jules Védrines	104,34	167,88
	13 juil.	Deperdussin monoplan	Jules Védrines	106,12	170,75
	9 sept.	Deperdussin monoplan	Jules Védrines	108,18	174,06
1913	17 juin	Deperdussin monoplan	Maurice Prévost	111,74	179,79
	27 sept.	Deperdussin monoplan	Maurice Prévost	119,25	191,87
	29 sept.	Deperdussin monoplan	Maurice Prévost	126,67	203,81
1920	7 fév.	Nieuport-Delage 29	Sadi Lecointe	171,05	275,22
	28 fév.	Blériot monoplan	Jean Casale	176,15	283,43
	9 oct.	Spad biplan	Baron de Romanet	181,87	292,63
	10 oct.	Nieuport-Delage 29	Sadi Lecointe	184,36	296,94
	20 oct.	Nieuport-Delage 29	Sadi Lecointe	187,99	302,48
	4 nov.	Spad biplan	Baron de Romanet	192,02	308,96
	12 déc.	Nieuport-Delage 29	Sadi Lecointe	194,53	313,00
1922	20 sept.	Nieuport-Delage 29	Sadi Lecointe	205,24	330,23
	21 sept.	Nieuport-Delage 29	Sadi Lecointe	211,91	341,00
	13 oct.	Curtiss HS D-12	Brigadier-General William A. Mitchell	222,98	358,77
1923	15 fév.	Nieuport-Delage 29	Sadi Lecointe	233,03	374,95
	29 mars	Curtiss R-6	Lieutenant R.L. Maughan	236,59	380,67
	2 nov.	Curtiss HS D-12	Lieutenant A. Brown	259,16	411,04
	4 nov.	Curtiss R-2 C-1	Lieutenant Alford J. Williams	266,60	429,96
1924	11 déc.	Ferbois V-2	Adjudant chef A. Bonnet	278,47	448,15
1927	4 nov.	Macchi M-52	Major Mario de Bernardi	297,83	479,21
1928	30 mars	Macchi M-52*bis*	Major Mario de Bernardi	318,64	512,69
1929	12 sept.	Supermarine S.6	Squadron Leader A.H. Orlebar	357,75	575,62
1931	29 sept.	Supermarine S.6 B	Flight Lieutenant G.H. Stainforth	407,02	654,90
1934	10 avril	Macchi-Castoldi 72	Warrant Officer Francesco Agello	423,85	681,97
	23 oct.	Macchi-Castoldi 72	Lieutenant Francesco Agello	440,69	709,07
1939	30 mars	Heinkel He 100 V-8	Flugkapital Hans Dieterle	463,92	746,45
	26 avril	Messerschmitt Bf 109 R	Flugkapital Fritz Wendel	469,22	754,97
1945	7 nov.	Gloster Meteor F.4	Group Captain H.J. Wilson A.F.C.	606,38	975,67
1946	7 sept.	Gloster Meteor F.4	Group Captain E.M. Donaldson D.S.O., A.F.C.	615,78	990,79
1947	19 juin	Lockheed P-80 R Shooting Star	Colonel Albert Boyd	623,74	1 003,60
	20 août	Douglas D-558 Skystreak	Commander Turner F. Caldwell, U.S.N.	640,74	1 030,95
	25 août	Douglas D-558 Skystreak	Major Marion E. Carl, U.S.M.C.	650,92	1 047,33
1948	15 sept.	North American F-86 A Sabre	Major Richard L. Johnson, U.S.A.F.	670,98	1 079,61
1952	19 nov.	North American F-86 D Sabre	Captain J. Slade Nash U.S.A.F.	698,50	1 123,89
1953	16 juil.	North American F-86 D Sabre	Lieutenant-Colonel William F. Barnes, U.S.A.F.	715,75	1 151,64
	7 sept.	Hawker Hunter 3	Squadron Leader Neville Duke, D.S.O., O.B.E., D.F.C., A.F.C.	727,63	1 170,76
	25 sept.	Supermarine Swift 4	Lieutenant-Commander Michael Lithgow, O.B.E.	735,70	1 183,74

Chronologie des records du monde de vitesse absolue dans l'atmosphère.

Date		Avion	Pilote	miles/h	km/h
1953	3 oct.	Douglas F 4 D-1 Skyray	Lieutenant-Commander James B. Verdin, U.S.N.	752,94	1 211,48
	29 oct.	North American YF-100 A Super Sabre	Lieutenant-Colonel Frank K. Everest U.S.A.F.	755,15	1 215,04
1955	20 août	North American F-100 C Super Sabre	Colonel H.A. Haines, U.S.A.F.	822,27	1 323,03
1956	10 mars	Fairey Delta 2	Lieutenant Peter Twiss, O.B.E., D.S.C.	1 132,00	1 821,39
1957	12 déc.	McDonnell F-101 A Voodoo	Major Adrian Drew, U.S.A.F.	1 207,60	1 943,03
1958	16 mai	Lockheed F-104 A Starfighter	Captain Walter W. Irvin, U.S.A.F.	1 404,09	2 259,18
1959	31 oct.	Mikoyan Type E-66	Colonel Georgiy Mosolov	1 483,83	2 387,48
	15 déc.	Convair F-106 A Delta Dart	Major Joseph W. Rogers, U.S.A.F.	1 525,95	2 455,74
1961	22 nov.	McDonnell F 4 H-1 F Phantom II	Lieutenant-Colonel Robert B. Robinson	1 606,51	2 585,43
1962	7 juil.	Mikoyan Type E-166	Colonel Georgiy Mosolov	1 665,89	2 681,00
1965	1er mai	Lockheed YF-12 A	Colonel Robert L. Stephens	2 070,10	3 331,51

Records du monde de distance (F.A.I.).

Date		Avion	Pilote	miles	km
1906	14 sept.	Santos-Dumont 14-*bis*	Santos-Dumont	[25,8 ft]	[7,8 m]
	12 nov.	Santos-Dumont 14-*bis*	Santos-Dumont	[733 ft]	[223 m]
1908	21 mars	Voisin biplan	Henri C. Farman	1,24	1,9
	16 sept.	Voisin biplan	Léon Delagrange	14,9	23,9
	31 déc.	Wright biplan	Wilbur Wright	77	123,8
1909	25 août	Voisin biplan	Louis Paulhan	83	133,5
	26 août	Antoinette monoplan	Hubert Latham	96	154
	4 nov.	Farman biplan	Henri Farman	145	233
1910	9 juil.	Antoinette monoplan	René Labouchère	211	339
	20 juil.	Blériot monoplan	Jan Olieslaegers	244	392
	20 oct.	Farman biplan	Maurice Tabuteau	289	465
	11 déc.	Blériot monoplan	Georges Legagneaux	320	514
	30 déc.	Farman biplan	Maurice Tabuteau	363	584
1911	16 juil.	Blériot monoplan	Jan Olieslagers	388	624
	1er sept.	Farman biplan	Georges Fourny	449	722
	24 déc.	Nieuport biplan	André Gobe	459	738
1912	11 sept.	Farman biplan	Georges Fourny	628	1 010
1913	13 oct.	avion inconnu	Augustin Seguin	634	1 020
1919	14-15 juin	Vickers Vimy	Captain John Alcock et Lieutenant A.W. Brown	1 936	3 115
1923	16-17 avril	Fokker T-2	Oakley C. Kelly et John A. Macready	2 516	4 048
1925	7-9 août	Farman biplan	Maurice Drouhin et Jules Landry	2 734	4 399
1926	14-15 juil.	Breguet 19	André Girier et Francis Dordilly	2 930	4 714
	31 août-1er sept.	Breguet 19	Léone Challe et René Weiser	3 214	5 171
	28-29 oct.	Breguet 19	Dieudonné Costes et Georges Riguot	3 352	5 393
1927	20-21 mai	Ryan NYP	Charles A. Lindbergh	3 609	5 806
	4-6 juin	Bellanca monoplan	Clarence Chamberlin et Charles A. Levine	3 910	6 291
1928	31 mai 1er-2 juin	Savoia-Marchetti S-64	Arturo Ferrarin et Carlo P. Del Prete	4 763	7 663
1929	27-29 sept.	Breguet 19 airplan	Dieudonné Costes et Maurice Bellonte	4 911	7 901
	15-17 déc.	Breguet 19	Dieudonné Costes et Paul Codos	4 988	8 025
1930	31 mai 1er-2 juin	Savoia-Marchetti S-64	Major Umberto Maddalena et lieutenant Fausto Cecconi	5 088	8 186
1931	30 mars	avion inconnu	Anthoine Paillard et J. Mermoz	5 567	8 957
	7-10 juin	Dewoitine	Joseph Le Brix et Marcel Doret	6 444	10 368
1932	23-26 mars	Blériot 110 monoplan	Lucien Bossoutrot et Maurice Rossi	6 587	10 598
1938	13-15 mai	Koken monoplan	Yuzo, Fujita, Fukujiro Takahashi et Chikakichi Sekine	7 239	11 647
1939	30-juil. 1er août	avion inconnu	Angelo Tondi, Roberto Dagasso, Ferrucio Vignoli et Aldo Stagliano	8 037	12 931
1946	29-sept.-1er oct.	Lockheed P 2 V-1	Commander T.D. Davies, Commander E.P. Rankin, Commander W.S. Reid et R.A. Tabeling	11 235	18 077
1962	10-11 sept.	Boeing B-52 H	Clyde P. Ebely et son équipage	12 532	20 163

Records du monde d'altitude (F.A.I.).

Date		Avion	Pilote	pieds	mètres
1908	13 nov.	Wright	Wilbur Wright	82	25
	13 nov.	Voisin biplan	Henri Farman	82	25
	18 déc.	Wright biplan	Wilbur Wright	361	110
1909	18 juin	Voisin biplan	Louis Paulhan	492	153
	29 août	Antoinette monoplan	Hubert Latham	508	155
	17 sept.	Wright biplan	Orville Wright	564	172
	20 sept.	Voisin biplan	Rougier	633	190
	18 oct.	Wright biplan	Charles de Lambert	984	300
	1er déc.	Antoinette monoplan	Hubert Latham	1 486	449
1910	7 janv.	Antoinette monoplan	Hubert Latham	3 445	1 035
	12 janv.	Farman biplan	Louis Paulhan	4 164	1 325
	14 juin	Wright biplan	Walter Brookins	4 380	1 500
	7 juil.	Antoinette monoplan	Hubert Latham	4 541	1 400
	7 juil.	Blériot monoplan	Jan Olieslaegers	5 643	1 735
	10 juil.	Wright biplan	Walter Brookins	6 259	1 907
	11 août	Blériot monoplan	Armstrong Drexel	6 605	2 013
	29 août	Blériot monoplan	Léon Morane	7 054	2 150
	3 sept.	Blériot monoplan	Léon Morane	8 471	2 581
	8 sept.	Blériot monoplan	Georges Chavez	8 487	2 586
1910	1er oct.	Farman biplan	Henry Wijnmalen	9 121	2 780
	10 oct.	Blériot monoplan	Armstrong Drexel	9 449	2 880
	31 oct.	Wright biplan	Ralph Johnstone	9 712	2 960
	8 déc.	Blériot monoplan	Georges Legagneaux	10 204	3 110
	26 déc.	Wright biplan	Archibald Hoxsey	10 474	3 192
1911	9 juil.	Farman biplan	Marcel Loridan	10 499	3 200
	5 août	Blériot monoplan	Captain Julien Félix	10 991	3 350
	17 août	Curtiss biplan	Lincoln Beachy	17 573	5 356
	4 sept.	Blériot monoplan	Roland Garros	12 960	3 950
1912	6 sept.	Blériot monoplan	Roland Garros	16 274	4 960
	17 sept.	Morane monoplan	Georges Legagneaux	17 891	5 453
	11 déc.	Morane monoplan	Roland Garros	18 406	5 610
1913	11 mars	Blériot monoplan	Édouard Perreyon	19 325	5 890
	29 déc.	Nieuport monoplan	Georges Legagneaux	20 080	6 120
1914	9 juil.	Rumpler monoplan	Gino Linnekogel	21 654	6 600
	14 juil.	D.F.W. biplan	Harry Oelerich	25 755	7 850
1918	18 sept.	Bristol biplan	R.W. Schroeder	28 897	8 807
1919	26 mai	Nieuport biplan	Jean Casale	29 937	9 124
	7 juin	Nieuport biplan	Jean Casale	30 511	9 299
	14 juin	Nieuport biplan	Jean Casale	31 233	9 519
	18 sept.	Curtiss	Roland Rohlf	31 420	9 576
	4 oct.	Le Père « Liberty 400 »	Major R.W. Schroeder	31 821	9 699
1920	27 févr.	Le Père « Liberty 400 »	Major R.W. Schroeder	33 114	10 086
1921	28 sept.	Le Père biplan	John A. Macready	34 508	10 518
1923	5 sept.	Nieuport-Delage biplan	Sadi Lecointe	35 239	10 740
	30 oct.	Nieuport-Delage biplan	Sadi Lecointe	36 565	11 145
1927	25 juil.	Wright P et W 425	C.C. Champion	38 474	11 726
1929	25 mai	Junkers monoplan	Willi Neuenhofen	41 794	12 738
1930	4 juin	Wright « Apache »	Apollo Soucek	43 166	13 156
1932	16 sept.	Vickers monoplan	Cyril F. Uwins	43 976	13 403
1933	28 sept.	Potez	G. Lemoine	44 819	13 660
1934	11 avril	Caproni	Ronato Donati	47 352	14 432
	14 août	avion inconnu	George Detre	48 697	14 842
1936	28 sept	Bristol « Special »	S.R.D. Swain	49 967	15 229
1937	8 mai	Caproni monoplan	Mario Pezzi	51 361	15 654
	30 juin	Bristol 138	M.J. Adam	53 936	16 439
1938	22 oct.	Caproni monoplan	Mario Pezzi	56 046	17 082
1948	23 mars	De Havilland	John Cunningham	59 445	18 118
1953	4 mai	Electra	Walter F. Gibb	63 668	19 406
1955	29 août	Electra	Walter F. Gibb	65 889	20 082
1957	28 août	English Electric	Michael Randrup	70 310	21 430
1958	18 avril	Grumman F 11-1 F	George C. Watkins	76 932	23 448
	7 mai	Lockheed F-104 A	Howard Johnson	91 243	27 810
1959	14 juil.	T-437	Vladimir Iljiuchin	94 635	28 844
	6 déc.	McDonnell F 4 H Phantom 11	Lawrence E. Flint	98 557	30 040
	14 déc.	Lockheed F-104 C	Joe B. Jordan	103 389	31 512
1961	28 avril	MiG-E-66-A	Georgiy Mosolov	113 890	34 713

BIBLIOGRAPHIE

ALEXANDER J.P., *Russian Aircraft since 1940*. Putnam, Londres, 1975; Funk & Wagnall, New York, 1975.

ANDREWS C.F., *Vickers Aircraft since 1908*. Putnam, Londres, 1969; Funk & Wagnall, New York, 1969.

APOSTOLO G. & ABATE R., *Caproni nella Prima Guerra mondiale*. Europress, Milan, 1969.

BABINGTON SMITH C., *Testing Time: a Study of Man and Machine in the Test-Flying Era*. Cassel, Londres, 1961.

BARKER R., *The Schneider Trophy Races*. Chatto & Windus, Londres, 1971.

BARNES C.H., *Bristol Aircraft since 1910*. Putnam, Londres, 1970; Putnam's Aeronautical Publications, Californie, 1964.

BARTHELEMY R., *Le Temps des hélices*. France-Empire, Paris, 1972.

BERGMAN J., *Ninety Seconds to Space: the X-15 Story*. Doubleday, New York, 1960.

BIE A., *Soixante Performances françaises*. La Nouvelle Édition, Paris, 1945.

BLANC E., *L'Aviation des temps modernes*. Larousse, Paris, 1953.

BONTE L., *L'Histoire des essais en vol*. Docavia/Éd. Larivière, Paris, 1975.

BOWERS P.M., *Boeing Aircraft since 1916*. Putnam, Londres, 1965; Funk & Wagnall, New York, 1968.

BRUCE J.M., *British Aeroplanes, 1914-1918*. Putnam, Londres, 1957; Putnam's, New York, 1969.

CANBY C., *History of Rockets and Space*. McClelland, New York, 1963.

CARREL P., *Afrika-Korps*. Laffont, Paris, 1960.

CARREL P., *Opération Barbarossa*. Laffont, Paris, 1964.

CASTILLON DE SAINT-VICTOR, *Le Transport aérien*. Dunod, Paris, 1947.

CAYLEY Sir G., *Aeronautical and Miscellaneous Note-book of Sir George Cayley*. 2nd Extra-Publication of Newcomen Society, 1933.

CHACK P., *Avions, torpilleurs et voiliers au feu*. Les Éditions de France, Paris, 1938.

CHANT C.M., *Modern Military Aircraft*. Octopus, Londres, 1975.

CHANT C.M., *World War II Aircraft*. Orbis, Londres, 1975; Excalibur Books, New York, 1976.

CHANT C.M., *Ground Attack*. Almark, New Malden, 1976.

CHANUTE O., *Progress in Flying Machines*. American Engineer & Railroad Journal, New York, 1894.

CIERVA J. de la & ROSE D., *Wings of To-morrow; the Story of the Autogiro*. Brewer, Warren & Putnam, New York, 1931.

CUNY J. et DANEL R., *L'Aviation de chasse française 1918-1940*. Docavia/Éd. Larivière, Paris, 1974.

CUNY J. et DANEL R., *Le Dewoitine 520*. Docavia/Éd. Larivière, Paris, 1976.

CUNY J. et LEYVASTRE P., *Les Avions Breguet 1940-1971*. Docavia/Éd. Larivière, Paris, 1977.

DAVIES R.E.G., *History of the World's Airlines*. Oxford University Press, Londres et New York, 1964.

DAVY M.J.B., *Henson and Stringfellow—their Work in Aeronautic*. H.M.S.O., Londres, 1931.

DE HAVILLAND Sir G., *Sky Fever*. Hamish Hamilton, Londres, & Don Mills, Ontario, 1961.

DESOUTTER D.M., *All about Aircraft*. Faber & Faber, Londres, 1954.

DESOUTTER D.M., *Aircraft and Missiles*. Faber & Faber, Londres, 1959.

DOLLFUS C., BOUCHÉ H., BEAUBOIS H., *Histoire de l'aéronautique. L'Illustration*, Paris, 1938.

DUVAL G.R., *British Flying Boats and Amphibians 1909-1952*. Putnam's, Londres et Californie, 1966.

EMME E.M., *A History of Space Flight*. Holt Rinehart & Winston, Washington, 1965.

FRANCILLON R.J., *Japanese Aircraft of the Pacific War*. Putnam's, Londres et Californie, 1970.

GALLAND Général, *Jusqu'au bout sur nos Messerschmitt*. Laffont, Paris, 1957.

GAMBLE C.F.S., *The Air Weapon: Being Some Account of the Growth of British Aeronautics from the Beginnings in the Year 1783 until the End of the Year 1929*. Oxford University Press, Londres, 1931.

GATLAND K.W., *Development of the Guided Missiles*. Iliffe & Sons, Londres, 1954.

GIBBS-SMITH C.H., *Sir George Cayley's Aeronautics, 1796-1855*. H.M.S.O., Londres, 1961.

GIBBS-SMITH C.H., *A Directory and Nomenclature of the First Aeroplanes, 1809-1909*. H.M.S.O., Londres, 1966.

GIBBS-SMITH C.H., *The Invention of the Aeroplane, 1809-1909*. H.M.S.O., Londres, 1966.

GIBBS-SMITH C.H., *Leonardo da Vinci's Aeronautics*. H.M.S.O., Londres, 1967.

GIBBS-SMITH C.H., *Clément Ader: his Flight-Claims and his Place in History*. H.M.S.O., Londres, 1968.

GIBBS-SMITH C.H., *Aviation: an Historical Survey from its Origins to the End of World War II*. H.M.S.O., Londres, 1969.

GOLDBERG A., *A History of the United States Air Force, 1907-1957*. Van Nostrand, New Jersey, 1957.

GRAHAME-WHITE C. & HARPER H., *The Aeroplane, Past, Present and Future*. T.W. Laurie, Londres, 1911.

GREEN W., *Augsburg Eagle: Story of the Messerschmitt BF 109*. Macdonald, Londres, 1970; Doubleday, New York, 1970.

HADDOW G.W. & GROSZ P.M., *The German Giants: the German R-Planes, 1914-1918*. Putnam, Londres et Californie, 1962.

HARRIS S., *The First to Fly*. Macmillan, Londres et New York, 1970.

HEINMULLER J.P.V., *Man's Fight to Fly: Famous World-Record Flights and a Chronology of Aviation*. Funk & Wagnall, New York, 1944.

HIGHAM R., *Air Power: a Concise History*. Macdonald, Londres, 1972.

HOEPPNER General von, *L'Allemagne et la guerre de l'air*. 1923.

HOUART V., PETIT E., *Dictionnaire de l'aviation*. Seghers, Paris, 1964.

JABLONSKI E., *Seawings*. Robert Hale, Londres, 1974.

JACKSON A.J., *British Civil Aircraft, 1919-1959*. Putnam, Londres, 1959 et 1960; Putnam, Californie, 1973.

JACKSON A.J., *Avro Aircraft since 1908*. Putnam, Londres, 1965.

JACKSON A.J., *Blackburn Aircraft since 1909*. Putnam, Londres et Californie, 1968.

JONES H.A. & RALEIGH Sir W., *The War in the Air*. Oxford University Press, Londres, 1922-1937.

KELLEY F.G., *The Wright Brothers*. Funk & Wagnall, New York, 1944.

KENS K. & NOWARRA H., *Die deutschen Flugzeuge 1933-1945*. Lehmanns, Munich, 1968.

KING H.F., *Aeromarine Origins*. Putnam, Londres et Californie, 1966.

KNOKE H., *La Grande Chasse*. Corréa, Buchet-Chastel, Paris, s.d.

LAMBERTON W.M., *Reconnaissance and Bomber Aircraft of the 1914-1918 War*. Harleyford Publications Ltd., Letchworth, Herts., England, 1962; Aero Publishers Inc., Los Angeles, 1962.

LANCHESTER F.W., *Aerodynamics*. Constable, Londres, 1907.

LANCHESTER F.W., *Aerodonetics*. Constable, Londres, 1908.

LANGLEY S.P., *Experiments in Aerodynamics*. Smithsonian Institution, Washington D.C., 1891.

LAUREAU P., *L'Aviation républicaine espagnole*. Docavia/Éd. Larivière, Paris, 1978.

LAUVIAT M., *Histoire et commentaires de la guerre aérienne*. SDIT, 1957.

LEFORT P., *Le Matériel volant*. « Que sais-je? », P.U.F., Paris, 1949.

LESTIEN Général, *La Première Guerre mondiale*, P.U.F., Paris, 1949.

LEWIS P., *British Aircraft 1909-1914*. Putnam, Londres et Californie, 1962.
LEWIS P., *The British Fighter since 1912*. Putnam, Londres, 1966; Putnam, Californie, 1965.
LEWIS P., *The British Bomber since 1914*. Putnam, Londres, 1967.
LEWIS P., *British Racing and Record-breaking Aircraft*. Putnam, Londres et Californie, 1971.
LILIENTHAL O., *Bird Flight as a Basis of Aviation*. Longmans, Londres, 1911.
LINDBERGH C.A., *The Spirit of St. Louis*. John Murray, Londres et New York, 1953.
LUDENDORFF Général, *La Guerre totale*. Flammarion, Paris, 1936.
MASON F.K., *Battle over Britain*. McWhirter Twins, Londres, 1969.
MASON F.K., *Hawker Aircraft since 1920*. Putnam, Londres et Californie, 1971.
MAXIM Sir H., *Artificial and Natural Flight*. Whittaker, Londres et New York, 1908.
MILLOT B., *L'Épopée Kamikase*. Laffont, Paris, 1971.
NAYLER J.L. et OWER E., *Aviation: its Technical Development*. P. Owen, Londres, 1965; Duforr, Pennsylvanie, 1965.
NOWARRA H.J., BROWN K.S., *Von Richthofen and the « Flying Circus »*. Harleyford Publications Ltd., Letchworth, Herts., 1958.
PENROSE H.J., *British Aviation: the Pioneer Years*. Putnam, Londres et Californie, 1967.
PENROSE H.J., *British Aviation: the Great War an Armistice*. Putnam, Londres et Californie, 1969.
PENROSE H.J., *British Aviation: the Adventuring Years*. Putnam, Londres, 1972.
PETIT E., *Histoire mondiale de l'aviation*. Hachette, Paris, 1967.
PRICE A., *Instruments of Darkness*. Kimber, Londres, 1967.
PRICE A., *World War II Fighter Conflict*. Macdonald, Londres, 1975.
PRITCHARD J.L., *Sir George Cayley: the Inventor of the Aeroplane*. Max Parrish, Londres, 1961.
ROBERTSON B., *Aircraft Camouflage and Markings, 1907-1954*. Harleyford, Marlow et Californie, 1956.
ROBERSTON B., *Sopwith, the Man and his Aircraft*. Harleyford, Letchworth et Californie, 1970.
ROUX R.J., *Les Baladins du ciel*. France-Empire, Paris, 1972.
ROUX R.J., *Les Avions civils du monde*. Docavia/Éd. Larivière, Paris, 1974.
RUDEL H.R., *Pilote de Stuka*. Corréa, Paris, 1951.
SALADIN R., *Les Temps héroïques de l'aviation*. Éditions Arcadiennes, 1949.
SCHLAIFER R. et HERON S.D., *Development of Aircraft Engines and Fuels*. Harvard University Press, Boston, Massachussets, 1950.
SETRIGHT L.J.K., *The Power to Fly: History of the Piston Engine in Aviation*. George Allen & Unwin, Londres, 1971; Crane-Russak, New York, 1971.
SHARP C.M. et BOWYER M.J.F., *Mosquito*. Faber & Faber, Londres, 1971.
SIMS E.H., *The Fighter Pilots*. Cassell, Londres, 1967.
SPEIDEL General H., *Invasion 1944*. Berger-Levrault, Paris, 1963.
STEWART O., *Of Flights and Flyers*. Newnes, Londres, 1964.
STROUD J., *Annals of British and Commonwealth Air Transport 1919-1960*. Putnam, Londres, 1962.
STROUD J., *European Transport Aircraft since 1910*. Putnam, Londres et Californie, 1966.
STROUD J., *Soviet Transport Aircraft since 1945*. Putnam, Londres, 1968; Funk & Wagnall, New York, 1968.
SWANBOROUGH F.G., *United States Navy Aircraft since 1911*. Putnam, Londres, 1968; Funk & Wagnall, New York, 1968.
SWANBOROUGH F.G. & BOWERS P.M., *United States Military Aircraft since 1908*. Putnam, Londres, 1972.
TAYLOR H.A., *Airspeed Aircraft since 1931*. Putnam, Londres, 1970.
THETFORD O., *Aircraft of the Royal Air Force since 1918*. Putnam, Londres, 1962; Funk & Wagnall, New York, 1967.
THETFORD O. & GRAY P., *German Aircraft of the First World War*. Putnam, Londres, 1970; Doubleday, New York, 1970.
UDET E., *Ma vie et mes vols*. Flammarion, Paris, 1955.
VOISIN G., *Men, Women and 10,000 Kites*. Putnam, Londres, 1963.
VULLIEZ A., *Aéronavale*. Amiot-Dumont, Paris, 1956.
WALLACE G., *The Flight of Alcock and Brown*. Putnam, Londres, 1955.
WALLACE G., *Flying Witness: Harry Harper and the Golden Age of Aviation*. Putnam, Londres, 1958.
WALLACE G., *Claude Grahame-White*. Putnam, Londres, 1960.
WANTY E., *L'Art de la guerre*. Éd. Gérard & Co., Verviers, 1967.
WEYL A.R., *Fokker: the Creative Years*. Putnam, Londres, 1965; Funk & Wagnall, New York, 1967.
WHITTLE Sir F., *Jet*. Frederick Muller, Londres, 1953.
WRIGHT W. et O., *The Papers of Wilbur and Orville Wright*. McGraw, New York, 1953.
WRIGHT W. et O., *Wilbur and Orville Wright: a Bibliography commemorating the Hundredth Anniversary of the Birth of Wilbur Wright*. Library of Congress, Washington D.C., 1968.
WYKEHAM P., *Santos-Dumont: a Study in Obsession*. Putnam, Londres, 1962; Harcourt Brace Jovanovich, New York, 1970.

PÉRIODIQUES

The Aero, Marvin-Patchen, Box 1184, Ramona, CA 926065, USA.
L'Aérophile, Organe de l'Union aérophile de France.
The Aeroplane, IPC Transport Press Ltd., Dorset House, Stamford Street, S. E. I.
Air Pictorial, Profile Books Ltd., Coburg House, Sheet Street, Windsor, Berks.
Air Review, Official Organ of the Air League of the British Empire.
L'Album du fanatique de l'aviation, Éd. Larivière, Paris.
Aviation Magazine, Paris.
Aviation Week, McGraw-Hill Inc., 1221 Ave. of Americas, New York, NY 10020.
Cross and Cockade, Soc. of WWI Aero Historians, 10443 Memphis Ave., Whittier, CA 90604, USA.
Flight, IPC Transport Press Limited.
Icare, Cedex A 213, 94396 Orly-Aérogares, France.
Kokufan Aviation.

INDEX GÉNÉRAL

Les chiffres en romain renvoient au texte et ceux en *italique* aux illustrations.

INDEX DES APPAREILS

Les chiffres en romain renvoient au texte et ceux en *italique* aux illustrations.

Les photographies de cet ouvrage ont été aimablement fournies par :

Aeritalia; Aeronautica Militare Italiana; Air Portraits; Airbus Industry; Arch. G. Apostolo; Aspect; Aviation'Orbis; Bettman Archives; Blitz Publications; Boeing; Bristol Company; British Aircraft Corporation; British Airways; Ken Brookes; Charles E. Brown; Bundesarchiv; B. Coleman; Dassault-Breguet; Deutsches Museum; Dornier Company; E.C.P.A. (Établissement cinématographique et photographique des armées); EWR-Süd; Fairchild; Flight; Fokker VFW; Fo Photos; General Dynamics; O. Geddo; Ronald Grant Collection; Grumman Corporation; Hawker Siddeley; Robert Hunt Library; Alex Imrie; Imperial War Museum; Keystone; KLM; Kobal Collection; Library of Congress; Life Magazine © 1977 Time Inc.; Lockheed; London Transport; Lufthansa; John McClancy; Mansell Collection; Mary Evans Picture Library; McDonnell Douglas Co.; Ministry of Defence; Mitsubishi; J.G. Moore; Musée de l'Air; Musée des Techniques; National Archives; National Physical Laboratory; National Portrait Gallery; New York Airports Authority; Novosti; Photri; S. Piercey; Tito Poggio; Popperfoto; Pratt & Whitney; Publifoto; Radaelli; Radio Times Hulton Picture Library; RAF Museum; Real Photographs Ltd.; Rockwell International; Roger-Viollet; Royal Aeronautical Society; Royal Aircraft Establishment; Saab Scania; Science Museum; Sikorsky Aircraft; Georges Sirot Collection; Smithsonian Institution; J. Spencer-Smith; Sperry Flight Systems; Swissair; T.E.M. Engineering; Tosi; United Air Lines; U.S. Army; U.S. Air Force; U.S. Information Service; U.S. Navy; Vickers Ltd.; Victoria & Albert Museum; Vought Corporation; Zefa.

Les dessins du Wright Flyer sont de l'Industrial Art Studio; tous les autres dessins d'avions sont de Peter Sarson et de Tony Bryant. Les dessins des moteurs à réaction sont de Parfitt Design Associates. Les cartes et les schémas sont de Peter Sarson et de Tony Bryant.

7
37
7